2천년의 인류 역사 이야기

-위험(리스크)과 극복-

전 우 현 · 홍 성 택

도서출판 동방문화사

서문(序文)

사람들은 자신을 숨긴다. 매우 관대하고 다른 사람 편에 서는 것처럼... 그러나, 이 책에서는 껍질을 벗겨서 그것이 진실이 아님을 밝히고자 한다. 이 책으로 인하여 서로 간에 약간 의심하는 풍조가 생길 수도 있다. 그러나, 믿었던 사람한테 발등을 찍히거나 크게 사기를 당하지 않는 이익은 훨씬 크다.

또한, 인간의 본질을 정확히 알릴 수 있다면 좋겠다. 인간의 본성(本性)이 무엇인가? 참으로 어려운 질문이다. 그러나, 과거에 일어난 일과 부합하지 않는다면 성선설(性善說)은 옳지 않다. 이를 정확히 안다면 좋겠다. 그리하면 대한민국과 대한민국 5000만 국민, 우리 한민족 8000만을 세계에서 우뚝 서게 하는 데 약간이나마 유용할 것이다.

예수님, 부처님, 공자님 등도 고난에 가득찬 생을 보냈다. 누구든 예외없다. 삶에서 무거운 멍에를 지고 큰 리스크를 지고 있음을 그대로 보여주고 싶었다(인생의 리스크). 이를 슬퍼하거나 절망할 필요는 없다. 있는 그대로 보는 것은 오히려 용기있는 것이다. 지난 2,000년의 이야기를 통하여 어느 누구든 좌절하지 않고 용감하게 고비(삶의 리스크)를 잘 넘길 수 있음을 보이고 싶다.

역사 기록이라고는 감히 말 못하겠다. 남들이 이미 기록한 역사를 기억하고자 반복한 것에 지나지 않기 때문이다. 더구나 필자의 창의(創意)로 과거 기록을 발굴하지도 않았고 독창적으로 내용을 작성한 게 아니라 기존의 기재 내용을 나름대로 재구성한 것일 뿐이다. 그러나 과거의 일이 지금도 반복되고 앞으로도 일어날 것이기에 가급적 눈에 보이는 것처럼 재현(再現)시키고자 애썼다. 사건마다 등장하는 인물들이 맞았던 리스크와 그 대처를 기록하여 오늘과 내일의 본보기로 삼고 싶었다.

필자의 전공은 법학, 그 중에서 상법(보험법)이다. 그래서 어떤 사람이라도 운명처럼 마주할 수 밖에 없는 위험-리스크(risk)-을 기록하여 이 위험을 피할 수 있는 지혜를 얻어내고 싶었던 것이 이 책을 쓴 동기이다. 이와 같은 내용을 대학생 인문 교양 교육에 반영하고 싶었다.

기원전 1세기(예수 그리스도 탄생 100년 전)부터 지금까지의 2,000년을 다시 살아보

자. 당신이라면 위험 속에서 어떻게 살까? 선조의 고난과 위험을 간접적으로나마 다시 겪듯 느껴보자. 오늘 우리에게 약간은 도움이 되리라.

제Ⅱ부에는 나의 사랑하는 산악인 후배 홍성택 대장의 탐험원정기를 실었다. 그는 엄홍길, 박영석 등과 같이 희말라야 8천 미터 14좌를 완등했을 뿐만 아니라 그 이후에도 수 십 번 등반하였다. 나아가 세계 최초로 7대륙 최고봉, 3극점 2극지 이른바 그랜드 슬램(Grand Slam)을 목표로 항상 도전하는 산악인이다. 남의 이야기만 실을 것이 아니라 직접 체험한 이야기가 좋을 듯해서다. 이 이야기는 그의 탐험 중 극히 일부인데 2012년에 알래스카 베링 해협을 세계 최초로 도보횡단한 탐험기다. 필자는 홍 대장이 히말라야 에베레스트를 초등한 힐러리나 남극을 초등한 아문젠 못지 않은 탐험가로 본다. 이 이야기를 널리 공유하고 싶었다. 인생의 고통과 리스크, 타인의 부당한 대우에도 좌절하지 말고 다시 도전하고 개척하기를 권유하고 싶기 때문이다.

차 례

Ⅰ부: [인생은 위험·리스크 투성이]

Ⅱ부: [산악인 홍성택 대장의 알래스카 베링해협 도보횡단 원정기]

- 도전과 탐험 그리고 인류의 진화 -

Ⅰ부: [인생은 위험·리스크 투성이]

1. [로마의 검노(劍奴) 스파르타쿠스(Spartacus)](B.C. 103년-B.C. 71년) (기원전 1세기경 서양 로마)

스파르타쿠스는 기원전 103년쯤 지금의 불가리아 지역에서 태어났다. 플루타르크의 영웅전(傳)에 의하면 그는 트라키아의 유목민 출신이라 신체는 강건했고 판단력, 교양 등이 비범하였다. 다른 기록으로는 한 때 로마군에 복무했다고 한다. 여러 추측이 있지만 트라키아(지금의 불가리아)에서 태어나 로마와의 전쟁에서 져 노예가 되었을 것이다.

스파르타쿠스는 곧 검투사가 되었다. 당시 로마의 검투사는 인기 있는 직업이었다. 영화에서 보는 것처럼 비참하고 위험한 시합에 내몰리고 감옥에 갇혀 짐승처럼 대우받기도 했다. 그러나, 모두가 그런 것은 아니었다. 노예나 하층민보다 자유 시민이 더 많았다. 그가 간 검투사 양성소의 주인은 렌툴루스 바티아투스라는 사람이었다. 그는 트라키아와 갈리아 출신의 검투사를 키웠다. 그런데 이 양성소가 다른 곳보다 지내기에 아주 나빴다. 그에 반발한 스파르타쿠스는 B.C. 74년 여름, 다른 검투사들과 반란을 일으켰다.

스파르타쿠스 반란은 처음에는 소규모 탈출이었다. 그들은 베수비오 산악지대로 도망쳤다. 베수비오 산이 화산으로 폭발한 것은 그로부터 약 150년 후의 일이다. 당시 베수비오 산은 울창한 산악지대였다. 스파르타쿠스 일행이 잠적하기에는 최상이었다. 이들은 행인의 돈과 짐을 빼앗는 산적으로 변했다. 이 산적들을 두고 볼 수 없어 인근의 카푸아시에서 토벌대를 보내도록 했는데 바로 격퇴당하고 무기만 빼앗겼다(1차 패전). 이 소문을 듣고 노예,부랑자,불량배들도 합류, 결국 중앙 정부인 로마가 나설 수 밖에 없었다. 로마 정부는 이들을 가볍게 보아 정규군인 레기온(Region)이 아닌 시민군을 3천명 징집하여 법무관 글라베르(Gaius Claudius Glaber)에게 맡겼다. 법무관 글라베르는 포위진을 쳤다. 길목을 모두 막고 한 발 한 발 조여갔지만 노예군은 야생 넝쿨을 꼬아 만든 로프를 이용, 험준한 바위를 하강하여 로마 군의 배후를 공격했다. 3천명 로마 시민군의 패배였다(2차 패전). 로마는 다시 법무관 바리니우스(Pablius Barinius)로 하여금 시민군 4천명이 진압하게 했지만, 스파르타쿠스 군은 밤중에 포위망을 교묘하게 빠져나갔다. 바리니우스는 추격하다가 패하여 말과 군기(軍旗)를 모두 빼앗기고 말았다. 로마 정부군을 상대로 해서도 두 번씩이나 승리하자 그 소문이 쫙 퍼져나갔다. 그러자 이태리 전 지역의 노예들이 반란에 가담했다. 스파르타쿠스는 신체가 강건하고 발이 빨랐던 양치기들을 합류시키려 했다. 산적 떼는 약 4만 명 이상으로 불어났다. 노예군은 누케리아, 투리, 메타폰툼 등 도시도 함락하여 병력을 늘리고 무기와 재화를 빼앗았다. 물론 살인, 강간, 약탈과 방화가 이어졌다.

로마 정부는 심각해졌다. 그 해에 선출된 2명의 집정관 루키우스 겔리우스와 그나이우스 코르넬리우스, 렌톨루스 클라디아누스로 하여금 각각 2개 군단의 정예병을 주어 진압하게 했다. 그러나 스파르타 군은 렌톨루스 군단을 눌렀다. 추격해오는 겔리우스 군단도 격파하고, 갈리아 지방 키살피나의 총독이 된 전직 집정관 롱기니우스(Gaius Casius Longinus)의 군대도 이겼다. 즉, 군대의 최정예 6개 군단(軍團)이 패배한 것이다. 스파르타쿠스는 포로로 붙잡은 로마인들에게 검투사 경기를 시켜 서로를 죽이게 했다고 한다.

뒤이어 스파르타쿠스 군은 북상, 그 군대 수효는 거의 12만 명으로 불어났다. 그런데 알프스까지 올라가 트라키아로 가는 듯하던 노예군이 무슨 이유에서인지 방향을 틀어 남쪽 나폴리(Napoli)까지 내려온다. 그런데, 이는 어리석은 결정이었다. 기록이 없어 왜 그랬는지는 잘 모르지만, 노예들로서는 낯선 땅 알프스(Alps) 이북, 트라키아 방향으로 가는 것이 싫었을 수도 있다. 스파르타쿠스 지휘가 잘 통하지 않았기 때문일 것이다. 로마의 원로원은 최고의 부호인 법무관 크랏수스에게 토벌을 맡겼다. 크랏수스는 당시 8명의 법무관(法務官)중 수석 법무관이었다. 집정관 유고시 최고사령관 임무를 수행해야 했다. 크랏수스는 패배한 집정관 군대와 사비(私費)로 모집한 군대를 합한 8개 군단(軍團)을 조직했다. 크랏수스는 출전(出戰)에 앞서 패잔병들에게 10분의 1형벌(데키마티오:Decimatio: 군인 스스로 10명 중 1명을 골라 구타하여 죽이는 형벌)을 가차 없이 행했다고 하니 당시 로마인들의 배수진을 짐작케 한다.

제아무리 날랜 스파르타쿠스도 중앙 정부군의 死力을 다한 공격에는 속수무책이었다. 그는 해적들과 접촉하여 배를 타고 탈출하려 하였으나, 해적들이 배신하였다. 또, 뗏목을 이용하려 했지만 로마군에게 격파되었다. 또한 외국으로 원정 나갔던 폼페이우스(Pompeius)의 군단이 들어와 로마 정부군의 전력(戰力)이 강화되어 노예군은 열세에 놓였다. 최후로 스파르타쿠스는 결사대(決死隊)를 조직하여 크랏수스를 죽이고자 돌진하였지만 2명의 백인대장을 쓰러뜨리는 정도로 그쳤다. 노예군은 무너지고 전쟁은 끝났다. 노예군 중 6천명이 포로로 잡혀 당시 최고형(刑)인 십자가형으로 처형되었다.

로마인들은 스파르타쿠스에 대한 기록을 극히 일부만 남겨놓았다. 다만, 그들은 스파르타쿠스를 절대 잊지 않았다. 30명 이상의 고대 작가들이 그에 대해 썼고 키케로, 카이사르도 그를 언급했다. 옥타비아누스는 안토니우스에게 "제2의 스파르타쿠스"라고 불렀다고 한다.

A.D. 79년, 화산 폭발로 매몰된 도시 폼페이(Pompei) 유적에서도 스파르타쿠스가 말을 타고 싸우는 그림의 낙서가 발견되었다고 한다. 이 반란의 여파로 노예에 대한 대우가 일부 나아졌지만, 전반적으로 큰 차이는 없었다. 오히려 검투사 경기장 주위에 군대를 배치하여 경계를 단단히 하였을 뿐이다.

스파르타쿠스는 "로마의 적(敵)"이었기에 고대 로마인들에게는 악인의 대명사였지만 18C 계몽주의 이후 볼테르 등에 의해 재평가되었다. 특히 사회주의·공산주의 진영에서 스파르타쿠스를 영웅으로 미화하였다. 로자 룩셈버어그, 리프크네히트가 만든 독일 극좌 혁명 단체명이 '스파르타쿠스 단: Spartacus 단(團)'이었다. 또, 트라키아인의 후손인 불가리아인들은 지금까지도 스파르타쿠스를 영웅으로 받들고 있다.

<**스파르타쿠스**(Spartacus)**의 리스크**(Risk)>

: 트라키아 출생 양치기로서 로마 전에서 패배하여 노예 신분으로 전락, 검투사 노예로 자유가 박탈당한 것

<**리스크**(Risk)**에 대한 스파르타쿠스의 대처**>

검투사 노예들과 함께 탈출, 다른 처지의 검투사, 노예, 양치기 등을 합류시켜 전투, 전쟁에 임한 것.

알프스(Alps) 이북 트라키아로 북상하여 완전한 자유인으로 될 수 있는 기회가 있었지만 부하들의 고집을 꺾지 못해 다시 남하(南下)하여 비참한 최후를 마친 것은 아쉬움을 남긴 부분.

2. [로마의 동맹시 전쟁](B.C. 91년- B.C. 88년)(기원전 1세기 서양 로마)

로마는 B.C. 91년-B.C. 88년 3년간 이탈리아 안의 다른 시와 격렬한 전쟁을 겪었다. 이 당시 이탈리아라 하면 아직 로마 안에 편입된 것이 아니어서 국가 사이의 전쟁이나 마찬가지였다.

이탈리아의 다른 도시는 로마와 동맹(同盟)관계를 맺고 있었기에 동맹시로 불렸다.

로마는 에트루리아 연맹, 키살피나 지방의 갈리아(Galia)족, 아펜니노 산맥 삼니움(Samnium)족의 로마 공격을 격퇴하고 이태리 남부의 그리스계 도시들도 편입했다. 이태리 반도를 장악하였지만 이 도시들을 로마와 동등하게 대우하지는 않고 동맹(Socil Alliance)으로 묶은 상태였다. 이는 로마시 또는 완전 동화된 자치시(自治市)와도 구분되었다.

동맹시는 외교권의 제한을 받았으나 내정은 전혀 자유로웠고 내전 이후에도 배상금이나 조공 부담은 없었다(병역 제공 의무 별개). 이른바 「로마 연합」이 180여년 지속되어 로마, 자치시, 동맹시들이 평화를 누린 것이다. 동맹시는 전시에 로마에게 병력 제공 의무만 부담했을 뿐 병력 구성시 로마병과 동맹시 병력이 같은 수로 구성되었다. 전투지형 중 가장 희생이 큰 중군(中軍)은 로마군이 감당했다. 심지어 전리품(戰利品) 배분도 차이가 없었다. 포에니(Poeni) 전쟁 때에도 동맹시가 로마를 배신하지 않고 끝까지 함께 한 이유다. 그런데 개인 사이에도 동업(同業)관계에 항상 금이 간다. 이 동맹 사이에도 새로 얻은 영토를 어떻게 나누느냐를 놓고 분열되었다. 200여년 이어온 동맹이지만 정치 참여권에도 차이가 있었기에 분열이 더 커졌다.

소(小)마르쿠스 리비우스 드루수스는 로마의 민중지도자이면서 호민관이었기에 동맹시에도 로마 시민권을 부여하고자 하였다. 그러나 이를 반대한 원로원에 의하여 살해되고 동맹시는 뜻을 이룰 수 없게 되자 로마시와의 동맹을 파기했다. 자기들만으로 이태리 공화국을 결성하였고 정부, 군대, 행정 수도도 독립시켰다(전쟁의 발발).

로마는 남부와 북부 2개의 전선으로 나누어 대응하였다. 남부는 집정관 루키우스 율리우스 카이사르, 북부는 집정관 루푸스(Publius Lutilius Lupus)를 각각 사령관으로 세웠다. 양측의 전력(戰力)은 비슷하였다. 그도 그럴 것이, 동맹시로 오랜 시간 로마와 함께 했기 때문에 군대의 편제와 전술이 비슷하였기 때문이다. 남쪽의 로마군은 이태리군에 패배하였고 삼니움(Samnium)족의 마틸루스(Matilus)는 이태리 남부도시 놀라를 점령한 후 카이사르와 대치했다. 북쪽의 집정관 루푸스(Lupus)는 이태리 군의 스카토에게 패배하여 전사했다. 루푸스 휘하의 마리우스(Marius)는 스카토에게 역습하여 루푸스의 시신을 돌려받았다. 마르시(Marci)족의 폼파이디오스 실로는 로마의 장군 퀸투스 세르빌리우스 카이피로를 속여 유인한 후 살해했다. 그러나 로마군에는 명장 마리우스와 술라가 있었다. 마리우스는 북부에서 전사한 루푸스 대신 총사령관이 되어 남부의 술라와 힘을 합쳐 마르시(Marci)족을 크게 무찔렀다. 훗날 삼두정치의 한 사람인 폼페이우스의 아버지 그나이우스 폼페이우스도 크게 활약하였다. 67세의 고령이었던 마리우스는 건강이 나빠져 사임, 술라에게 지휘권이 넘어갔다. 전쟁 중 집정관 카이루스(Lukius Cairus)가 이태리의 동맹시에까지 로마시민군을 확대하는 법안을 통과시켰다.

술라가 특히 장악하고 있던 남부 로마군은 폼페아니족의 클루엔티우스와 정면충돌했다. 초반 클루엔티우스가 우세하였으나 로마군의 기병대가 복귀하여 전세를 역전시켰다. 클루엔티우스는 로마 추격군에 의해 전사했다. 술라(Sula)는 삼니움의 일파인 히르피니(Hirpini)족의 본거지인 아이클라눔을 포위하고 불을 질러 함락시켰다. 삼니움의 수장 무틸루스(Mutilus)도 부상을 당하였고, 이후 삼니움족은 재기하지 못하였다. 파일리그니족도 정복하였고, 아스쿨룸 도시도 로마의 수중에 떨어졌다. 로마군에서는 메텔루스 피우스(Pius)가 술라를 이어받았다.

이 전쟁의 승리로 로마는 이탈리아 전역을 통일했다. 이전의 부족연맹체 같았던 이태리가 비로소 로마를 중심으로 통일된 것이다. 이태리 안 여러 민족들은 로마에 동화되기 시작했다. 이태리는 로마를 중심으로 단일한 국가 단위가 되었다. 동맹시 전쟁의 경험은 훗날 시리아, 이집트 등 속주정책에도 영향을 주었다.

로마 안에서는 마리우스의 군대 통솔권이 술라로 옮겨갔다. 이후 술라는 미트라다테스 전쟁에서 승리하는 등 자신의 시대를 열었다. 마리우스는 이를 질투하여 술라의 지휘권을 다시 빼앗으려 하였으나 술라는 군대로 쿠테타를 일으켰다. 그 후, 마리우스와 술라는 2차 내전을 벌였으나 술라의 승리로 결판났다. 동맹시는 로마에 완전히 복속되었으나 억압적인 술라에게 불만을 품었다. 50년 후 벌어지는 3두 정치의 내전(카이사르 vs 폼페이우스) 때 폼페이우스에 맞선 평민파의 거두 카이사르를 지지, 카이사르가 승리하는 원동력이 되었다.

<**로마가 맞이한 리스크**(Risk)>

: 동맹시의 분리, 독립과 전쟁 발발

<**리스크**(Risk) **대처**>

: 마리우스, 술라 등 유능한 지도자를 중심으로 한 단결. 동맹시에 대한 로마 시민권 부여 법안 통과

3. [로마의 카르헤 전투(Battle of Carrhae)](B.C. 53년)(기원전 1세기 서양 로마)

카르헤(오늘날 튀르키에 남동부 하람(Harram시(市))에서 크랏수스의 로마군과 파르티아 군이 전쟁을 한 사건이다. 고대 로마 역사상 최악의 패배 중 하나다. 크랏수스는 폼페이우스 카이사르와 함께 3두 정치의 하나였다. 그러나, 다른 두 사람에 비해 군사적 업적이 없어 열등감에 시달린 게 문제였다. 막대한 재산이 있었지만 정복국가인 로마에서 군사적 능력을 보여주지 못한 것은 매우 큰 약점이기 때문이다. 카이사르는 10년도 안되는 짧은 시간에 유럽의 심장인 갈리아(Galia)를 평정하였고, 폼페이우스(Pompeius)는 로마를 괴롭힌 지중해 해적을 소탕한 후 동방으로 가서 큰 세력을 얻고 있던 미트라다테스 왕과의 전쟁에서 큰 승리를 거두었다. 크랏수스의 경우 스파르타쿠스(Spartacus)의 노예 반란전(戰) 후반에 투입되어 성공적으로 진압하였으나, 폼페이우스가 이 반란 진압 마무리에 가담하여 공을 일부 가져갔다. 자신의 개선식도 초라하게 할 수 밖에 없었다. 크랏수스는 이 약점을 극복하기 위해 로마 동쪽을 위협한 파르티아(Partia) 정벌에 나섰다. 당시 파르티아가 로마 동쪽에서 위협적인 강국으로 떠오르기는 하였으나 내전 등 내부의 복잡한 사정 때문에 로마에 도전하지는 않았었다. 이 전쟁에 대해 원로원도 반대한 이유다. 그러나 폼페이우스와 카이사르도 파르티아를 눌러 놓을 필요가 있다고 생각, 이 전쟁에 찬성했다.

크랏수스는 자신의 돈으로 군대를 모집하여 시리아로 향했다. 파르티아의 왕(모로레스 2세)은 로마에 화해를 요청하는 사절을 보냈지만, 사절단의 오만하여 화해는 깨졌다. 아르메니아(Armenia)는 로마에 우호적이어서 6,000명의 기병 지원을 약속하고 전술 조언까지 하였다. 즉, 사막 전투를 하지 말고 파르티아 기병들이 힘 못쓰는 아르메니아 산악 지대로 진격하라는 조언이었다. 그러나, 크랏수스는 이를 무시했다. 짧은 거리로 가기 위해 메소포타미아 사막지대를 가로질렀다. 전쟁 경험 없는 사람의 판단 미스였다.

파르티아의 왕 모로레스 2세는 군대를 둘로 나누었다. 장군 수레나스에게는 로마군을 직접 상대하게 하고, 자신은 로마의 연합국 아르메니아를 쳤다. 공격받은 아르메니아는 로마군에 지원하기로 한 기병 6,000명을 보낼 수 없었다.

사막지대는 중무장 보병대인 로마군에게는 최악이었다. 훗날 카이사르 암살에 가담했던 카시우스 롱기누스(Longinus)가 유프라테스 강을 따라 진격하자고 하였으나 이 또한 거절당했다. 로마군을 안내한 것은 현지의 아랍 부족장 아리암네스였다. 그는 전에 폼페이우스의 원정에 참여했기에 크랏수스가 믿었다. 그러나, 명운을 건 전투에서 이방인(異邦人)을 함부로 믿은 것은 잘못이었다. 물론 아리암네스는 양쪽에 걸친 이중 첩자였다. 오랜 행군에 지친 로마군 장교들은 물가에서 하루 쉬자고 했지만 크랏수스는 아들 푸블리우스(Publius)의 말만 듣고 바로 공격에 들어갔다. 로마군은 숫적으로 볼 때 우위였다. 로마 군단병 3만, 경보병 4만명의 7개 군단에 달한 반면, 파르티아 군은 경무장 궁기병(弓騎兵) 9천, 장검(長劍) 중무장 카타프락토이 기병 1천명 뿐이었다. 거기에 화살통을 실어나르기 위한 낙타 1천 마리, 짐수레 200여개가 더 있었을 뿐이다. 로마군은 직사각형 대형을 만들었다. 가운데에 기병대와 보급수송대가 들어가고 바깥을 중무장 보병대가 둘러쌌다. 파르티아의 궁기병(弓騎兵)은 먼저 활로 공격하였다. 로마군이 특유의 방패 대열로 방어를 하였으나 오로지 방어일 뿐이어서 달아나는 파르티아 궁기병을 잡을 수 없었다. 방패의 틈새로 날아오는 화살에 맞는 부상병이 많았다. 전열이 흐트러진 로마군을 2차로 공격한 것은 4m 장검(長劍)을 든 카타프락토이 기병(騎兵)이다. 곧 이어 궁기병의 화살 소나기가 이어졌다. 근본적으로 사막지대에서 크랏수스 군은 기병대 공격의 실마리를 잡을 수 없었다. 활로 무장한 파르티아(Partia)는 수레와 마차를 이용하여 화살의 고갈 없이 연속적으로 공격을 할 수 있었다. 로마의 별동 기병 공격도 소용이 없었다. 푸블리우스(Publius)의 1천 별동 결사대도 파르티아의 활 부대와 이은 장창부대에 속수무책으로 전멸했다. 크랏수스의 본대가 다시 공격했으나 더 큰 피해만 입었다. 아들 푸블리우스의 목은 적의 장창에 꽂혀 로마는 조롱당했다. 크랏수스는 수 천명의 부상병을 버리고 근처의 고지대로 피신했다. 물론 남은 부상병은 살해되거나 포로로 잡혔다. 파르티아는 회담을 제안했다. 크랏수스는 내키지 않았지만 부하들의 요청으로 마지못해 응했다. 말을 타지 않은 크랏수스를 적장(敵將) 수레나스(Surenas)는 말에 태워 조롱했다. 이들의 무례한 협상태도에 크랏수스와 그의 호위대는 격분했지만, 무참하게 살해당하고 말았다. 수레나스는 애초에 회담할 의사가 없었다. 전쟁이란 것이 원래 그러하지만, 야만스럽기 그지없게도 잘린 크랏수스의 목구멍에 금(金)액체를 부어넣었다. 남은 로마군은 달아났다. 4만 명 로마진영 중 2만 명이 살해되고 남은 1만 명은 포로로 잡혔다. 나머지 1만명은 겨우 롱기우스(Longius)가 지휘하여 속주 시리아까지 후퇴했다.

로마 군인 2만 명이 몰살당하고 군단(軍團)의 군기(軍旗)를 다 빼앗긴 치욕스런 패전이었다. 2차 포에니 전쟁 이후 최대 패전이었다. 크랏수스의 잘린 목은 오로테스 2세

왕에게 보내졌다. 파르티아 인들은 능멸하려고 연극의 소품(小品)으로 사용했다.

이 전쟁에서 로마인들은 비단을 처음 보았다. 파르티아 군이 로마군을 위축시키기 위해 거대한 북을 쳐 시끄러운 음악, 휘날리는 깃발을 동원하였는데 그 깃발이 비단(Silk)이었다. 한편, 파르티아 왕 오로데스 2세는 아르메니아를 점령하고 빛나는 승전을 거듭한 장군 수아레스를 시기질투하여 처형하고 말았다. 당시 파르티아의 왕권은 공고하지 않았다. 부족연맹체 수장에 불과했기에 수아레스의 급부상이 해가 된다고 여겼기 때문이다. 오로데스 2세의 파르티아는 이후 시리아에까지 야심을 품었지만 실패했다. 훗날 페르시아에게 패권을 물려주고 만다(사산조 페르시아). 파르티아에 대한 치욕스런 패배를 설욕하기 위해 로마는 카이사르, 안토니우스 등이 군대를 일으켰지만 뜻을 이루지 못했다. 카이사르는 출발 3일 전에 브루터스(Brutus)에 의해 암살되었다. 계승자 안토니우스(Antonius)는 산악지대를 공격하였으나 성공하지 못했다. 옥타비아누스(Octavianus)도 파르티아와 타협할 수 밖에 없었다. 포로와 빼앗긴 군기(軍旗)를 되돌려 받는 선에서 마무리지었다. 이를 기념한 옥타비아누스(Octavianus) (Augustus) 석상(石像)이 지금도 전해내려온다. 페르시아(오늘날의 이란)지역은 이후 오랫동안 서유럽에 위협적인 곳으로 남았다. 이 전쟁에서 포로로 잡혔으나 돌아오지 못한 로마 군인들은 비참해졌다. 파르티아 동쪽의 마루(Maru) 지역으로 잡혀가서 노예(농노:農奴)가 되거나 국경 수비에 이용되는 신세가 되었다.

당시 중국은 전한(前漢)시대였다. 중국도 원정을 하다가(흉노와의 싸움) 중앙 아시아의 로마인과 처음 접촉하게 되었다. 전한(前漢)과 크랏수스의 군대가 기원전 1세기 같은 시기에 서양과 동양에서 공존했기 때문이다. 이 카르헤 전쟁 이후 로마 3두 정치의 한 축이 무너지고 카이사르가 패권을 잡았다.

카르헤(Carrhae) 전투가 남긴 교훈은 무엇인가? 강한 나라, 강한 군대라도 전쟁에서 질 수 있다는 것이다. 마치 미국이 월남전에서 패배한 것처럼.... 패배에는 여러 요인이 있다. 가장 큰 원인은 지도자의 어리석음이다. 날씨와 지형, 컨디션 등이 악조건을 더했다. 그 댓가는 수많은 국민의 죽음이다.

[Carrhae **전쟁 당시의 특기할 과학 기술**]

당시의 과학기술은 생존을 위한 전투(전쟁)와 관련된다. 끊임없는 갈등 속에서 살아남아야 하기에 무기제조에 온 과학 기술이 집중되었다. 언제 생사(生死)가 갈릴지 모르는 절박함, 불안감 속에서 정교한 기술이 나왔다. 그 대표적인 예가 「글라디우스(Gladius)」라는 짧은 칼이다. 글라디우스는 라틴어로 「칼」을 뜻한다. 본래 이름은 「Gladius Hispaniensis」(스페인계 칼)였다. 유럽 최초의 철제무기로 수 백 년 동안 로마군 보병의 주무기였는데 후에는 검의 길이가 길어졌다. 기원후 4C경부터는 효용성이 거의 사라졌다. 글라디우스(Gladius)는 길이 70cm, 무게 1kg 이하였기에 짧고 가벼웠다. 그 때의 대장장이 기술로 긴 칼을 만들기 어려웠을 것이다. 그러나, 로마 보병의 밀집대형에서 방패와 함께 쓰기에 최적의 길이, 크기라는 이유도 있었다. 기병이나 공격형 부대에는 장검(長劍)이 필요했을 것이다. 글라디우스는 베기보다는 찌르기가 주된 용도였다. 근접전에서의 위력(강도)은 상당하였다고 기록에서 전한다. 고온에서 철물을 녹였다가 칼의 모습으로 만들 때 곧게 폈다가 여러 번 접었다(「접쇠 공정」). 이 제조 기술은 후에 북유럽으로 널리 전파되어 여러 모습으로 응용되었다.

<**비단**(Silk)> (**명주**)

로마군은 파르티아와의 전쟁 때 처음 비단(Silk)을 보았다. 전한(前漢)에서 발달했는데 누에고치에서 실을 뽑아내어 만든다. 양모(羊毛)와 함께 오래된 동물성 천연 섬유다. 폴리에틸렌 등 합성 섬유가 주류인 오늘날에도 비단은 고급 의류로 친다. 비단은 천연 섬유 중 거의 유일한 필라멘트 섬유다. 필라멘트 섬유란 1올의 긴 섬유를 그대로 실로 짜내는 것이다. 천연섬유 중 양털이나 목화, 모시는 여러 개의 짧은 섬유를 연결하는 것이니 기법이 다르다. 로마 제국에 들어온 비단은 같은 무게의 금(金)(Gold)과 같은 가격으로 거래된 적이 있을 정도로 비쌌다(마르쿠스 아우렐리우스 Marcus Aurelius 황제 시기).

<**동전 주조**>

이 시기에 동전이 화폐로 사용되었다고 한다. 로마에서 언제 동전이 사용되었는가에

대해서는 분명하지 않으나 로마의 폼페이우스(Pompeius) 등과 전쟁을 벌인 동방 폰토스 왕 미트라다테스 6세는 자신의 초상화가 새겨진 동전을 대대적으로 만들어 그리스와 소(小)아시아(Asia minor) 전역에 유통시켰다. 로마로부터 압제받는 그리스인을 해방시켜 주겠다고 했다. 자신을 알렉산더 대왕의 재림(再臨)이라고 신격화하여 만들었다. 구리에다가 인물의 초상화를 그려넣어 주목되기도 하지만, 그 당시 물품화폐로서 매매 등 상업 유통의 매개가 되었다는 데에도 의의가 있다.

<기병(騎兵)의 등장>

카르헤(Carrhae)전투에서 크랏수스가 파르티아에게 패전한 이유는 파르티아의 빠른 기병(騎兵)(카타프락토이) 때문이다.

말의 이용은 전투기술의 중요한 혁신이다. 처음에는 말의 몸집이 작아 전쟁터에서는 기병보다 전차(戰車)가 주로 활약했다. 다만 유목민 스키타이(Skitai)는 말을 타고 활을 쏘는 방식을 일찍이 개발했다. 그리스의 역사가 헤로도투스(Herodotus)는 이것을 놀라워하여 기록을 남겼다고 한다. 말의 품종 개량. 마구(馬具: 등차, 안장 등)가 발달하면서 보병보다 중기병(重騎兵)을 활용했다. 마케도니아의 필립 2세, 그 아들 알렉산더 대왕도 이를 애용했다고 한다(망치와 모루 전술). 말을 이용한 유목민(스키타이, 흉노족, 파르티아)의 기병(騎兵)은 지금의 전차(Tank)같은 존재였다. 주로 농경을 하던 한(漢)나라, 로마인에게는 공포의 대상이었다. 다만, 한(漢)나라의 곽거병은 이를 활용, 800명의 기병으로 2,000명의 흉노군을 궤멸시킨 사례도 없지는 않다. 카르헤(Carrhae) 전투에서 파르티아에게 대패한 로마도 트리야누스 황제 때 기병과 궁병을 조합(組合)하여 파르티아에게 설욕한 적이 있다. 한반도에서는 A.D. 3세기 고구려의 안악 3호 고분에 기마무사의 벽화가 그려진 바 있다. A.D. 240년경 고구려의 동천왕이 위나라의 장군 관구검에게 5천명의 철기군으로 돌격했다는 기록도 있다.

4. [로마의 폼페이우스(Gnaeus Pompeius Magnus)](B.C. 106년-B.C. 48년) (기원전 1세기 서양 로마)

폼페이우스(Pompeius)는 카이사르와 쌍벽을 이루었고 삼두정치의 일원이었지만 카이사르와의 내전에서 패배했다. 그는 당시의 유력자들이 그러하듯 집안이 좋았다. 부친(Gnaeus Pompeius Strabo)은 B.C. 89년 집정관이었고 이태리 북동부 피케눔 지역에 많은 땅을 가지고 있었다. 폼페이우스는 18세부터 아버지 스트라보와 함께 동맹시 전쟁에 참전했다. 폼페이우스는 어린 나이에도 로마군을 효과적으로 통솔했고 군대안의 반란을 잘 진압하는 등 군사적 재능이 있었다. 내전 중 아버지 스트라보는 사망하였지만, 폼페이우스는 살아남아 술라(Sulla) 편에 서서 마리우스(Marius)파를 공격했다. <u>술라는 그의 군사적 재능을 높이 평가, 사위로</u> 삼았다. 마리우스파와의 내전에서 승리한 술라는 마리우스 파의 처형을 폼페이우스에게 맡겼고 폼페이우스는 철저한 피의 보복을 마무리 지었다. 이후 폼페이우스는 시칠리아, 아프리카 등지에서 대승, 군대를 몰아 로마 개선식을 술라에게 요구하기에 이르렀다. 처음에 거절한 술라는 폼페이우스의 군세에 눌려 허락했다. 이후 폼페이우스는 로마에서 주목받는 실력자로 발돋움했다. 그 후 레피두스가 선동한 에트루리아 반란도 진압했다. 레피두스는 사르디니아(Sardinia)로 망명하였지만 곧 사망하고 말았다. 그러나, 반란 진압 후 원로원은 폼페이우스에게 군대를 해산하라고 명하였다. 그는 이를 거부, 스페인 진압전으로 갔다. 스페인의 총독이었던 세리토리우스의 반란은 피우스(Pius)가 맡고 있었으나 피우스가 오히려 수세로 몰리고 있었다. 사실 29세의 폼페이우스가 군단 지휘관이 되는 것은 불법이었으나 원로원도 폼페이우스의 역량을 무시할 수 없어 승인했다. 스페인 전(戰)에서 셰리토리우스도 전략(戰略)이 대단하여 2년간 선전(善戰)하였으나 포에니 전쟁 이후 막강한 경제력을 갖춘 로마군에게 무릎을 꿇었다(B.C. 73년). 스페인 전에서 이긴 후 귀환할 때 로마는 스파르타쿠스 반란 진압을 크랏수스가 끝내고 있었다. 폼페이우스는 스파르타쿠스 잔당 5~6천명 정도를 전사시킨 정도였고 대부분의 전공(戰功)은 크랏수스의 몫이었음에도 원로원은 폼페이우스에게만 개선식을 하도록 했다. 크랏수스와 폼페이우스의 사이가 벌어진 원인이다.

또다시 원로원은 폼페이우스에게 군대를 해산하라고 하였으나 그는 거절하고 집정관 선거에 출마, 당선되었다. B.C. 70년 집정관에 선출된 폼페이우스는 원로원을 무시하고 로마시민을 위해 호르텐시우스(Hortensius)법을 부활시켰다. 탈법적(脫法的)이었지만 애민사상(愛民思想)을 가졌음은 인정해야 할 것 같다. 원로원은 불만이었으나 지중해 근해의 해적떼가 워낙 기승을 부렸기에 오히려 그에게 지중해 전체의 지휘권을 주는 법안(B.C. 67년 호민관 가비니우스(Gabinius)가 제안한 법률)을 통과시켰다. <u>해적 소탕에서 그의 군사적 재능이 다시 빛났다.</u> 지중해 항구를 점령한 후 해적들의 물과 식량을 끊었다. 그리고 지중해역을 13개의 작은 구역으로 나누어 각각 공략하여 킬리키아로 몰아넣은 다음 3개월 만에 한꺼번에 쓸어버리는 방법을 썼다. 해적 소탕 후 남은 2년의 임기 동안 동방의 골머리였던 미트라다테스 원정길에 올랐다. 미트라다테스는 그리스 마케도니아의 알렉산더 대왕 후계자를 자처하면서 게릴라 전법으로 로마를 괴롭힌 동쪽의 강자였다. 이미 로마군의 루쿨루스 사령관이 미트라다테스 전투를 효과적으로 지휘하고 있었으나(제3차 미트라다테스 전쟁) 로마군이 루쿨루스의 지나치게 엄격한 약탈 금지 명령에 반기를 들어 골치를 썩고 있었다. 폼페이우스는 루쿨루스의 지휘권을 5년 임기로 물려받았다. 그는 루쿨루스보다 2배나 많은 병력으로 손쉽게 미트라다테스를 격파했다. 그는 군사력으로만 밀어붙이지 않고 파르티아 땅, 아르메니아를 설득하여 미트라다테스와 떼어놓은 후 폰토스 왕국을 점령했다. 이후 그는 헬레우코스 왕조, 시리아의 하스몬 왕조까지 굴복시켜 로마의 영토를 팔레스타인과 시리아에까지 넓혔다. 이로써 폼페이우스는 로마 시민의 절대적 지지를 받게 되었으나 곧바로 로마로 귀환, 자진하여 군대를 해산했다. 다만 원로원이 자신의 동방원정을 추인해주고 자신의 병사들에게 대가로 토지를 지급해주기를 원했다. 그러나 인간사가 그러하듯 무장해제한 그를 원로원은 무시했다. 그에 대한 반발로 폼페이우스는 카이사르, 크랏수스와 연합했다(제1차 삼두정치). 키케로까지 영입하고자 하였으나 키케로는 거부했다. 폼페이우스와 손을 잡은 카이사르는 쉽게 집정관에 당선되었고 폼페이우스는 옛 부하들에게 전공으로 토지를 나눠줄 수 있게 되었다(농지법 통과). 곧 카이사르는 갈리아(Galia) 총독으로 가고 갈리아 원정에서 혁혁한 공을 세워 폼페이우스를 능가하는 정치적 자산을 쌓았다. 그 반면 부호 크랏수스는 판단 미스로 파르티아와의 전쟁에서 로마에게 처참한 패배를 안겨주고 자신도 살해되었다(Carrhae 전투). 카이사르와 폼페이우스의 갈등은 피할 수 없는 운명이었다. 쌍두마차는 있을 수 없는 일이다. 잘 되었다싶어 원로원은 본디 귀족파였던 폼페이우스를 꼬드겨 둘을 이간시켰다. 원로원과 폼페이우스는 카이사르의 로마 귀환 때 군대를 해산하고 민간인 신분으로 와야 한다는 법안을 만들었다. 그러나, 카이사르는 호민관들을 내세워 거부권을 행사하게 했다. 폼페이우스와 원로원은 「원로원 최종권고」를 발동하여 타협의 여지는 없어졌다. 카이사르는 군대를 동원하여 루비콘(Rubicon) 강을 건너 쿠데타를 일으켰다. 이 때 이태리의 다른 도시 뿐만 아니라 로마의 시민들은 대부분 시민파인 카이사르를 지지했다. 카이사르가 갈리아(Galia)에서 게르만족을 격퇴한 공로도 물론 작용했다. 폼페이우스는 자신에게 불리한 이태리를 탈출했다. 카이사르의 지지기반이 갈리아였다면, 폼페이우스의 지지 영역은 더 넓었다. 스페인, 시리아, 아나톨리아, 팔레스타인, 파르티아, 그리고 이집트였다. 다만 함께 망명을 한 원로원 의원들은 불평불만만 하고 폼페이우스의 군사 작전에 방해되는 압력을 넣기 일쑤였다. 첫 싸움인 디라키움 전투에서 폼페이우스는 카이사르 9군단의 취약한 부분을 공격하여 성공시킨다. 그러나 카이사르는 그리스 동쪽으로 우회하여 폼페이우스의 보급을 끊어 전세를 역전시켰다. 이 와중에도 폼페이우스 군영 내에 있던 원로원 의원들이 전투를 서두르라고 압박을 가하여 폼페이우스를 내몰았다. 그리하여 벌어진 것이 파르살루스(Parsalus) 평원에서의 전투다. 폼페이우스는 7천 기병을 동원하여 카이사르의 측면을 치고자 하였으나(「망치」라는 기병을 동원하여 「모루」라는 보병으로 몰아붙인다는 전통 방식) 노련한 카이사르에게 전술을 간파당했다. 카이사르의 보병이 폼페이우스의 기병을 긴 칼(長劍)로 무력화시켰다. 긴 칼 앞에서는 기병도 꼼짝못했다. 카이사르의 4군(軍)이 폼페이우스군의 측면을 공략한 후 3군(軍)(최정예병)이 주력(主力)으로 나서자 폼페이우스군의 대열이 무너지고 말았다. 폼페이우스는 도망가고 나머지 2만 4천명은 전부 항복했다. 폼페이우스는 안티옥(시리아)으로 가고싶었지만 거부당했다. 남은 곳은 이집트 밖에 없었다. 그러나 패하여 도움을 요청한 장수를 이방인(異邦人) 이집트는 배신했다. 이집트에 도착하자마자 폼페이우스는 옛날 자신의 휘하에서 백인대장을 하던 루키우스 셉티미우스에게 살해당했다. 이집트의 왕 프톨레마이오스 13세는 폼페이우스의 잘린 목을 카이사르에게 바쳤지만 카이사르는 기뻐하지 않았다. 오히려 옛 친구의 운명을 슬퍼했다. 군사 재능으로는 카이사르 못지 않았던 영웅이었지만, 정치 감각에서 카이사르에게 뒤졌던 폼페이우스의 운명이었다.

<**폼페이우스의 리스크**(Risk)>

: 동맹시 전쟁, 스페인 전쟁, 스파르타쿠스 반란, 파르티아 전쟁(카르헤 전투) 그리고 카이사르와의 갈등

<**리스크**(Risk) **대처**>

: 부친 아래에서 착실하게 실력을 쌓음. 군사적 감각을 익히고 병사들을 지도하는 리더십을 키움. 원로원과의 협력으로 그 지지를 받음. 다만 최후로 카이사르와의 갈등을 치유하지 못하고 전략적 실수를 거듭한 것은 역량부족으로 평가됨.

5. [로마의 카이사르(Gaius Julius Caesar)](B.C. 100년-B.C. 44년)(기원전 1세기 서양 로마)

고대 로마의 군인, 정치가였다. 카이사르는 B.C. 100년, 아버지 가이우스 율리우스 카이사르와 어머니 아우렐리아 코타 사이에서 태어났다. 이 당시 로마 공화정은 귀족파(옵티마테스 Optimates)와 평민파(포풀루레 Populure)와의 대립이 심한 혼란기였다. 그의 부친은 카이사르가 15세 때 갑자기 사망했다.

그는 황제가 된 적이 없지만 그 계승자들이 모두 황제로 즉위하여 로마 황제의 뿌리를 율리우스 카이사르에게 두었다. 삼두정치, 갈리아 정복, 폼페이우스와의 내전 승리, 원로원과 로마 토지제도, 사법제도의 개혁 등이 그의 업적이다.

카이사르의 집안은 율리우스(Julius)씨족이다. 원래 도시국가 알바롱가의 귀족이었다. 알바롱가는 로마 건국의 뿌리 중 하나다. 항상 그러하듯 명문가라 할지라도 시대 흐름에 따라서는 비천해질 수 있다. 이 집안도 그러했다. B.C. 2세기 무렵, 명문가로는 코르넬리우스, 발레리우스, 아이넬리우스, 파비우스, 클라디우스 등이었고 율리우스(Julius)가는 주목을 받지 못했다. 집정관이나 전공을 세운 사람도 없었다.

그는 16세에 로마의 최고신 쥬피터(그리스의 제우스 신에 해당함)의 고위 사제로 선출되었다. 술라 반대파인 킨나의 딸과 결혼하였는데, 킨나의 사망 2년 뒤 술라가 쿠데타로 로마를 장악해 위기를 맞았다. 술라의 철천지 반대파인 마리우스(Marius)(평민파)가 카이사르의 고모부였으므로 더욱 그러하였다. 술라는 19세인 카이사르에게 이혼을 명하였으나 이를 거부하고 도망쳤다. 대신 모든 재산과 부인의 지참금도 몰수당하고 고위 사제(司祭)직도 박탈당했다.

다만, 여러 사람의 청원과 원로원에 영향력이 있던 외가의 도움으로 사면을 받았다. 이후 그는 안전을 도모, 국외로 나가 군대에 들어갔다. 아시아 속주 총독 마르쿠스 테르무스(Marcus Termus)의 부관 장교가 되었다가 술라가 죽은 이후에야 안심하고 로마로 돌아왔다.

로마에 와서는 술라파를 비리 혐의로 고발했지만, 당대의 명연설가 키케로(Cicero)가 술라를 변호하는 바람에 성공하지 못했다. 카이사르는 로도스의 아폴로니우스 몰론 아래서 수사학(修辭學)을 공부하고자 에게해를 건너가다가 해적에게 납치된 적이 있다. 해적들은 석방댓가로 몸값을 요구하였는데 20 탈란드였다. 그러나 카이사르는 “50 탈란드로 올려라” 하고 오히려 해적들에게 호통을 쳤다고 한다. 풀려난 그는 해적들을 공격하여 사로잡은 후 노예로 팔지 않고 십자가 형에 처했다. 카이사르는 로마로 돌아가 기원전 72년 군대의 대대장 정도의 직위에 선출되었고 기원전 68년 경에는 원로원 의원이 된다. 술라파와의 대립을 의식, 술라의 외손녀와 결혼하였고 폼페이우스를 도와 해적을 토벌하는 법안을 발의했다(폼페이우스와의 협력).

기원전 65년 재무관에 선출되었으나 많은 비용을 쓰는 바람에 크랏수스에게서 큰 빚을 지게 되었다. B.C. 63년 최고 사제직인 폰티펙스(Pontipex Maximus)에 선출되었다. 이듬해에는 법무관이 되었다. 이후 히스파니아 속주의 총독이 되어 전공(戰功)을 세운 후 명예로운 개선식을 했다.

카이사르는 집정관의 꿈을 이루기 위해 폼페이우스와 크랏수스를 끌어들였다(삼두정치: 군사력, 금력(金力), 정치력의 연대). B.C. 59년 드디어 집정관에 당선되었고 율리우스(Julius) 농지법을 민회에서 통과시켰다.

이 법은 본디 호민관 그락쿠스 형제 등이 시도하였었다. 그러나, 그들은 원로원파에게 살해된 적이 있다. 포에니 전쟁 이후 귀족들만 특혜를 누리는 토지 분배를 금지한 것이었다. 원로원 의원인 카토, 집정관 비불루스 등이 반대하려 하였지만 이를 민회(民會)에서 통과시켜 어쩔 수 없었다. 당시 비공개로 하였던 원로원, 민회의 의사록(Acta diurma)을 일반 시민에게 공개하여 여론의 지지도 얻어냈다.

크랏수스의 요청을 들어 징세청부업자의 속주세 예납(豫納)제도도 폐지하고 갈리아의 신흥 세력자 아리오비스투스도 자신의 편으로 끌어들여 세력을 키웠다. 또, 폼페이우스의 희망사항을 들어주어 군대 복무한 공로자에게 보상으로 토지를 주었다. 집정관 임기가 만료되자 카이사르는 갈리아(Galia)를 임지로 선택했다. 지금의 스위스에 있던 헬베티(Helveti)족이 갈리아를 침공하려 한 것을 알았기 때문이다. 여기서 혁혁한 전공을 세워 로마 제패의 기틀을 마련했다. 오늘날 전해지는 화려한 카이사르로 변신했다.

예상대로 헬베티(Helveti)족은 갈리아(Galia)로 쳐들어왔다. 갈리아 인들은 족장회의 후 카이사르에게 그 격파를 요청했다. 게르만족의 수장 아리오 비스투스와의 전투, 자비스 전투, 잉글랜드 전투에서 승리하고 총독 임기도 연장했다. 그런데 가장 큰 적은 베르킨 게토릭스였다. 베르킨 게토릭스는 갈리아인 전체를 하나로 묶었고, 현지 사정에 밝다는 이점을 활용, 식량과 가축을 불살라버리는 청야(淸野)전술을 구사했다.

카이사르는 갈리아 내부를 분열시켜 힘을 약하게 하고, 갈리아인에게 무참하게 보복한다(이바리쿰 전투). 그러나 게르고비아 성을 두고 공격하다가 무모한 작전 끝에 크게 패배했다. 이 대패를 보고 본디 카이사르 편이었던 하이두족도, 베르킨 게토릭스 편을 들었다. 카이사르는 군수물자, 포로들을 빼앗기고 로마인들은 모두 살해되었다. 로마 국내에서도 원로원과 폼페이우스마저 카이사르를 시기하여 그 지원을 끊었다. 집정관 임기도 1년밖에 남지 않은 상태라 안팎으로 카이사르는 궁지로 몰렸다. 자신만만한 베르긴 게토릭스는 대군으로 카이사르를 공격했다. 카이사르의 후방은 다른 갈리아군들이 에워쌌다. 그러나, 이 순간 카이사르의 준비(병력과 참호)와 로마군의 높은 훈련, 무장 수준이 빛났다. 베르긴 게토릭스는 항복했고 갈리아는 평온을 되찾았다(Galia 정복).

원로원은 카이사르의 힘을 빼기 위해 최종권고를 내려 루비콘(Rubicon) 강 앞에서 군대를 해산하고 민간인 신분으로 집정관에 입후보하라고 했다. 카이사르는 이를 거부하고 루비콘 강을 건넜다("주사위는 던져졌다 Alea lacta est!"). 로마를 정복한 카이사르는 마리우스나 술라와 달리 정적에게도 관용을 베풀었다. 카이사르와 원로원 대립의 근본 원인은 포에니 전쟁 승리 후 얻어진 대토지를 원로원파 귀족들만 가지고 중산층 병사들에게는 분배하지 않은 데 있었다(호민관 그라쿠스 형제들의 요구 묵살과 살해 등). 3두정치의 한 축인 크랏수스는 파르티아 전쟁에서 참패한 후 잔혹하게 살해되고 남은 폼페이우스마저 원로원 편을 들었다. 내전은 피할 수 없었다. 그런데, 폼페이우스와 반대파 원로원은 갈리아 전을 겪은 백전백승의 카이사르 군을 상대할 수 없어 이탈리아를 버리고 소아시아, 시리아로 달아났다.

디라키움 전투에서는 폼페이우스 군이 승리하였으나 파르살루스 전투에서 카이사르 군이 대승했다. 폼페이우스는 시리아로 가고자 하였으나 거절당하고 이집트에 갔지만 프톨레마이오스 왕가에 배신당하고 옛 부하인 백인대장에게 살해되었다. 당시 이집트는 프톨레마이오스 13세와 클레오파트라 7세가 권력다툼 중이었는데 카이사르는 클레오파트라를 지지했다. 이후 프톨레마이오스 측이 전쟁을 벌였으나(알렉산드라 전투) 천신만고 끝에 카이사르가 승리한다.

카이사르는 로마로 돌아와 다시 집정관에 선출되고 북아프리카의 원로원과 폼페이우스 잔당을 탑수스 전투에서 일소했다. 개선식을 하고 나서 대대적인 정치, 사회 개혁을 했다.

기존에 쓰던 달력도 율리우스 달력(曆)으로 바꾸어 오차를 고쳤다. 이는 16세기 그레고리우스 달력(曆)이 만들어질 때까지 오랜 시간 사용된 유럽의 달력이다. 광장(카이사르 forum), 국립 도서관, 극장도 만들었다. 원로원의 세력을 줄이고자 술라 때 600명으로 늘린 정원을 다시 900명으로 대폭 늘렸다. 의원 대부분도 자신의 지지자로 구성했다. 원로원의 최종권고 대권(大權)은 폐지되었다.

갈리아 키살피나의 주민에게 로마 시민권을 주었고, 프로빈키아와 트리나소리아(오늘날 시칠리아 섬)의 주민에게 이태리 시민의 자격을 주어 속주민의 많은 지지를 얻었다. 사법체계도 개혁하여 배심원단을 귀족인 원로원 의원이 구성할 수 없게 했다. 의사와 교사를 우대하여 시민권을 부여하였고 군인의 보수를 파격적으로 2배로 올렸다. 그 후 그는 최고 사령관직(Imperator)에 취임하여 이후 제정(帝政)으로 이어지는 초석을 놓았다(B.C. 44년). 다만 공화정(共和政)제도 자체는 존중하였다. 크랏수스가 카르헤(Carrhae) 전투에서 대패한 것을 설욕하기 위해 파르티아를 치려고 준비하였으나 출전 3일 전 브루터스 등 원로원 의원들에게 암살당하고 말았다.

암살자 중 브루터스(Brutus), 트레보니우스, 바실루스, 갈바는 카이사르가 데리고 있던 부하였다. 역사에서 유명해진 브루터스는 카이사르가 제2상속인으로 지명할 정도로 끔찍히 아낀 사람이었다. 카이사르는 황제(Imperetor) 즉위 이후 원로원에 경호원 없이 다니다가 암살을 불러왔다.

브루터스(Brutus) 등은 원로원의 기득권 층이었다. 카이사르 암살을 변호하기를 공화정을 수호하기 위해서였다고 했다. 그러나 이어진 연설에서 안토니우스는 허구라고 논박하였다. 카이사르가 죽은 후 안토니우스가 실력자로 우뚝 섰지만, 카이사르의 양자인 옥타비아누스와의 경쟁에서 졌다(옥타비아누스 황제시대가 열림). 옥타비아누스(Augustus)는 티베리우스에게 계승되고 이후 율리우스(Julius) 계통이 로마 황제의 대를 이었다. 아우구스투스(옥타비아누스)는 카이사르를 신격화하였고 이는 그리스도교가 국교로 도입될 때까지 계속되었다(황제숭배 사상).

<**카이사르가 맞은 리스크**(Risk)>

: 가문의 몰락, 술라(Sula) 집권으로 인한 생명 위협, 재산 몰수, 원로원 등 귀족층의 적대의식, 폼페이투스의 시기와 질투, 브루터스 등 부하의 배신.

<**리스크**(Risk) **대처**>

: 각고분투하는 성실성, 전투에서의 전술능력과 군대의 통솔력, 폼페이우스와 크랏수스의 연계(삼두정치: 三頭政治), 정치와 사회의 개혁.

[당시의 과학 · 기술]

(1) 달력 (율리우스력-Julius曆)

카이사르는 이전의 로마 달력(曆)에 오류가 많다고 보아 B.C. 46년 새로운 달력을 만들어 이듬해부터 사용했다(Julius 달력 : 태양력). 기원 후 158년, 그레고리우스 달력으로 개량된 이후에도 이 율리우스 달력은 동방에서 여전히 쓰는 곳이 있다. 율리우스 달력은 이집트의 원정 때 영향을 받았다고 한다. 이집트 알렉산드리아의 천문학자가 달력을 처음 발명하였는데(Sogigenes) 카이사르가 이집트 원정을 하면서 배워 온 것이다. 1년을 365.25일로 보아 365일을 3번 거친 이후 4번째는 366일로 계산했다(이른바 윤년(輪年)을 정함).

그리스의 관습이 로마에 전해져 카이사르 시대 등 고대 로마에서도 매년 1월 1일에 신전에서 의식을 치렀다. 이 때 새해 달력을 주민들에게 하나씩 주었다. 또, 채권자와 채무자가 만나 채권 관계를 확인하거나 변경할 때 그 내용을 달력에 적어 증명으로 삼았다고 한다.

기독교 공인 이후 부활절은 「춘분(春分)이 지난 후에 오는 보름 이후 첫 일요일」로 정해졌다. 그렇게 되니까 춘분이 언제인가가 매우 중요해졌다. 그런데 율리우스 달력에 의하면 실제 춘분과 달력상 춘분이 열흘 이상 차이가 나는 문제가 발견되었다. 그 후 158년 그레고리우스(Gregorius) 교황이 새 달력을 만들어 이를 보완했다. 독일, 영국, 미국은 18세기에 그레고리우스 달력으로 고쳤지만, 러시아와 튀르키예는 1918년까지, 그리스는 1923년까지 율리우스 달력을 썼다(정교회正教會 문화권의 그레고리우스 달력에 대한 거부감 때문). 지금도 우크라이나 정교회는 율리우스력을 고쳐서 쓰고 있다.

(2) 라틴어의 번성

라틴어는 이태리어에 속한다. 라티움(Latium) 지역(현재의 라티오: Latio)에서 사용되던 것이어서 라틴(Latin)어라고 불린다. 그리스 문자가 에트루리아를 통해 로마로 전해져 라틴어로 변형된 것이라고 본다. 로마 공화국의 공식 언어가 되었다가 이태리 뿐 아니라 그 영향을 받은 지역에서 공용어로 되었다. 현재의 유럽 언어는 거의 라틴어의 영향을 받았다. 프랑스어, 스페인어, 포르투갈어 등 라틴 지역 뿐만 아니라 영어, 독일어까지도 그러하다. B.C. 700년 즈음 「Carmen Saliare」 라는 제가(祭歌)가 라틴어로 기록된 것이 있다. 가장 오래된 라틴어로 알려져 있다. 로마 공화정 때의 키케로마저도 그 뜻을 전부 알지 못하였다. 지금도 그 뜻을 다 알지 못한다. 처음에는 다른 고대 언어처럼 라틴어도 왼쪽 오른쪽(左右) 교대로 쓰는 방식이었지만, 불편이 느껴졌다. 이후 왼쪽에서 오른쪽으로 쓰게 되었다. 로마 제국은 다민족 국가여서 라틴어 뿐만 아니라 그리스어(Koine Greece어)도 많이 썼다. 소(小)아시아 등 동방(東方)에서 특히 그러했다. 로마의 지식층은 그리스어까지 구사할 수 있었다. 갈리아(Galia) 전쟁에서 카이사르는 갈리아인이 알지 못하게 그리스어로 소통(交信)하였다고 한다. 당시 신약 성서도 그리스어로 표기되었다. 그리스어 이외에도 팔레스타인 지역에는 아람어(Aram어), 이집트에서는 콥트어 등이 쓰였다. 당시 이태리 이외의 지역에서 라틴어를 배우기가 쉽지 않았다는 이유도 있었다.

(3) 양피지(羊皮紙)를 이용한 책(코덱스Codex)의 제작

양피지(羊皮紙)는 종이 발명(후한後漢의 채윤) 이전에 문자를 기록한 최고의 기록판이다. 양(羊)가죽에서 털을 벗겨낸 다음 말려서 표면을 거친 화산석(火山石)인 부석(Pumice)으로 문질러 까칠하게 만든다. 또 잉크가 양피지에 잘 달라붙어야 하므로 접착이 잘 되게 하는 분말(Arabic gum 등)을 발라야 한다. 잉크는 굳은 다음 물에 잘 녹지 않아야 하기에 철분과 탄닌으로 섞어 만들어 쓴다. 글자를 적은 다음 양피(羊皮)를 약간 부식시켜야 하므로 산성(酸性)이어야 한다. 그러나 시간이 많이 지나면 산성 잉크가 양피를 지나치게 부식시켜 글자를 판독할 수 없게 되는 경우도 있다. 지금 발견되는 양피지 글자 중에는 고대 그리스의 양피지 글자를 지우고 그 위에 로마시대의 글자를 적은 것도 있다. 기록판이 귀했기 때문일 것이다. 그리스 아르키메데스의 수학 이론 위에다 로마의 기도서를 적은 것도 있다고 한다. 코덱스(Codex)는 책이라는 뜻의 라틴어이다. 양피지 뿐만 아니라 파피루스를 네모로 잘라 글씨를 적고 묶으면 책이 된다. 지금은 거의 모든 책이 네모지게 되어 있지만, 양피지와 파피루스가 없을 때는 두루마리에다 적었다. 두루마리 위에 적는 것은 책과 별 차이가 없다. 그러나, 앞서 적은 내용을 찾아보기 어렵다는 결정적 단점이 있었다(책은 “몇 페이지” 하면 바로 그 내용을 찾을 수 있다는 장점이 있다). 카이사르 시대에 코덱스(Codex)가 만들어졌는지는 분명하지 않지만, 양피지를 사용한 후에는 분명히 코덱스(Codex) 형태의 책이 만들어졌다. 지금 발견되는 성경의 사본은 거의 코덱스(Codex) 형태다.

(4) 도로, 건축과 수도교(水道橋) 건설

로마인의 기질과 실용성이 가장 잘 나타난 것이 건물이다(건축). 그리스 시대에는 외관의 아름다움을 강조한 방면, 로마 시대에는 거주 공간의 확장과 편리한 이용을 중시하였다. 물론 하늘 아래 새로운 것은 없기에 그리스의 건축양식과 에트루리아의 무덤, 성문의 아치식(式) 등을 발전시킨 것이다. 재료는 돌, 벽돌 뿐만 아니라 화산재, 석회까지 사용했다. 돌, 벽돌을 쌓아 올리고 그 사이사이에 시멘트 기능을 하는 화산재, 석회를 발라야 튼튼해진다는 것을 알았다. 거기에 일종의 도르레를 사용, 석재를 높이 들어 올렸다. 웅장한 로마의 석조(石造)건축이 그렇게 만들어졌다. 신전, 바실리카(재판소, 거래소 등 공공건축물), 원형 경기장, 극장, 목욕탕, 상수도(上水道) 시설(水道橋), 도로(아피아 가도:街道) 등이 시대를 대표하는 과학 기술이다.

수도교(水道橋) 등을 만들 때는 홈과 판, 밧줄을 이용한 도르레를 써서 무거운 돌을 끌어올렸다고 한다. 로마인들은 돌, 진흙벽돌에다가 모르타르, 철을 이용한 조적술까지 발달시켰다. 에트루리안의 아치(Arch), 볼트(Vault) 등을 발전시킨 것도 로마인이다. 견고한 기둥, 아치, 볼트(Vault) 등은 웅장하고 내부가 넓은 건축물과 토목을 가능하게 하였다(판테온 신전, 상하수도, 원형 경기장, 목욕탕, 포럼 등).

6. [전한(前漢)의 장수 이릉이 흉노족과의 전쟁에서 패배, 그리고 사마천(司馬遷)의 사기(史記) 기록](B.C. 99년)(기원전 1세기 동양 중국)

춘추전국시대를 통일한 진(秦)나라가 망한 뒤 항우와 유방의 다툼에서 유방이 이겨 한(漢)나라를 세웠다. 그런데 한나라의 외환(外患)은 바로 흉노(匈奴)였다. 한나라를 세운 고조 유방도 흉노와의 싸움에서 대패(大敗)했을 정도다. 그 때 흉노의 힘은 만만치 않았다. 다행히 곽거병, 위청이라는 장수가 흉노전(戰)에서 이기기는 했지만, 화근을 뽑아내진 못한 상태였다. 한무제(武帝) 때 또 한 차례 큰 전쟁이 있었다.

그 해 패전한 이릉(李陵)이란 장수가 있었다. 곽거병과 위청이 흉노를 압도한 시기 후의 대장군은 이광리(李廣利)였다. B.C. 99년, 5월 여름, 한 무제는 이광리에게 기병 3만으로 흉노를 정벌하게 하였다. 이릉(李陵)은 이광리의 보급 담당이었다. 이릉은 보병 5천여명으로 30일 동안 북쪽으로 나아가 주둔하다가 흉노의 주력(主力)기병 3만 명과 만났다. 흉노는 한(漢)의 군대가 지원군에 비해 적은 것을 알고 얕잡아보았지만 이릉 군대는 1천개 노병(弩兵)으로 공격하여 삽시간에 흉노군은 많은 숫자가 죽고 도망하였다. 그러나 그 직후 흉노군은 전열을 정비, 압도적인 전력으로 공격해왔다. 이릉은 침착하게 응전하면서 전선을 남쪽 산골짜기로 이동하였다. 그런데 인간사(人間事)에서 언제나 그러하듯 돌발 사건이 일어났다. 이릉의 병사인 관감(管敢)이라는 사람이 장교에게 모욕을 받았다는 이유로 탈영, 흉노로 가서 이 쪽 군대 사정을 하나하나 일러바쳐버렸다.

한(漢)나라 군대 사정을 자세히 알게 된 흉노는 공세를 취하였고 이릉의 군대는 하루만에 50만 개의 화살을 다 써버리고 수레도 모두 버릴 수 밖에 없었다. 고작 3천의 병사가 남았다. 이릉은 한연년을 비롯, 10여 명과 탈주했다.

수 천명의 흉노 기병이 추격하여 결국 이릉은 항복하였다. 5천 병사 중 무사히 빠져나온 것은 400여명 뿐이었다. 다만, 8만의 흉노 기병도 1만 여명의 사상자를 냈으므로 절대 열세였던 이릉 군대는 엄청난 선전(善戰)을 한 것이다.

그러나, 한무제(漢武帝)와 그 신하들은 이릉을 역적으로 몰아 가혹한 벌을 내려야 한다고 하였다. 그러나, 오로지 한 사람, 사마천(司馬遷)만은 반대했다. 이릉은 흉노 땅에서 살다가 B.C. 74년 병으로 사망했다. 사마천은 사형선고를 받았다.

═══> 사마천(司馬遷)은 B.C. 145년 용문(龍門: 룽먼)에서 출생했다. 기초공부 후 20세 때부터 긴 시간 중국을 여행하며 주민들을 만나고 여러 책을 읽었다. 부친(사마담)

은 역법(曆法)과 학문(學問)을 연구하는 태사령(太史令)의 직책에 있었다. 아들 사마천에게 천하(天下)의 역사를 기록하라는 유언을 남겼다고 한다. 부친의 뒤를 이어 태사령(太史令)이 된 사마천은 황실과 조정의 책들을 두루 섭렵하고 수많은 사료를 수집, 정리했다. 그가 역사서(태사공서 太史公書)를 쓰던 중 이릉이 흉노족에게 포위당해 패전하는 일이 있었다. 사마천은 이릉의 전후 사정을 들어 변호하였다. 한 무제는 노발대발하였다. 사마천은 이릉이 비록 패전(敗戰)하였으나 선전한 것이고 상황이 여의치 않아 병사들의 목숨을 보전하기 위해 항복한 것이라고 사정 설명을 했다. 사마천은 이릉을 한 번도 만난 적이 없었지만, 억울한 일은 분명히 설명해야 한다고 한 것인데 이로써 자신의 인생도 구렁텅이로 빠졌다.

그는 사형(死刑)선고를 받았다. 당시 사형 선고가 내려지면 i) 그대로 사형집행을 받아 죽거나 ii) 궁형(宮刑: 남성의 생식기를 잘라내는 형벌)을 받거나 iii) 돈 50만 전을 내야 했다. 사마천은 ii) 궁형(宮刑)을 택하였다. 이로써 사마천은 몸과 마음에 큰 상처를 받았다. 마음고생이 얼마나 심하였는지 친구 임안(任安)에게 보내는 편지(報任安書)에 "죽고만 싶다"고 한 기록이 있다. 그러나, 그는 옥중에서도 쉬지 않고 책을 썼다. 그런데 그 후 무제의 신임을 되찾아 중서령(中書令)의 고관에까지 올랐다.

사마천의 고향 섬서성 한성시에는 그 후손 동(同)씨와 빙(憑)씨가 살고 있다. 후손 중에서도 황제를 비난하여 처형된 사람이 있었다. 사마(司馬)라는 성씨를 둘로 나누어 사(司)씨, 마(馬)씨 또는 사마(司馬)라는 한자를 변형시켜 동(同)씨, 빙(憑)씨 등으로 바꾸어 숨어 살았다고 한다. 사마천이 쓴 태사공서(太史公書)(즉, 사기: 史記)도 당시에는 정부를 비방하는 위험한 책으로 알려졌다. 치욕스러운 궁형(宮刑)을 선택한 사마천은 가족·지인을 제외한 많은 사람들에게 멸시를 받았다. 그러나 그는 개의치 않았다. 태사공서(太史公書)(즉, 사기: 史記)는 공자 시절 역사책인 춘추(春秋)로 대표되는 편년체(編年體) 역사 서술 방식에서 벗어났다. 본기(本紀), 세가(世家), 열전(列傳), 지(志), 연표(年表) 등으로 나누어 중요한 사건을 먼저 서술하는 형식인데 기전체(紀傳體)라고 한다.

이는 이후 동양 역사서의 주요 형식이 되었다. 우리나라 고려 때의 삼국사기(三國史記)와 고려사(高麗史)도 기전체(紀傳體)다. 사기(史記)는 중국 고대사를 사관(史觀)에 입각해 기록한 최초의 역사서일 뿐 아니라 문학이고 백과사전이다. 사기(史記)의 가치는 처절한 고통을 통해 작품이 이루어졌다는 데 있다. 사마천은 절망의 구렁텅이에서도 살아있다는 것을 보여주기 위해 노력했다. 현세(現世)의 치욕·오명은 사후(死後) 언제라도 씻어버릴 수 있다고 믿었다. 사마천 이전에 역사라는 개념은 주로 역(歷)이라는 한자로 표기했다. 이는 달력 즉, 역(曆)과 비슷한 뜻일 뿐이어서 역사(歷史)라는 의미가 없었다.

사마천에 의해 한(漢)나라 이전의 과진론(過秦論)(가의), 사마 상여의 부(賦), 한비자(韓非子)의 세난(說難), 편작(扁鵲)의 의론(醫論)도 후세에 전해질 수 있었다. 사마천은 동시대의 자료를 수집, 보존할 뿐만 아니라 진시황이 전국에 남긴 5개의 새김돌(각석: 刻石), 한(漢)나라 황제가 그 왕자들에게 넓은 영토를 줄 때의 수령문, 항우와 유방의 시(詩), 보고서, 명령 문서, 변론, 담화 등도 수집하여 후세에 전하였다.

춘추시대의 오자서, 손자(손빈), 노자, 공자에 관한 기록도 사마천을 통해 우리에게 생생하게 전해졌다. 그는 사서(史記)를 쓰는 14년 동안 과거의 수많은 사람들이 살고 죽은 이유를 기록했다. <백이 열전(伯夷 列傳)>에는 불행한 삶을 산 의인(義人)과 천수(天壽)를 누린 악인(惡人)을 대비한 말도 나온다. "살인 강도짓만 일삼은 천인 공노의 악당 도적은 천벌은커녕 잘 먹고 잘 살며 명(命)을 다했다" "의로운 형제 백이와 숙제는 수양산 깊은 곳에 풀만 캐먹다 결국 아사(餓死)하였다", "몹시 혼란스럽구나. 천도(天道)란 옳은가 그른가(天道是耶非耶)"라고 외쳐 인간사(人間事)의 잘못된 사연을 되씹었다.

<**사마천의 리스크**(Risk)>

황제(漢武帝)의 근거 없는 분노와 사형(死刑)선고

<**리스크**(Risk) **대처**> **궁형**(宮刑) **선택**. **자신의 일에 충실**(**사기**: 史記**의 저술**).

자신이 소신대로 이릉을 변호하는 한, 이 리스크(Risk)는 회피하거나 다른 사람과 나눌 수 없어 고스란히 혼자 짊어졌다. 사실 현대에도 한 개인이 맞이하는 리스크(Risk)를 회피하거나 타인과 나눌 수 없는 게 대부분이다. 그러나 절망하지 말자. 이릉(李陵), 사마천(司馬遷) 같은 사람도 살지 않았던가?

7. [신라 박혁거세](B.C. 69년-A.D. 4년)(기원전 1세기 한반도)

박혁거세는 신라의 시조로 알려져 있다. 삼국사기 제1권 「신라 본기: 新羅本紀」 제1권에서는 "시조(始祖)의 성(姓)은 박씨(朴氏), 이름은 혁거세(赫居世)이다. 전한(前漢) 효선제(孝宣帝) 오봉(五鳳) 원년(기원전 57년) 4월 병진일(丙辰日)에 왕이 되었다. 왕호는 거서간(居西干)이다"라고 적혀있다.

또 삼국유사 제1권에서는 "왕위를 거서간(居西干)이라 하였다"고 전한다. 박처럼 생긴 알에서 태어났다는 전설도 있다. 그래서 성씨가 박씨(朴氏)로 되었다는 설명이다.

삼국사기의 기록은 다음과 같다.

"조선(朝鮮)의 유민들이 산골 사이에 나뉘어 살아 6촌(村)을 이루었다. 첫째, 알천(閼川) 양산촌(楊山村). 둘째, 돌산(突山) 고허촌(高墟村). 셋째, 취산(聚山) 진지촌(珍支村 일명 간진촌: 干珍村). 넷째, 무산(茂山) 대수촌(大樹村). 다섯째, 금산(金山) 가리촌(加利村). 여섯째, 명활산(明活山) 고야촌(高耶村)인데 이들이 진한(辰韓) 6부(部)가 되었다. 어느날 고허촌장 소벌공(또는 소벌도리)이 양산 기슭을 바라보니 나정(羅井) 열 숲 사이에 말 한 마리가 무릎을 꿇고 울고 있었다. 그래서 가까이 가보았는데 갑자기 말은 보이지 않고 큰 알이 하나 있었다. 깨뜨려보니 한 아이가 나왔다. 그 아이를 데려와 잘 길렀다. 10살 정도가 되자 남달리 조숙하였다. 6부의 사람들도 출생이 신기하여 모두 우러러 왕으로 받들어 모시게 되었다. 진한 사람들은 표주박을 박(朴)이라 하였는데 이 아이가 표주박 같은 알에서 태어났기에 성씨를 박씨로 하였다."

설마 사람이 알에서 나지는 않았으리라. 그런데 옛 사람들은 알에서 나왔다고 하면 특별하다는 생각을 하였는지 이러한 설화가 많다(卵生說話). 삼국유사에서도 박씨가 얻어온 알에서 혁거세가 태어났다고 한다. 어쨌든 삼국사기나 삼국유사에 의하면 박혁거세 이전 땅에 6촌(村)의 주민이 살았다는 것이다. 고조선이 멸망하자 주민 일부가 남하(南下)하여 정착한 것 같다. 박혁거세가 태어났다고 알려진 나정(羅井)은 신라 왕실의 성지가 되었고 그 자리에 신궁(神宮)이 만들어진 듯하다. 이와 비슷한 설화가 또 있지만, 그야말로 설화(說話)일 뿐이다.

박혁거세는 철기를 사용한 북방 기마 민족, 6부는 청동기의 토착민이 아니었을까 한다. 박혁거세 때에는 사로국, 그 서쪽에는 마한(馬韓), 북쪽에는 낙랑, 바다 건너 지금의 일본에는 왜(倭)가 있어서 치열한 전투(전쟁)가 있었다. B.C. 50년에는 왜구가 경주(사로국)에 침입했었다고 하고, B.C. 37년에는 낙랑군이 쳐들어 왔다고 한다. 내우 외환이 그치지 않았을 것이다.

박혁거세는 B.C. 41년 (재위: 在位 8년), 전국 6부를 돌며 민정(民情)을 살피고 농업, 양잠을 적극 권했다고 한다. B.C. 37년 사로국에 금성 도성을 지었고 B.C. 32년에는 왕궁을 지었다고 한다. B.C. 19년 마한(馬韓)의 왕이 죽었는데 혁거세의 신하 중에서 이때 마한(馬韓)을 공격하자는 사람이 있었다. 그러나, 그는 오히려 사신을 보내 조문(弔問)하였다고 한다. B.C. 5년에는 옥저에서 말 20마리를 선물로 보냈다고 한다. 박혁거세는 60년 넘게 신라를 다스리다가 A.D. 4년 사망했다고 한다(73세). 사릉(蛇陵)에 장사지내졌다. 그런데 시신이 토막내어졌다는 기록이 삼국유사에 있어 반란군에 의해 시해되지 않았는가 하는 해석도 있다.

<**박 혁거세의 리스크**(Risk)>

- 신라 6부촌 부족 토착민의 저항과 갈등
- 마한과의 경쟁, 왜구의 침입

<**리스크 대처**>

- 농업, 양잠 장려하여 신라의 경제력 증진
- 6부촌의 안정

8. [주몽의 고구려 건국](B.C. 58년-B.C. 19년)(기원전 1세기 한반도)

주몽에 대해서는 설화 수준의 기록만 남아있다. 그런데, 그가 고구려의 시조임은 분명한 듯하다. 북부여(北扶餘)에서 태어났다고 하고 활을 잘 쏘았다고 하니 뛰어난 전사(戰士)였을 것이다.

백제를 건국한 온조와 그의 형 비류가 주몽의 아들이었다고 한다. 백제 뿐만 아니라 고려, 조선 시대에도 주몽을 숭배하였다. 「고려사」와 「세종실록지리지」에 의하면 고려 시대에 중화현 용산에 동명왕 묘(東明王廟)가 있었고(왕릉) 평양 인리방에 동명성제사(東明星帝祠)가 있었다(신사: 神社).

9. [부여](B.C. 4C- A.D. 494년)(기원전 4세기-기원후 5세기 동양 한반도)

부여는 B.C. 4세기- B.C. 3세기 무렵에 건국되었다고 한다. 부여는 A.D. 1세기 경 한반도 북쪽에서 매우 중요한 국가였다. 부여는 한민족의 뿌리 중 하나였기에 특히 기억해야 한다. 비록 여러 민족으로 구성되었지만 우리 조상 중 하나임은 분명하다. 부여는 고조선 후기와 삼국시대 중반까지 존속하였다.

고구려, 백제 등은 고조선이 아니라 부여에서 갈라져 나왔다. 주몽이 부여 왕자들의 질투를 받아 죽을 위험에 처해지니 부여를 탈출, 졸본부여 즉, 고구려를 세우고, 주몽의 맏아들 유리가 부여에서 뒤늦게 고구려에 오자 둘째, 셋째 아들인 비류, 온조가 남하하여 인천(미추홀)에 비류국, 한강에 위례성(백제)을 각각 세웠다. 처음 고조선과 부여는 우호적이지 않았지만, 고조선이 멸망(B.C. 108년)한 후 나머지 백성들이 부여로 합류하였을 것이다. 고고학적으로 부여의 전신은 만주 길림성(吉林省) 서단산문화(西团山 文化)라고 한다(B.C. 10세기-B.C. 4세기). 서주(西周)-춘추시대 초에 성립된 서단산문화는 요동과 북방의 청동기 문화를 받아들였다. 몽골리안계 사람의 뼈가 발굴되고, 석관묘, 비파형 칼과 창, 가는 무늬 거울 등이 발견되었다. 이후 철기 문화인 대해맹(大海猛) 문화, 포자연(泡子沿) 문화(B.C. 2세기-기원 후 3세기)로 발전하였다고 한다. 중국 역사서인 산해경, 사기 등에 부여가 언급된 것으로 보아 부여를 중국 쪽에서도 동방의 강국으로 인식한 듯하다.

중국 입장에서는 동쪽의 고조선, 부여, 고구려는 매우 신경쓰이는 주변 국가였다. 부여에 대해서는 고조선이나 고구려를 견제하거나 공격할 때 이이제이(以夷制夷)의 방패용으로 보았다(위나라 관구검의 고구려 침략시 이용). 세 나라는 서로 전쟁을 하기도 했다. 부여는 A.D. 285년 선비족 모용씨의 침략을 크게 받아 의래왕은 자살하고 1만여명의 백성이 포로로 잡혀갔다. 나머지 유민들은 북옥저에 정착하여 동(東)부여가 되었다. 그 후 부여는 길림성에서 서쪽 농안(農安) 일대로 옮겼지만 A.D. 346년 전연의 태조(太祖) 모용 황에게 대패하여 부여왕 현과 백성 5만여명이 포로로 잡혀갔다.

북부여는 A.D. 494년 물길의 침입을 받아 어쩔 수 없이 고구려 21대 문자왕(A.D. 491-519년)에게 항복하여 복속되었다.

부여는 강력한 왕권(王權)을 확립하지 못한 부족 연맹체 국가였다. 말하자면 고대국가로 발전하지 못한 단계에 머물렀다. 왕이 있었지만 마가(馬加), 우가(牛加), 구가(狗加), 저가(猪加) 등 귀족의 우두머리도 세력을 가졌다. 지방은 크게 4개로 나누어 4출도(四出道)라 하여 귀족이 나누어 다스렸다. 이러한 체제에서는 중국이나 고조선, 고구려와 경쟁함에 큰 어려움이 있었을 것이다(일종의 봉건제와 같은 부족연맹체). 국왕의 힘은 미약하여 흉년이 들면 쫓겨나거나 죽임을 당했다. 부여에서 남자가 장가를 가려면 신부 집으로 소와 말을 보냈다(매매혼의 풍습). 남녀가 간음을 하거나 부인이 질투를 하면 죽여서 시체를 산에 버렸다. 추수 후 12월에는 영고(迎鼓)라는 제천 행사를 열었고 전쟁 포로나 범죄자, 채무이행을 하지 못한 채무자는 노예로 삼았다. 왕이나 귀족이 죽으면 순장을 한 것으로 보아 사후(死後)세계에 대한 믿음이 있었던 것 같다. 살인자는 사형에 처하고 그 가족은 노비로 삼았으며 남의 물건을 훔치면 12배로 변상하게 하였다고 하니 사유재산(私有財産)의 개념이 있었다.

부여, 고구려, 옥저, 동예 등 예맥족의 언어는 비슷하였다고 한다. 산업은 반농반목(半農半牧)이었고 만주의 넓은 벌판을 무대로 했다. 말, 옥(붉은 옥 赤玉), 구슬 장식품, 담비, 돼지, 여우, 원숭이 등 짐승 가죽을 수출하였다고 한다.

<**부여의 리스크**(Risk)>

- 중국의 삼국시대와 남북조 시대 위나라, 선비족, 전연 등 외적의 침입
- 부족연맹체에서의 미약한 왕권

<**리스크 대처**>

- 법률(형법) 제정하여 통치, 제천행사(영고: 迎鼓)로 일체감 형성 노력

10. [신라 남해왕(차차웅)](B.C. 50년-A.D. 24년)(기원전 1세기-기원후 1세기 동양 한반도)

신라 초대왕 박혁거세(거서간 居西干)를 이은 2대 왕이다. 후임 3대왕은 유리 왕이다. 이름은 남해(南解) 또는 민해(愍解)다. 신라 초기에는 여전히 샤머니즘의 습속이 남아있어서 「차차웅(次次雄)」이라는 칭호로 불렸다. 이는 박혁거세의 호칭인 「거서간」 도 마찬가지다(삼국사기와 삼국유사의 기록). 신라 2대왕인 남해왕은 A. D. 4년(54세)에 즉위했다. 그런데 개국초기여서 내우 외환이 많았다. 북에서는 낙랑(A.D.6년), 남에서는 왜(A.D.14년)가 침입하였다. A.D. 18년 가뭄이 들고 메뚜기떼의 피해가 있었다. A.D. 22년에는 전염병이 크게 돌았다. 그러나, 남해왕은 신하의 의견을 존중하고 굶주린 백성을 잘 구제하였다. A.D. 24년 사망하여 경주 사릉원(후일 오릉: 五陵)에서 장사 지냈다.

<**신라 남해왕의 리스크**(Risk)>

- 낙랑(한사군), 일본 왜의 침입
- 가뭄과 메뚜기 떼, 전염병 등 자연재해

<**리스크 대처**>

- 신하의 의견 존중
- 굶주린 백성 구제 노력

11. [가야 건국(김수로왕)](B.C 42년-A.D. 19년)(기원전 1세기-기원후 1세기 동양 한반도)

A.D. 42년 3월 김해 구지봉에서 가야왕으로 추대되었다(삼국유사 가락국기: 駕洛國記). 9명의 칸(干)들이 무리 203명을 거느리고 추대하였다고 한다. 구지가(龜旨歌)를 부르고 하늘에 제사를 지냈다. 수로왕은 즉위 후 나라 이름을 대가락(大駕洛)으로 하고

도읍을 정하며 관직을 정비했다. A.D. 48년 7월 천신의 명을 받아 인도 아유타국에서 배를 타고 온 공주 허황옥(許黃玉)을 왕비로 맞아 10명의 아들을 낳았다. 맏아들은 후임 왕이 되고 아홉 중 일곱은 출가하여 스님이 되었다. 나머지 둘은 어머니 성을 따라 김해 허씨(許氏)가 되었다. 수로는 [처음 나타낸다]라는 뜻이다. 가야는 변한을 계승하였으니, 마한과 진한을 각각 계승한 백제, 신라와의 갈등, 경쟁은 피할 수 없었다. A.D. 44년 (수로왕 2년) 신라의 석탈해 왕이 가야에 침공하였으나 오히려 가야가 이겼다. 그러나, A.D. 77년에는 가야가 패하여 1천여명의 군사가 전사했다.

수로왕은 애민(愛民), 위민(爲民)의 통치철학을 지녔다. 삼국유사 가락국기(駕洛國記)에 의하면 왕이 된 후에도 흙담, 이엉으로 집을 지어 살았고 검소하게 지냈다. 관청, 창고, 무기고 등 공사를 할 때도 백성들이 어렵지 않게 농번기를 피했다. A.D. 102년 신라 파사왕(婆娑王)이 요청하여 음즙벌국(音汁伐國)과 실직곡국(悉直谷國)의 영토 분쟁을 중재하기도 했다. 그러나, 아무리 노력해도 신라와의 경쟁 갈등은 피할 수 없는 운명이었다.

<**가야 김수로왕의 리스크**(Risk)>

백제, 신라와의 경쟁과 갈등

<**리스크 대처**>

- 애민 위민의 내치(內治)
- 검소한 주거생활 등 자기절제의 모범을 보임

12. [금관가야](AD 42년-532년)(기원후 1세기-기원후 6세기 동양 한반도)

삼한 중 변한을 계승한 부족국가가 가야인데 가야 여러 세력 중 가장 번성한 곳이다. 경상남도 김해시에 있었다. 금관국(金官國)또는 가락국(駕洛國)으로 불렸다. 1세기 중엽부터 4세기 말까지 부족연명체 가야의 맹주였다. 그렇지만 4세기 말에 일본(왜: 倭)과 연합하여 신라를 공격한 여파로 A.D 400년에는 신라를 도운 고구려 광개토왕의 반격을 받아 갑자기 세력이 약해졌다. 그 후 경북 고령군의 대가야에게 맹주 자리를 빼앗졌다. 일본 서기(書記)는 가야국을 「수나라」라고 쓴다. 「수나라」는 「쇠나라」와 발음이 비슷하다. 일본에 대한 주요 수출품이 쇄(철 (鐵))였기에 그에 연유한 이름인 듯하다. 금관가야의 금(金)또한 「철(쇠붙이)」을 뜻한다. 신라와 왜(倭)의 침공에 많이 시달렸다.

13. [온조의 백제(百濟) 건국](B.C. 18년)(기원전 1세기 동양 한반도)

백제는 고구려 주몽의 셋째 아들 온조(B.C. 38년-A.D. 28년)에 의해 한강변에서 건국되었다. 삼국사기는 건국시기를 B.C. 18년으로 본다. 삼국유사에 의하면 온조는 "효도와 우애가 있었고, 활쏘기와 말타기에 능하였다"고 한다. 온조왕의 시절에 말갈족, 낙랑군과 외교를 하면서도 전쟁이 끊이지 않았다. 우박, 지진, 가뭄 등 자연재해도 많았다. 온조왕 26년에 마한을 기습하였고 다음해에 마한을 멸망시켰다. 산업으로는 농업과 양잠을 장려하였다고 한다. 왕족은 부여씨(扶餘氏)씨였는데 토착세력인 해씨(解氏), 진씨(眞氏) 등과 기타 왕비족이 왕을 위협하는 큰 세력이었다. 부족 연맹체의 모습이 일부 남아있었다. 이는 물론 고구려, 신라도 마찬가지였다. 위례성(서울)은 한강 지역이어서 농업이 발달하였다. 비류가 건국한 인천(미추홀)은 어업이 발달하였지만 땅에 소금기가 많았다. 농업, 축산업이 발달하기 어려워 후에 온조의 위례성에 복속되었다. 백제의 형벌은 엄격하여 전쟁에서 도망한 자, 반역자, 살인자는 사형(참수)에 처하였다. 도둑은 귀양을 보내고 훔친 물건의 2배로 배상하게 하였다. 관리가 뇌물을 받거나 횡령을 하면 무기징역에 처하고 3배로 변상하게 하였다. 백제의 귀족층은 중국과 많이 교류하였고 한문에 능했다. 투호, 바둑, 장기 등의 오락이 유행했다고 한다.

14. [로마의 칼리굴라 황제(Caligula, Gaius Julius Caesar Augustus Germanicus)](A.D. 12년-41년)(기원후 1세기 서양 로마)

로마제국의 제3대 황제이다. 전임 황제는 티베리우스이다. 원로원과의 갈등으로 자신의 근위대에게 암살되었다. 네로, 도미티아누스, 콤모두스. 카라칼라와 함께 로마 폭군 중의 하나로 알려져 있다. 그런데 그 기록 자체가 그와 적대적인 원로원에 의해 만들어져 사실과 많이 다르다는 의견도 많다. 황제에 있었던 기간은 불과 4년 밖에 안되지만 전임 황제 옥타비아누스, 티베리우스보다 황제권을 강화하고 지중해 동부 헬레니즘적 군주처럼 통치하고자 했다. 후세의 학계에서는 4년의 짧은 재위 기간 동안 벌인 공공건축, 토목, 화폐 발행권 일원화 등 제도 개혁을 긍정적으로 본다. 전임자인 옥타비아누스, 티베리우스가 물려준 자리(Princeps)는 군대(집정관), 원로원, 평민회, 대외 원정의 수행 등 내우 외환의 화약고였기에 체력, 강인한 정신력, 자기절제와 교묘한 정치력이 필요했다. 그는 여러 장점을 지녔지만 중병들을 앓고 암살위기를 겪은 후 체력이 약해지고 정신이 혼미해졌는데 이것이 실정으로 이어진 게 아닌가 한다.

그는 아우구스투스의 양아들에 불과했던 티베리우스에 비하여 혈통적으로 카이사르(율리우스), 클라우디우스, 안토니우스, 아그리파 가문을 모두 계승한 최고의 상속자이다. 칼리굴라는 아버지 사망 후 고모부의 보호를 받았으나 그 고모부는 고모와 티베리우스의 근위대장 세야누스의 공모로 독살되었다. 당시 티베리우스 황제도 은둔하고 있었기에 실권은 근위대장 세야투스에게 집중되어 있었다. 카이사르 직계 가문은 반역죄라는 누명을 쓰고 하나, 둘 제거되고 있었다. 칼리굴라의 어머니와 큰 형도 그렇게 처형되고 말았다. 칼리굴라는 겨우 증조모의 보호로 목숨을 이어갔다. 칼리굴라는 티베리우스 황제에게 겨우 의탁하여 후계자 중 한 명으로 정치교육을 받았다. 근위대장 세야누스가 제거된 이후 신흥 세력이 된 근위대장 마크로와 협력하면서 자신의 세력을 키웠다. 그런데 즉위 7개월 후 원인을 알 수 없는 고열, 두통으로 쓰러졌다. 그런데 병에서 회복된 이후에는 예전과 영 딴판인 사람이 되고 말았다. 의심이 많아지고 환청이 들리고 불면증에 시달렸다. 한밤 중에도 궁중에서 걸어다니고 이상한 옷을 입은 채 제우스를 흉내내기도 하였다. 사촌동생 게멜루스와 장인에게 자살을 강요했고 근위대장 마크로, 프라이토리아 부대원(경호원) 일부를 숙청했다. 그러나 원로원을 견제하기 위해 민회를 부활하고 원로원 내에서도 자신의 지지층을 확보하고 지지기반인 관료층을 두텁게 하였다. 이집트 곡물을 안정적으로 공급받기 위해 남부 이태리의 여러 항구들을 건설하였다. 또, 폭력배를 엄벌, 치안을 확립하여 시민들의 넓은 지지를 확보했다. 또, 황제와 황실을 홍보하기 위해 연극제전, 검투사경기, 전차경기 등을 적극 활용했다. 즉. 그는 일부 역사가가 묘사한대로의 미치광이가 절대 아니었다. 다만, 티베리우스 황제 때 억울하게 처형된 반역사건의 재조사를 지시하면서 원로원과 극한 대립을 하게 되었다. 그 때부터 그는 죽을 때까지 암살 위협에 시달렸다. 칼리굴라는 자신이 죽은 후를 대비하여 둘째 여동생과 그 남편 레피두스를 후계자로 정하였는데 두 여동생과 레피두스가 암살하려 한 사건이 일어난다. 그 이후 그는 분노하여 이성을 잃게 되었다고 한다. 또, 두 집정관이 반역하여 모두 면직시키기도 하였다. 혈육, 군대, 친위대 등 어디든 믿을 곳이 없었으니 하루하루가 불편하고 고통스러웠을 것이다. 그리고 유대인들의 유일신 사상 때문에 알렉산드리아에서 그리스인들이 폭동을 일으켰고 황제의 숭배사상에 저항하는 유대 지방이 시한폭탄으로 등장하였다(유대 헬라 갈등 사건). A.D 41년 칼리굴라는 극장에서 황궁으로 가던 중 통로에서 원로원의 사주를 받은 근위대장 카이레아와 20여명 암살범에게 30군데 칼을 맞아 28세의 나이로 사망했다.

타키투스 등 역사가들의 의견이 엇갈리지만 암살의 배경에는 3가지가 꼽힌다. (1) 첫째, 아버지뻘인 근위대장 카이레아의 업무 성과가 미미하다고 여성적이라고 모욕한 것, (2) 둘째, 황실의 그리스인 노예 칼리스투스와 일부 근위병의 비리가 발각되어 그들이 처벌될 것을 두려워했다는 것, (3) 셋째, 가장 중요한 암살 압력으로서 원로원의 사주가 있었다는 것이다.

암살자들은 즉각 게르만 경비대에 의해 처형되었다. 암살 이후 24시간 이내에 클라우디우스에 의해 혼란은 종식되었다. 칼리굴라 암살 이후 오히려 후계자 클라우디우스에 의해 확고한 제정(帝政) 체제가 들어섰다.

<**로마 칼리굴라 황제의 리스크**(Risk)>

- 황제 자신(Princeps)과 원로원의 경쟁관계
- 혈육, 군대(집정관)마저 완전히 믿을 수 없는 상황
- 원인을 알 수 없는 두통, 환청, 불면증 등의 질환
- 근위대장 등 측근에 대한 배려 부족으로 인한 항명

<**리스크 대처**>

- 민회의 부활
- 원로원 내 황제 지지파 구축과 지원
- 일반 시민의 광범위한 황제지지 확보(식량 문제 해결, 수도교 항만 등 공공 설비 확충)
- 갈리아, 게르마니아 등 군대의 장악과 안정
- 게르만 용병 등 경호부대의 충성 확보
- 반란 음모의 집정관 경질 등 군대의 개혁
- 숙부 클라우디우스를 중용하여 후계 구축

15. [로마의 클라우디우스 황제(Claudius Caesar Augustus Germanicus] (B.C.10년-A.D.54년)(63세에 부인에 의해 독살)(기원후 1세기 서양 로마)

고대 로마 제국 제4대 황제, 즉 카이사르의 혈통을 이은 사람으로서 원수정(Princeps) 네 번째 황제이다. 아버지는 2대 황제 티베리우스의 동생 게르마니투스, 어머니는 원수정 (Princeps) 1기인 아우구스투스의 조카 소(小) 안토니우스일 뿐만 아니라, 그 자신이 3대 황제 칼리굴라의 삼촌(숙부)이다. 5대 네로 황제의 외종조부이지만 사후 네로로부터 조롱을 받는다. 성경 사도행전에도 나온다. 사도 바울(Paul)이 총독과 왕 앞에서 "카이사르에게서 재판을 받고 싶다"고 하는데 그 카이사르란 「황제」라는 뜻이다. 바로 클라우디우스 황제를 말한다. 그는 태어난지 얼마 안되어 아버지가 돌아가시고 어릴 적에 소아마비를 앓아 다리가 가늘었고 절었다. 간혹 침을 질질 흘리고 고개는 자주 흔들렸으며 왼쪽 팔을 자유롭게 쓰지 못하였다. 단순한 소아마비가 아니라 뇌성마비였을 가능성도 있다고 한다. 그러나, 황실은 냉혹한 곳이다. 그의 할머니, 어머니, 누나, 부인조차 그를 멸시하여 가정교사, 해방노예를 곁에 딱붙여 바깥 출입을 자제시켰다. 고대 스파르타라면 그를 낭떠러지에 떨어뜨렸을 것이다. 로마는 그나마 문명이 나아졌기에 그렇게 비열하지는 않았다. 천만 다행인 것은 가족 중 인격자였던 할아버지(Augustus), 친형, 사촌 형이 클라우디우스에게 애정을 쏟은 것이다. 특히 아우구스투스 황제는 그에서 역사교사로 리비우스를 붙여주었다. 이 역사 공부는 클라우디우스가 황제가 된 이후의 통치에 상당한 도움이 되었다.

3대 황제 칼리굴라는 그의 조카인데 짖궂고 까다로왔지만 그런대로 잘 지냈고 서로 의지하는 사이가 되었다. 클라우디우스는 침착, 온화하고 예의가 발랐다. 또 자랄수록 웅변이 늘고 육체와 달리 정신력이 강해져 황제 아우구스투스의 주목을 받았다. A.D. 41년 3대 황제 칼리굴라가 암살될 때 그는 황궁 안 어둡고 안전한 곳에 피신하였다가 칼리굴라의 충성파 근위대장 클레멘스의 부하에게 발견되었다. 곧 50세의 나이에 황제가 되었다. 내전 직전의 위기였지만 신속하게 근위대를 설득하고 병사 개인당 1만 5천 세스테르티우스 보너스를 지급하여 장악한 후 원로원의 수도경비군단 암살자 집단과 맞섰다. 조카 암살 24시간 내에 반란을 진압했다. 공화정 회귀여론을 누르고 제정(원수정) 유지 쪽으로 가닥을 잡았다. 암살자와 그에 동조한 근위대 안 대대장들은 모두 반역죄로 체포, 처형되었다. 쉽게 반란을 진압한 클라디우스의 저력에는 그의 온화한 성품, 이탈리아 민중과 군대에서의 좋은 평판이 작용하였다. 그를 얕잡아 보던 원로원은 새삼 놀라고 기가 죽었다. 클라우디우스는 원로원에 가서 억울하게 암살된 조카 칼리굴라를 "기록 말살형"에 처하지 않도록 정중하게 부탁했다. 그는 원로원을 개혁, 세금을 황제 국고에서 관리하게 했다. 곡물공급, 수로관리, 홍수조절, 이탈리아 내 도로(Apia가도), 운하, 항구 관리도 황제가 맡았다. 추밀원(아미시 카이사르: 카이사르의 친구들)을 확대하여 행정권을 강화하였고 무엇보다 원로원 등 귀족을 견제하기 위해 중류층 기사계급(knight)을 실력에 따라 등용했다. 행정부내 부서도 잘게 나누고 특별국을 만들었다(관료의 권한강화→원로원 견제, 황제권 실질화, 행정의 효율화). 수로, 상하수도, 운하, 오스티아 항구 건설은 그의 업적이다. 오스티아 항구는 로마로 곡물을 운송하여 식량의 가격을 안정시키는 데 중요했다. 그러나, 언제나 그러하듯 제도 개선에 불이익을 받는 사람도 있게 마련이다. 오스티아 항구건설로 이익이 줄어든 선주들은 불만이 팽배했다. 그래서 파선보험, 세금 면제, 6년간 곡물 운송자에 대한 로마 시민권 부여라는 보상으로 해결하고자 했다. 당시 로마에서는 시민들을 빵으로 먹이는 것 뿐만 아니라 서커스, 축제, 전차 경기, 검투사 경기 등 유희가 중요하였다. 명석한 클라우디우스는 순간 순간 이를 잘 활용하여 사람들의 마음을 사로잡을 줄 알았다. 그의 쇼맨십은 상상 이상이었다고 한다. 그런데 황제, 행정가로서는 탁월하였지만, 가정생활에서는 특히 부부관계에서 부인의 사랑을 받지 못하고 정치적으로 이용만 당했다. 네 번째 부인 아그리피나(Agripina)는 자신이 데려온 아들 네로(Nero)를 황제로 만들기 위해 버섯음식을 좋아했던 클라우디우스를 황제 주치의와 공모, 독버섯으로 암살했다. 아그리피나는 클라우디우스의 유언장과 그의 친아들 브리타니쿠스를 무시했다. 사실상 쿠데타로 자신이 클라우디우스와 결혼하기 전에 낳은 네로를 황제로 만들었다. 클라우디우스 사망 직후에는 네로가 그를 신격화하는 척하였지만, 실권자 아그리피나, 세네카(네로의 스승), 브루스는 클라우디우스를 격하하고 조롱거리로 만들었다. 세네카는 클라우디우스가 살아있을 때 반역을 꾀하였다가 목숨을 구걸하여 겨우 살아난 적도 있었다. 클라우디우스는 성실하고 온화한 장점에도 불구, 객관적으로는 정치력이 부족하고 특히 후계를 명확히 하지 않아 화근이 되었다는 평을 받고 있다.

<**클라우디우스 로마 황제의 리스크**(Risk)>

- 황제로서 소아마비(또는 뇌성마비)의 신체적 불리함.
- 3대 황제 칼리굴라의 암살로 인한 원로원과 근위대, 군대의 반란 기운
- 가족관계 특히 부인과의 불화
- 오스티아 항구 건설에 따른 이해 관계자들의 손해와 불만 증폭

<**리스크 대처**>

- 근위대의 신속한 설득 제압으로 군대 장악
- 기사 계급(knight)의 실력에 따른 등용으로 행정권, 황제권 실질화
- 아우구스투스(Augustus) 황제 등의 신임과 역사, 정치학, 천문학 등 착실한 학습으로 인해 시민과 군인들로부터 신뢰 획득
- 오스티아 항구건설로 손해를 본 선주들에게 파선 보험, 세제개혁, 로마 시민권 부여로 보상.

16. [로마의 네로 황제(Nero)](A.D. 37-68년)(기원후 1세기 서양 로마)

로마 제국의 제5대 황제이다. 카이사르의 혈통으로서는 마지막이 되는 황제이다. 네로의 어머니 아그리피나는 클라우디우스의 후처이다. 이로 인해 네로가 클라우디우스의 양자로 되었다. 어릴 때의 네로는 매우 영특하고 현명하였다고 알려져 있다. 즉위초에는 명석한 두뇌, 활달한 성격, 유머감각으로 환영을 받았다. 스승 세네카에게 내치를 맡기고, 동쪽의 숙적 파르티아 전선을 안정시켰다. 그러나, 5년 후 가족 등 친척의 살해, 방탕한 생활, 기독교도에 대한 잔인한 처벌 등으로 대표적인 폭군으로 변하였다. 결국 권력의 보루인 신임을 잃어 자살로 생을 마감했다.

네로의 친아버지는 그나이우스인데 주위 사람을 이유 없이 괴롭히고 다혈질에다 잔인하였다고 한다. 그는 네로가 2살도 되기 전에 피부부종으로 사망했다. 그러나 네로가 황제가 된 것은 네로의 어머니 아그리피나가 황제 클라우디우스와 재혼했고 아그리피나의 용의주도한 계획이 있었기 때문이다. 아그리피나는 황제 클라우디우스와 재혼한 다음 황제에게 영향력이 있는 측근들을 포섭하였다. 또 측근인 브루스를 근위대장에 앉히고 당대의 지식인 세네카를 네로의 스승으로 삼았다. 황제 클라우디우스는 매우 건강하였기에 54세로 돌연사한 것은 독살로 의심하기에 충분했다. 그의 사후 혼란을 틈타 아그리피나는 클라우디우스의 유언장을 무시하고 쿠데타로 네로를 새 황제로 만들었다. 이에 불만을 품은 군인들에게는 각각 1만 5천 세스테르티우스를 주기로 하였다. 한편 세네카는 원로원의 지지를 이끌어냈다.

네로는 어릴 적부터 감성적이었고 인내심이 부족하였다고 한다. 자신이 예술가이면서 탁월한 스포츠맨이라고 자부했다. 시낭송대회에 참가하고 올림픽경기 중 전차 경기 선수로도 활약하였다. 황제답지 않은 이러한 모습에 많은 사람들이 실망한 것은 물론이다. 다만, 외교와 국방에는 치적이 있어서 라인 방어선을 구축하고, 동방(파르티아)에서 평화를 지켜냈다. 그러나, A.D. 64년 로마의 대화재로 네로는 급격히 몰락하였다. 로마의 14개 구 중 10개구가 불탔다. 그런데 억울하게도 기독교인들에게 방화죄를 뒤집어 씌웠다. 또, 잔혹한 방법으로 처형한 것이 시민의 원성을 샀다(십자가형, 화형, 사냥개를 이용한 살인등)(타키투스의 기록). 베드로와 바울도 그 여파로 처형되었다. 대화재 이후 로마 재건사업도 과다비용, 과중한 세금, 네로 자신을 위한 궁정건축 등 문제가 많았다.

통화가치는 하락하여 물가가 10% 가량 올랐다. 이러한 시대에는 어디나 반란의 기운이 생긴다. 네로 황제에 대한 암살계획(피소 계획—칼피니우스 피소의 암살계획)이 세워졌는데 여기에는 네로의 스승 세네카도 가담했다. 당시 유명한 사람들은 대부분 이 반역죄에 해당되었다고 한다(타키투스의 《연대기》 기록). 네로는 첫 부인 옥타비아와 이혼한 후 잔혹하게 처형하였을 뿐만 아니라 어머니 등 일가 친척들도 무자비하게 죽였다. 부하 술라 펠릭스를 처형한 후 그 부인 클라우디아 안토니아에게 청혼하자 안토니아는 바로 거절했다. 그녀도 반역죄로 처형했다. 말년에 네로는 유대인의 반란을 겪었다. 그 지역 사령관 코르블로는 게르마니아 사령관 2명과 함께 반란 음모로 소환, 처형되었는데, 이를 석연치 않게 여긴 병사들이 많았다. 이에 젊은 장교와 근위대 일부 병사까지 암살 시도를 했다. 네로에게 반기를 든 빈덱스 난을 진압한 게르마니아 전선 병사들마저 후에는 등을 돌렸다. 근본적으로 네로의 문제는 로마인답지 않은 부도덕함에 있었다. 로마 상류층과 군인들을 비난하고, 전임 황제 클라우디우스를 격하하며 황실 가족을 살해했다. 자신은 사치하면서 군인들 봉급은 체불하고 속주 세금을 인상했다. 동방 그리스, 시리아, 이집트 등 군주들도 네로의 암살, 독살, 재산 몰수, 연좌제에 큰 불만을 품었다. 빈덱스와 스페인 총독 갈바, 포르투갈 총독 오토는 손을 잡고 네로에게 반기를 들고 일어나 갈바를 후임 황제로 추대하였다. 근위대장 중 하나인 사비누스는 갈바를 지지하였고, 네로가 신임했던 근위대장 티겔리누스는 도망치고 말았다. 원로원에 의해 채찍질당하고 처형될 것을 감지한 네로는 스스로 자신의 머리를 찔러 자결, 생을 마감했다.

<**네로 황제의 리스크**(Risk)>

- 성격상 결함

<**리스크 대처**>

- 성격 결함을 교정, 교화하지 못하고 가족과 측근, 기독교인 처형으로 일관, 자살로 마감.

17. [로마의 갈바 황제(Lucius Livius Ocella Sulpicius Galba)](B.C.3년 -A.D. 68년)(기원후 1세기 서양 로마)

갈바(Servius Sulpicius Galba)는 네로 황제 다음의 로마 황제이다(6대 황제). 당시에 활약한 사람들이 그러하듯, 귀족 명문가에서 태어났다. 30세에 집정관이 되고 36세에 칼리굴라 황제에 의해 라인강 방면 로마군의 지휘자가 되었다. 41세에 북아프리카 총독, 58세에 이베리아 반도 북동부 총독이 되었다. A.D. 68년 네로 황제 때 빈덱스가 쿠데타를 하여 비록 실패하였지만 원로원이 갈바를 후임 황제로 추대하였다. 황제가 된 직후 전임 네로 황제의 건물을 몰수했다. 그 부하들도 재물에 지나치게 욕심내었다. 이로 인해 위신이 실추하였고 라인강 로마군이 반란을 일으켜 비텔리우스를 황제로 추대하기도 했다. 후계자로 리키니아누스(Licinianus)를 입양하여 선포하였으나 오토가 근위대를 접수한 후 쿠데타를 하였다. 결국 오토 부하 기병대의 공격을 받아 72세에 사망하였다. 쿠데타에 성공한 오토가 후임 황제로 되었다(제7대 황제).

<**갈바 로마 황제의 리스크**(Risk)>

- 자신과 부하의 탐욕
- 군대의 반란

18. [로마의 비텔리우스 황제(Aulus Vitellius Germanicus Augustus)] (A.D.15년-69년)(기원후 1세기 서양 로마)

오토의 후임으로 황제가 된 사람이다(8대 황제). 부친은 루키우스 비텔리우스이고 33세에 집정관, 46세에 아프리카 총독, 53세에 게르마니아 남쪽 사령관이 되었다. 전임 황제 오토에 반기를 들었고 원로원이 후임 황제로 승인하였다. 다만, 그는 교양 있는 지도자는 아니었다. 환락을 즐기고 무절제한 말을 내뱉어 반감을 샀다. 정치 무능이 더해져 도나우 군단이 베스파시아누스를 내세워 비텔리우스에게 온갖 모욕을 가한 뒤 살해했다.

<**비텔리우스 로마황제의 리스크**(Risk)>

- 무절제한 환락, 폭력으로 인한 반란, 정치 무능으로 인한 반란

19. [로마의 도미티아누스 황제(Titus Flavius Domitianus)](A.D.51년-96년)(기원후 1세기 서양 로마)

부친은 9대 황제 베스파시아누스이다. 로마 제국의 제11대 황제로서 10대 황제 티투스의 동생이다. 그런데 원로원과의 사이가 나빴고 15년간의 치세는 권위주의적이었다. 군사적, 행정적으로는 유능하였다고 한다. 라인과 다뉴브 강변에 요새 방벽을 건설하고 군인 급료를 3분의 1 인상하여 군대를 장악하였다. 그는 부친 베스파시아누스를 계승하여 콘술이 되었고 종신 감찰관으로서 원로원과 군대를 장악했다. 다른 전임 황제들처럼 그의 종교는 로마 이교였고, 기독교인들을 억압하였다. 사촌 사비누스의 처형, 게르마니아 상부 총독 사투르니누스의 반란과 처형으로 정정이 불안해지더니 A.D. 96년 2명의 근위대장, 궁중의 관리, 아내 롱기나가 합세한 반역에 의해 살해되었다. 그 뒤를 이은 네르바 황제도 이 반역에 가담한 것으로 추측된다. 그가 죽은 후 모든 업적을 없애버리는 「기록 말살형」에 처해졌다.

<**도미티아누스 로마황제의 리스크**(Risk)>

- 게르만족의 침입으로 인한 도나우강 등 국경 수비의 곤란
- 아내와 사촌 등 친척과 총독, 네르바, 근위대장의 반란으로 인한 정정 불안
- 로마 이교(異教)와 기독교의 종교 갈등

<**리스크 대처**>

- 라인강과 도나우강변에 요새와 방벽 구축
- 군인의 급료를 인상하여 군대 장악

20. [로마의 네르바 황제(Marcus Cocceius Nerva)](30-98년)(기원후 1세기 서양 로마)

전임 도미티아누스에 이어 제12대 황제가 되었다. 네로 황제 때 궁중 음모인 '피소 음모'의 진상을 밝힘에 기여하였다. 그의 통치 기간 로마는 재정적으로 어려웠고 근위대는 반란을 일으켜 네르바를 인질로 잡은 후 트리야누스 장군을 후계자로 입양할 것을 요구했다. 네르바는 15개월이라는 짧은 시간을 황제로 보낸 후 68세에 열병으로 쓰러졌다. 후계자는 출중한 군인 트라야누스가 되었다. 네르바에 대해 기록이 별로 없어서 자세히 알 수 없지만, 대체로 현명하고 온화한 지도자였다고 한다. 평화롭게 후계자를 정한 것이 높이 평가되고 있다. 그러나, 자신의 세력을 구축하지 못하고 지나친 지출은 경제에 큰 짐이 되었다. 동양이든 서양이든 지도자로서는 온화하기만 한 품성이 최선은 아니다.

<**네르바 로마황제의 리스크**(Risk)>

- 지나친 지출로 인한 재정적자
- 근위대의 반란
- 열병 감염
- 자신의 세력 미약

<**리스크 극복 노력**>

- 현명하고 온화한 성격
- 평화롭게 후계자(트라야누스)에게 승계

21. [로마의 5현제(五賢帝)](79년-180년)(기원후 1세기-2세기 서양 로마)

고대 로마의 현명한 황제 5명을 이르는 말이다. 네르바, 트라야누스, 하드리아누스, 안토니우스 피우스, 마르쿠스 아우렐리우스이다. 그 당시 로마의 국력은 최전성기에 이르렀다. 직계 혈통이 황제 뒤를 잇지 않고 뛰어난 자를 양자로 삼아 후계 황제로 하였다는 특징이 있다. 5현제 시기가 지나면서 황제는 난립하고 당연히 외세가 로마에 침입하여 로마는 혼란기에 접어든다. 5현제 시기 로마가 번성했던 이유는 혈연이 아니라 현명한 양자에게 상속시키고 원로원, 군대, 일반 대중, 속주민들 대다수가 이 황제들의 훌륭한 인품을 인정하였기 때문이다. 다만, 냉정하게 평가한다면 5현제 당시에도 로마 제국의 경제적 문제는 오히려 악화되고 있었으니, 마냥 찬양하기만도 어렵다. 또, 그 이전에는 야만족이었던 게르만족이 로마문명을 배우고 익혀 무기도 발달하고 번성하여 변경 수비가 점점 더 어려워지고 있었다. 드넓은 게르만족을 과거의 방식으로 상대하는 것은 어려웠다. 게르만족과의 교전은 소모전이 될 수 밖에 없었다. 마르쿠스 아우렐리우스도 다뉴브 강 최전선(쾰른)에서 수비하다가 과로와 질병으로 죽고 말았다. 5현제들조차 극복하기 어려웠던 경제 문제, 게르만 문제가 결국 로마 멸망으로 이어졌다.

<5**현제의 리스크**(Risk)>

- 경제의 악화
- 게르만족의 공세와 국방력 약화

<**리스크 대처**>

- 안정 추구 국내 정치
- 게르만 쪽에 대한 국경 수비에 진력(마르쿠스 아우렐리우스등의 성실한 노력)

22. [베드로(Petrus; Pietro; Saint Peter](A.D. 1년?- 66년?)(기원후 1세기 서양 유대와 로마)

예수 그리스도의 열 두 제자 중 으뜸이다. 로마제국 시리아 속주 베싸리아에서 출생하여 부친을 따라 어부가 되었다. 원래 이름은 「시몬 바르 요나」로서 요나의 아들 시몬이라는 뜻이다. 후에 예수가 그에게 「케파」(아람어 '케파(ܟܐܦܐ אפ״כ)': 바위라는 뜻)라는 이름을 주었다. 이는 그리스의 페트로스(Πέτρος), 라틴어의 페트루스(Petrus)로 되었다.

여러 복음서에서 예수의 사도들 중 가장 많이 나온다. 유대교회나 이방교회의 복음서 모두에서 베드로는 예수 제자의 대표 인물 또는 교회의 반석으로 그려지고 있다(마태복음 16장 등). 축일은 사도 바울과 같이 6월 29일이다. 마태복음서에서 베드로가 예수로부터 천국에 들어가는 열쇠를 받았다는 기록 때문에 열쇠는 성베드로의 상징이다.

성 베드로 광장도 열쇠 모양으로 만들어졌다. 예수의 제자로 되기 전 물고기 잡는 사람이었으니 하류층이었을 것 같다. 그러나, 부친이 배를 소유하였고 갈릴리 호수의 고기잡이는 좋은 비지니스였기에 중산층 정도였을 것이라는 주장도 있다. 다만, 사도 행전에서도 사람들이 그를 무식한 사람으로 대했다는 표현이 나오기는 한다. 가톨릭에서는 베드로를 초대 교황으로 본다. 정교에서는 교황의 권위는 부정하지만 모든 주교 중 으뜸으로 인정한다. 개신교도 교황권은 인정하지 않지만 교회의 반석임은 부정하지 않는다.

베드로는 예수에게 "모든 이가 주님을 버릴지라도 저는 결코 버리지 않겠습니다" 라고 말하자 예수는 그에게 "내일 새벽 닭이 울기 전까지 너는 나를 세 번 부인하리라"고 하였다. 바로 그 날 밤 예수는 체포되었는데 사람들이 베드로를 예수 측근이라 지목하자 그는 아니라고 부인했다. 마지막으로 세 번째 새벽에 "내가 예수와 친한 사이라면 나는 천벌을 받을 것"이라고 말하였는데 이 말을 하자마자 닭이 울었다고 한다. 이 닭 울음 소리를 듣고 베드로는 대성통곡을 하였다. 그 이후 그는 고향 갈릴리 호수로 돌아가 예전처럼 고기잡는 어부가 되었다. 그는 매우 감정적인 사람이어서 거칠고 고집이 매우 셌다고 한다. 그러나 예수에 대한 신앙고백을 처음으로 한 사람이다. 율법 논쟁(할례 문제 등)에서 중도적 입장에 서서 이방인 그리스도 신자와 예루살렘 교회, 바울 사이 등을 잘 조정하였다고 한다. 유대를 넘어 이방인에게 전도함에는 베드로의 온건한 노선이 크게 유용하였다. 베드로가 로마 전도 중 순교한 후 그의 유해는 바티칸 언덕 공동 묘지에 묻혔다 그의 바티카오스(바티칸) 무덤 위에 교회가 세워지고(로마 교황청), 가톨릭의 총본산으로 되었다. 성베드로 성당 지하에는 '베드로 무덤 성당'이라고 하는 작은 규모의 별도 성당이 있다. 일반인은 입장할 수 없다. 다만 가톨릭 신부가 절차를 거쳐 교황청에 요청하면 신자들도 함께 미사를 드릴 수 있다고 한다.

<**베드로의 리스크**(Risk)>

- 배움이 부족한 어부

- 감정적 격정적인 성격
- 초대 교회의 율법 갈등

<**리스크 대처**>

- 할례(割禮) 등 율법 논쟁에서 유대인과 이방인 갈등을 중도 입장에서 조정

23. [사도 바울(Paul; Paulus)](5년-67년?)(기원후 1세기 서양)

바울은 아브라함 후손이고 베냐민 지파에 속하였다. 유대인이지만 할아버지가 로마 용병이 되어 로마 시민권을 얻은 집안에서 태어났다. 유대교 랍비로서 기독교를 극도로 탄압하다가 다마스커스로 가는 길에 예수를 만나 회개했다. 기독교를 세계 종교로 올려놓은 사람이다. 신약 성경에 나오는 편지인 로마서, 갈라디아서, 필립보서 등을 쓴 사람이다. 가톨릭과 성공회에서 그의 축일은 6월 29일이다. 예수의 열 두 제자가 아니고 예수 생전에 한 번도 만난 적이 없지만 기독교 신학에서는 가장 중요한 사람이다. 유대 이름은 사울이지만 로마식 이름은 바울이었다. 그가 로마 시민이었기에 2개의 이름을 가질 수 있었다. 공식적으로 '바울'(라틴어 Paulus, 그리스어 Παῦλος)이란 이름을 썼다. 영어로는 Paul이 된다. 흑해 아나톨리아 항구도시 타르수스(Tarsus)에서 태어났다. 로마 시민권을 얻을 정도의 좋은 집안에서 태어났으므로 그리스어, 그리스 학문을 익혔고 소양이 깊었다. "나는 그리스도를 위해 약해지는 것을 만족스럽게 여깁니다. 모욕, 빈곤, 박해와 곤궁을 달게 받습니다. 제가 약해졌을 때 오히려 강하기 때문입니다"(고린도 후서). 그리스도교로 개종한 이후에는 네 번의 선교 여행을 떠났다(12년 간의 선교). 제1차 선교 여행에서 안디옥교회는 바울과 바나바를 선교사로 보냈다. 안디옥으로 무사 귀환하였는데 1차 여행 후 할례의 문제로 갈라디아 교회총회에서 분란이 일자 갈라디아서를 썼다. 제2차 선교 여행은 예루살렘, 마케도니아, 아테네 등지로 갔다. 1차 여행 때 마가가 도중에 그만 둔 일이 있어서 2차 여행에 마가를 동행시킬 것인가에 대해 바울과 바나바 사이에 다툼이 일었다. 결국 이 분열로 인해 2차 여행은 둘로 나뉘었다. 도중에 바울은 디모데(Timothy)를 만나 큰 도움을 받았다. 아테네에서는 대형극장(아레오파고스)에서 많은 군중을 상대로 연설을 했다. 많은 그리스인들이 기독교로 개종하였다(사도행전 17장 22절-31절). 대성공이었다. 이 기간에 유대인들의 소란으로 로마 황제 클라우디우스는 칙령을 내려 유대인의 집회를 금지하였다. A.D 49년 제3차 선교 여행은 갈라디아와 프리기아 등 소아시아로 떠났다. 도중 고린도 교회가 바울파, 아폴로파, 그리스도파로 3분되어 싸우자 고린도 전서를 써서 보냈다. 그 후 잘 회복되었다는 소식을 디도(Titus)로부터 듣고 기쁜 마음에 고린도 후서를 썼다. 로마로 갈 준비를 하면서 로마 교회에 쓴 편지가 로마서다. 제4차 선교 여행은 로마로의 여행이다. 바울은 이 여행 중 로마에서 순교했다. 예루살렘 교회가 굶주림으로 고통받음을 알게 된 바울이 그리스와 소아시아에서 모은 헌금을 예루살렘 교회에 보냈다. 교회 원로들, 예수의 아우 야고보에게는 세 차례 여행의 경과를 알렸다. 그런데 유대인들이 모세 율법을 지키지 않는 바울을 죽이려 하자 할 수 없이 7일간 "정결 예식"을 치렀다. 그럼에도 폭행을 당하여 죽을 뻔하였는데 다행히 로마군에게 넘겨져 죽음을 면하였다.

유대회당(Synogogue)에서 바울이 심판받게 되자 사두개파와 바리세파가 싸우게 되어 총독은 바울을 로마로 압송한다. 로마에서는 작은 셋방에 가두어졌다. 그 안에서도 골로세서, 빌레몬서, 에베소서, 빌립보서를 써서 보냈다. 그 이후 바울이 어떻게 되었는지는 기록이 없다. 다만, 바울은 로마시민권자로서 무죄로 석방되었다가 로마 대화재(A.D.64년) 이후 네로 황제에 의해 화재의 주범으로 몰려 사형에 처해진 것 같다. 로마 시민권자였기에 극형인 화형, 십자가형이 아니라 참수형에 처해졌다. 그는 "살아서도 예수를 위하여, 죽음도 예수를 위하여"라고 말했다고 한다. 바울의 생각은 체계적인 신학은 아니다. 편지 내용도 격정적이었다. 그 자신 이방의 땅 아나톨리아(Anatolia)에서 태어나 많은 이방인을 그리스도교로 개종시켰다. 기독교가 세계적 종교로 웅비한 것은 명실 공히 그의 덕택이다(유대교의 율법:할례, 안식일, 정결 의식 등 준수보다 믿음, 사랑, 헌신을 더 강조). 그는 로마나 유대 지배층을 꺾고자 칼로 맞서기보다 선(善)으로 악(惡)을 이기라고 가르쳤다. 이는 기독교의 기본 정신으로 이어졌다.

<**사도 바울의 리스크**>

- 율법을 둘러싼 유대인과의 갈등, 유대인의 폭행
- 예수 신앙에 대한 적대감, 교회 내부의 분열, 지도자 간의 알력
- 고린도 교회의 분열

<**리스크 대처**>

- 기도, 신앙, 자신의 노동(천막 만드는 일), 설득(편지)과 헌신으로 예수 사랑의 모범을 보임.

24. [이태리 폼페이(Pompei)도시의 멸망](A.D. 62년)(기원후 1세기 서양 로마)

폼페이는 이탈리아 나폴리 근처에 있는 도시이다. 고대 로마 시대 농업, 상업, 휴양 도시로 번성하였다. A.D. 79년 8월 24일 베수비오 화산 폭발 18시간 만에 폐허가 되었다가 1592년 운하 건설 작업을 하다가 유적, 유물이 발견되어 알려졌다. 폼페이는 고대 로마시보다 먼저 건설되어 B.C. 7-8 세기에는 그리스를 지배하고 있었다. B.C. 6세기에는 에트루리아의 침공을 격퇴하였고 폼페이, 헤라쿨라네움, 스타비아이, 뉴케리아가 동맹을 이루었다. 로마 건국 전에 이미 건설된 도시였던만큼 로마보다도 문명 수준이 높았다고 한다. B.C. 310년 제2차 삼니움 전쟁 때 로마의 함대가 사르누스 강에 상륙, 누케리아를 공격하였으나 패퇴하였다. 그러나 삼니움 전쟁 말에는 캄파니아 등 인근의 도시들이 로마의 동맹시로 되었다. 동맹시들이 로마에 대항하여 벌인 동맹시 전쟁기에는 로마에 맞섰다가 B. C. 89년 술라에게 패하여 로마에 완전히 복속되었다. 원수정 시대에는 특히 번성했다. 포도주, 기름 생산, 검투사 경기, 이시스 신전(이집트 신전), 인도와 유대인 공동체로 유명했다. 도시 행정은 로마의 정부 체제를 본땄다. 폼페이에도 2명의 집정관, 자치행정관과 원로원이 있었고 모두 선거로 뽑았다.

베수비오 화산 폭발 17년 전(A.D. 62년) 큰 지진이 있었다. 주피터 신전, 포럼, 목욕탕 등이 큰 피해를 입었다. 베수비오 화산이 폭발하던 날은 폼페이 시민들이 '불의 신' 볼케누스(Volcanus)를 기념하는 축제일이었다고 한다. 분화로 화산재가 하늘을 뒤덮은 후 수백억 톤의 화산 부산물이 낙하, 폼페이 도시 자체를 뒤덮고 말았다. 유독 가스에 질식한 사람도 많았다. 초고온의 화산재는 모든 것을 녹였다. 인구의 10프로인 1만 6,000-2만명 정도가 즉사했다. 부상자는 훨씬 더 많았다. 폼페이 옆 헤라클라네움, 오플론티스, 스타비아이도 큰 피해를 입었다. 분출물이 남동쪽에 집중되어 북서쪽에 있는 나폴리(네아폴리스) 등은 피해가 크지 않았다. 다행히 쓰나미는 일어나지 않아 많은 사람들이 배를 이용, 바다로 피신할 수 있었다고 한다. 유명한 박물지(백과사전)를 쓴 플리니우스(대 大플리니우스)도 희생자 중 하나였다. 그는 해군 함대 사령관으로 근방에 주둔하고 있다가 화산 폭발을 보고 폼페이, 헤르쿨라네움 사람들을 구조하다가 유독가스에 중독되어 사망하였다.

<**폼페이 도시의 리스크**(Risk)>

- 에트루리아의 침공, 삼니움 전쟁, 동맹시 전쟁
- 잦은 지진, 베수비오 화산의 폭발

<**리스크 대처**>

- 화산폭발시 배를 이용, 바다로 피신하여 피해를 최소화하기 위해 노력함

25. [전한(前漢) 멸망, 왕망이 신(新) 왕조 건국](A.D. 8년)(기원후 1세기 동양 중국)

왕망(王莽)은 B.C. 45년 기주 위군(魏郡) 원성현(元成縣)에서 태어났다. 전한(前漢)을 찬탈하기 전에는 충효(忠孝)에 충실한 모범생이었다. 그러나, 신(新)나라를 건국한 후에는 온갖 악행을 하다가 실패한 개혁가가 되었다. 미숙한 개혁으로 온 나라가 가난과 전쟁에 휘말리고 한(漢)나라는 약체 국가가 되고 말았다. 그 자신은 끔찍한 방법으로 처형되었다. 어린 시절 가난했던 왕망은 고모인 효원왕후 왕씨(王氏)의 도움으로 어머니와 함께 궁에 들어가 살았다. 어머니와 과부 형수, 숙부들을 지극정성으로 모셔 이로써 황문랑(黃門郎)의 관직에 올랐다. 사성교위(射聲校尉) 관직에 올라서도 검소하였고 가난한 이웃에 덕을 베풀어 주위에 실력 있는 친지가 많아졌다. 한(漢)나라 애제(哀帝)가 사망하고 어린 평제(平帝)가 즉위하자 왕망은 대사마(大司馬)에 올랐다. 왕망은 수렴청정하던 태황태후 위씨 일족을 제거하고 자신의 딸(효평황후 왕씨: 王氏)을 평제(平帝)의 왕후로 삼아 권력을 장악했다.

그런데 사위인 평제(平帝)가 왕망에게 불만을 품자 평제(平帝)를 독살(毒殺)하고 어린 아들 유영(2세)을 황제로 옹립하여(선제 宣帝) 섭정을 하다가 선양의 형식으로 한(漢) 대신 신(新)나라를 세워 스스로 황제가 되었다(A.D. 8년 11월). 신(新)나라는 토지국유화, 관직과 화폐·물가 제도의 개혁, 소금과 철, 술(鹽鐵酒)에 세금을 매겼다. 그러나 물가는 폭등하고 복잡한 새 제도에 사람들이 적응하지 못했다. 대외적으로는 흉노 등과 적대, 수많은 분쟁, 전쟁의 씨앗이 되었다(국력의 소진).

한반도의 고구려에게도 흉노 정벌의 군사 징발을 요구, 고구려가 거절하자 저구려(低句麗)라고 하고 왕(王)을 후(侯)로 낮추어 불렀다. 고구려는 크게 반발하고 신(新)나라의 변방을 공격했다. 서역의 인도, 유럽계 나라들에게도 적대하여 이들이 흉노에 투항하게 하고 대외 관계는 악화되었다. 그런데도 신나라는 스스로 귀신, 신선(神仙)사상에 빠져 궁중 안에 소모적인 토목 공사를 벌였다. 자신에게 순종하지 않으면 장남, 차남, 삼촌마저 죽이고 한고조(漢高祖)의 사당도 부수어 원성을 불렀다. 이로써 각지에서 적미적(赤眉賊) 등 도적 반란, 유수(劉秀: 光武帝), 공손 술 등 군벌 반란이 일어났고 곤양대전(昆陽大戰)에서 유현에게 대패(大敗)했다. 상인(商人) 출신 두오(杜吳)가 왕망을 살해하여 목은 잘리고 몸뚱이는 난도질을 당했다. 왕망의 일족도 전멸당하고 친척 무덤은 다 파헤쳐졌다. 그가 지은 건축물도 다 불에 태워져 수도 장안(長安)은 폐허가 되고 말았다. 왕망을 물리친 공로로 유현이 새 황제로 되었으나(경시제: 更始帝) 능력 부족으로 즉위 2년 만에 적미군(赤眉軍)에게 살해되고 말았다.

왕망의 개혁이 실패한 데는 여러 요인이 있었으나 이미 사유재산제가 정착한 시대에 주(周)나라의 정전제(井田制: 공동소유, 공동경작)를 도입한 것, 관료에게 급여를 주지 않고 봉사만 강요하여 부정부패가 일어날 수 밖에 없었던 것, 지나친 중화사상(中華思想)으로 인접 국가를 얕잡아본 것들이 꼽힌다.

<**신**(新) **나라**(**왕망**)**의 리스크**(Risk)>

- 화폐, 문자제도 개혁의 실패
- 흉노, 고구려, 인도, 유럽 나라들과의 적대적 관계
- 사상적 혼란(귀신, 신선 사상)
- 소모적인 토목공사
- 사유재산 부정(주나라의 정전(井田)제도 부활 등)에 따른 반발

26. [곤양대전(昆陽大戰)](A.D. 23년)(기원후 1세기 동양 중국)

왕망이 건국한 신(新)나라가 학정을 일삼자 각지의 반란이 일어나고 곤양대전도 벌어졌다. 신(新)나라의 43만명이 신(新)에 대항하여 세운 현한(玄漢)의 1만명에게 대패하여 신(新)나라가 결정적으로 망하게 되었다. A.D. 23년 유현, 유인, 유수 등(현한: 玄漢)이 한나라 재건을 기치로 반란을 일으켰다. 5월에 왕읍, 왕심 등 신(新)나라 군대 40만명과 유수의 농민군 9천명이 대치하여 유수군이 중과부적이었으나, 유수가 13명의 결사대를 조직하여 포위망을 뚫었다. 신(新)나라 대군은 땅굴을 파고 충차, 평차, 궁수를 동원하여 맹공하였으나 유수 등은 항복을 거부했다. 오히려 유수가 3천의 군사로 40만명의 신(新)나라 군대를 성(城)의 서쪽부터 중앙까지 돌파했다. 신(新)나라의 군대는 지도력이 부족한 장수 왕심을 잃고 대패(大敗)했다. 장수 왕읍은 겨우 살아 수 천의 군사만을 데리고 도주했다. 그 후 반란이 불붙듯 각처에서 일어나고 신(新)나라는 붕괴했다. 승리한 유현은 자신을 도운 유연을 죽이고 유수를 하북(河北)으로 좌천시켰다. 그러나 유현이 적미군(赤眉軍)에게 죽자, 유수는 현한(玄漢)의 세력을 합쳐 후한(後漢) 시대를 열었다(후한시대의 개막).

<**후한의 시조 유수**(劉秀)**의 리스크**(Risk)>

- 전한(前漢)의 직계 혈통이 아니어서 세력이 약함(호족의 저항)
- 새로운 제도의 시행 착오

<**리스크 대처**>

- 호족과의 결혼 동맹. 그러나, 이로 인해 인척이 정치에 개입함. 이를 견제하고자 환관을 중용하였으나 이번에는 환관세력이 득세하여 그 폐해가 발생함(십상시의 난 등).

27. [후한(後漢)의 시작](A.D. 25년-)(기원후 1세기 동양 중국)

유수(劉秀) 광무제(光武帝)는 신(新) 나라에게 망한 한(漢)나라를 계승한다는 뜻에서 나라 이름을 후한(後漢)이라고 하였다. 연호는 건무(建武)라 하고, 서울을 낙양(洛陽)에 정했다. 건국 후 신(新)나라에서 도입한 제도를 전한(前漢)시대의 것으로 되살렸다. 노비 해방, 죄수 석방, 수리 사업 등으로 민생(民生)도 돌보고자 애썼다. 그런데, 유수는 전한(前漢)을 계승한다고 하였지만 그 자신은 전한(前漢)의 직계 혈족이 아니었다. 세력도 약하여 지방의 호족(戸族)과 손잡을 수 밖에 없었다. 호족들과는 결혼으로 동맹을 맺었다. 그런데 이는 화근이 되었다. 결혼으로 세력이 강해진 인척(姻戚)이 정치에 관여하게 되자 왕실이 약해지고 말았다. 4代 황제 화제(和帝) 이후 외척과 환관의 다툼이 커지고 어린 황제가 즉위하며 나라는 혼란해졌다.

後漢(후한)에서는 종이가 발명되고(채윤의 발명), 천문기구(혼천의: 渾天儀, 지동의: 地動儀) 발명(장형), 서역 개척(반초, 감영)이 이루어졌다(실크로드의 재건). 그러나, 결국 십상시(十常侍)의 난까지 일어나 나라 기강이 무너졌다. 이를 진압하기 위해 동탁, 조조, 유비, 손견 등 지방 군벌이 일어나자 후한(後漢) 왕실은 무너지게 되었다.

28. [후한(後漢)](A.D.25년-220년)(기원후 1세기-3세기 동양 중국)

신(新)나라를 멸하고 유수에 의해 일어난 후한(後漢)은 전한(前漢)시대의 기풍과 권위를 다시 찾지 못하였다. 후한(後漢)은 장제 이후 외척을 견제하려 중용한 환관들이 오히려 권력에 침투했다. 화제는 환관 정중의 힘을 빌어 외척을 축출했다. 화제의 부인 화희 황후는 화제가 사망한 이후 창족의 반란(A.D.107~118년)을 막기 위해 섭정을 하였다. 그러나, 화희 황후가 죽은 이후 환관들은 안제에게 화희 황후 일족이 반란을 도모하였다는 모함을 하여 이들을 몰아내거나 자살하게 하였다. 안제 사후 안제의 부인 안사황후는 어린 소제를 황제로 만들었으나 환관 손정에 의해 밀려났다(순제 즉위). 안사황후는 집에 감금되고 그 친척이나 친지인 환관은 유배되거나 살해되었다. 순제의 외삼촌 양기는 섭정으로 권력을 장악하였으나 환제의 환관들에게 살해되었다. 지식인들의 주류였던 태학(太學)의 유림들은 환관에 대항했다. 부패한 환제 치하의 환관들은 중요한 관리와 지식인을 반역죄로 몰았다. A.D. 167년 황제의 장인인 대장군 두무는 사위를 설득하여 이들을 석방했지만, 이응 등 많은 관료들이 관직에 오르지 못하게 탄압하였다(당고의 화). 환제 사후 두무는 환관을 상대로 쿠데타를 일으켰으나 실패하고 살해되었다. 영제가 통치하는 동안 환관은 더욱 발호하고 영제는 정치를 조충, 장양 등 환관에게 맡긴 채 주색에 빠졌다. 황건적의 난, 오두미도의 난은 이러한 혼란을 틈타 일어났다. 이들은 중국의 오랜 민간 신앙인 도교(道敎)를 신봉하는 집단이었다. 황실은 무력하였고, 이를 진압한 것은 흩어져있던 관료와 군벌이었다. 황건적 난이 진압된 이후에도 이 진압군은 해체되지 않아 후한 멸망의 원인이 되었다. 대장군 하진은 영제의 외삼촌이었는데 원소와 함께 환관을 몰아내고자 하였으나 그 편지가 누설되어 도리어 환관들에게 암살되고 말았다(A.D. 189년). 이에 원소와 원술이 분개, 궁궐을 포위 함락시켜 환관 2,000여 명을 살해했다. 환관 장양은 소제와 어린 유협(후일 헌제)을 데리고 도망하였으나 원소군에게 추격당하자 황하에서 자살하였다. 소제와 어린 유협을 발견한 것은 서량 태수 동탁 장군이었다. 동탁은 어린 황제를 내세워 학정을 할 뿐만 아니라 소제를 폐위하고 헌재를 황제로 앉혔다. 그 후 소제는 암살되었다. 유력가문의 영수였던 원소는 동탁을 상대하기 위해 조조 등을 모아 세력을 규합했다. 동탁은 A.D.191년 봄, 낙양성을 불사르고 장안으로 수도를 옮겼지만 왕윤의 이간책으로 여포에게 암살되었다. 헌재는 A.D. 196년 조조의 조언을 받아 허창으로 천도했다. 이후에는 대권을 두고 다투는 형세가 되었다. 원소와 조조는 관도대전을 벌였는데 마침내 조조가 명문가 원소를 눌렀다. A.D. 208년 조조는 유비와 손권을 상대로 한 적벽대전에서 진 후 3개의 나라(위, 촉, 오)로 쪼개졌다(삼국시대). A.D 220년 조조는 사망하고 조조의 아들 조비는 헌제를 내쫓고 황제가 되었다(서진의 건국, 후한의 멸망).

난세에 지식인(유학자)들은 두각을 나타내지 못하고 초야에 묻혀 지냈지만, 꾸준히 학문을 연마하여 실력을 키웠다. 그 실력으로 서진, 남북조 시대를 맞고 문치(文治) 시대를 열었다.

29. [후한 반초(班超) 장군의 활약](A.D. 32년-102년)(기원후 1세기 동양 중국)

반초(班超)는 역사서인 한서(漢書)를 쓴 반고(班固)의 동생이다. A.D. 62년(영평 5년) 형(兄) 반고가 교서랑(校書郎)에 임명되어 수도인 낙양(洛陽)으로 가자 어머니, 형과 이사를 갔다. 반초가 관아에서 문서를 베껴쓰는 말직에 있던 중 흉노(凶奴)가 세력을 확장하자 무관(武官)으로 나설 결심을 한다.

A.D. 73년(영평 16년) 봉사교위(奉事校尉) 두고(杜固)가 북쪽의 톈산(天山)에서 흉노를 격퇴할 때, 반초는 공을 세워 인정을 받았다. 이후 종사(從事) 곽순(郭恂)과 서역의 사자(使者)로 파견되었다. 반초는 서역에서 의외로 크게 업적을 냈다.

선선국(鄯善國), 우전국(于闐國), 소륵국(疏勒國)을 이이제이(以夷制夷)전술로 평정(平定)했다. 그러나, 공을 시기한 이읍(李邑)은 그를 중상모략했다, 다만, 좌절하지 않고 일어나 월지(月支)를 정복, 귀차, 언기, 위리, 위수도 복속시켰다. A.D. 95년(영원 7년) 후한(後漢)의 화제는 반초의 서역 평정의 공을 인정하여 큰 관직에 봉하였다(정원후: 定遠侯) 그로부터 7년 후 30년만에 낙양으로 귀환, 사성교위(射聲校尉)에 임명되었다. 그러나 귀향 1달 후 지병으로 사망하였다(71세).

<**반초 장군의 리스크**(Risk)>

- 흉노의 후한 침공
- 동료의 중상모략

<**리스크 대처**>

- 이이제이(以夷制夷) 전술로 서역평정
- 좌절하지 않고 서역 정복사업 계속

30. [후한 감영(甘英)의 활약](A.D. 97년- ????)(기원후 1세기 동양 중국)

감영은 후한(後漢)의 서역도호부 반초(班超) 휘하에서 부관으로 있었다. A.D. 97년 반초의 명에 따라 로마(Rome) 제국(大秦)과의 국교를 열기 위해 애썼다. 7만명 반초 원정군의 일원으로서 서쪽의 대국(大國) 파르티아(Parthia)의 서쪽 국경까지(페르시아 Persia 만의 기슭까지) 이르렀지만, 정작 로마 국내까지는 이르지 못했다. 다만, 감영은 이 여행의 기록을 남겨 서역의 지형, 관습 등을 중국이 알게 하였다(범엽이 기록한 後漢書).

그는 로마의 네르바 황제와 트리아누스 황제에 대해 언급하였다. 네르바 황제가 자신의 아들이 아니라도 뛰어난 사람(트리아누스)를 양자로 삼아 황제 자리를 물려주었다고 기록하였다. 당시 중국에서는 로마의 정치체제(공화정 또는 제정(帝政)시기의 원로원 제도 등)가 매우 이질적으로 느껴졌을 것이다. 후한(後漢)에서는 로마와 같은 공화정이나 제한적 권력구조인 황제 체계를 도입하자고 주장하기는 불가능했을 터이다. 그를 소개하는 것조차 감영에게는 큰 용기가 필요했을 것으로 본다.

[후한(後漢) 당시의 과학기술과 문명(文明)]

(1) 종이의 발명(후한의 채윤)

인류가 기록을 남기기 위해 문자(文字)를 사용한 것은 인류 역사 약 200만년에 비해 매우 짧다. 문자(文字) 사용 이전을 선사(先史)시대, 이후를 역사(歷史)시대라 하여 구분한다. 역사(歷史)시대는 선사(先史) 시대에 비해 턱없이 짧다. 선사(先史)시대의 사람들도 죽음에 이르러서는 무덤이나 집터에 흔적을 남기고 싶어했다(그림 등). 문자(文字)를 발명한 이후에는 점토, 나무(木), 돌(石), 짐승가죽, 대나무(竹) 등에 기록했다. 고대 이집트에서는 파피루스(Papirus), 중국에서는 오랫동안 죽간(竹簡)을 이용하였다.

채윤(蔡倫)(A.D. 50년 경-A.D. 121년 경)은 후한(後漢)시대의 환관이다. 그는 식물을 원료로 한 종이(Paper)를 만드는 데 성공했다. 그는 명제 때 환관이 되어 화제 때 상방령(장관급에 해당)이 되어 궁중 물자 조달의 책임자가 되었다. 그는 도구 제작에 재주가 있었고 결백하였으며 학문을 좋아하였다고 한다. 화제 때 나무껍질, 삼베조각, 헌 헝겊, 낡은 그물 등을 짓이겨 물에 녹인 다음 위로 떠오르는 물질을 체로 쳐서 말린 후 적당한 방법으로 죽간(竹簡)보다 발전된 종이를 만들었다(蔡倫紙). 식물 섬유로 만든 최초의 필사체(筆寫體)다. 이제부터는 이전처럼 대나무, 나무 판자, 값비싼 비단에 글자를 쓸 필요가 없게 되었다.

승승장구하던 채윤은 황제인 화제(和帝)가 죽은 후 어린 상제(殤帝)를 대신하여 집정하던 등(鄧)태후를 도왔다. 그러나 A.D. 121년 등태후가 사망하고 안제(安帝)가 정치를 맏으면서 사형당했다. 안제의 아버지는 유경이었는데 유경은 3대(代) 황제 장제(章帝)의 황태자였다가 등(鄧)태후 시절에 억울하게 살해되었기 때문이다. 안제(安帝)는 이 때의 일을 조사하여 채윤에게 사약(賜藥)을 내렸다.

채윤이 종이를 발명하기는 하였지만, 바로 죽간(竹簡)이나 목간(木簡)을 대신하지는 못했다. 개량을 거듭, 남북조 시대에나 이르러 드디어 종이가 널리 사용되었다. 당나라 탈라스(Talas) 전투에서 중국이 패한 후 포로가 된 종이 제조 기술자에 의해 사마르칸트(Samarcand)에도 전파되어 서양의 제지술, 인쇄술 발달에 크게 기여했다. 우리나라는 오래 전부터 닥나무를 삶아 껍질을 벗겨 만든 한지(韓紙)가 사용되었는데 1902년 기계에 의한 제지술이 도입되어 오늘에 이르렀다. 오늘날에도 우리나라 안동 등에서 한지 공예는 중요한 무형문화재로 자리매김하고 있다.

(2) 역사서 「한서(漢書)」의 기록

후한(後漢) 반고(班固)가 쓴 역사서이다. 주로 전한 시대의 일을 기록하여 「한서(漢書)」라는 이름이 붙게 되었다. 한 고조(高祖) 유방(劉邦)의 개국부터 왕망의 신(新)나라가 망한 시기까지(B.C. 206년-A.D. 23년)의 기록이다. 반고(班固)는 A.D. 32년(광무제)-92년 (화제: 和帝) 시대의 사람이다. 아버지는 반표(班彪), 남동생은 서역 개척자 반초(班超), 여동생은 역시 역사가였던 반소(班昭)이다. 부친 반표(班彪)도 역사가로서 사마천의 「사기(史記)」를 이어 「후전(後傳」 65편을 편찬한 바 있다. 반고도 아버지를 이어 역사가가 되었다. 이로 인해 모함을 받아 투옥된 적이 있으나 아우 반초가 억울함을 호소, 풀려나게 되었다. 그가 쓴 것은 세조본기(世祖本紀), 백호통의(白虎通義) 등이다. 두(竇) 황후의 오빠 두헌(竇憲)의 흉노 정벌기를 「봉연연대명(封燕然大銘)」이라는 비석에 기록하기도 하였다.

두(竇) 황후를 믿고 전횡하던 두헌(竇憲)이 실각하자, 반고도 모반가로 지목되어 옥사(獄死)하여 한서(漢書)는 완성하지 못하였다. 미완성의 표(表), 천문지(天文志)는 여동생 반소(班昭)가 기록하였다. 사마천의 「사기(史記)」도 이 시기를 일부 기록하였기에 한고조(漢 高祖)-무제(武帝) 시기의 기록은 같은 시대를 두 사람 모두 기록한 셈이다. 신

(新)나라 이후 후한(後漢)시대 전부는 「후한서(後漢書)」에 기록되어 있다. 제기(帝紀)(=본기: 本紀) 12권, 지(志)10권, 열전(列傳)70권, 표(表) 8권(모두 합하여 100권)으로 되어 있다. 사마천의 사기(史記)와 함께 기전체(紀傳體)형식이어서 연도별로 기록하는 방식(編年體)과 구분된다. 기전체(紀傳體)는 편년체(編年體)와 대비되어서 중국 역사서를 쓰는 기본 형식으로 자리잡았다. 이는 우리나라 고려시대 김부식의 삼국사기(三國史記)나 고려사(高麗史)의 역사서술 방법에도 영향을 미쳤다. 사마천의 사기(史記)가 한(漢)나라 역사의 일부를 기록하였지만, 전한(前漢)이 망한 후 사마천을 존경한 반고가 「한서(漢書)」를 써서 나머지를 기록하게 된 것이다(「漢書」의 집필 동기). 이는 아버지 반표(班彪)의 유지를 잇는 것이기도 하였다. 「한서(漢書)」는 「사기(史記)」, 「후한서(後漢書)」, 「삼국지(三國志)」(역사서)와 함께 개인이 쓴 역사 책(私撰歷史册)중 최고로 꼽힌다.

31. [당고(黨錮)의 화(禍)](A.D. 169년)(기원후 2세기 동양 중국)

후한 말기에 일어난 사상 탄압 또는 사상 독재의 예이다. 후한 시대에 황제의 권력은 외가 또는 환관에 의지했다. 과거 주나라의 봉건제 폐해는 황제의 형제, 사촌 등 일가 친척의 권력분점이었다. 이를 극복하고자 진(秦)나라 때부터 법가 사상, 환관 관료정치를 우선하였다. 그런데 이는 권력이 환관에게 집중되는 또다른 문제를 낳게 되었다.

후한 환제 시기 지식인 그룹이 환관 정치의 폐해를 적극 반대하자 환관들이 청류당(清流黨)의 이응(李膺) 등 2백여 유학자를 잡아가두고 재판을 하였다. 이 재판에서 청류당이 한결같이 환관의 폐해를 지적하므로 환관들은 이를 기화로 당인(黨人: 유학자)들을 귀향시키고 관직에 오르지 못하게 하였다(제1차 당고의 화 A.D.168년). 헌재 사후 영제가 즉위, 두 태후(太后) 섭정하에 외척 두무가 실력자로 되자 당고의 옥을 풀어주었다. 그리고 그 힘으로 환관 세력을 소탕하고자 하였다. 그러나, 계획이 누설되어 환관의 반격을 받아 두무는 자살하고 이응 등 당인 6백여명이 사형, 유배, 금고에 처해졌다(제2차 당고의 화 A.D.169년). 1차, 2차에 걸친 당고의 화로 인하여 환관의 독재 권력은 공고하게 확립되었지만, 부패하고 문란해진 한(漢) 나라에 염증을 느낀 사람이 많아져 황건적의 난, 오두미도의 난이 일어났다.

32. [후한後漢 10상시(十常侍)의 난](189년 9월 22일)(기원후 2세기 동양 중국)

중국 후한 189년 환관 10명이 일으킨 난이다. 이 때 환관 등 2,000여명이 살해되었다. 대장군 하진도 살해되고 변방에 있던 서량태수 동탁이 권력을 찬탈하였다. 이 때 후한의 세력은 외척과 당인을 제압한 환관(내시 內侍)이 장악하고 있었는데 그 대표가 열 명의 내시였다. 그들은 장양, 조충, 건석, 곽승, 단규, 후람, 조절, 하운, 정광, 봉서였다. 황제인 영제의 병이 깊어 영제는 환관 건석과 후계 논의를 하였다. 그런데 건석은 황제 사후의 걱정을 없애고자 영제의 외삼촌 하진 대장군을 제거하고자 하였다. 그러나 이 계획은 누설되어 영제 사망 후 하진, 원소, 조조, 하옹, 순유, 정태 등 신하가 궁궐에 난입, 하진은 태자 유변(영재의 아들)을 황제로 옹립하였다(소제 즉위).

내시 건석은 도망하다가 같은 내시인 곽승에게 살해당하고 하진과 하 황후는 소제의 황권을 공고히 하기 위해서 진류왕 유협의 어머니 왕 미인을 독살하였다.

원소는 진림, 노식의 반대에도 10상시를 죽이고자 천하의 호걸들을 불러 모았는데 그 바람에 서량 태수 동탁도 20만 대군을 지휘하여 수도로 진군하였다. 이런 풍전등화 같은 상황에서 대장군 하진은 A.D. 189년 하 태후의 명령을 위조한 10상시들에 의해 장락궁에서 살해되었다. 그러자 하진의 부하 오광, 진군교위 조조, 사예 교위 원소와 원술은 내시 곽승, 조충, 하운, 정광과 그 가족들을 제거했다. 그 수가 2,000여 명에 달하였다. 장양과 단규는 소제 유협을 납치하여 도망하다가 습격을 당했다. 장양은 연못에 빠져 자결하고 단규, 후람, 조절은 추격한 민공에 의해 살해되었다.

서량 자사 동탁은 동생 동민, 사위 이유와 함께 낙양으로 진군, 원소와 하진의 잔여 세력을 제압하고 병권을 장악하였다. 동탁을 막으려 한 병주 자사 정원, 정관, 황제 유변, 하태후도 살해하고 진류왕 유협을 14대 황제로 만들었다(헌제獻帝). 원소, 원술, 조조 등은 동탁에 반대하는 세력을 규합하니, 후한의 황제는 유명무실한 상태에서 군웅할거 시대가 되었다. 이러한 와중에 황건적의 난이 일어났다. 그 진압 후 세력을 얻은 조조, 유비, 손권은 삼국시대를 열었다.

33. [황건적의 난](A.D. 184년)(기원후 2세기 동양 중국)

후한(後漢) 말 외척과 환관 정치의 폐해로 황제권이 약해졌다. 언제나 그러하듯 혼란한 중에는 사이비 종교가 일어난다. 이 때에도 외척과 환관이 발호하여 생활고에 시달리자 사람들이 미신, 민간신앙에 의존했다. 염세적인 신선술을 숭상하는 도교는 이런 경향과 관련이 깊다. 이들은 교단(太平道)을 만들고 군대까지 양성하여 농민 반란을 일으켰다.

영제(靈帝) 때 장각(張角)이라는 사람이 나타나 신의 사자(使者)를 자처하고 몸 아픈 사람을 치료하며 민심을 모았다. 불과 10여년 사이에 화북 동부에서 양자강에 걸쳐 수십만 명의 신도가 모여 태평도(太平道)라는 교단을 만들었다. 태평도는 전래의 도가를 기초로 하면서 주술 등 민간신앙, 음양오행설(陰陽五行說), 참위설(讖緯說)을 가미했다. 태평도의 교단 조직은 군사조직이기도 하여 36개의 방(方)으로 잘게 쪼갰다. 그리고 장각의 제자들을 그 방(方)의 책임자로 하였다. 각 방(方)의 숫자는 1만 명 정도였고 장각은 스스로 천공장군(天公將軍), 동생 장보(張寶)는 지공장군(地公將軍), 장량(張梁)은 인공장군(人公將軍)이라 하여 군사조직임을 숨기지 않았다.

후한(後漢)의 중앙정부가 그냥 둘 리 없었다. 그래서 해산명령을 내렸으나 신도들이 반발, 오히려 교단 조직만 강화시켰다. 우두머리 장각은 정부의 실정(失政)을 바로잡고 도탄에 빠진 백성을 구원한다는 명분을 내세웠다. 한(漢)나라를 뜻하는 '푸른 세상'(창천: 蒼天) 대신 '누런 세상'(황천: 黃天)을 만들어야 한다고 하고 스스로 황제(천자: 天子)가 되려고 했다(천공장군). 황제인 영제(靈帝)는 대장군 하진과 의논하여 노식, 황보숭, 주준, 조조 등을 황건적 토벌에 내세웠다. 중앙과 지방의 관료와 군대, 자발적인 의병 등에 의해 황건적의 세력은 날로 약해졌다. 마침내 우두머리 장각이 병으로 죽자 황건적의 기세는 크게 꺾였다. 또 동생 장량도 곡양 전투에서 전사하고 황보 숭, 조조, 노식 등은 그 공적을 크게 인정받았다. 동탁이 여포에게 죽고 이각, 곽사가 서량의 동탁 잔여군대를 무찌르는 틈새에서 청주에서 수 십 만의 황건적이 일시 봉기하였다. 그러나, 100일만에 황건적 30만이 항복하고 청주의 군대로 흡수되었다. 황건적 잔당은 유비, 태사자, 조조 등에 의해 소탕되었다. 황건적 토벌에 공이 큰 조조, 유비, 손견(손권)등이 세력을 얻어 3국 시대를 열게 된다.

<**후한이 맞은 황건적 난의 리스크**(Risk)>

- 외척과 환관의 발호로 왕실과 국가가 피폐해짐
- 사이비 종교(민간 신앙)가 등장하여 민심은 혼란해지고 각처에 민란 발생
- 조조, 손견, 유비 등 제후 세력이 강화되고 황제의 권위가 약화함.

34. [오두미도(五斗米道)](기원후 1세기-현재까지 동양 중국)

태평도(太平道)의 난(황건적의 난)이 없어진 후에도 그와 비슷한 오두미도(五斗米道)라는 종교 집단이 있었다. 창시자는 장릉(張陵: ? -156년)이었다. 병 치료, 불로장생 약, 도술(道術) 등을 내세워 종교 교단을 창시하였다. 신도가 되려면 5말의 쌀(五斗米)을 바쳐야 했다. 사람의 병은 죄를 지어 신의 벌을 받는 것이라 하여 이를 고치려면 천지수(天地水)의 3관(三官)에게 죄를 고백해야 한다고 했다. 즉, 다시는 죄를 짓지 않는다는 맹세(삼관수서: 三官手書)를 하고 그 맹세를 산 꼭대기, 땅속, 물속에 두어 삼신(三神)에게 맹세하는 의식을 하도록 했다. 교주는 장릉에 이어 그 아들(장형: 張衡), 손자(장로: 張魯)에게 계승되었다. 3대 교주 장로는 노자의 도덕경에 주석을 단 생활 규범을 만들어 신도들에게 지키라고 했다. 오두미교는 서양의 가톨릭처럼 교구(教區)를 만들었고 교직자로서 제주(祭酒)→ 간령(姦令)→ 귀리(鬼吏)→ 귀졸(鬼卒)의 계층구조를 만들었다. 가난한 백성들에게 무료로 식사를 하게 하고 병자를 치료한다는 기법은 언제, 어디서나 백성을 유혹하는 수단임은 분명하다. 거기에다 숙박시설(義舍), 교통 통신시설을 설치하여 공적인 행정기구를 대신하고자 하였으니 분명히 반란이었다. A.D. 215년 위나라 조조에 의해 진압되었고 장로(張魯)의 아들 장성(張盛)은 종교적인 색채만을 남겨두게 하여 강서성(江西省)을 근거지로 명맥을 겨우 이어나갔다. 근세기의 중국 오두미교는 모택동의 문화대혁명 때 탄압을 받았다. 이후 타이완으로 건너가 오늘에 이르고 있다.

35. [중국 후한 삼보(三輔)의 난(亂)](192년-196년)(이각과 곽사의 난)(기원후 2세기 동양 중국)

후한 말기 동탁이 죽은 후 그 부하였던 이각, 곽사가 벌인 궁중 내란 내지 대규모 학살 사건이다. 이 사건으로 한나라는 사실상 뿌리가 뽑히고 위, 촉, 오의 삼국 시대로 넘어갔다. 삼보(三輔)는 한나라의 수도인 장안 근처(또는 관중: 關中 땅)를 말한다. 삼보의 난이라고 하기보다 주로 이각, 곽사의 난이라고 한다. 이는 대학살의 참극이다. 한나라의 충신 왕윤이 동탁을 제거한 후 동탁의 부하였던 이각과 곽사가 세도를 부렸다. 동탁이 여포에게 제거된 이후에도 이각과 곽사는 군대의 힘으로 왕윤을 죽이고 여포를 쫓아냈다. 또, 수도 장안을 점령한 후 관리와 백성 1만 명을 학살했다. 마침 가뭄이 들어 배고픔을 견디지 못한 백성들은 서로를 잡아먹었다고 한다. 그런데 그 후, 이각과 곽사는 서로 의심을 품고 견제하다가 사이가 틀어지고 말았다. 이각은 천자를 볼모로 잡았으나 천자는 탈출하는 등 어지러운 일들이 벌어진다. 그 후 조조가 등장하고 황제(헌제獻帝-孝獻皇帝)를 등에 업고 허창으로 수도를 옮겨 실권자가 된다. 이각과 곽사의 어지러운 정사로 인하여 후한이라는 나라는 다시 일어나기 어려워지고 군웅할거 시대로 변하고 말았다. 곧 황건적의 난이 일어나고 삼국시대가 열렸다.

<**이각과 곽사**(**삼보의 난**)**가 초래한 중국 후한 왕조의 리스크**(Risk: **폐해**)>

- 궁중 내란으로 인한 한나라의 근본 붕괴(대학살)
- 어린 천자(황제)의 탈출, 황제 권위의 심각한 추락

36. [원소와 조조의 관도대전(官渡大战)](A.D.200년 2월-200년 10월)(기원후 3세기 동양 중국)

허난성 정저우시 중무 편에서 일어난 원소와 조조의 패권 다툼 전쟁이다. 이 싸움에서 원소가 져서 천하 패권은 조조에게 기울었다. 이각과 곽사의 난 이후 각처의 군벌과 군웅이 난립하게 되는데 그 중 원소, 공손찬, 유표, 조조가 돋보였다. 조조는 원소를 격파하고 여포를 제압했는데(A.D 196년-198년)(연주, 서주, 예주 등 관중지역), 원소는

A.D.199년 북방 지역(기주, 유주, 병주, 청주 등 하북 4주)에서 공손 찬을 물리치고 최고의 실력자로 올라섰다. 원소는 하북 지역을 장악하고 북방 기마족까지 규합한 반면, 조조가 차지한 관중 땅은 전란의 피해가 큰 곳이었다. 조조의 후방에는 유표, 손책 등의 라이벌로 둘러 싸인 형편이어서 전투력 모두를 동원할 수가 없었다.

원소와 조조는 한 때 반(反)동탁 전선의 동지였지만, 동탁, 이각, 곽사가 제거된 지금 라이벌이 되어 격돌은 피할 수 없었다. 원소군이 10만, 조조군이 그 절반 정도였던 것으로 보인다. A.D. 200년 조조에 대한 암살 미수사건이 발생한다. 동승(董承: 거기장군 車騎將軍), 왕복(王服: 편장군 偏將軍). 충집(种輯: 월기교위 越騎校尉)등은 힘을 합하여 조조(曹操)를 죽이자는 밀약을 맺었으나 비밀이 누설되었다. 동승 등 모의자들은 살해되고 삼족(三族)까지 멸하였다.

조조편에 있었던 유비에게 원술을 공격하라고 하였으나, 유비는 오히려 서주차사(西州差使)인 차주를 살해하고 서주를 차지하는 등 조조를 배반했다. 조조가 유비를 패배시키자 유비는 소패성에 머물게 되고 관우는 조조에게 무릎을 꿇었다. 관도 전투의 핵심은 원소측 순우경 군대의 대패이다. 원소의 부하 허유가 원소를 배신, 조조에게 투항하여 원소의 핵심부하 순우 경 군대를 공격하게 한 전투이다. 원소측은 순우경을 돕기보다 장합 등으로 하여금 조조의 본진을 공격하게 하였으나 순우경의 패전 소식을 들은 장합은 오히려 조조에게 항복해버렸다. 관도 전투에서 죽은 원소 군대는 7만 내지 8만 명으로 큰 타격을 받았다. 원소와 그 아들(원남, 원상)까지 이를 회복하지 못하였다. 원소측은 안량, 문추, 순우경 등 상장군이 많이 전사하고 장합, 고람, 허유 등 중요 신하가 조조에게 항복하여 치명적인 손실을 입었다. 조조는 원소와 내통한 편지들을 입수하였지만 이를 읽어보지 않고 모두 불태워버려 관용을 보였다고 한다. 관도대전으로 조조는 원소를 누르고 패권을 차지했다. 원소는 인품이 훌륭하고 재능이 뛰어났다고 한다. 관도 대전에서 조조에게 패배한 이유가 분명하지는 않으나, 원소의 건강이 나빠지면서 판단이 흐려진 탓이 아닌가 한다.

<**원소와 조조의 관도대전 의미**>

- 반란 극복 후의 라이벌간 권력투쟁
- 훌륭한 인품의 원소가 건강악화로 조조에게 패배하여 천하패권을 넘김

37. [중국의 삼국시대](A.D. 220년-280년)(기원후 3세기 동양 중국)

우리나라 삼국시대는 고구려, 신라, 백제 시대지만 중국의 삼국시대는 후한(後漢)부터 서진(西晉) 사이 위(魏), 촉(蜀), 오(吳) 세 나라이다. 한말 위초(漢末 魏初) (A.D. 184년) 황건적의 난이 일어난 때는 중국 고대 사회의 종말이고 중세 사회의 시작이다. 그 후 십상시의 난, 삼보의 난, 관도대전, 적벽대전을 거쳐 환관 정치와 지방 군벌 정치가 정리되어 조조, 유비, 손권의 3세력으로 압축되었다. 정식으로 삼국시대가 열린 것은 삼국지연의 소설 묘사와는 달리 A.D. 220년 조조의 아들 조비가 위나라 황제에 즉위하여 후한이 멸망한 이후라고 봐야 한다. A.D. 221년 촉의 유비는 죽은 관우의 복수를 한다며 제갈량 등의 반대에도 이릉전쟁을 일으키더니 오나라에게 참패했다. 또, 228년에는 제갈량이 위나라를 친다 하여 북벌을 감행하지만 실패하고 자신도 6년후 234년에 사망하고 말았다.

위나라는 권신 사마중달(사마의: 司馬懿)이 위나라를 무너뜨린 후 서진(西晉)이라는 나라를 세웠다(서기 280년: 위나라는 60년만에 멸망). 결국 사마 씨의 서진이 3국을 통일하게 된다.

삼국시대는 혼란의 시대였다. 그 원인은 정치 윤리가 타락한 점, 호족 세력이 토지를 많이 소유하여 자작농이 붕괴하고 빈부 격차가 커졌다는 것, 부정부패를 막을 수 없었다는 것, 유능한 지도자가 없었다는 데 있다.

삼국 중에서 위나라가 가장 강해서 오, 촉은 연합하여 위나라를 방어하는 형세였다(적벽대전: 赤壁大戰 등). 오나라는 아직 개발이 되지 않은 강남지방을 배경으로 하였고 이민족의 영향이 컸다. 위나라가 촉, 오 두 나라를 쉽게 제압하지 못한 이유는 촉과 오의 지리적인 이점, 흉노, 선비, 강족, 저족, 고구려 등 이민족의 견제, 지방 호족이라는 장애물 때문이다. 난세(亂世)였다. 이러한 때 일반 국민의 운명은 파리의 삶과 같았다(각자도생, 유랑, 폭정, 전쟁, 전염병, 굶주림의 일상화). 춘추전국시대, 초한전쟁기, 신나라, 후한 혼란기와 같았다. 일반 백성 뿐 아니라 군웅, 장군, 호족, 지식인도 크게 보면 같았다. 생존이 위태로운 것은 별로 다르지 않았기 때문이다.

조조, 유비, 손권 모두 호족 세력을 제압하고 중앙집권을 이룩하려고 무척 노력한 것은 사실이다. 그러나 역량의 부족으로 진나라나 한나라처럼 강력한 국가를 건설하지는 못하고 호족연합체의 맹주 정도에 머물렀다. 이는 위진 남북조까지 이어진다(황제권의 약화, 문벌사회의 상대적 공고화). 경제적인 면에서는 후한 멸망 후 농업생산력이 낮아지고 화폐 경제도 무너졌다(비단, 곡식 등 실물경제로 회귀).

그래도 그 중에서 조조가 큰 세력을 가졌던 원인 중 하나는 유랑민을 모아 토지를 경작하게 하고 이를 기초로 조세제도, 병농 일치의 둔전제(屯田制)를 했기 때문이다(조조의 조직력과 추진력). A.D 196년 조조는 이 둔전제를 허난성의 농민부터 시행하여 각 주에 확대시켰다. 징발된 유랑민에게 황무지를 개간하게 한 다음 수확물의 50프로(자기 소유의 소를 농사에 사용한 경우) 또는 60프로(관청의 소를 농사에 사용한 경우)를 세금으로 징수하였다. 이 농민들이 또한 군인이 되는 제도였다(군호, 병호제도 구축). 군사 기술로는 촉 나라 제갈량의 병법이 돋보였다. 제갈량은 '원융로'라는 활부대를 만들었는데 팔촌(八寸) 길이 화살을 10개씩 동시에 발사하는 가공의 무기을 썼다. 촉나라의 대장장이 포원은 야금술을 발전시켜 튼튼한 갑옷, 투구, 예리한 칼(신도: 新刀)을 만들었다. 군량을 나르기 위해 목우(木牛)도 제작하였다. 소국인 촉나라가 버틴 이유는 이런 기술 축적, 병사의 교육과 훈련이 있었기 때문이다.

<**중국 삼국시대의 리스크**(Risk)>

- 정치윤리의 타락과 민생 피폐(춘추전국시대, 초한전쟁기, 신나라, 후한 혼란기의 연장, 훗날 위진남북조 시대도 동일)
- 유능한 지도자 부재, 호족의 강대화와 부정부패, 자작농 붕괴
- 고구려 등 이민족의 견제
- 일반 백성 + 군웅, 장군, 호족, 지식인 모두 생존이 위태로와짐

<**리스크 극복 노력**>

- 위나라 조조의 둔전제(屯田制) 실시
- 촉나라 제갈 량의 병법개발과 야금술 혁신 등

38. [토지제도 둔전제(屯田制)](2세기 이후 동양 중국)

위나라 조조가 군량의 확보를 위해 국가주도하에 경작자를 황무지에 투입하여 경작하는 토지 제도다. 토지는 크게 민둔(民屯)과 군둔(軍屯)으로 나뉘는데 군둔(軍屯)은 병사가 토지를 경작하게 한 것이다. 변경 시대의 병사가 군량을 자급하기 위해서는 더없이 좋았다. 황무지나 새로 개척할 땅에 유랑민 등을 투입, 개간시켜 납세를 하게 하면(민전 民田) 토지제도, 군사제도, 식량 문제가 모두 해결된다. A.D. 196년 위 나라의 조조가 하남성 허(鄦)지방에 처음 실시하여 전국에 확대시켰다. 이로써 위나라의 세력은 크게 커졌다. 촉나라와 오나라를 압도하는 기반이 되었다.

39. [로마 군인황제시대](A.D. 235년-284년)(3세기 서양 로마)

로마시대 군대가 마음대로 황제를 세우고 내쳤던 때이다(3세기의 위기). 이 때의 중요 황제로는 막시미누스 트라쿠스, 고르디아누스 3세, 필리투스 아라부스, 발레리아누스, 갈리에누스, 클라우디우스 고티쿠스, 아우렐리아누스, 프로부스, 카루스가 있다.

49년간 18명의 황제가 난립하였고 거의 암살당하거나 자살하였다(전염병으로 사망한 클라우디스 고티쿠스, 고령으로 사망한 타키투스만이 예외). 근본적 원인은 외부에서 게르만족, 사산조 페르시아 등 외부 군대가 강성화, 정예화되고 내부에서는 재정이 나빠졌기 때문이다. 이런 위기에는 군대가 강화될 수밖에 없다. 치안은 나빠지고 교역(상업)은 줄어들며 세금은 높아졌다. 난세에서 기독교에 탈출구를 구하는 사람이 많아졌다. 로마인의 최대적인 게르만족도 이전의 야만 군대가 아니었다. 로마군의 전술을 모방하고 이합집산하던 부족들은 연맹체로 힘을 합쳤다. 로마의 군주정은 왕실 혈통이 아니라도 누구나 실력이 있으면 황제가 될 수 있었기에 이런 혼란을 부추겼다. 중국처럼 황실의 혈통만이 황제가 될 수 있었다면 어땠을까 한다. 다만, 알 수 없는 일이다 !!

<**군인황제 시대의 리스크**(Risk)>

- 내부: 토지제도, 조세제도 문제로 재정 고갈
- 외부: 게르만 족, 사산조 페르시아 군대의 강성 정예화
- 황제 자격: 혈통이 아니라 실력주의(장점이면서도 약점으로 작용)

40. [콘스탄티누스 대제(Flavius Valerius Aurelius Constantinus](274-337년) (기원후 3-4세기 서양 로마)

오현제(5賢帝) 후 군인황제시대가 개막되어 로마는 극심한 혼란에 접어든다. 그러나 잠시 안정시기가 있었는데 디오클레티아누스(245-312년)와 콘스탄티누스 대제 시기이다 (274-337년). 디오클레티아누스는 황제가 된 후 자신은 동방황제가 되고 친구인 막시미아누스를 서방 황제로 삼았다. 또 황제의 계승자로 부제(副帝)를 각각 1명씩 두었으므로 나라를 네 개로 쪼갰다. 콘스탄티누스의 아버지 콘스탄티우스는 막시무스의 부제(副帝)가 되었다. 나라를 안정시키고자 사분(四分)하여 통치하려 하였으나 오히려 더 큰 혼란, 권력투쟁이 생겼다. 콘스탄티누스는 아버지의 자리를 물려받아 20년간 내전을 벌여 이긴 후 단독황제가 되었다(324년). 그는 수도를 로마에서 콘스탄티노플(비잔티움-지금의 터키 이스탄불)로 옮기고 기독교를 처음 받아들였다(313년-밀라노 칙령). 그 이전(디오클레티아누스 황제 포함)에는 여호와 신만을 숭배하는 일신교인 기독교가 로마의 공동체 정신을 무시하고 개인주의에 빠졌다고 하여 탄압하였었다. 그러나 콘스탄티누스 대제는 발상을 바꾸어 기독교의 일신교 사상과 황제의 권위를 조화할 수 있다고 보았다. 즉, 유일신교인 기독교를 인정하면 황제 권위가 높아질 수 있다고 계산에 넣었다(중세 왕권 신수설의 기원). 또, 그는 자신의 재산을 교회에 기부하고 성직자에게는 면세혜택을 주어 특권을 누리게 하였다. 기독교 공인 이후 교회 내부의 교리가 정교하게 발전했다. 여호와, 예수, 성령과의 관계를 어떻게 할 것인가에 대해 논쟁이 일어나 문제가 되기도 하였다(성부, 성자, 성령의 관계). 콘스탄티누스는 이를 정리하려고 A.D. 325년 니케아(지금의 터키 이즈니크)에서 회의(니케아 종교회의)를 열어 아타나시우스파의 3위1체론을 정통으로 하고 예수의 신성을 부정한 아리우스파를 이단(異端)이라고 하여 배척하였다. 현재 기독교 특히 로마가톨릭과 동방정교회는 콘스탄티누스를 그냥 황제(Imperator)가 아니라 대제(Magnus)라 부르고 성인(聖人)으로 모신다.

<**콘스탄티누스 대제의 리스크**(Risk)>

- 군인황제 시대의 극심한 혼란
- 제국 분열(4분)로 인한 혼란 증폭, 권력투쟁

<**리스크 대처**>

- 20년의 내전에서 승리
- 기독교 공인(기독교의 유일신 사상으로 황제 권위를 고양하기 위한 목적)
- 교회 내부의 교리문제 해결노력(성부, 성자, 성신의 관계 설정)

41. [남북조(南北朝) 시대](A.D. 386년-589년)(기원후 4세기-6세기 동양 중국)

중국에서 위나라와 서진이 망한 이후 북쪽은 선비족이 지배했다. 북위 이후 동위, 서위, 북제, 북주로 이어졌다. 남쪽은 동진, 송, 제, 양, 진의 나라가 들어섰다. 남과 북으로 왕조가 독자적으로 섰다고 하여 남북조(南北朝)라고 부른다.

북조의 북위는 A.D.386년에 건국되었다. 북위는 건국 이후 남조까지 통일하려고 하였으나 양나라의 명장 위예에게 패배하고 만다. 더구나 6진(六鎭)의 난, 진경지의 북벌 등이 이어져 수도 낙양(洛陽)이 함락되기까지 하였다. 이후 북위는 동위, 서위로 분열되고 동위는 북제, 서위는 북주로 왕조가 바뀌었다. 처음에는 동쪽의 북제가 강하였으나 명장 곡율광, 고장용 등이 황제에게 살해되어 쇠약해졌기에 서쪽의 북주 세력이 커졌다. 북주의 무제(武帝)는 북제를 정복하였으나 갑자기 사망하였다. 어린 황제는 대장군 양견의 섭정을 받게 되었다. 양견은 북주 정제에게서 순순히 권력을 이양받았다(수나라 문제(文帝)의 건국). 수나라 문제(文帝)는 재위 8년 때(A.D. 588년) 52만 군사들을 명장들(한금호, 하약필)에게 지휘를 맞겨 남조 진(陳)을 8갈래로 공략하였다. 진의 수도 건강(建康)은 손쉽게 함락되고 말았다. 진(陳)의 마지막 황제 진숙보(陳叔寶)는 우물 속에 숨었다가 포로로 잡혔다(A.D. 589년 진(陳)의 멸망, 수나라의 천하통일).

남북조 시기 남조의 강남은 개발 중에 있어서 북조가 경쟁 우위에 있었다. 인구로 비교해보면 화북지역인 전연이 248만호, 북위가 500만호, 북제가 303만호였지만 남조에서 가장 컸던 송나라는 91만호, 진(陳)은 50만호에 지나지 않았다. 그러나 남조(南朝)는 꾸준히 개발에 전념하고 북조(北朝)는 군웅들이 서로 싸우고 팔왕(八王)의 난, 영가(永嘉)의 난(오랑캐5호(흉노, 선비, 갈, 저, 강족)의 침입)으로 황폐하게 되었다. 기후변화로 농사도 어려워졌다. 섬서, 산서 지방이 건조하게 되자 경제가 나빠졌다. 이 혼란한 세상에서는 논리적인 유교보다 도교, 불교가 사람들의 마음을 더 사로잡았다.

북위가 화북을 통일할 때 한반도에서는 고구려의 장수왕이 있었다. 그 후 문자왕, 안장왕, 안원왕 등은 남조와 북조 모두로부터 고구려왕의 지위를 받고 등거리 외교를 이어갔다. 나제 동맹을 견제하고자 하였지만, 백제의 성왕과 신라의 진흥왕에게 한강 유역을 빼앗겼다. 고구려 온달 장군이 이를 수복하고자 했으나 적성전투에서 신라군에게 패배했다.

<**남북조 시대의 리스크**(Risk)**와 그 극복노력**>

- 군웅의 할거(8왕의 난, 영가의 난)와 토지 황폐화
- 기후 건조화로 농업 피폐
- 사상의 혼란(세상을 도피하는 도교 등 번성)
- 남조의 강남 개발

42. [(서)로마제국의 멸망(476년)](기원후 5세기 서양 로마)

서로마 제국이 어쩌다가 멸망했나? 수 백 년 전부터 학계의 뜨거운 논쟁거리였다. 어떤 사람은 기독교에 원인을 찾고, 또 어떤 이는 부정부패와 정신력 약화 탓이라고도 한다. 그러나, 로마 멸망의 근본적 원인은 이란 지방에서 강국 사산조 페르시아가 일어나고 게르만족 침입이 조직화, 정교화되었기 때문이다. 사산조 페르시아는 그 이전 파르티아보다 훨씬 정치 체제가 안정되었고 로마에 공격적이었다. 그 이전 로마 제국이

누려온 동방의 군사적 우위가 사라진 것이다. 로마는 그 전선에 많은 병력을 투입해야 했고, 이는 비잔틴의 동로마 멸망 때까지 똑같았다. 게르만 민족의 경우도 로마에게서 배워 정치적으로 여러 부족이 아니라 하나의 왕 아래 통합되었고 군대의 전투력도 향상되었다. 로마로서는 왼쪽, 오른쪽 2개의 적이 모두 강해지고 위기의 그림자가 드리우자 내부도 혼란해지고 분열, 내전이 빈발했다. 전쟁으로 땅이 황폐해지자 경제적 기반인 농업생산력이 떨어지고 세수는 감소하였다. 세수 감소는 병력의 감소, 국방력의 약화라는 악순환으로 이어졌다. 또 로마 제국이 동서로 분열되자 자원이 부족한 서로마 제국은 더욱 어려워졌다. 그 이전 로마 제국의 주요 도시였던 알렉산드리아(이집트), 안티옥(시리아 방면), 입소스 멤피스, 페르가몬 등은 모두 동로마 쪽에 있었다.

게다가 게르만의 일파인 반달족이 풍요로운 아프리카 북부를 점령한 것은 결정적이었다. 또, 407년 갈리아에서 콘스탄티누스 3세와 그를 따르던 브리타니아 병사들이 갈리아 땅을 점거하는 반란을 일으켜 엎친데 덮친격이 되었다. 그런데 사산조 페르시아, 게르만족의 강성보다 더 큰 문제는 훈족의 서진(西進)이었다. 볼가강 유역(우크라이나 초원)에 살던 훈족(흉노족)이 먹이가 풍부한 서쪽으로 이동하자 놀란 서고트족 등 게르만 족이 덩달아 유럽에서 남진(南進), 로마령 트라키아 속주로 이동하였다. 로마 황제 발렌스는 이들이 다뉴브강을 건너 로마령에 이주함을 허락하였다. 로마 행정 당국의 미숙함과 부정부패로 이들은 반란을 일으키고 발렌스 황제는 이를 진압하려다가 전사하였다(하드리아누스 폴리스 전투). 훈족의 지도자로서는 아틸라가 단연 돋보였다. 서로마의 멸망 직전 A.D 450년 경 아틸라는 로마와 평화협상과 전쟁을 반복하였다. 아틸라는 로마에 포로로 잡혀와 비참한 최후를 마쳤지만(453년) 로마를 공포에 떨게 만들었다. 동로마 제국은 바실리스쿠스 장군을 앞세워 북아프리카를 수복하고자 하였으나 실패했다. 결국 서로마는 게르만 용병대장 오도아케르에게 멸망하고 말았다(476년). 동로마는 명맥만 이어가다가 1453년 오스만 투르크에 의해 멸망했다.

43. [오도아케르, 테오도리크, 클로비스](435년-511년)(기원후 5-6세기 서양 유럽)

고대 서로마 멸망 이후 서로마, 동고트, 프랑크 왕국을 통치한 사람들이다. 즉 중세 유럽을 연 대표자 3인이다.

(1) 오도아케르(435년-493년) (5세기 서양 로마)

그는 게르만족 스키티족으로 태어났다. 스키티족이 동고트족에게서 공격받아 멸망한 이후 서로마 제국의 용병으로 들어갔다. 로마의 실력자인 리키메르의 신망을 받았지만, 리키메르가 갑자기 사망한 다음 실력자가 된 사람은 오르스테스였는데 그와는 사이가 좋지 않았다. 오르스테스가 병사들에게 신망을 잃자 야만족 용병부대가 오도아케르를 리더로 받들어 오르스테스를 죽여 서로마를 멸망시켰다(476년). 동로마 황제 제노를 형식상 받들어 당분간 평화를 유지하면서 군대를 수습하고 달마치아 베네치아를 되찾았다. 로마 지배계급에게 행정을 맡기는 등 타협을 했으나 게르만족의 로마 침략을 지켜보기만 하여 로마인의 반감을 샀다. 동로마 황제는 그를 제거하기로 마음먹고 동고트족 테오도리크를 끌어들였다(이이제이 수법: 以夷制夷). 오도아케르는 테오도리크와 그 연합군 수투족 알라이트에게 연전 연패하고 험준한 요새 라벤나에서 3년간 저항하였다. 라벤나의 주교 요한의 중재로 테오도리크와 협상, 그와 서로마의 공동 통치를 약속하였다. 그러나 그 연합 축하 연회에서 테오도리크는 오도아케르와 그 부하 일족을 전부 살해하고 말았다.

(2) 테오도리크(A.D. 454년-526년) (5-6세기 서양 유럽)

서로마 제국이 망한 직후 게르만의 유력 부족인 동고트족의 왕이다. 훈족의 왕 아틸라가 죽자 동고트족 등 게르만족이 반란을 일으켜 독립 세력이 되었다. 동로마 황제 마르키아누스가 동고트족을 다뉴브강 안쪽 로마 땅에 살게 해주다가 그 다음 레오 1세가 지원을 끊자 반란을 일으켜 약탈하였다.

레오 1세가 다시 경제 원조를 하는 대신 동고트왕의 아들을 인질로 수도인 콘스탄티노플에 보내도록 하였다. 동고트의 왕자 테오도리크는 콘스탄티노폴에서 인질생활을 하면서도 로마의 고급 학문인 정치학, 군사학을 익혔다. 또, 동로마 황제 제노의 신망을 얻어 483년 29세에 로마군 총사령관, 그 다음 해에 집정관(Consul)에 임명되었다. 485년에는 고향 동고트에 복귀하였다. 아버지 사후 왕이 된 테오도리크는 동로마 황제의 제노와 협상을 벌였다. 제노는 서로마의 오도아케르를 처치하고 그곳에서 살라고 부추겼다(이이제이 以夷制夷). 테오도리크는 오도아케르 군대에게 연전연승, 라벤나에서 항거하던 오도아케르와 공동 통치하기로 합의했다. 그러나, 공동통치 축하연에서 오도아케르와 그 세력, 친척을 모두 살해한 후 서로마의 패권을 혼자 차지했다. 테오도리크는 군사적으로뿐만 아니라 정치적으로도 유능했다. 로마인 특히 동로마와 잘 융화했다(로마인과 아리우스파 동고트인의 1국 2체제 유지). 그의 외교력이 빛난 것은 결혼 동맹이었다. 자신은 프랑크 왕 클로비스 1세의 여동생 아우도플레다(Audofleda)와 결혼하고 서고트족 알라릭 2세에게 딸 테오데고타(Theodegotha)를 결혼시켰다. 반달족의 왕 트라사문트(Thrasamund)에게는 또 다른 딸 아말라프리다(Amalafrida)를 시집보냈다. 부르군트(Burgund) 왕 지기스문트(Sigismund)에게도 딸 오스트로고타(Ostrogotha)를 시집보내 사위로 삼았다. A.D. 507년 서고트왕 알라릭 2세가 브이에 전투에서 전사하자 그 5살 아들 아말라릭(Amalaric-자신의 외손자)의 섭정왕이 되어 명실공히 동고트, 서고트를 모두 아우르는 통치자로 등극하였다. 또 프로방스를 차지하고 갈리아(Galia) 속주를 새로 설치하였다(A.D. 508년). 그러나, 위대한 테오도리크조차 노년이 되어 쇠약해지자 어쩔 수 없이 여러 곤경을 겪었다. 크로비스의 네 아들이 A.D. 523년 사위의 나라 부르군트에 침입, 사위 지기스문트와 딸, 외손자를 모두 살해하였다. 반달족에서는 가토릭 교도인 힐데리크가 왕이 되자 아리우스파가 반란을 일으켰는데 테오도리크는 이 반란을 지원하고자 하였다. 그러나 건강이 나빠져 실패하였고 결국 사망하였다(526년). 테오도리크가 사망하자 번영을 구가하던 동고트 왕국은 바로 기울고 말았다. 그의 사후 10세인 외손자 아탈라릭(Atalaric)이 왕이 되고 그 어머니(테오도리크의 딸) 아말라 순타(Amalasuntha)가 섭정을 하였다. 아탈라릭은 18세 되던 해에 사망하였고 아말라 순타도 그녀의 사촌 테오다하드(Theodahad)에게 살해되었다. 그 이후 동고트는 동로마의 유스티니아누스 황제와 18년에 걸친 전쟁(고트 전쟁)을 벌이다 멸망하였다(553년). 테오도리크는 군사적, 행정적, 외교적으로 불세출의 영웅이었으나 3위1체설(아타나시우스파)을 부정하고 예수의 인성을 강조한 아리우스파였기에 이후 크게 알려지지 못하였다. 이는 아타나시우스파였던 프랑크왕 클로비스와 크게 대조된다.

(3) 클로비스(클로비스 1세)(466년-511년) (5세기-6세기 서양 유럽, 메로빙거 왕조 시작)

서로마 멸망 이후 번성한 게르만의 프랑크 왕국 초대왕이다. 메로빙거 왕조를 창립하였다. 서로마 제국 멸망 이후 혼란기를 틈타 여러 게르만 부족을 통합하고 기독교의 3위1체론(아타나시우스 파)을 받아들였다. 그는 게르만 프랑크족 중 잘리어 프랑크족의 부족장 킬데리크 1세와 튀링겐 집안의 공주 바신느 사이에서 태어났다. 어릴 때부터 아버지를 따라 여러 전쟁에 참가했다. 481년 아버지가 죽자 부족장이 된다. 그 해에 남쪽의 갈리아 북부를 정복하고 알레마니 족을 쳐부셨다. 또, 486년 수아송 전투에서는 전에 로마 총독이던 시아그리우스를 이겨 솜강과 루아르강 땅을 지배했다. 490년대 초에는 동고트 왕국의 테오도리크 대왕과 자신의 여동생을 결혼시켰다. 자신은 부르군트 족장의 조카 클로틸데와 결혼했다(결혼동맹). 이전의 부인이었던 라인 프랑크족 출신과는 이혼했다. 수아송 왕국 정복 이후에도 갈로-로마인들의 저항에 고생하다가 할 수 없이 칼게돈파 교회로 개종하였다. 그는 프랑크족 통합을 위해 꾸준히 노력하였는데 자신의 잠재적 경쟁자인 친척들은 가차없이 제거했다. 508년 라인 프랑크족의 지도자 지고베르트 부자를 살해하고 살리 프랑크족의 왕 카라리크와 그 가족을 멸족시켰다. 라그나카르 왕도 제거했다. 마음에 들지 않으면 부하라도 도끼로 참수했다고 한다.

그는 511년 파리에서 사망하였고 프랑크 왕국은 살리카 법에 따라 아들들에게 나누어졌다. 그는 내치도 훌륭히 해냈다. 프랑크 왕국의 수도를 파리로 정하였고 교회법을 만들어 왕실과 교회가 주종관계가 아니라 대등한 관계로 가도록 했다. 근대까지 왕실계승의 규범이었던 살리카법도 이 때 만들어졌다. 살리카법은 게르만 살리 프랑크족 관습법을 토대로 하였지만 로마법과 교회법도 일부 수용하였다. 게르만족은 분쟁이 있을 때 사적인 결투나 전쟁으로 해결하는 관습이 있었지만, 교회법을 수용하여 평화적으로 해결하게 했다. 사형도 최소화하고 범죄 처벌 자체를 관대하게 하도록 했다. 클로비스는 정복 전쟁 후 전리품 분배를 신하들에게 잘 한 것으로 유명하다. 이것이 중세 봉건제의 씨앗이었다(영주와의 주종관계 형성, 장원제도, 세금제도 창설).

44. [유스티니아누스 황제(Flavius Petrus Sabbatius Iustinianus)](A.D. 482년 5월 11일-565년 11월 14일: 83세에 사망)(5-6세기 서양 유럽)

로마 제국 제61대 황제이고 동로마 제국 유스티니아누스 왕조 제2대 황제였다. 그는 마케도니아의 빈농 집안 출신이다. 북마케도니아 수도 스코페에서 20km 거리에 있는 지방 도시 타우레시움(Tauresium) 에서 태어났다. 형제로는 7살 아래인 여동생이 있었다. 이 여동생의 아들이 황제 뒤를 잇는다. 유스티니아누스는 외삼촌(근위대 장교)의 양자로 가면서 최고급 지위로 올라가고 수도 콘스탄티노플로 간다. 여기서 지식인으로서 필요한 학문(법학, 철학, 역사, 기독교 신학)을 배웠다. 그가 로마의 역사, 전통, 기독교 신학에 집착한 배경이다. 외삼촌을 보좌하면서 귀족과 천민 간의 결혼을 금지한 법을 없앴다. 그 자신도 술집에서 춤추고 스트립쇼까지 하던 서커스 단원 테오도라와 결혼했다. 다만, 테오도라는 그러한 이력에도 불구, 매우 아름답고 영특하였다고 한다. 유스티니아누스 1세가 A.D. 527년 황제로 즉위한 후 이룬 가장 위대한 업적은 법전(로마법 대전)을 만든 것이다. 이전에도 테오도시우스법이 있었지만 불비한 점이 많았다. 다양한 사례(판례)를 반영하지 못했기 때문이다. 트리보니아누스(Tribonianus)를 책임자로 하여 529년 4월 7일 초안이 나오고 534년에 완성했다. 그의 시대는 기독교가 국교로 된 이후였다. 다만, 매우 넓은 지역을 종교 지도자 1인이 관장할 수 없어서 5개의 큰 교구로 나누었다. 로마, 콘스탄티노플, 알렉산드리아, 안티오크, 예루살렘이다. 5개 교구의 주교(bishop)를 총대주교(Patriarchs)라고 불렀다. 그 중 로마 대교구가 서유럽 대부분을 관장하여 가장 넓었다. 서열 1위였다. 동서교회 분열 전에는 로마주교(교황)의 수장권(首長權)이 인정되고 있었던 셈이다.

유스티니아누스는 476년 오도아케르에게 멸망한 서로마를 회복하기 위해 수복 전쟁을 20년간 벌였다. 38년 치세의 거의 절반이다. 그런데 540년 콘스탄티노플을 휩쓴 전염병에 황제 자신도 감염되고 정치적인 조언자였던 왕비 테오도라가 사망했다. 그는 심신이 극히 노쇠해졌다. 로마 대법전을 만들고 영토를 넓히며 성당을 많이 지었음에도 말년에 유스티니아누스 황제는 로마 시민들로부터 크게 지지를 받지 못하였다. 레바논 대지진이라는 자연재해의 악영향도 있었다. 역사에서 보면 아무리 유능한 지도자로서도 불가항력적인 부분이 있기 마련이다. 결국 그는 전염병(흑사병)에 시달리다가 사망하였다(83세). 유스티니아누스 황제가 서로마 고토수복 전쟁을 20년이나 할 수 있었던 기반은 전임 황제 아나스타시우스 1세가 화폐 개혁을 하여 재정이 매우 튼튼하였기 때문이라고 한다. 또 벨리사리우스, 나르세스 등 명장을 부하로 둔 덕분이기도 하다. 유스티니아누스 황제와 다른 동로마 황제의 무덤은 4차 십자군 전쟁 때 십자군에게 약탈당하고 도굴당하여 지금은 거의 전해지지 않는다. 참으로 아쉽다.

<**유스티니아누스 황제의 리스크**(Risk)>

- 마케도니아의 반동집단
- 전염병 감염
- 레바논 대지진 등 자연재해
- 말년의 민심 이탈

<**리스크 대처**>

- 학문(법학, 역사, 철학, 기독교 신학) 연마
- 군사 명장을 부하로 기용

45. [동로마 황제의 서로마 고토수복(故土收復) 전쟁](A.D. 530-554년)(6세기 서양 유럽)

이 전쟁은 유스티니아누스 대제가 오도아케르에게 멸망한 서로마를 회복하기 위해 일으킨 전쟁이다. 535년부터 554년 즉 20년간의 긴 시간이 걸렸다. 유스티니아누스의 대외적 치세 중 가장 중요한 사건이다. 그는 로마법 대전을 편찬하고 소피아 도시를 건설하였다. 유스티니아누스 황제는 청년 때부터 로마 역사에 대한 깊은 소양이 있어서 게르만족이 지배하는 서로마를 회복하려는 강한 열망을 지녔다. 동방의 강국 사산조 페르시아 전선을 안정시키고 나서 대대적인 서쪽 정벌을 진행하였다. 가톨릭 교회도 이교도(아리우스 파)인 동고트와 반달 왕국을 상대로 한 전쟁에 적극 찬성하고 나섰다. 종교적 신념 이외에도 서로마에 교회의 영향력을 강화하고자 한 동기가 있었다. 북아프리카(카르타고)는 로마의 속주였는데 농산물이 풍요했고 지중해 무역의 거점이어서 매우 중요했다. 이곳에도 게르만의 일종인 반달 왕국이 침투해 있었는데 여기를 최초의 공략지로 정하고 차례차례 시실리섬, 사르디니아섬, 이태리 본토 순으로 진행하였다. 트라카마룸 전투(533년), 로마 공방전(537-538년), 라벤나 전투(540년), 동고트의 명장 토틸라와의 싸움, 동로마 벨리사리우스 장군의 활약, 모함으로 인한 사직과 복직, 로마 포위전(546년), 동로마 환관 출신 나르세스 장군의 분전, 타기나이 전투(552년), 프랑크 왕국을 상대로 한 전투(554년), 안달루시아 전투, 부이에 전투(507년) 등 천신만고 끝에 서로마 수복은 일단 성공했다. 그러나, 20년이란 긴 전쟁 기간 로마인과 게르만족, 훈족 간에 이합집산(離合集散), 합종연횡(合從連橫), 이이제이(以夷制夷)가 일어나 서로마 제국 멸망(476년) 이전의 모습은 다시 볼 수 없게 되었다(로마 유럽 영토의 게르만화 진행).

<**서로마 고토수복 전쟁시 동로마 군의 리스크**(Risk)>

- 군대 내의 반란, 장군들 사이의 불화, 고트족의 역량 성숙과 전투력 향상, 전염병(콜레라 등) 창궐, 포위전으로 인한 기아
- 동쪽 사산조 페르시아 전선의 위협
- 게르만족, 훈족의 약진

<**리스크 극복 노력**>

- 유능한 군대 통솔자 등장, 동로마 유스티니아누스 황제의 내치로 인한 국력 신장, 서로마인의 자부심과 단결, 고트족과 프랑크인에 대한 화전양면 작전(和戰兩面 作戰) 융합
- 로마인, 게르만인, 훈족의 합종연횡, 이이제이(以夷制夷)
- 유럽로마 지역과 게르만의 융화

46. [육진(六鎭)의 난(亂)](524년-530년)(기원후 6세기 동양 중국)

남북조 시대 북위라는 나라 후반기(A.D. 524-530년)에 6개의 북부 변방 진(鎭)에서 일어난 반란이다(육진(六鎭)의 난). 북쪽 변방 육진(六鎭)은 회삭진(懷朔鎭), 무천진(武川鎭), 무명진(撫冥鎭), 유현진(柔玄鎭), 옥야진(沃野鎭), 회황진(懷荒鎭)이다. 이 반란으로 북위는 국가 체제가 거의 붕괴되었고 결국 동서로 분열되고 말았다(동위와 서위로 분열). 육진의 난이 일어난 원인은 선비족인 북위의 황제가 추진한 한화(漢化) 정책의 미숙함 때문이다. 선비족 탁발씨의 군사력을 뒷받침한 것은 산동 지역의 문벌귀족이었는데, 오랑캐 정권 북위는 이들 문벌 귀족을 무시할 수 없어서 통혼(通婚), 한화(漢化) 정책을 시행했다. 제7대 효문제(孝文帝)(471년-499년) 때 수도를 낙양(洛陽)으로 옮기고 통혼(通婚), 성씨(姓氏)의 한화(漢化), 선비족 고유언어 금지, 관제 개혁을 강화하였다. 특히 산동 귀족층에 선비족 귀족층을 편입시킨 정책이 있었는데(성족분정: 姓族分定). 이는 자신의 뿌리인 선비족 안에서 계층을 여럿 나누고 서로 차별하는 문제를 낳았다. 특히 그 피해를 가장 느낀 집단은 군대였다. 선비족으로서 가장 큰 공을 세운 것은 군대였는데 이들이 낮은 신분층에 속하게 되었으니, 가만있을 리 없었다. A.D. 519년 한족(漢族) 명문인 장중우가 높은 신분의 관직에서 무인을 배제하자고 건의하자 근위군이 반란을 일으켰다(우림의 변: 羽林의 變). 호태후는 뒤에 사면을 내리고 무관에서 문관으로의 신분이동을 승인하여 일단 반란을 무마하였다. 그러나 지방의 주진군(州鎭軍)은 여전히 버림받았는데 유형자(流刑者)를 주진군(州鎭軍)에 보내서 편입시키고 기존 병사를 이들과 같이 대우하자 육진(六鎭)인 지방군이 폭발하였다. 대우를 개선해야 한다는 건의는 무시되고 반란은 일어났다(524년-530년). 육진의 난으로 북위가 혼란에 빠지자 남조인 양(梁)나라가 공세를 취했다. A.D. 527년 명장 진경지가 북벌에 나선 것이다(진경지의 북벌 대공세). 한편, 북위의 혼란 중에서 북쪽 오랑캐의 추장 이주영이 화북의 강자로 우뚝 섰다. 그는 호태후의 저지를 뚫고 수도 낙양을 점령한 후 호태후와 어린 왕자를 황하강에 빠뜨려 죽인 후 원자유(元子 攸)를 북위의 제10대 황제로 세웠다. 그러나, 남조인 양나라 진경지 장군의 북벌로(528년-529년) 낙양은 점령되고 말았다(32개 성

함락, 47회 전에서 진경지에게 모두 패배). 그러나, 낙양 점령 후 북위의 황제를 칭하였던 원호는 교만하고 주색에 빠지고 말았다. 진경지의 양나라 군대도 양민들에게 함부로 대하여 민심이 이반하는 문제를 낳았다. 또 원호는 진경지의 양나라 군대로부터 도움을 받았음에도 이를 배신하여 둘 사이가 벌어졌다. 원호를 제거하자는 부하의 제안을 거절한 진경지는 이후 북위의 이주영 토벌군에게 대패했다. 이주영 군대는 효장제를 옹립하였으나 위협을 느낀 효장제와 그 신하들은 이주영을 유인하여 암살하였다. 이주영의 조카 이주조가 다시 효장제를 살해하고 실권을 잡았지만 그의 정치력은 큰아버지인 이주영보다 훨씬 떨어졌다. 이후 과거 이주영의 부하였던 고한에게 권력이 이동하였다. 고한은 효무제를 황제로 세웠으나 효무제가 탈출, 우문해의 힘을 빌렸다(동위와 서위의 분리). 그 후 동위는 북제, 서위는 북주로 되었다가 북주는 수나라에게 망하고 결국 수나라가 천하를 통일하였다.

<**남북조 시대 북조의 리스크**(Risk)>

- 북위 효문제의 한화정책이 초래한 내부 균열
- 6진 군대의 반발과 반란
- 남조 양나라 진경지의 북벌 대공세
- 고한 장군 때의 동위, 서위 분리

<**리스크 대처**>

- 강자 이주영 장군의 등장과 활약
- 원호 황제와 진경지의 불화를 틈탄 반격
- 북제와 북주로 분열된 북조를 수나라 양견이 통일(589년)

47. [남북조 시대 진경지 장군의 활약](484년-539년)(기원후 5-6세기 동양 중국)

진경지는 남조 양(梁)나라의 장군이었다. 남북조 시대 문인을 중시한 사회에서 시종 출신임에도 대장군의 자리에까지 올라 북조까지 정벌하였던 군사적 천재였다. 평소 백성들에게 온정으로 대하였고 기아 때는 창고를 열어서 이웃을 먹였다. 신중한 성격에 사치하지 않고 돈이 든다고 하여 음악도 즐기지 않았다. 무인임에도 의외로 말타기, 활

쏘기를 잘하지 못하였지만, 부하들을 잘 대해주고 용기를 불어넣는 능력이 있었다고 한다. 북벌을 할 때 치현에서 출발, 낙양에 이르는 동안 140일간 32개 성을 무너뜨리고 47회 전투에서 전승 무패(全勝 無敗)의 대기록을 세웠다. 그런데 낙양 함락 후 북위의 황제로 세운 원호는 진경지를 의심하고 멀리하였다. 또 원호 황제는 주색에 빠지고 정무를 소홀히 하여 북벌성공의 빛이 바래고 말았다. 진경지 군대도 낙양(洛陽)에서 백성들에게 횡포를 부려 북조의 민심이 이반하게 되었다. 이 틈을 타 북조의 이주영 군이 다시 쳐들어와 원호는 사로잡혔다. 게다가 진경지의 군대는 홍수를 만나는 바람에 대패하였다. 진경지는 수염, 머리를 깎고 스님 행세를 하여 혼자 겨우 탈출, 양나라의 수도 건강(建康)으로 돌아왔다. 그는 북벌의 공을 인정받아 우위 장군(右衛將軍)에 임명되었다. 그 후에도 반란을 진압하는 등 공을 세웠고 56세로 사망하였다(539년).

<**남조**(南朝) **진경지 장군의 리스크**(Risk)>

- 강력한 북조(北朝)의 존재
- 북벌 후 황제(원호)의 배신과 부하들의 횡포와 지도자간 불화
- 홍수 등 자연재해

<**리스크 대처**>

- 군사적 감각 발휘
- 청렴 후덕한 인품으로 인화정치
- 부하와의 일체감으로 군대의 단결 도모

48. [불교 탄압: 3무1종(三武一宗) 법난(法難)](446년-959년)(5-10세기 동양 중국)

남북조 때부터 당나라 때까지 있었던 대규모의 종교(불교) 탄압 사건이다.

(1) 북위(北魏)의 태무제(太武帝) (446년-452년)

북위의 태무제가 도교를 신봉하면서 불교를 심히 탄압하였다. 승려들을 대대적으로 학살할 정도로 극심한 억불 정책이었다.

(2) 북주(北周)의 무제(武帝) (574년-577년)

북주(北周)의 무제(武帝)는 문무백관을 모아서 유불도 3교를 논하게 한 후 유교가 최고라고 하였다. 그 연후 도교 등을 억압하였는데 특히 불교를 극심하게 탄압하였다.

(3) 당나라 무종(武宗)(회창 會昌의 법난 法難) (840년-846년)

당나라의 국교는 도교(道教)였지만 초기에는 불교 탄압이 극심하지 않았다. 그러나, 그 후 나라의 세력이 점점 약해지자 도교 이외의 종교에 대해 더 배타적으로 되고 게다가 유학자들이 불교를 이론적으로 비판한 것이 불씨가 되었다, 무종(武宗) 때 대대적으로 불교를 탄압하게 되었다. 물론 다른 신흥 종교(기독교 네스토리우스파(경교 景教), 조로아스터교(배화교 拜火教), 마니교 등)도 탄압을 받았다.

(4) 5대 10국시대 후주(後周)의 세종(世宗) (954년-959년)

후주 세종은 악화된 재정을 일으키기 위해 사찰 재산을 탈취하였다. 이러한 불교 탄압은 남중국보다 북중국에서 극심하였고 탄압의 여파로 교종 계열 불교(경전 중심)보다 선종 불교(참선 중심)가 중국에서 더 발달하게 되었다.

우리나라 고구려에도 도교가 전래되어(연개소문 시대) 불교 탄압으로 이어졌다. 그 탄압을 피하여 고구려 승려들이 백제나 신라로 도망가는 사태가 일어났다. 그러나, 삼국시대와 고려시대는 대체로 불교의 시대였다. 다만, 조선 시대에 이르러 정도전(불씨잡변 등의 저술)등 유학자에 의하여 대대적인 불교 탄압이 자행되었다.

49. [수(隋)나라](589년-618년)(6-7세기 동양 중국)

수나라는 남북조 시대를 끝내고 한나라에 이어 천하를 통일한 왕조이다. 수나라의 개창자인 양견(楊堅)의 일족은 한족이 아니라 선비족이다. 그 조상은 북위 초 선비족 무사들이 주둔한 무천진(武川鎭)으로 이사하였다. 여기는 군사 기지로서 북쪽의 유연과 맞닿아 있었다. 양견의 아버지 양충(楊忠)은 북위 분열시 소위 건국의 공로자였다. 서위의 대장군이 되었다가 북주가 수립되자 작위(수국공 隨國公)를 받았다. 부친 양충 사망

후 양견이 대장군과 수국공 작위를 물려받게 되었다. 북주의 선제는 5명의 황후를 두었었는데 그 중에는 양견의 딸도 있었다. 선제는 재위 8개월 만에 스스로 어린아들 정제(우문청)에게 물려주고 말았다. 정제는 어렸기에 섭정이 필요하였는데 그는 양견이었다(외척 양견의 실권 획득). 양견에 반대하는 세력들이 대대적인 반란을 일으켰으나 양견의 교묘한 전술에 격파당했다. 양견은 북주의 라이벌 북제를 쳐부셨다. 그 이후 한 때 위기를 맞았다. 양견은 동돌궐의 침략을 받아 수도가 함락되고 자신은 포로로 잡혀 신하의 예를 갖춰 조공을 바치는 신세가 되기도 하였다. 그러나, 곧 국력을 회복, 후량(後梁)을 정벌하고 함대를 건설하였으며 50만의 군사를 모았다. 또, 아들 양광(훗날 수양제)을 시켜 남조의 진(陳)나라를 공격했다. 진나라의 마지막 황제는 진숙보였다. 어리석고 겁이 많았던 진숙보는 수나라를 선제 공격하자는 신하의 건의를 여러 차례 무시하다가 패망시에는 우물 속에 숨었다가 밧줄에 묶여 끌려나왔다. 수나라는 한나라 이후 분열된 중국을 다시 통일하였다(589년).

수 문제는 내정개혁을 단행, 통일 전 581년 새 율령인 개황 율령(律令)을 제정하였다. 이는 법령을 간소화하고 특히 가혹한 형벌을 폐지하는 것이다. 최고 행정기관으로 3성(상서성 尙書省, 문하성 門下省, 내사성 內史省)을 두고 상서성 아래 6부(이부, 탁지부, 예부, 병부, 도찰부, 공부)를 두었다. 그 아래에는 실무를 담당한 9사(九司), 감찰기관인 어사대(御史臺)가 있었다. 그리고 과거제(公擧)를 도입하여 실력대로 합격한 자를 관리로 뽑았다. 남북조 시대에도 9품중정제(九品中正制)가 있었지만, 이는 관리선발과 임용권이 귀족에게 있었기에 엄격히 말하면 실력주의가 아니었다. 과거제에 의해 명실공히 인사에서 귀족전횡으로부터 벗어날 수 있었다(황제의 실권 강화). 이런 일련의 개혁 조치를 개황(開皇)의 치(治)라고 한다. 수 문제의 맏아들 양용은 사치를 즐겨 수 문제와 황후로부터 미움을 받아 황태자 자리는 차남 양광(楊光)에게 돌아갔다(수양제 隋煬帝). 수 양제는 황제가 되자마자 라이벌인 형제들을 살해했다. 그리하여 부친 수문제도 수양제가 살해한 것 아닌가라는 의심도 생겨났다. 그는 대규모 토목(土木) 사업을 일으키고 남북을 연결하는 대운하 사업을 완성했다. 운하는 양쯔강 이남의 쌀을 북부

지역에 수송하기에 좋았다. 다만 아버지인 수문제가 실패한 고구려 공략에 또 나섰다가 세 번이나 실패하였다. 대규모 공사와 전쟁은 백성들에게 큰 짐이 되어 이를 견디다 못한 사람들이 반란을 일으켰다. 고구려 공략의 실패가 그 직접적인 도화선이 되어 반란은 전국적으로 확산되고 수 양제 자신의 한계를 넘어버리게 되었다. 양현감과 그 부하인 이밀은 수나라의 식량 집산지를 장악하였고 수양제는 불만을 가진 근위 병사들에게 살해되었다(A.D. 618년). 고구려 연개소문, 서돌궐 가한도 수나라를 공격하여 수도 장안을 유린하였다. 수나라는 망하고 선비족 이연은 수나라로부터 선양을 받아 당나라를 건국하였다(A.D. 618년).

<**수나라의 리스크**(Risk)>

- 양견 반대 세력의 반란
- 동 돌궐의 침략으로 수도 함락
- 고구려 원정 실패
- 토목사업, 운하건설의 부담

<**리스크 대처 노력**>

- 함대 건설, 군사력 회복
- 법령 간소화, 행정기관(3성 6부제) 정비
- 과거제 도입으로 황제권 강화

50. [당나라(唐)](618-907년)(기원후 7-10세기 동양 중국)

수나라의 당국공 이연이 수나라로부터 선양(禪讓)을 받아 당을 건국하였다. 20대 289년간 지속되다가 현종과 양귀비의 실정(失政), 안록산 사사명의 난으로 급격히 쇠락해졌다가 과중한 세제에 반발한 농민 반란(황소의 난)으로 망하였다. 당은 수나라의 정치제도, 문화현상, 집권층 사람을 특별한 변화 없이 물려받았다. 수도는 낙양(洛陽)에 가까운 장안(長安)이었다. 변방의 위구르, 토번(티벳), 베트남, 고구려, 발해 등과는 교류와 전쟁을 반복하였다. 한반도에서는 신라의 삼국통일기였는데 당 고종과 측천무후(則天武后)가 신라와 연합하여 백제(660년), 고구려(668년)를 차례로 함락시켰다. 일본은 당나라에 견당사(遣唐使)를 보내 문물을 수입하였다. 당나라를 개국한 이씨는 선비족이긴 하지만 북위의 효문제 이후 매우 한화된 선비족이었다. 건국자 이연의 아들 이세민은 형(황태자 이건성)과 아우(이원기)를 살해하고(현무문의 변) 아버지로부터 황제 자리를 물려받았다. 그는 내정에 충실하여 정관(貞觀)의 치(治)라는 위업을 달성하였지만 수나라 양제처럼 고구려 정벌에는 실패하였다(연개소문, 양만춘에게 패배). 그 뒤 고종은 측천무후의 진언으로 신라와 연합, 백제와 고구려를 정복하였다. 고종이 노약해지자 측천무후가 세력을 강화, 새 황제로 등극하였다(주(周)나라의 건국). 측천무후는 이 과정에서 자신이 낳은 딸과 황태자들까지 가차없이 살해하였다. 측천무후의 딸 태평공주(太平公主)는 올케 위황후, 조카 안락 공주와 다투다가 예종의 아들 이융기와 손잡고 정변을 일으켜 성공하였으나 이융기에게 숙청되었다(이융기 현종의 즉위). 현종은 유능하여 개원(開元)의 치(治)라는 태평성세(太平盛世)를 이루었지만(713년-741년) 말년에는 며느리 양옥환(양귀비)에 빠져 정사를 태만히 하였다. 이후 당나라는 혼란에 빠지고 말았다. 지방의 치안을 맡은 절도사(節度使)의 힘이 비정상적으로 커져 안사의 난이 일어난 것이다. 장안의 궁궐이 불타고 양귀비는 반란군의 요구로 자살하였다. 절도사가 난립하고 토번(티벳)의 변경세력이 당나라 중앙정부를 위협할 뿐만 아니라 군사제도(부병제 府兵制), 조세제도(조용조 租庸調) 등의 문제점이 곪아터져 나왔다. 덕종 때 양염이 양세법(兩稅法)을 도입하고 헌종 때 친위부대를 강화하는 등 일시 개혁 정치가 성공하기도 하였지만 헌종은 말기에 금단에 탐닉하고 불교를 맹신하여 현실 판단을 흐리게 하다가 환관에게 독살되고 말았다. 이후 후한(後漢)처럼 당도 환관이 나라를 혼란에 빠뜨렸다. 소금 밀매상 출신 황소(黃巢)가 과중한 세금에 신음하던 농민을 선동하여 반란을 일으켰다. 황소는 심복(心腹) 주전충이 배신하여 관군에 의해 진압되었고 자결하였다. 주전충은 황소(黃巢)의 잔당을 흡수하여 세력을 키운 뒤 당나라를 멸망시켰다(907년 당의 애제(哀帝) 때 멸망). 주전충의 후량(後梁)건국-5대10국의 시작).

<**당나라의 리스크**(Risk)>

- 현종과 양귀비의 실정(失政)
- 안사의 난
- 황소의 난(농민 반란)
- 부병제, 조용조 등의 문제점
- 고구려 정벌의 실패

<**리스크 대처**>

- 내치(內治)노력: 정관(貞觀의 치(治), 개원(開元)의 치(治)
- 위구르, 티벳, 베트남, 발해, 고구려 등 변방국가와의 교류와 협력

51. [시인 이백(李白)](이태백)(701년-762년)(기원후 8세기 동양 중국)

당나라의 시인으로 이름을 날린 사람이다. 같은 시대의 시인 두보(杜甫)와 대비된다. 두보를 시성(詩聖), 이백은 시선(詩仙)이라고 하는데 두보는 유교적, 교훈적 시를 주로 쓰고, 이백은 목가적, 낭만적 시를 많이 남겼기 때문이다. 그는 중국의 변방 키르키즈스탄의 토크목(Tokmok) 부근에서 태어났다. 즉 페르시아 출신이고 페르시아어에 능했다고 한다. 젊을 때는 검술(劍術)에 심취하고 여러 사람을 살해하기도 했다. 20세에 철이 들고 동엄자(東嚴子)라는 훌륭한 은자(隱者)를 만나 크게 각성했다. 그 후 각지를 방랑하다가 28세에 결혼, 10년간 처가에서 살았다. 30대 후반 과거 시험에 응시하였으나 시험관들의 견해 차이(양국충과 고력사의 의견 차이)로 떨어졌다가 다시 응시, 합격하였다. 한림학사 시절 고구려 무용수를 보고 쓴 시가 전한다. 그는 발해어에도 밝아 발해 사신의 선전포고 문서를 해독한 공로로 조정에서 일하게 되었다. 시로써 당현종 양귀비의 총애를 받았지만 술김에 환관 고력사에게 망발을 하는 바람에 조정에서 쫓겨나 다시 유랑 생활을 하였다. 이 때 시인 두보를 만나 의기 투합, 1년 동안 같이 지내고 하남과 산동 지방 여행도 함께 하였다. 영왕(永王) 이린(李璘)의 반란에 참여하였으나 패했다. 곽자의의 도움을 받아 겨우 사형은 면했지만 귀양을 갔다. 그 후 사면받았지만 유랑 생활을 하다가 오촌 아저씨뻘 되는 사람(이 양방)의 집에서 사망하였다(62세). 자녀는 2남 1녀를 두었는데 돌보지를 않아서 모두 가난하게 살았다. 그 손녀 2명은 농가로 출가하였다고 한다.

<**시인 이백의 리스크**(Risk)>

- 중국의 변방(키르키즈스탄) 출신에 방랑벽, 살인 전과
- 음주벽
- 환관 고력사의 원한을 삼
- 반란 참여, 귀양살이

<**리스크 대처**>

- 스승(동암자)의 가르침으로 개심(改心)
- 작시(作詩)
- 과거 시험 공부

52. [당나라 측천 무후](624년-705년: 81세에 사망)(기원후 7-8세기 동양 중국)

당 고종의 황후(후비: 後妃)이면서 주(周) 왕조를 창시하여 황제가 되었다(중국 유일 최초의 여황제). 다시 정변이 일어나 당(唐)나라로 복귀하였지만 자신의 친아들이 그 황제가 되었기에 아무런 해도 입지 않고 80세까지 편안하게 살았다. 그만큼 정치의 달인이었다는 뜻도 된다. 고종의 후비(後妃)였을 때 신분은 높지 않았지만 황후 왕씨와 숙비 소씨의 암투에서 왕 황후가 무후를 이용하여 숙비 소씨를 제거한 바 있다. 이후 급부상한 무후는 왕황후와 소숙비 모두를 잔혹하게 살해하였다. 자신의 손으로 딸을 죽인 다음 왕황후에게 죄를 덮어씌울 정도로 수단 방법을 가리지 않았다. 고종의 건강이 좋지 않은 점도 무후의 부상에 큰 몫을 했다. 측천 무후는 자신의 아들마저 가차 없이 숙청했다. 장남 이충(李忠)과 차남인 이현(李賢)을 마음에 안든다고 황태자에서 폐위하고 삼남 이현(李顯)을 황제(중종)에 올렸다가 외척인 황후 세력이 커지자 또 폐위하고 4남 이단으로 바꾸었다(예종). 반대자들의 저항 특히 이경업(이세정의 손자)의 반란을 진압한 후 아예 당나라를 없애고 주(周)나라를 건국, 자신이 황제가 되었다. 수도도 천도하여 장안에서 낙양으로 옮겼다. 측천 황제는 반대파를 견제하기 위해 내부 고발제를 운영했다. 즉, 사궤(四軌)라는 투서함을 활용했다. 또, 불량배와 건달을 중심으로 한 비밀경찰인 혹리(酷吏)들을 두었다. 상대의 비리를 먼저 고발하는 사람이 빠르게 승진하는 밀고 정치를 한 것이다. 그런데 이 시스템에 저항하는 사람들이 많아지자 이 제도를 폐지하고 그를 운영하던 신하들을 희생양으로 삼았다. 다만, 장간지, 적인걸 같은 명 재상을 기용하여 내치를 튼튼히 한 공적은 크다. 말기(699년 이후)에는 장간지, 장창종 등 신하들이 부패하고 측천무후 자신이 병을 앓게 되자 반란이 크게 일어나(신룡정변) 아들 이현(중종)에게 자리를 물려주었다(측천무후 주나라의 멸망). 죽기 직전 자신을 황제가 아닌 황후의 예로 장사치르고 묘비에 아무런 기록을 남기지 않도록 하였다. 측천무후는 정치적인 감각이 뛰어나지만 군사적으로는 무능하였다는 한계가 있었다고 한다.

<측천무후의 리스크(Risk)>

- 황후 왕씨, 숙비 소씨의 궁중암투
- 반대자들의 저항과 반란
- 신하들의 부패
- 자신의 질병

<리스크 대처>

- 정치적 감각 발휘
- 명 재상 기용

53. [당나라 재상 위징(魏徵)](580년-643년)(기원후 6-7세기 동양 중국)

당나라의 충신이고 명재상으로 꼽히는 사람이다. 거록현에서 출생하여 군승(軍僧)의 보좌로 있다가 이밀에게 투항, 그 부하가 되었는데 또다시 이밀과 함께 이 세적의 당나라에 귀순하였다. 당 이세민의 형 이건성의 휘하에서 이세민을 제거하라고 조언하였으나 이건성이 받아들이지 않고 끝내 이세민에게 살해된(현무문의 변) 이후에도 사람됨을 알아본 이세민(당 태종)에 의해 중용되었다(벼슬은 첨사주부). 위징은 당나라의 부병제(府兵制)와 이민족 외교 정책(기미제도 羈縻制度)의 단점을 꿰뚫어보고 그 개선을 주장하였다. 그의 견해는 고구려 원정 실패(안시성 전투 패배 등) 이후 정확함이 증명되었다. 부병제 등의 결함, 고구려 원정의 실패는 측천무후가 등장하는 원인의 하나가 되었다.

54. [당나라 시인 두보](712년-770년)(기원후 8세기 동양 중국)

당나라 때의 시인이자 관리였다. 이백(詩仙)과 함께 중국 최초의 시인(詩聖)으로 알려져 있다. 시인 두심언의 손자인데 어릴 때부터 가난한 집안이었다. 과거 시험에도 연이어 떨어지고 방랑 생활을 오래한 점도 이백과 비슷하다. 나중에 과거에 급제하였지만, 성격이 강직하여 낮은 벼슬만 하였다. 백성들의 가난하고 고된 삶을 시로 그려내고 부패한 사회를 비난하였다. 안록산과 사사명의 난이 일어나자 공을 세워 벼슬이 올라갔다가(좌습유(左拾遺)라는 벼슬) 워낙 강직하게 하다보니 다시 좌천되었다. 청뚜, 기주 등 양자강 부근에서 방랑하다가 동정호(洞庭湖) 배 안에서 병사(病死)하였다(770년 향년58세). 바로 그 해에 남긴 시가 강남봉 이구년(江南逢 李九年)이다. 그가 죽은 원인은 굶다가 어느 잔칫집에서 폭식한 후 생긴 배탈이었다고 한다.

<**두보의 리스크**(Risk)>

- 안사의 난
- 부패한 시대상
- 가난과 과거 시험 낙방

<**리스크 대처**>

- 성실한 생활태도, 청렴결백
- 작시(作詩)

55. [탈라스Talas 전투](751년)(기원후 8세기 동서양의 격돌)

당나라와 압바스 왕조가 맞붙어 싸운 전쟁이다. 중앙아시아 탈라스강 근처에서 벌어졌다. 진, 한, 수나라를 거치면서 중국은 세력이 강성해지고 국제화된 당나라가 서역으로 진출하면서 동양(중국)과 서양(이슬람) 간의 국제전쟁이 벌어진 것이다. 탈라스 전쟁 패배가 당나라에 결정적인 영향을 주지는 못하였지만, 중국이 서역에 진출하지 못하고 위축되었다는 점에서는 매우 중요한 사건이다. 그 때 중국 당나라는 서진 정책을 꾸준하게 추진하고 한족을 신장지역에 많이 이주시켰었다. 당나라 군대의 지휘관은 고구려 출신 고선지 장군이었다. 그는 고구려 멸망 이후 유민(遺民)으로서 안서도호부(安西都護府) 부도호(副 都護)였다. 또 병마사(兵馬使)를 겸하고 있었다. 고선지 장군은 신장 서쪽의 소그드(Sogd)라는 나라로 정복사업을 개시했다. 그런데 예나 지금이나 군사적인 승리만이 결코 전부가 아니다. 고선지는 장수로서는 유능하였으나, 타슈켄트의 석국이 항복하겠다고 하는데도 항복을 받아주지 않고 재화를 약탈하고 그 왕을 당나라로 잡아와 처형하는 어리석음이 있었다. 그에 자극받은 서역의 소국들은 당나라를 믿지 않았다. 그 대신 이슬람 세력에게 의지하였다. 압바스 왕조의 총독 아부 무슬림은 지원군 10만을 파견, 당나라-티벳 연합군 7만과 맞섰다. 탈라스강은 카자흐스탄, 키르키즈스탄 접경에 있었다. 당나라 군대는 수도 장안에서 너무 멀어 보급이 쉽지 않았고 많은 군대를 동원하기 어려웠다는 약점을 가지고 있었다. 또 현지의 유목민 카를룩 족이 당나라 군대를 배신하는 등으로 고선지 군대는 괴멸하였다. 고선지 등 극소수만 살아서 당나라에 돌아왔다. 이 전투의 패배로 중앙아시아는 이슬람의 영향권으로 넘어갔다(카자흐스탄, 키르키즈스탄, 투르크메니스탄, 우즈베키스탄, 타지크스탄 등의 이슬람화).

<**고선지 장군의 리스크**(Risk)>

- 서역(이슬람 압바스 왕조)의 강성, 당나라 위협
- 서역 원정시 보급의 어려움
- 서역 이민족의 배신(소그드 Sogd 족, 카를룩 족 등)
- 정치적 포용력 부족

56. [신라 장보고 장군](780년 정도-846년: 신라 35대 상대등)(기원후 8-9 세기 한반도)

통일신라 때 군인이면서 지방 유력자였다. 어린 시절의 비천한 신분을 극복하고 당나라에서 무예를 인정받아 신라로 돌아온 후 청해진을 거점으로 해상을 장악하였다. 한국(전라남도 완도의 기념관), 일본(교토 京都 엔라쿠 절 안의 비석), 중국(산동 법화원 내 동상과 기념관) 모두에서 장보고를 기념하고 있다. 완도 인근에서 출생한 그의 본명은 궁복(弓福) 또는 궁파(弓巴)이다. 궁(弓)을 쓴 이름에서 보듯 활을 잘 쏘고 창도 잘 다뤘다고 한다. 당나라 군대에서 무예로 인정받았으나, 신라인들이 해적에 잡혀 노예로 팔리는 현실을 보고 신라로 귀국하였다. 해적을 막겠다는 자신의 포부를 신라 흥덕왕(興德王)에게 밝히고 청해진(淸海鎭)을 설치했다. 그 이후 해적을 모두 소탕, 신라인의 노예 매매를 근절시켰다. 중국 산동에 법화원(法華院)을 세우고 법회(法會)를 많이 열었다고 한다. 일본에도 무역 목적으로 회역사(回易使)라는 배를 많이 보냈다.

그러나 신라의 왕실 쟁탈전에 개입하게 되어 큰 화를 입었다. 김우징이 난을 일으켜 패배한 후 청해진으로 도망쳐오자 이를 지지, 크게 승리한 후 김우징을 왕으로 세웠다(신무왕 神武王). 그 신무왕은 1년도 안 되어 승하했는데 그 아들이 왕이 되었다(문성왕 文聖王). 그런데 문성왕이 자신의 딸을 왕비로 맞겠다고 한 약속을 지키지 않자 문성왕에게 약속 이행을 요구하면서 청해진(淸海鎭)에서 반란을 일으켰다(청해진 장보고의 난). 왕의 명을 받은 장군 염장(閻長)이 청해진을 찾아가자 연회를 베풀었는데 그 연회에서 방심하여 술에 만취한 장보고의 칼을 염장이 빼앗아 그의 목을 베어 살해하였다.

<**장보고 장군의 리스크**(Risk)>

- 골품제도의 신라에서 비천한 출신
- 신라인을 노예로 거래하는 해적
- 신라 말기 왕위쟁탈전에 휘말림
- 암살자 염장의 침투와 방심

<**리스크 대처**>

- 활 쏘기, 창술 등 무예 연마
- 청해진 설치 후 해적 소탕, 해상 장악

57. [서로마 멸망 이후의 유럽의 게르만화]ᅳ프랑크 왕국

-게르만의 왕조: 메로빙거 왕조와 카를로스(카롤링거)왕조(A.D. 751년-987년)-

메로빙거 왕조의 시조 메로빙거는 게르만인이었지만 서로마 제국의 충성스런 신하였다. 게르만 프랑크족의 일파였는데 살리프랑크족의 리더였다. 즉 그는 서로마로부터 많은 대가를 받으면서 라인강 전선 북부를 지켜주는 게르만인이었던 것이다. 그 아들 킬데르크 1세 또한 서로마를 위해 갈리아 북부를 지키고 리옹에서는 부르군트족을 격퇴했다(로마의 이이제이 以夷制夷 전법). 서로마가 오도아케르에 의해 멸망하고 나서도 (476년) 킬데르크 1세는 오도아케르를 인정하지 않았고 동로마 황제 제노에게 충성을 다했다. 그가 481년 사망한 이후에는 그 아들 클로비스 1세가 승계했다.

서로마 멸망 이후 갈리아 지방은 여러 민족이 잡거하는 혼란한 형국이었다. 살리 프랑크족은 네덜란드 땅을 근거지로 했다. 가까운 친척 라인 프랑크족은 라인강 유역에 있었고 서로마의 유민들은 파리와 수와송 부근에, 그리고 동로마계 부르군트족은 알프스 산맥 부근에서 진을 쳤다. 그 북동쪽에는 서게르만계가 흩어져 있었다.

메로빙거 왕조를 연 것은 클로비스 1세다. 그가 490년경 프랑크족을 통일하였던 것이다. 동고트 왕국의 테오도리크 왕에게는 여동생 아우도플레다(Audofleda)를 시집보내서 결혼동맹을 맺었다. 또 동로마 제국과도 우호적인 관계를 가졌다. 그가 카톨릭(삼위일체론의 아타나시우스파)으로 개종한 것이 승기를 잡은 결정적 계기가 되었다. 이로써 로마인의 적극적 지지를 받고 갈리아 전체로 세력을 확장했다. 프랑크 왕국을 공식적으로 출범시킨 것이다. 이후 게르만의 분할 상속에 의해서 통일 왕국이 여러 개로 나뉘어지게 되었다. 테오데발트—>클로타르 1세—> 카리베르 1세와 쿤트람 형제로 승계되었다. 또 여러 승계를 거친 후 왕이 되었던 테오데리크는 584년 이질로 사망했다. 그 다음 시게베르 1세의 왕비 브룬힐트와 킬페르크 1세의 세 번째 왕비 프레데쿤트가 권력투쟁을 벌였다. 그 내전에서 브룬힐트가 승리하였으나 그 손자들끼리 또 다시 피비린내 나는 내전을 벌였다. 클로타르 2세는 브룬힐트와의 전쟁에서 승리하여 브룬힐트를 처참하게 처형했다. 그 이후에는 다그베르 1세—> 클로비스 2세—> 시게베르 3세 순으로 이어졌다. 그러나, 이후 메르빙거 왕조는 내리막길을 걸었다. 실권은 궁재 카알 마르텔에게 넘어갔다. 칼 마르텔은 투르포와티에 전쟁에서 이슬람 세력을 물리친 영웅이다. 카알 마르텔 이후 두 아들 피핀 3세와 카를로만이 경쟁하였으나 피핀 3세가 승리했다. 피핀 3세는 메로빙거의 마지막 왕 킬데르크 3세를 무릎 꿇리고 그의 머리를 깎아 수도원에 가두어버렸다(메로빙거 왕조의 몰락, 카롤링거 왕조의 승리).

서로마 멸망 이후 로마북부 즉 갈리아 땅은 게르만이 판을 쳤다. 메로빙거나 카롤링거 왕조 모두 같았지만 정도의 차이는 있었다. 시간이 갈수록 게르만들은 첫째, 라틴어의 영향을 받았고 둘째, 기독교가 다신교를 점차 대체해 나갔기 때문이다. 메르빙거 왕조 때에는 갈리아 등 중북부 유럽에서 여전히 갈리아어를 쓰는 게르만인들이 많았다. 그러나 라틴어를 사용하는 서로마 유민이나 라틴어화한 게르만어를 쓰는 게르만인(갈로인: 이들을 합하여 Galo—Rome인이라고 부른다)들도 꽤 생겨났다. 그러나 카롤링거 왕조가 되면서 고대 프랑크어를 기초로 민중라틴어를 혼합한 프랑스어가 등장했다. 이러한 프랑스어 사용은 갈리아인의 로마화를 촉진시켰다.

또 살리카법에 따른 게르만의 분할 상속으로 클로베스1세 이래 왕국은 많이 분할되었다. 또 공이 있는 신하에게 분봉하는 전통 때문에 지방 분권이 이루어졌다. 오늘날 유럽의 복잡다단한 나라를 만들어 낸 원인이다. 한편 서로마제국 멸망 100 여년 전부터 중앙 정부의 힘이 빠지자 분쟁 해결을 가족 단위에서 행하는 시스템이 생겨났다. 가족단위의 복수 제도였다(Faide 또는 Feud). 결국 이를 중재하기 위해서라도 프랑스 안의 여러 나라들은 로마법을 응용하여 법전을 만들어냈다. 그러나 재판에는 원시적인 습속이 여전히 남아 있어서 문제였다. 당사자가 재판에 승복하지 않거나, 증거가 부족하여 판단이 어려울 때는 신의 심판(「오르달리」 Ordalie)에 의했다. 이는 소송당사자에게 달군 쇠를 손으로 잡게 하거나 끓는 물에 손을 넣게 하는 것이었다. 또는 당사자 간에 결투를 하게 하여 이긴 자를 무죄로 보았다. 훗날 계몽주의 철학자들은 이를 맹비난했다. 중세를 「암흑의 시대」 라고 깎아내렸다.

당시 왕권의 정당성은 1. 법의 제정 2. 전쟁에 의해 뒷받침되었다. 왕의 팽창 전쟁은 단순한 침략이 아니라 전리품 분배와 교회 기부를 위한 것이었다. 이 정책은 클로비스1세—> 테오데리크 1세—> 클로타르 1세—> 킬리베르 1세에게 계승되었다. 법 제정은 구약시대의 율법처럼 왕의 법적, 종교적 권위를 보여주는 것이었다(왕국의 평화 보장, 시민의 권리 보호). 다신교사회에서는 법의 제정과 전쟁수행 권능이 별개였지만, 기독교수용(일신교) 이후에는 구약시대 솔로몬처럼 두 기능이 일원화되었다. 신이 우주를 다스리는 것처럼 왕은 신을 대리하여 지상을 다스린다는 생각을 자연스럽게 유도한 때문이다. 이는 프랑크 왕국이 여러분 분할하면서도 왕 하나를 모신다는 관념으로 통합된 바탕이다.

카롤링거 왕조는 서로마 제국 멸망 이후 일어난 메로빙거 다음에 일어나 길게 이어진 유럽왕조이다. 현재 유럽의 기틀을 다졌고 특히 프랑스와 독일, 이태리의 뿌리가 되었다(삼국으로 분할됨). 카를루스의 시조가 누구냐에 대한 정확한 자료는 없지만 통상 메츠(Metz)의 아르눌 주교(主敎)(582-641년), 란덴(Landen)의 궁재인 피핀(Pepin) 1세(580-640년)라고 본다. 피핀 1세에는 아들 그리모알드 1세에게 궁재 자리를 물려주었다. 그리모알드 1세는 아들과 함께 쿠데타를 하였지만 다른 귀족 세력에 부딛쳐 부자가 암살되었다. 그러나 피핀 1세의 외손자인 피핀 2세가 아우스트라시아, 네오스트리아, 부르군트 세 지역의 궁재를 모두 차지했다. 그의 손자가 유명한 카알 마르텔이다. 섭정을 맡은 플렉트루드 왕비가 카알 마르텔을 감금하는 등 탄압했으나 그는 도망을 한 후 네오스트리아 귀족들을 제압하고 프리슬란트 반란을 진압한 후 계모를 격파하였다. 결정적으로 732년 유명한 투르 푸아티아 전투에서 기병을 앞세운 이슬람 군대에 승리하여 유럽에서 이슬람 세력을 격퇴하는 위업을 달성했다. 칼 마르텔의 기반 위에서 그 아들 피핀 3세는 메르빙거 왕조의 킬데리크 3세를 끌어내리고 카롤링거 왕조를 열었다(751년). 그는 라벤나 부근의 땅을 교황 스테파노 2세에게 주어 교황령이라는 치외법권 구역의 기원을 열었다. 피핀 3세의 아들이 카알 대제이다(서로마 제국 황제).

카알 대제는 글을 모르는 문맹이었지만, 문예부흥에 진력하였다(카롤링거 르네상스). 카알 대제 이후 프랑크 왕국은 분열하였다(베르덩 조약, 메르센 조약 등). 여러 민족이 섞여 있으니 분열하기 십상이었다. 특히 귀족들에 대한 분봉(分封), 지방 분권(地方分權), 성직자들의 권력 참여 등이 주된 원인이었다. 카알 대제의 아들 루드비쿠스 1세 사후 맏아들 로타르 1세가 모두 상속하려 하였으나, 두 아우 루드비히, 샤를 2세가 반란을 일으켜(봉투누아 전투)왕국을 셋으로 나눴다(843년 베르덩 조약). 로타르 1세의 아들 중 로타르 2세가 중북부를 상속받았으나 그가 죽은 후 사생아 위고는 정통성이 부정되어 루드비히 2세와 샤를 2세가 그 땅을 나누어 가졌다(870년 메르센 조약-현재 프랑스, 독일, 이태리의 기원). 그 후 동프랑크, 중프랑크, 서프랑크는 분할, 재통일을 거듭하였다. 아르눌프를 마지막으로 카롤링거 왕조는 역사의 뒤안길로 사라졌다(987년).

58. [카알 마르텔](680-741년)(7-8세기 서양 유럽)

카를로스 왕조를 연 피핀(피핀 3세)의 아버지다. 카알 마르텔의 아버지도 프랑크 왕국의 궁재(宮宰 피핀 2세)였으니 금수저 집안이다. 아버지 피핀 2세는 적자들이 다 죽자 그 적자의 아들(손자)에게 물려주라고 유언하였지만, 조선시대 수양대군처럼 실력을 갖춘 카알 마르텔은 비록 서자(庶子)지만 가만 있을 리가 없었다. 카알 마르텔이 실력자로 부상하자 각처의 반란세력이 당연히 있었다. 그러나, 잘 진압하였다. 그는 바깥으로 수많은 전쟁을 벌여 승리, 나라를 확장하였고 성당과 수녀원의 토지 등 재산을 빼앗아 자신의 세력을 강화하였다. 숙적은 이베리아 반도까지 장악한 이슬람 세력(우마이야 왕조)이었다. 그리하여 이슬람 편에 선 아키텐 대공 오토를 우선 눌렀다. 그리고 투르-포와티에 전투에서 이슬람 세력에 승리, 우마이야 군대를 유럽 땅에서 완전히 축출하였다(732년). 이후 기병대의 위력을 절감, 이슬람 기병대를 본따서 기병대를 창설하였다. 기병대에게는 성당 수도원에서 뺏은 토지 등 재산을 후하게 주었다(은대지제도 恩貸地制度). 그의 두 아들 카를 로만, 피핀(피핀 3세)에게 궁재직이 공동 상속되었으나 더 실력이 있던 차남 피핀이 조카 몫까지 모두 차지한 후 카롤링거 왕조를 열었다.

<**카알 마르텔의 리스크**(Risk)>

- 서자의 신분으로 태어남
- 프랑크 왕국의 지방분권 전통
- 이슬람(우마이야 왕조)의 강성과 강력한 기병대의 존재

<**리스크 대처**>

- 반란 진압, 수많은 정복 전쟁 승리
- 기병을 방어하는 팔랑크스 대형 고안
- 이슬람 후방 보급선의 차단
- 투르 포와티에 전쟁 승리
- 은대지(恩貸地) 제도로 군대지지 확보

59. [투르 포와티에 전투](A.D. 732년)(8세기 서양 유럽)

메로빙거 왕조의 궁재(宮宰: 궁 안의 재상) 칼 마르텔이 이슬람 우마이야 왕조와 싸워 이긴 전투이다. 프랑크 왕국의 약점은 왕이 죽으면 분할 상속하여 생기는 지방 분권이었다. 왕국의 약점을 틈타 유럽 일부에 진출한 이슬람의 우마이야 왕조 군대가 동진했다. 부르고뉴 지방까지 잠식하는 지경이었다. 그 지휘관은 코르도바의 총독 <아버드 알 라만>(Abd al-Rahman)이다. 피레네 산맥을 넘어 보르도를 지나 프랑스 투르(Tours)로 침공하였다. 칼 마르텔이 투르에 먼저 도착하고 푸와티에 옆의 평원에 나아가 대치하였다. 이슬람군의 장점은 기병대의 신속한 공격인데 이를 간파한 칼 마르텔은 기병을 방어하는 팔랑크스 대형을 갖추었다. 또, 높은 언덕과 숲에 군대를 숨겨두었다. 이슬람 군대는 기병대의 장점을 발휘하기 어려웠고 더구나 추위에 대비하지 않아 패배했다. 칼 마르텔군이 압도적으로 승리할 수는 없었지만, 이슬람의 후방 보급선을 차단하는 등 지략으로 우위를 점하였다. 이슬람 지휘관 아바드 알 아만은 전사하였다. 그 전투 이후 여러 민족으로 복잡하게 구성된 이슬람군은 지도자의 공백을 메우지 못하고 대혼란에 빠지고 말았다. 우마이야 왕조의 이슬람군은 이베리아 반도에서 쫓겨났다. 그리하여 칼 마르텔은 유럽과 기독교의 수호 성인이 되었다.

60. [피핀(Pepin)3세(Pepin the short)](카알 대제의 아버지)(714-768년)(8세기 서양 유럽)

칼 마르텔의 둘째 아들이고 카알 대제의 아버지다. 피핀(피핀 3세)이전에 그의 종조부(6촌 할아버지) 킬레베르 3세가 프랑크 왕국의 왕으로 올랐던 적이 있지만 곧 퇴위되고 메르빙거 왕조가 다시 들어섰기에 진정한 카롤링거 개창은 피핀 때라고 본다. 아버지 칼 마르텔 사망 이후 형 카를로만과 궁재직을 같이 물려받았지만, 형에 이은 조카 드로고를 수도원으로 쫒아버리고 권력을 장악했다. 이어서 왕이 되고싶어 교황을 회유하여 성공하였다(메르빙거 왕조의 킬데리크 3세 폐위). 교황에게는 보답으로 라벤나 지역을 선물로 주었다(교황령의 기원). 작센 지방을 치고자 하였으나, 건강이 나빠져 사망하고 말았다(768년). 사망 후 생드니의 대성당에 안치되었다.

61. [카알 대제(Carl the Great)](742년-814년)(8-9세기 서양 유럽)

프랑크 왕국 카롤링거 왕조를 연 피핀의 아들이다. 정복사업 등 큰 업적을 남기고 교황으로부터 서로마 황제의 대관을 받았다. 그의 전기 작가에 의하면 눈이 크고 활기를 띠며 표정은 매우 쾌활했다고 한다. 몸매는 전사답게 잘 균형잡혀 있고 구운 요리를 즐겨 먹은 대식가였다고 한다. 의사가 구운 고기는 건강에 해로우니 삶은 고기를 권했더니 의사를 멀리했다고 한다. 사망할 때조차 의사의 치료를 싫어했다. 술은 하루 1잔

정도만으로 만족하고 절제하였다. 그는 위대한 정복자였지만 문맹이었다. 공문서에 서명할 때는 열십자로 긋고말았다고 한다. 글자를 배우기 위해 베개 밑에 서판을 두고 열심히 연습하였지만, 너무 늦게 시작한 탓인지 끝내 글자를 익히지 못하였다. 그는 투사, 전사의 기질이어서 대범하고 적에게 무자비하였지만 부하들은 너그럽게 대하였다. 호색가여서 결혼을 여러 번 하고 28명의 많은 자녀를 낳았다. 정복사업과 카도릭 개종(改宗) 사업을 병행하였다. 카톨릭 개종 작업이 정복 사업에 큰 도움이 되었음은 물론이다. 이슬람 세력(압바스 왕조), 동로마 제국과 불가근 불가원(不可近 不可遠)으로 지내 정치적 타협을 모색하였다. 그가 아버지 피핀에 이어 프랑크 제국을 건설, 오늘날 유럽(프랑스, 독일, 이태리 등)의 기틀을 닦았다. 카알은 아버지 피핀을 따라 많은 전투에 참여하였는데 이슬람 제국, 아키텐 공국 등과 싸웠다. 아버지 피핀이 53세에 사망하자 맏아들 카알은 아우스트라시아, 네오스트리아, 아키텐의 일부를 받았다. 둘째 아들(카알의 동생) 카를로만은 셉티마니아, 아키텐의 남동부, 이태리 접경지역, 부르고뉴, 슈바벤을 물려받았다. 프랑크 왕국의 분할상속 전통은 지방 분권을 촉진시키고 반란의 원인이 되었다. 아키텐 공국에서 반란이 일어나자 카알은 아우인 카롤로만에게 협조를 요청하였으나 거절당하고 형제 사이가 멀어졌다. 카알 정복사업의 주된 목표는 동쪽의 작센 지방과 이태리의 롬바르디아 공국이었다. 롬바르디아 반란에 대해서는 초토화로 맞섰다. 남 이탈리아에서는 동로마 제국의 영향력을 꺾을 수 없었지만, 이슬람 세력에게는 투르-포와티아 전쟁에서 대승하였다. 이베리아 반도에서도 전쟁을 치르었지만(778년-779년) 실패했다. 피레네 산맥 세력의 바스크족은 공방전 끝에 812년 정복하였다. 작센의 전쟁은 길고도(772년-810년) 잔인했다. 이 치열한 공방전에서 카알은 이단을 분쇄하고 기독교를 널리 선교한다는 명분을 세웠다. 상대가 굴복하지 않으면 대량학살로 맞섰다(그 예로 베르덴학살: 포로 4500명 중 4000명 학살). 785년 작센의 수장 비두킨트가 드디어 항복하였다. 그 후 작센 법령집을 공포하였는데, 사형죄에 해당하는 것은 왕에 대한 불경죄(不敬罪), 교회 모독, 이교도와의 음모, 마녀사냥, 우상숭배, 인육 먹기, 처녀에 대한 강간 등이었다. 788년-789년 바이에른 지방도 정복했다. 바이에른은 짤츠부르크 대주교 관할에 편입되었다. 슬라브족을 상대로도 북부의 아바르족 공격(789년), 남부 크로아티아

일대 슬라브족 제압으로 이어갔다.

동로마 제국 여자 황제인 아테네의 이리니(Irini)에게 청혼하여 결혼 직전까지 갔으나 동로마 제국에서 이를 반대하는 쿠데타가 일어났다. 이에 동로마 제국과 전쟁을 하였지만 812년 평화협정을 맺었다(니키포로스의 평화). 말년에는 바이킹인 데인족과도 전쟁을 벌였으나(808년-811년) 크게 성공하지는 못하고 811년 평화조약을 맺었다(틸리겐조약). 외정에 못지않게 내치도 매우 성공적이었다. 게르만의 문제점인 지방 분권의 약점을 극복하기 위해 아들들을 각지 왕으로 삼고 성직자와 원탐이 되게 하였다(사실상의 중앙 집권 도모). 카알은 자신의 힘을 강화하기 위해 유력자 친화적인 봉건제의 기원을 이루었다. 대토지와 농노를 가진 영주들은 전시에 막강한 기병대를 제공, 전투 승리에 큰 기여를 한 것이다. 카알은 아들 루드비히 1세에게 자리를 물려주고 지금 독일의 아헨 땅에서 병으로 일주일만에 사망하고, 마부르크 대성당 지하에 묻혔다.

<**카알 대제의 리스크**(Risk)>

- 동로마, 이슬람이라는 양면의 적
- 게르만족의 분할 상속 전통과 이로 인한 반란

<**리스크 대처**>

- 기독교 선교라는 명분 확보
- 내치 성공: 작센 법령집 공포, 지방분권의 단점 극복노력(유력자 친화적인 봉건제 실시)
- 정복 전쟁의 성공

62. [신성로마제국의 오토1세 황제](912-973년까지)(10세기 서양 유럽)

프랑스 하인리히 1세의 아들로서 로마 제국 황제의 대관을 받은 사람이다(962년). 어머니 쪽 가계는 작센족이다. 유럽 중세 초기의 정복자로서 독일, 이탈리아, 작센을 지배하였다. 마자르족, 슬라브족 등 동쪽의 침략을 잘 막아 프랑크 왕국 전통을 수호한 공로가 있다(카롤링거 왕조 이후의 혼란을 수습). 부친 하인리히 1세는 첫아들 탕크바르가 있었으나 이복 동생 오토를 후계자로 삼았다. 탕크바르는 당연히 반발, 반란을 일으켰으나 패배하고 살해당하였다. 오토 1세에 대한 어린 시절 기록은 별로 없다. 어릴 때부터 군사 훈련을 받았다고 하고 슬라브 족과의 전투에도 참전하였다고 한다. 부친 하인리히 1세가 뇌졸중으로 사망하자 아아헨 궁전에서 동프랑크의 교회, 마인츠의 대주교로부터 가톨릭식의 의식(세례와 기름 부음)을 받았는데 곧이은 연회장에서 프랑켄 슈바벤(Franken Schwaben), 바이에른(Bayern) 공작으로 하여금 수행원으로 봉사하라고 명령하였다. 부친이 부하 공작들을 잘 다루지 못한 단점을 극복하고자 한 것이다. 이에 반발하는 세력들이 이복형 탕크마르와 합하여 전쟁을 일으켰으나 오토가 승리하였다. 동생 하인리히도 프랑스의 루이 4세와 내통하여 반란을 일으켰으나(939년) 진압되었다. 오토는 카알 대제의 후계자로 인정받기를 원했으나 서프랑크의 왕과 귀족, 동프랑크의 몇몇 귀족은 이를 인정하지 않았다. 오토는 950년경 동쪽(엘배강 중류와 오데르강 중류 사이) 슬라브족도 정복하고 대주교 관구, 주교 관구 등을 세웠다. 오토도 카알 대제처럼 학당(학교)을 세우고 학자들의 연구, 문학자들의 창작을 적극 지원하였다(오토의 르네상스). 동로마 제국과는 카알 대제처럼 끝까지 패권을 다투는 운명에서 벗어나지 못하였지만 결혼 정책 등으로 적당히 타협하였다. 973년 고열로 인하여 사망하고 마부르크 대성당에서 첫 부인 유디트 옆에 묻혔다. 그에 대한 주류의 평가는 서로마 멸망 이후 라틴 땅과 게르만 땅의 혼란을 잠재운 위대한 지도자였다는 것이다. 유럽의 아버지 클로비스—> 카알 대제—>오토 1세라는 영웅의 반열에 있다.

<**오토 1세 황제의 리스크**(Risk)>

- 서자 출신(이복형과 동생의 반란)
- 마자르족, 슬라브족의 침입, 동로마와의 경쟁
- 서로마 멸망 이후 게르만 땅의 혼란

<**리스크 대처**>

- 어린 시절부터 군사훈련, 전투 참가 경험
- 공작 등 영주의 복속 성공
- 오토의 르네상스(학자의 연구와 창작 지원)
- 동로마제국과의 타협(결혼 정책의 성공)

63. [중국의 5대 10국시대](907년-979년)(10세기 동양 중국)

중국 역사상 당나라(618년-907년)가 멸망한 이후 송이 들어서기 이전의 혼란기이다(당말 송초, 당송 교체기). 화북 지방에 자리잡은 5개의 나라를 5대라 하고, 남쪽에 자리하고 있던 10개 나라를 10국이라고 하였다. 5대10국시대 이전부터 당나라는 안사의 난 등 이미 혼란기에 들어섰기에 이 혼란기는 길게 보아 755년-979년 약 200년 동안이다. 어디서나 중앙정부의 권위가 떨어지면 지방의 세력과 농민 세력이 반란을 일으킨다. 당이 멸망하고나서 서안, 호경 등 진나라와 한나라 때부터 내려오던 나라의 중심(관중 땅)은 황폐화되고 새로운 중심 개봉(開封)이 등장한다. 전쟁이 계속되어 환경파괴가 일어나고 토질이 나빠져 인구를 부양할 수 없게 되었기 때문이다. 나라가 혼란해지면 상상도 하기 어려운 참상이 일어난다. 후량을 세운 주전충은 당나라를 멸망시킨 장본인이다. 당나라의 왕족 공신들을 잔혹하게 살해했고 자기 자신도 며느리와 간통하는 나쁜 짓을 하여 아들에게 살해되었다. 후당 이존욱은 전쟁에서 큰 공을 세웠지만 내치는 크게 잘못하였다. 세금을 지나치게 부과하였고 음주와 가무에 탐닉하였으며 너무나 인성이 고약한 여자를 왕후로 세워 비참하게 망하였다. 후진의 석경당은 거란의 야율라보기에게 연운(燕雲) 16주라는 가장 중요한 땅을 주어버렸다. 후량의 태조 주전충은 당나라 하남 지역의 절도사 군벌집단이었고 후당이 세운 이극용은 산서군벌이었다. 그 뒤를 이은 이사원은 이극용의 양자인데 반란을 일으켜 두 번째 황제가 되었다. 그 사위 석경당은 나라를 뺏아 후진을 세웠다. 석경당의 측근 유주원은 후한을 열었고, 유주원의 신하였던 곽위는 후주를 세웠다. 후주의 절도사 조광윤은 곽위의 양자 시영의 부하로 있던 사람이다. 남쪽의 10국은 북쪽의 5대와 달리 각 지방에서 동시다발적으로 일어났고 그 영토의 크기도 천차만별이었다. 절강성 지역에서는 오월이라는 나라가 있었는데 한반도 후삼국 시대의 후백제, 고려와 국교를 맺고 교류한 적이 있다. 5대 10국 혼란기 북쪽의 변방에서는 거란, 여진이 크게 일어나는 환경이 되었다. 거란의 야율라보기는 요나라를 세우고 후진의 석경당으로부터 알짜배기 땅 연운 16주를 빼앗아 중국 한족국가를 오랫동안 괴롭히는 원인이 되었다. 여진(금 나라), 탕구트(서하), 몽골(원나라)의 민족들도 크게 떨치고 일어났다. 5대 10국 이후 송나라가 중원을 통일하였다고 하나 이 북방의 거친 이민족에게 세력이 눌렸고 오래가지 않아 멸망한 것도 이 때문이다. 그 시기 한반도에서는 통일 신라가 망하고 후삼국을 거쳐 왕건이 고려 왕조를 열었다. 신라라는 중앙집권이 약해지자 지방의 호족들이 일어나 크게 3개의 나라로 갈라져 혼란을 겪었다(후삼국 시대).

<5대 10국의 리스크(Risk)>

- 안사의 난 등 혼란의 여진
- 하극상, 무법천지, 약육강식, 당나라의 처참한 종말
- 관중 땅의 황폐화, 환경 파괴
- 거란, 여진, 몽골, 서하 등 거친 이민족의 한족에 대한 도전

64. [불가리아 제1제국](681-1018년)(7-11세기 서양 유럽)

터키와 슬라브가 섞인 계통의 국가이다. 681년 아스파루흐가 건국하였다. 투르크계 유목 국가인 불가르 칸국의 후예이다. 이들은 반농반목(半農半牧)이고 드넓은 초원을 배경으로 한 기마술(騎馬術)에 능하였다. 680년에는 동로마군을 상대로 이긴 적도 있다. 서로마가 게르만족에게, 동로마가 불가리아의 미개 문명에게 패배할 수도 있음을 보여주었다. 훗날 프랑크 제국, 영국 왕국이 상대적으로 미개했던 바이킹에게 수 백 년 동안 무릎을 꿇었던 것과 비슷하다. 불가리아인은 프랑크 왕국, 동로마 제국과는 별도의 영역에서 살고 있었다. 종족도 라틴인, 게르만인이 아닌 제3의 유럽인이었다. 투르크와 슬라브인간 혼혈이 많았다. 문화는 슬라브의 문화권에 동화하였다. 종교는 투르크 토착 신앙—> 그리스 정교회로 개종했다. 왕은 러시아처럼 짜르라고 불렸는데 로마 카이사르의 러시아식 변형 발음이다. 3대칸, 4대칸은 동로마 제국과 교역을 하는 듯하여 잠시 평화를 누렸다. 그러나, 753년 4대칸 세바르가 사망하고 두 가문으로 분열되자 혼란해졌다. 그 반면 791년, 792년에는 거꾸로 불가리아가 동로마 제국에게 대승을 거두었다. 803년에는 쿠룸 칸이 영역을 크게 늘렸다. 816년에는 슬라브족 반란도 진압했다. 친프랑크, 친동로마 정책을 하여 나라를 안정시켰다. 865년은 정교회를 수용(기독교화)하여 큰 획을 그었다. 칸 보리스 1세가 동로마 수도 콘스탄티노플을 방문, 총대주교로부터 기독교 세례를 받은 것이다. 사실 칸 보리스 1세는 프랑크 왕국(동 프랑크)과 가까워서 가톨릭으로 개종하고자 하였다. 그런데 동로마 황제 미하일 3세가 이를 차단하고자 불가리아를 공격했다. 그 후 정교회로의 개종을 강요했다. 불가리아가 기독교 국가에 속하게 된 혁명적인 사건이다. 당연히 반발하는 귀족들이 나왔는데, 주동자 51명을 처형하고 반란을 진압하였다(불가리아의 슬라브화). 10세기에는 콘스탄티노플 대교구에서 독립하여 불가리아 대교구를 인정받았다. 슬라브어 키릴 문자도 발달하여 불가리아어의 일부가 되었다. 927년-970년은 피터 1세 짜르의 안정기였다. 970년-971년 보리스 2세 짜르 시대에는 키이우 공국, 동로마 제국의 침공을 받았다. 997-1018년 사뮤엘 짜르 때 잠시 회복하였으나 사뮤엘은 홧병으로 죽었다. 그 아들 프레시아 2세는 동로마에게 항복하여 불가리아 제국(제1제국)은 멸망하였다. 이후 1018년부터 1185년까지 동로마 제국의 지배를 받다가 1185년 불가리아 제국이 독립하였다(제2제국).

<**불가리아 제1제국의 리스크**(Risk)>

- 라틴인, 게르만인, 투르크인, 슬라브인의 혼혈 등 복잡한 인구구성
- 가문의 분열, 슬라브인의 반란
- 동로마의 침공과 지배

<**리스크 대처**>

- 기마술 등 전술 발전
- 프랑크제국, 동로마제국과의 외교
- 기독교로 개종(정교회 수용)
- 1185년 불가리아 제2제국 독립

65. [바이킹 시대](793-1066년)(8-11세기 서양 유럽)

바이킹은 8세기 이후 11세기까지 배를 이용, 약탈과 무역으로 생활한 북유럽인들이다. 노르웨이, 스웨덴, 덴마크 등 북유럽을 근거로 하였고 노르만족의 일파이다. 서로마제국이 망하고나자 유럽은 게르만인의 독차지가 되었다. 그 후 메르빙거 왕조, 카롤링거 왕조로 이어졌다. 그 뒤 북유럽에는 문명 발달이 늦었지만 매우 공격적인 바이킹이 등장했다. 스칸디나비아, 유틀란드 반도에서 시작하여 발트해, 북해, 지중해, 흑해, 카스피해에 이르기까지 마구잡이로 공격했다. 브리튼섬, 프랑크 왕국인 프랑스와 독일 지역,

이태리, 북아프리카 전역이 그 공격권이었다. 다만, 바이킹의 피해자들도 시간이 흐르면서 기사(Knight)를 통해 해안 방비를 굳게 했다. 또, 바이킹에도 기독교 신앙이 전해지고 중앙권력이 집중되어 바이킹 공세도 약해졌다. 바이킹은 항해가 핵심 전력이었고 2교대로 노를 젓는 근력이 필수였다. 유럽 북부, 스칸디나비아인은 B.C. 4천년쯤 농경문화를 배웠다. 청동기는 B.C. 2천년경이었다(북유럽 청동기 시대시작: 게르만족의 기원). 그 이후 켈트인에게서 철기 제조법을 배웠다. A.D. 1세기쯤에는 선진 로마 제국과 교류할 수 있었다. 로마 제국이 쇠퇴하고 게르만에게 멸망하는 것을 보자 이들은 태도를 바꾸어 유럽 침공을 꿈꾸었다. 바이킹은 점차 인구가 늘자 식량이 부족해져서 남쪽의 금은 등 풍부한 재화를 노렸다. 처음 잉글랜드를 침공하다가 더 풍요로운 프랑스 서부와 북부로 눈을 돌렸다. 부가 축적되어 있지만 방어력이 약한 수도원이 주로 타킷이 되었다. 845년에는 센 강을 거슬러 올라가 파리까지 공격했다. 프랑스의 국왕 샤를 2세는 7천 파운드의 은화를 주어 파리 봉쇄를 겨우 풀었다. 카롤링거 왕조의 권위는 땅에 떨어졌다. 끝까지 파리를 지킨 외드가 힘을 얻어 서프랑크의 왕이 되었다(카페 왕조의 시작). 외드의 동생 로베르 1세는 왕이 된 후 바이킹 롤로에게 노르망디 북부를 주어 공작으로 삼아 달랬다. 스웨덴의 바이킹들은 9-10세기 때 러시아, 벨라루스, 우크라이나 등 동쪽이나 남쪽으로 이동했다(Russ족의 기원). 이들 중 류리크가 기존 슬라브족을 통합, 루스 가칸국을 수립했다(러시아의 기원). 또 바이킹들은 사람이 살지 않던 아이슬란드와 그린란드도 찾아냈다. 그린란드는 1261년 노르웨이에 속하게 되었다(인구 5천여 명). 바이킹은 그린란드를 넘어 캐나다 최극단의 섬까지 진출하고 북아메리카 대륙을 최초로 발견했다. 이들은 <란 세오 메도스: L'anse aux Meadows>라는, 비록 초라하지만 인간의 발자취를 남겼다. 거기에는 8개의 건물이 있었다. 그 안에 대장간, 집, 배수리용 건물, 목공 작업장, 석유 램프, 숯돌, 청동핀, 뼈로 만든 뜨개질 바늘, 물레 등이 있었다. 너무 춥고 의식주 해결이 어려워 더 이상의 정착으로 나아가지는 못한 것 같다.

<**바이킹의 리스크**(Risk)>

- 인구증가와 식량 부족

<**리스크 대처**>

- 농경문화, 청동기 수용, 철기제조술 학습
- 선진 로마제국과 교류
- 잉글랜드, 프랑스 등 유럽 아시아 침공

66. [후백제의 견훤(甄萱)](827년-936년 9월)(9-10세기 동양 한반도)

견훤은 경상도 상주의 농부였던 아자개의 아들로 태어났다. 그는 용맹과 지략으로 자수성가하여 신라 왕조에서 장군으로 출세하였다. 그러나, 어릴 때부터 아버지 아자개와 사이가 나빴다고 한다. 신라왕실, 궁예, 왕건과 한반도의 패권을 다투다가 후계 문제로 맏아들에게서 버림을 받자 고려 왕건에게 투항하여 자신이 세운 후백제를 멸망시켰다. 삼국사기와 삼국유사의 견훤 열전에 기록되어 있다. 후삼국 시대의 군사적 영웅으로는 견훤, 궁예, 유금필 등이 꼽힌다. 왕건은 그 아래라고 평가되고 있다. 견훤은 대표적인 흙수저지만 정치력은 궁예를 능가하였다고 보인다(궁예의 미륵신앙, 교주 행세보다 뛰어난 호족 장악력). 그의 오점은 후계 문제를 잘 처리하지 못한 점과 신하의 조언을 무시하여 고창전투에서 패한 것이다. 서라벌에 쳐들어가 경애왕을 자살하게 하고 그 왕비를 모욕한 것은 신라 지역 호족들이 후백제가 아니라 고려로 돌아서게 한 원인이 되었다고 한다. 그의 탁월한 군사적 재능으로 공산(公山: 八公山)전투에서 대승하여 승기를 잡은 듯 하였으나, 고창 전투에서 패배하여 삼한 통일의 기회를 놓쳤다. 또 고려 왕건에게는 유금필이라는 명장이 있었던 것도 하나의 변수가 되었다.

<**견훤의 리스크**(Risk)**와 리스크 대처**>

- 가족관계의 리스크 발생(부친 아자개와의 불화, 아들들의 후계 문제)
- 끝까지 잘 대처하지 못한 가정내 리스크

이 리스크 처리가 잘못되어 후백제는 멸망

- 궁예, 왕건, 신라와의 쟁패: 자신의 군사적 천재성 발휘, 후백제 군사 훈련과 전략으로 대처, 일진 일퇴의 공방전.

67. [후고구려의 궁예(弓裔)](857년-918년)(9-10세기 동양 한반도)

궁예는 통일신라 헌안왕 또는 경문왕의 서자로 출생하였다고 한다(삼국사기 궁예열전). 태어날 때부터 이빨이 나 있는 등 불길한 징조가 있다하여 살해될 위기에서 유모가 구하다가 애꾸가 되었다는 전설이 있다. 만약 이것이 전설일 뿐이고 그가 왕자가 아니라면 충청도 청주, 진천, 증평, 괴산 등에서 태어났을 것이라고 한다. 어릴 때부터 성미가 괄괄하여 동네에서 마구 싸우고 다녔다고 하는데 유모로부터 출생의 비밀을 듣고

나서 절에 가(세달사:世達-강원도 영월 소재) 승려가 되었다고 한다(법명 선종). 그러나, 계율에 구애되지 않고 무예를 단련하며 지내다가 원종과 애노의 난 등 반란의 혼란기에 기훤의 아래에 갔다가 다시 원주의 양길에게 투항했다. 궁예는 부하들과 고락을 함께하고 모두에게 공평하게 대하여 크게 신망을 얻었다고 한다. 양길 아래에서 큰 공을 세우다가 894년 3,500의 군사를 이끌고 자립하였다. 개성과 황해도 일대(패서 浿西)의 호족들(박지윤, 유천궁, 황보 제궁, 왕륭:왕건의 아버지 등)은 궁예의 기세를 보고 순순히 투항하였다. 고려라는 국호를 쓰고 고구려 유민을 흡수하는 유화책을 쓰다가 돌연 국호를 <마진 摩震>으로 바꾸고 수도를 송악에서 철원으로 옮겼다. 대규모 토목에 백성들을 무리하게 동원했고 청주 주민들을 모두 철원으로 강제 이주시키는 등 실책(失策)이었다. 또 스스로를 미륵불(彌勒佛)이라고 부르고 관심법(觀心法)이라는 요술을 신봉하더니 폭군이 되었다. 호족 중 1인자인 왕건마저 죽이려 하자 호족들의 마음이 돌아서고 부인 강씨와 두 아들(청광靑光보살과 신광神光보살)마저 잔혹하게 처형하여 민심을 잃었다. 결국 왕건이 주도한 군사 쿠데타에 의해 궁예는 쫓겨나고 철원 옆 금화군에서 자신을 알아본 주민들에게 살해되었다.

<**궁예의 리스크**>

- 어린 시절의 트라우마와 흉폭한 인성(人性)

<**리스크 대처**>

- 미륵불(彌勒佛)로 자신을 부르게 하고 관심법(觀心法)으로 공포 정치를 하였지만, 호족들의 반대로 거세됨.

68. [고려 태조 왕건(王建)](877년-943년: 66세에 사망)(9-10세기 동양 한반도)

고려 500년 역사를 연 창업군주이다. 고구려 유민 왕륭의 아들로 태어나 궁예의 휘하 장수로 활약하다가 궁예, 견훤, 신라를 모두 제압하여 복속시켰다. 궁예의 신임을 얻어 호형호제(呼兄呼弟)하고 37세에 시중(侍中)의 자리에 올랐다. 후백제의 견훤과 쟁패를 계속하다가 신라를 구원하려 한 공산 전투에서 지형에 어둡고 매복에 걸려 크게 패배했다. 그러나, 고창 전투에서는 역전시켜 통일의 승기를 잡았다. 궁예에 비교하자면 전술은 부족하지만 호족들 회유 등 정치력은 한 수 위였다고 평가된다. 통일 후 신라의 골품제를 폐지하고 조세부담을 줄였으며 빈민구제를 위하여 노력(흑창黑倉을 설치)한 점이 높이 평가된다. 통일 과정에서 견훤과 그 아들 신검, 신라 경순왕, 발해 왕자 대광현과 그 유민을 포용했다. 통일 7년 후 943년 훈요십조(訓要十條)를 남기고 사망했다. 왕건의 장점은 결단력, 강한 추진력과 상인 집안 특유의 외교력을 꼽는다. 이 점은 가족, 호족들 간에 불화하였던 견훤이나 궁예가 갖추지 못한 부분이다.

<**왕건의 리스크**(Risk)>

- 궁예의 전제주의, 견훤의 군사적 천재성

<**리스크 대처**>

- 유연한 대처, 친화성, 외교적 능력, 정보력으로 위기 탈출.

69. [일본의 전국시대 가마쿠라 막부 체제 성립]: 미나모토 요리토모(源賴朝)(1147-1199년: 51세에 사망)(12세기 동양 일본)

미나모토 요리토모는 일본 최초의 무사 막부 체제인 카마쿠라 막부를 만든 인물이다(초대 장군將軍-쇼군). 고대 일본(나라 시대—> 헤이안 시대)를 지나 중세로 되면서 중앙 귀족 정치만으로는 나라의 안정을 구하기 힘들어졌다. 일본 특유의 사무라이(侍)

들은 각지의 반란 진압에 공을 세운 후 각 지방의 정치 세력으로 자리 잡았다. 일본 특유의 현상이다. 그 중 평씨(平氏) (타이라씨:평가 平家: 헤이케)는 황실의 외척으로 세력을 형성하였지만 미나모토 씨(원씨:源氏)에게 패하여 가문이 절멸하였다. 미나모토 요리토모는 막부를 설치하여 지방의 봉건 영주들을 통치하였는데 중앙의 천황 체제와 양립하는 이원체제가 만들어졌다. 그러나, 막부 창업주 요리또모가 사망하자 그의 아내 호조 마사꼬의 영향으로 호조씨로 권력이 이동하였다. 명맥을 이어가던 가마쿠라 막부는 9대 130년 만에 망하고 무로마치(실정 室町) 막부가 들어서게 되었다. 본시 요리토모는 하급무사 요시토모의 아들이었는데 아버지는 1159년 헤이지의 난에서 부하의 배반으로 죽고 자신과 형제들만 겨우 살아남았다. 그는 처가인 호조씨와 관동 지역 세력을 합쳐 1180년 평가(平家-헤이케)에 도전하였다(원평합전-源平合戰一겐페이 전쟁). 동생 요시쯔네, 사촌 요시나카 등의 지원을 받아 연전 연승하였다(후지가와 전투, 쿠리카와 전투, 이치노 파니전투, 아시마 전투, 단노우라 전투 등). 다만, 막부를 성립시킨 이후 동생 요시쯔네와 노리요리를 처형하여 가문의 세력이 약해지고 후계가 끊기게 한 것은 큰 실책(失策)으로 꼽힌다.

70. [영국 존 왕(John of England)](1166-1216년: 49세에 사망)(12-13세기 유럽 영국)

잉글랜드의 왕으로서 헨리 2세의 막내아들이고 리처드 1세의 동생이다. 마그나카르타(Magna Carta-대헌장)에 조인한 왕으로 후세에 널리 알려져 있다. 아버지 헨리 2세 때 형 리처드 1세가 반란을 일으키자 처음에는 아버지 편을 들다가 리처드 쪽이 유리해지자 아버지를 배신하고 형쪽 편을 든 적이 있다. 또 형인 리처드1세가 왕이 되어 십자군 원정을 나간 사이에 왕자리를 빼앗으려고 반역하였으나 실패하였다. 귀환한 리처드1세는 엘레오 노르의 설득으로 겨우 아우를 용서하였다. 리처드 1세 사후 넷째 형의 아들 아더(Arthur)와 왕위계승 분쟁이 생겼으나 존이 승리하였다. 1200년 존 왕이 이사벨과 이혼, 잉글랜드의 이사벨과 재혼하였는데 당시 이사벨과 약혼하였던 프랑스 튀지냥 가문의 분노로 프랑스왕 필리페 2세가 프랑스의 존 왕 영지를 몰수하게 되었다. 1203년 필리페2세 편에 있던 조카 아더(Arthur)를 잡고 동맹이던 앙주(Anjou)백을 무시하여 포로로 잡은 귀족 22명을 지하 감옥에 가두어 학대하고 굶겨 죽였다. 그 중에는 3차 십자군 원정 때 리처드 1세를 따라 종군한 부하들도 있었다. 결국 조카 아더도 그가 죽였을 것이라고 추측된다. 비록 전투는 이겼지만, 브루타뉴와 앙주의 영주들이 반발하여 존 왕을 이탈, 프랑스 편이 되고 말았다. 그 후 노르망디까지 잃어 아키텐을 뺀 프랑스령 전부를 상실했다. 1205년에는 켄터베리 대주교 임명권을 두고 교황 이노센트 3세와 대립, 파문 선언까지 당하였다. 그 후 1214년 프랑스에게 보복하고자 신성 로마 제국의 오토 4세, 프랑드르 영주 등을 끌어들였다. 훌륭한 수륙양면작전인 것 같았고 연합군에게 유리하게 보였지만, 연합군의 적절한 동시 공격이 실패하여 대패하고 말았다. 귀국한 존 왕에게 귀족들은 더 이상 세금을 못 내겠다고 하여 대헌장(Magna Carta)에 서명하게 하였다(1215년). 이듬해 1216년 존 왕은 이질과 과식 등이 원인이 되어 돌연사하였다. 마그나 카르타 조인 등에 화가 난 존 왕의 보복에 반발하던 귀족들 반란은 어린 아들 헨리 3세가 즉위한 후 잠잠해졌다.

<**존 왕의 리스크**(Risk)>

- 십자군 원정의 시기
- 반역의 실패
- 브류타뉴, 앙주 영주들의 반발
- 교황 이노센트 3세와의 불화와 파문
- 이질 질병과 과식(돌연사)

<**리스크 대처**>

- 대헌장(마르나 카르타) 서명 조인

71. [몽고 징기스칸](1162-1227년: 64세에 사망)과 몽고의 등장(12-13세기 동양 유라시아)

징기스칸 테무진은 몽골의 동쪽 헨티 「아아막」 이라는 지역에서 씨족의 장이었던 예수게이의 아들로 태어났다. 예수게이는 오논강 유역에서 살던 몽골족 일파인 보르지긴 키야트 씨족이었다. 이 가문은 몽골의 직계 후손으로 알려져 있다. 테무진의 어머니(호에룬)도 왕족의 외척이 되는 명문가였다. 원래 다른 부족인 메르키트와 결혼시키기로 되어 있었으나 아버지 예수게이가 납치, 강제로 결혼하여 테무진을 낳았다. 예수게이 때 이미 강성한 금(金)나라가 있었다, 금나라는 타타르 족을 이용하여 몽골 부족을 억압하는 정책을 쓰고 있었다. 테무진이 9살 되던 해 아버지 예수게이 족장은 타타르 부족장에게 손님으로 예우를 받던 중 배신으로 독살당하고 말았다. 아버지가 죽자, 가깝던 친척과 부하들이 모두 떠나버리고 고작 9명만 남게 되었다. 테무진 가족은 암살의 대상이 되어 남시베리아 숲과 산 속에서 늑대와 싸우고 물고기로 연명을 하였다. 그 후 전투가 벌어져 결국 테무진은 금나라의 노예가 되어 살다가 양털 수레 속에 숨어 겨우 탈출하였다. 그리고 그는 아버지와 의형제를 맺은 적이 있는 케레이트 부족의 족장 토오릴 칸을 찾아 보호를 받았다. 그러나 메르키트 부족이 테무진의 아내 보르테를 납치하는 사건이 발생, 테무진은 전사(戰士)로 돌변하였다. 그는 토오릴 칸과 자다린의 족장이던 친구 자무카의 도움으로 4만 명의 연합군을 구성, 메르키트를 제압한 후 아내를 되찾았다. 테무진은 자무카와 공동수장이 되어 군대를 이끌었는데 부하들을 혈통 출신이 아니라 능력과 충성심을 기준으로 대우하여 인기가 높아졌다. 이를 질시한 자무카와는 결별하였다. 테무진은 세력이 강한 금나라 황제 장종의 명을 받은 승상 완안량과 힘을 합쳐 타타르족을 정벌, 1194년 크게 승리하였다.

그 공로로 금나라로부터 백부장이라는 관직에 임명되기도 하였고 세력화에 큰 도움이 되었다. 테무진은 세력을 키워 숙적 타타르와 결전을 벌여 전멸시키고(1200년) 살아남은 여자와 어린아이들은 흡수하였다. 그리고 옹칸과 연합하여 숙적으로 변한 자무카를 꺾었고 타이치우드 족에게 복수를 했다. 그런데 옹칸에게 결혼 동맹을 제의하였으나 거절당했을 뿐만 아니라 배신까지 당해 역습을 당하였다(1203년). 그러나 평소 테무진의 인격을 좋게 보던 케레이트족의 사람들이 위기를 알려주어 살아났다. 그 후 숙적 메르키트를 절멸시키고 자무카도 재기불능으로 만들었다. 자무카는 5-6명의 부하와 산 속으로 달아나 도적생활을 하던 중 부하에게 배신당하여 테무진에게 끌려왔다. 테무진은 과거의 은의를 생각하여 명예로운 죽음을 허락하였다(1106년). 또 서나이만의 부이룩 칸까지 제거하여 명실공히 몽골 초원의 최강자로 등극하였다. 1207년부터는 키르키트족 등 인근 부족들을 차례차례 복속시켰다(통일전쟁). 그 이후에는 자신의 권위에 도전하는 무장은 모두 처형했다. 몽골에 글자가 없었던지라 통일 이후 징기스칸은 동 라이만 부족의 귀족 타타통아에게 몽골 문자를 만들게 하고 몽골 역사를 기록하게 했다. 또 통치규범을 위하여 엄격한 형벌을 정한 <야삼>이라는 성문법도 만들었다. 다만, 신앙에 대해서는 관대하여 종교의 자유를 허락하였다. 그 이후 서하(탕구트 족)을 정벌하고 여진족의 금나라와 남송도 복속시켰다(1234년). 이슬람 왕조인 압바스 왕조를 정복하고 호라즘도 침공하였다. 호라즘의 황제 무하마드 2세를 추격하다가 러시아 땅에까지 다다르게 되었다.

호라즘 원정 후 카라코룸으로 귀환하다가 4명의 아들에게 제국을 나누어 주었다(4대 칸국). 1226년 11월 서하 원정 중 아르보카에서 어처구니없게도 말에서 떨어지는 사고를 당했다. 결국 이로 인해 이듬해 7월 12일 서하 부근 군 막사에서 사망했다(66세). 그 직후 징기스칸의 군대에 의해 서하도 멸망하였다. 징기스칸의 몽골군 장점은 10진법을 이용한 위계질서였다. 10호, 100호, 1,000호, 10,000호의 장이 그 위의 장에게 충성을 맹세하는 군사 정치 조직으로서 기존의 행정조직보다 강한 결속력, 효율성, 위계질서를 보장하는 것이었다. 또 하나의 장점은 거미줄 같은 역참(驛站)제도였다. 역참은 초원에서 잠시 쉬어가는 여관이다. 이 역참에 식량, 말사료를 철저히 준비했다. 이에 대해 마르코폴로의 동방견문록(東方見聞錄)은 경탄을 하면서 자세히 묘사하였다. 이 역참을 이용하여 군대, 행정관, 외교관(사신), 상인, 기술자의 교류가 활발히 이루어졌으니 놀랄만도 하다. 경제제도(재정)는 육로와 해로를 이용한 교역에 크게 힘입었는데 오르톡 등 아랍 상인들이 크게 활약하였다. 몽골이 세계적인 대제국을 이루게 되자 지도를 제작하고 동양과 서양의 역사를 연결한 세계사가 비로소 열렸다(예, 마르코 폴로의 동방견문록). 다만, 몽골 지배시 중국의 경제는 매우 악화되고 약탈 경제, 과중한 조세 부담 등으로 주원장의 반란 세력을 자극하기도 했다.

<징기스칸의 리스크(Risk)>

- 금나라, 타타르족, 송나라와의 경쟁
- 약탈 경제의 한계
- 과중한 세금 부담

<리스크 대처>

- 군대에서 혈통보다 능력과 충성심 중시:최강의 몽고군 탄생
- 군대에서 10진법 위계질서 확립
- 몽골문자 제정, 성문법 제정
- 역참을 이용한 수송제도
- 지도 제작: 동서양을 아우르는 세계사의 시작을 알림

72. [유럽 중세 흑사병](1346-1353년)(14세기 유라시아)

1346년 유럽 동부에서 발병하여 유럽 전역을 강타했던 치명적 전염병이다. 중세 유럽의 흑사병이다(Plague, Great Plague). 당시 세계 인구가 4억 5천만이었는데, 그 중 1억 명 이상이 이 병으로 사망하였다. 병의 원인으로 여러 학설이 있으나 쥐가 옮기는 벼룩이 페스트균을 전파한 때문이라고 본다. 당시 북유럽과 남유럽의 희생자 사체 DNA를 분석한 결과는 이를 뒷받침한다(2022년 독일 막스 플랑크 인류학 연구소 팀의 연구 결과). 1338년-1339년 키르키즈스탄에서 시작되었다고 한다. 그 때는 현미경도 없었고 세균이 무엇인지도 몰랐다. 손도 잘 씻지 않고 환자를 진료했다고 하니 알만하다. 심지어 시체와 똥을 거름으로 사용하고 흙을 몸에 문질렀다. 방제를 한다고 불을 피워 공기를 태우기도 하고 신앙으로 질병을 퇴치하려고 하였으나 성공할 수 없었다.

처음에는 키르키즈스탄(킵챠크 칸국)의 유목민들이 초원의 쥐와 접촉하면서 흑사병이 발병하고 사망자가 나왔다. 그런데, 몽골군이 동유럽을 공격하면서(크림반도의 식민도시 카파) 감염된 시체를 투석기에 달아 성 안으로 던지면서(일종의 생물학전) 대규모 발병의 서막을 열었다. 유럽 인구의 2분의 1, 또는 3분의 1이 흑사병으로 사망하였다. 다만, 환자를 신속하게 격리하는 등 조치를 취한 밀라노 등은 15% 이하만 피해를 입었다. 흑사병은 동로마 멸망의 가장 큰 원인이 되었다. 동로마 제국은 흑사병으로 인해 국가 기능이 붕괴되어 마치 작은 도시 국가 수준으로 쪼그라들었다. 명맥만 이어가다가 백 년 후 오스만 투르크에게 망했다. 흑사병은 아시아에도 예외가 아니었다. 중국의 송나라 인구가 1억 약간 넘었는데 흑사병으로 4,000만명 정도 사망하였다. 몽골의 원나라도 흑사병으로 지방 농민의 반란, 홍건적의 난이 일어나 망했다. 우리 한반도는 당시에 고려였는데 예외일 수 없었다. 충목왕조차 흑사병으로 사망한 것으로 보이고 수 십만 명의 희생자를 냈다. 고려멸망도 관련이 없을 수 없다. 흑사병으로 피폐해진 나라의 근본이 홍건적 등 외적의 침입을 맞아 흔들리고 마침내 조선으로 뒤집어졌다.

<**흑사병의 리스크**(Risk)>

- 세균(페스트 균)에 대한 무지
- 인구의 격감
- 국가 기능 붕괴

<**리스크 대처**>

- 환자의 신속한 격리 등 리스크 대처에 한계

73. [중국 홍건적(紅巾賊)의 난](1351년-)(14세기 동양 중국)

원나라 말기 백련교의 신자인 한족이 일으킨 농민 반란이다. 1351년 4월 백련교 교주 중 유복통은 한산동과 함께 송나라 후손이라고 소문을 내면서 내란을 일으켰다. 한산동은 처형되었다. 다음 달 5월 유복통은 백마(白馬)와 흑우(黑牛)를 죽여 하늘에 제사를 지내는 의식을 한 후 홍건(紅巾)의 깃발을 세웠다(홍건의 내란 시작). 9월에 그 병력이 10만에 이르러 원나라 군대 30만을 상대로 이겼다. 1355년 유복통은 4년 전 처형된 한산동의 아들 한림아를 송나라 황제로 올렸다(소명제-小明帝:국호는 대송-大宋, 연호는 용봉-龍鳳). 그렇게 되자 전국 각처에서 호응하는 민란이 일어났다. 서쪽에서 일어난 홍건군도 생겨나 이를 서계 홍건군(西界 紅巾軍)이라 하였다. 이들도 스스로 왕국을 세우고 황제라고 자칭하였다. 홍건이란 이름은 한나라 말기 황건적처럼 머리에 붉은 수건을 둘렀다는 데서 유래하였다. 원나라 말년의 반란 세력은 여럿 있었지만 대부분 홍건적 계열이다. 다만 이는 백련교라는 확고 단일한 종교 집단으로 뭉쳐지지 않았다. 느슨한 정치, 군사적 연대일 뿐이었다. 유라시아를 제패한 몽고의 원나라가 이 농민 반란으로 허망하게 무너졌다. 중국에서 수많은 농민 반란이 있었지만 성공한 것은 이것 뿐이다. 홍건적 출신 주원장이 뛰어난 부인의 도움을 받아서 결국 명나라를 세웠다. 그러나 그는 명나라를 세운 이후 홍건적 출신임을 부정했다. 오히려 백련교 세력이 커지는 것을 싫어하여 금지시켰다. 자신을 따르지 않는 명교(明教: 백련교白蓮教)세력은 모두 제거했다.

<**원나라 말기의 리스크**(Risk)>

- 농민 반란(홍건적의 난)
- 백련교라는 신흥 종교세력

74. [영국과 프랑스의 백년 전쟁](1337년 5월-1453년 10월)(116년간에 걸친 영불 간의 전쟁)(14-15세기 서양 유럽)

중세 유럽에서 자웅을 다투던 영국-프랑스간 패권전쟁이다. 왕위계승, 아키텐 영지, 프랑드르에 대한 경제적 이해, 영국에서의 스코틀랜드 독립 성향 등이 원인이었다. 결국 국가간 경쟁은 무한이라는 것이 진리다. 이 전쟁의 결과 프랑스 발루아 왕조가 최종

적으로 승리하고 영국은 칼레의 대륙 영토를 거의 잃어버렸다. 영국과 프랑스는 전혀 별개의 나라라는 인식이 분명해졌고 프랑스는 이전보다 더 강해져 절대 왕정이 시작되었다. 중세 유럽의 역사 구분에서 서로마 멸망, 프랑크 왕국(메로빙거와 카로링거 왕조), 바이킹의 침공, 십자군의 원정이 중요한데 영국-프랑스 간의 백년전쟁도 중요하다. 이 전쟁 이후 유럽 국가들의 국경선이 분명해지고 경제와 노동 인구, 자본 형성 토대가 정해졌다. 영국과 프랑스의 경쟁은 아프리카, 아시아, 아메리카를 두고도 근대까지 계속되었다. 강한 독일(프로이센)이 등장하기 전에는 유럽 정세를 이 두 나라가 좌우하였다. 동유럽에서는 동로마 제국이 멸망하였기에(1453년) 서유럽의 두 나라는 더욱더 중요한 의미를 가졌다.

잉글랜드가 인구도 적고(5백만), 정치적으로도 불안정하였지만, 특유의 전투 기술을 믿고 프랑스(인구 1600만)에 도전하였지만 패배하였다. 노르망디 공작 윌리엄이 잉글랜드의 왕이 되기는 하였지만 노르망디 땅을 기준으로 하면 프랑스 왕의 신하가 되어야 하는 기묘한 위치였던 것이 분쟁의 씨앗이었다. 그러나, 별 싸움의 기미가 없다가 영국왕 존이 1200년 프랑스왕 필립 2 세에게 선서도 하고 프랑스 땅(노르망디)의 대가(2만 마르크)를 바치면서 긴장이 고조되었다. 프랑스 왕은 아키텐 땅(영지)에 대한 주권자였기에 분쟁이 생기면 당연히 사법권은 프랑스가 행사하는 것인데 이것이 화근이었다. 영지에 사는 가수코뉴인들은 파리에 있는 법원(고등법원 등)에 소송(항소)를 제기하였고 소송의 주재자인 프랑스 왕은 피고인 아키텐 공작 즉, 영국 왕을 법정에 소환할 수 있었다. 프랑스왕 필립 4세와 영국왕 에드워드 1세의 충돌은 불가피하였다. 1328년-1331년 프랑스의 왕위 계승을 누가 할 것인가를 두고도 충돌하였다(에드워드와 필립의 경쟁). 또, 프랑스는 영국령이었던 스코틀랜드에 침공하였다(1432년-1337년까지). 또, 플란더랜 반란(1324-1338년)이 벨기에 지방의 양모 수출, 모직물 제조와 관련하여 일어났다. 프랑스는 패배하고 프랑드르는 자치권을 얻었다. 그 후 프랑스의 필립은 곤경에 처해졌다. 그럼에도 프랑스는 팽창주의를 계속하였고, 위기감을 느낀 영국은 신성로마제국 황제, 기타 군소 군주(이른바 저지대의 군주들)와 연합하여 대항하였다. 잉글랜드는 해전에 강하였고(슬로이스 해전), 프랑스는 육군이 강하였다(생 오베르 전투, 투루네 전투). 브루타뉴에서는 공작이 후계자 없이 사망하여 조카파(블루와파)와 동맹파(몽포르파)가 내전을 벌였다(1341년-1344년). 왕들 사이에 휴전이 이루어져도 직업 군인들은 생계를 위해 용병이나 폭도가 되어 프랑스 전역에 들끓었다. 내전이 일어나면 왕들은 이들을 적절히 활용하기도 하는 등 무법천지가 되었다(1460년-1469년). 잉글랜드에서는 아더왕과 에드워드 3세가 병으로 사망하고 겨우 열 살인 리처드 2세가 왕이 된다. 프랑스 북부 도시들에서는 하층민들이 세금에 반대하여 반란을 일으키고 잉글랜드에서도 인두세에 반대하여 농민 반란이 일어난다(와트 타일러의 반란). 잉글랜드에서는 내전이 일어났고 리처드 2세는 퇴위한 후 의문스럽게 죽었다. 프랑스에서도 부르고뉴 공작이 오를레앙 공작을 암살하고 리에 주에서는 시민들이 주교에 반대하는 난을 일으켰다(1407-1415년). 부르고뉴 공작은 오를레앙의 고위 공직자를 반역죄의 죄목을 씌워 처형한 후 정부 수입을 독점하고 왕비를 압박하여 권력을 빼앗았다. 또 이들은 파리시 도축업 조합의 정치 깡패를 동원, 귀족과 고위 공직자들을 처형하기도 하였다. 그 직후 오를레앙의 처녀 잔 다르크가 혜성처럼 등장하여 프랑스는 사기가 오른다(1429-1431년: 오를레앙 봉쇄 돌파, 파테 전투의 승리, 센 강과 마른강 전투의 승리). 그러나 잔 다르크는 영국군의 포로로 잡혔다. 그녀는 이단적인 주장을 철회하지만 화형당하였다. 잉글랜드의 켄트에서는 잭 케이드가 반란을 일으키지만, 왕실과 런던 시민연합군에 의해 진압되었고 노르망디에서는 프랑스가 이겼다. 또 가스코뉴 전체가 프랑스 군대에 점령당하면서 기나긴 전쟁의 최종 승자는 영국이 아닌 프랑스가 된다.

<**백년 전쟁의 리스크**(Risk)>

- 국가간 무한한 생존경쟁
- 특유의 전투기술을 지닌 영국과 넓은 영지를 가진 프랑스의 경쟁과 대립
- 용병, 폭력으로 인한 무법천지, 일반 국민의 고통
- 세금에 저항하는 농민 반란

75. [영국 장미전쟁](1455년-1487년)(15세기 서양 유럽)

영국 헨리 6세의 신하 서머셋 공작(랭카스 가문)과 잉글랜드 유력귀족 요크가문의 갈등으로 30여 년간 전쟁을 벌였다. 이 30년 전쟁의 결과 플랜타지넷 가문 대신 튜더 가문이 새 왕조를 열었다. 또 기존의 혈통 중심의 세력에 맞먹는 세력(젠트리, 요먼리)이 나타나고 영국에서 강력한 왕권을 행사하는 절대왕정이 나타났다. 30년 전쟁이라고 하지만 30년 내내 전쟁이 지속된 게 아니라 여러 전투가 묶여져 있다. 장미전쟁의 특징

중 하나는 이전의 고대 중세 전쟁과 달리 포로를 많이 학살하지 않은 것이다. 대중의 지지를 얻기 위한 것이라고 한다. 이 전쟁이 장미전쟁이라 불린 것은 랭카스 가문이 붉은 장미, 요크 가문이 흰 장미를 각기 가문의 상징으로 사용하였기 때문이다. 두 가문은 모두 플랜타지넷 왕가의 후손으로서 에드워드 3세의 아들들을 각각 시조로 하고 있다(에드워드 3세의 셋째아들인 랭카스터 공작, 넷째아들인 요크공작). 또, 서로 싸운 사람들은 보통 8촌 이내였다. 리처드 2세의 섭정이었던 숙부 랭카스트 공작(콘트의 존)은 재정난을 타개하고자 높은 인두세를 부과하였는데 농민반란(와트 타일러의 난)이 일어났다. 이는 진압되었지만, 랭카스터 공작의 위상은 추락하였다. 리처드 2세 국왕은 자신의 세력을 결집해 나가고 랭가스터 영지마저 몰수하였다. 그러나, 리처드 2세의 정치력은 미흡하여 랭카스터 가문 잔당이 망명하고 반란군이 일어났다. 볼링 브로크의 헨리가 즉위, 헨리 4세가 되어 랭카스터 왕조를 열었다. 그 후 웨일즈의 반란, 스코틀랜드의 침략, 퍼시 가문의 반기, 프랑스의 가스코뉴 침략 등에 잘 대처하였다. 프랑스에서는 가스코뉴 전쟁 패전으로 1407년 부르고뉴 공작이 오를레앙 공작을 암살, 내전이 일어났다. 1413년 헨리 4세의 뒤를 이어 헨리 5세가 왕이 되었는데 적극적인 성격의 그는 국내를 안정시킨 다음 프랑스를 침공하였다. 세느강 하구의 아트 플리트를 차지하고 아젱쿠르 전투에서 완승하였다. 노르망디도 점령하고 파리까지 포위하는 등 승기를 이어갔지만 프랑스의 왕세자 샤를이 스코틀랜드 군의 지원에 힘입어 보오제 전투에서 승리, 전세는 역전되었다. 헨리 5세는 이를 뒤집기 위해 노력하였으나 과로로 인한 병으로 1422년에 갑자기 사망하였다, 그 후계자는 태어난지 9개월 된 갓난아기 헨리 6세였다. 1437년 영국의 요크 공작은 베드 패드 공작의 뒤를 이어 프랑스 노르망디의 총독이 되었다. 랭가스터의 서머셋 공작은 코페 성으로 물러나 있다가 사망하였고(자살로 추정) 그 동생 보머트가 서머셋 공작이 되었다. 헨리 6세는 선량한 품성으로 장성하였다. 그러나, 외할아버지 샤를 6세처럼 정신질환이 있어서 판단 능력에 문제가 있었다. 1450년 6월 켄트에서 요크 공작 편을 드는 큰 반란이 일어났다. 헨리 6세가 반란 진압을 위해 노력하였으나 병사들 중에도 반란군에 동조하는 사람들이 나왔다. 결국 반란군이 런던에 입성하는 지경에까지 이르렀다. 다만 런던 시민의 자경대가 정부군과 합세하여 런던 다리를 탈환하고 반란군 수장 케이드는 부상으로 인해 사망했다. 1452년 2월 요크 공작은 랭카스트에 대항하여 부패 무능을 비판하는 성명서를 낸 후 병력 2천 명으로 반란을 일으켰다. 그러나, 런던 시민들은 국왕과 정부 편이어서 뜻을 이루지 못하였다. 이듬해 국왕 헨리 6세는 지방 순행 중에 의식을 잃어 의사소통도, 음식을 제대로 먹지도 못하게 되었다. 요크 공작은 왕위 계승을 지지하는 등 타협을 하여 호국경 즉 섭정에 올랐다. 그런데 요크 공작의 국정 운영도 그리 성공적이지는 않아서 랭카스트가 다시 권위를 회복하였다. 그러나 제1차 세인트 올번스 전투에서는 다시 요크파가 기세를 올렸다. 헨리 6세는 광증에 시달리는 정신 착란에 빠졌다. 1458년 마거릿 왕비의 노력으로 랭카스터와 요크파의 화해 행사가 열렸지만 2개월 후 랭가스터 가문은 다시 요크 가문의 부동산을 몰수하는 등으로 공격했다. 그 후 블로어 히스 전투(1459년), 노 샘프턴 전투(1460년), 웨이크 필드 전투(1460년), 모티머스 크로스 전투(1421년), 타우턴 전투(1461년)를 치르었다. 그로 인해 요크왕가로 권력이 넘어온 셈이었는데(에드워드 4세) 에드워드 4세가 믿었던 막내동생 글로스터 공작 리처드가 조카 에드워드 5세의 왕위를 찬탈하는 사건이 일어났다(리처드 3세로 즉위). 그러나, 이는 큰 반발을 불러와 반란이 일어났다. 반란은 진압되었지만 랭카스터 가문의 방계인 헨리 튜더 백작이 크게 세력을 얻었다. 헨리 튜더는 드디어 1485년 리처드 3세의 정부군과 결전을 벌여 최종 승리하였다. 헨리 튜더는 새 왕조를 열었고 이로써 장미전쟁도 막을 내렸다. 잉글랜드 중세의 끝 헨리 튜더는 요크 가문의 엘리자베스와 결혼하였다. 헨리 7세로 즉위하였고 절대적인 권력을 가져 이후 100년간이 영국 절대왕정이 된다. 귀족들은 상대적으로 취약하게 되고 젠틀리, 요먼리 등 중산층이 힘을 얻었다. <u>결과적으로 이 장미전쟁에서는 랭가스터 가문이 승리</u>하였다.

<**장미 전쟁 기간 영국의 리스크**(Risk)>

- 플랜타지넷 왕가 후손 사이의 갈등
- 인두세로 인한 농민 반란
- 왕 자체의 건강문제(정신 질환 등)

76. [명나라 정화의 대원정](1405년-1433년까지)(15세기 동양 중국)

정화는 1371년 운남성 곤명에서 태어났다. 그는 명나라의 환관이면서도 군인이 되었다. 그의 성은 본래 마씨(馬氏)로서 한족이 아니라 중앙아시아 색목인(色目人)이다. 우즈베키스탄이 그의 고향이다. 원나라의 지방 관리 마합지(馬合之)의 아들로서 무슬림이었다. 1368년 몽골의 원나라는 명나라에 멸망하였지만 운남성은 명에 저항하는 쿠빌라이의 손자 양왕(梁王)이 버티고 있었다. 명의 주원장이 30만 대군을 동원하여 침공, 양왕의 10만을 무찔렀다. 마합지는 자결하였고 아들 정화는 포로가 되어 거세된 후 연왕 주체(훗날의 영락제)에 넘겨졌다. 정화는 연왕 주체에게 충성심을 보여 장군으로까지 되었다. 연왕 주체의 북방 방어 책임자였다. 북원세력과 나하추를 눌러 만주까지 세력을 늘려 명나라 최대 군벌이 되었다. 이러한 군벌의 힘으로 연왕 주체는 반란을 일으켜 조카를 몰아낸 후 황제가 되었다(영락제). 정화는 여기서도 공을 세웠다. 영락제는 정화에게 명하여 서쪽으로 항해와 탐험을 하게 하였다(대원정). 이는 1405년에 시작하였는데 도합 18만 5000km였다. 왜 이렇게 힘든 일을 하였나? (ⅰ) 명나라가 동아시아 여러 곳에 조공 무역국을 두려고 하였다는 견해, (ⅱ) 티무르 제국에게 국력을 과시하려 했다는 견해, (ⅲ) 정난의 쿠데타 이후 사라진 조카(건문제:建文帝)를 찾기 위해서였다는 견해가 있다. 지휘선(기함:旗艦)의 크기는 약 63m 정도였다고 한다. 군인 뿐만 아니라 의원, 페르시아의 통역관 기타 전문가도 태웠다. 첫 원정대에 배 240척 이상이 동원되었다. 사람은 2만 7,000명이나 되었다.

1차 원정단은 1405년부터 1407년간이었다. 남경—> 양쯔강—> 동중국해—>참파, 수마트라—> 팔렘방(인도네시아)이었다. 인도네시아에서는 중국인 해적단 진조의를 사로잡아 남경으로 돌아왔다. 영락제는 매우 기뻐했고 해적 진조의는 처형되었다. 2차 원정(1407년 9월-1409년 여름)은 1차 원정 직후 바로 이어졌다. 인도네시아 팔렘방—>태국, 자바, 실론—> 인도의 캘리컷으로 진행하였다. 3차원정(1409년 10월-1411년 7월)은 남경을 출발하여 실론에 이르렀다. 명에 적대적이었던 캄폴라 왕국의 알라케스와라왕(Vira Alakesvara)를 사로잡아 왔으나 영락제는 그를 평민으로 만들어 돌려보냈다. 이 때 페르시아만과 홍해까지 진출, 아덴에 도착하였다. 4차원정(1413년 11월-1415년 8월)에서 아프리카의 케냐까지 가서 난생 처음 기린을 구경했다. 항로 개척으로 명나라 중국인의 무역활동이 인도, 페르시아만까지 뻗쳤다. 5차원정(1417년 6월-1419년 8월) 때 아프리카의 소말리아, 모가디슈까지 이르렀다. 아프리카의 코끼리, 얼룩말 등을 처음 보고 실어왔다. 6차원정(1421년 1월-1422년 8월까지)은 1차부터 5차 원정까지 명나라를 방문했던 조공사절을 돌려보내기 위한 항해였다. 6차 이후 1430년까지는 원정이 중단되었다. 여러 가지 사건 사고가 있었기 때문이다. 인도네시아 팔렘방의 왕위 계승 전쟁에 대한 개입, 황제 영락제 사망, 홍희제의 즉위, 베이징으로의 천도, 난징의 재건 사업, 대보은사

사찰의 재건, 홍희제의 사망 등이 있었다. 7차 원정은 1431년 1월부터 1433년 7월까지 이루어졌다. 홍희제의 뒤를 연 선덕제가 항해를 계속하라고 했다. 정화는 이미 환갑의 나이여서 사양했다. 그러나, 다른 사람은 능력자가 없다고 하여 7차 원정까지 하게 되었다. 그런데 결국 항해에서 돌아오던 중 1433년 4월 과로로 사망했다. 7차 원정시 정화는 사우디아라비아의 메카에 들러 참배하였다고 한다. 그의 사후 시신은 관습대로 바다(인도양)에 수장하고 대신 명나라 땅에 가묘를 만들었다. 7차 원정 이후에도 추가 원정을 나가자는 주장이 있었으나, 유능한 항해 지휘자가 없고 원정 자체의 반대자가 많았다. 선덕제조차 포기하고 내치에 집중하였다.

정화의 원정이 아시아, 인도양, 호르무즈, 아프리카까지 멀리 뻗치기는 하였으나 연안항해 위주였고 명나라의 해외 진출이나 식민지 개척으로까지 이어지지는 않았다. 명나라는 몽골 원 제국을 물리치기는 하였으나 몽골 등 유목 세력은 여전히 북방에 남아 명나라를 위협하였던 것도 신경이 쓰였다. 정화 사후 고관들도 해외 진출에 소극적이었다. 심지어 병부시랑 유대하는 정화의 원정기록, 지도 등 귀한 자료를 모두 불태워 없애버렸다. 이는 정화 이후 환관들의 부정부패가 심하여 환관을 적대시하게 된 사대부의 태도 때문이다. 그리하여 아쉽게도 정화의 대원정 기록은 자세히 전해지지 않는다. 정화 자신은 부정부패를 한 적도 없고 일만 하였지만, 후임 환관들이 정화를 영웅으로 떠받들었기 때문이다.

<**명나라 정화의 리스크**(Risk)>

- 이방인 출신(우즈베키스탄)
- 원나라 후예 운남성의 반란 실패, 부친의 자살
- 해적의 준동
- 몽골 등 유목민 세력의 명나라 위협

<**리스크 대처**>

- 명나라 연왕(주체)에게 귀순
- 항해와 탐험에 일생 헌신

77. [합스부르크 가문](13세기-20세기 초 서양 유럽)

신성 로마 제국을 이어 13세기부터 20세기 초까지 오스트리아를 중심으로 중부 유럽을 지배한 집안이다. 오스만 투르크 제국의 오스만 왕조, 러시아 제국의 로마노프 왕조와 함께 유럽의 3대 황제 가문이다. 제1차 대전에서 오스트리아, 독일이 졌기에 이 가문도 해체되고 말았다. 이 가문은 7세기 무렵에 알사스 부로에 터를 잡았다. 교황을 배출한 적이 있는 에티호넨 대귀족 집안이었다. 10세기까지는 스위스 알프스 산맥 시골 구석에 있었을 뿐이다. 합스부르크라는 이름도 없었다. 브라이스 가우 백작 쿤트람의 아들 로첼린, 로첼린의 장남 라트보트(Radbot)가 스위스 아르가우쪽 시골 합스부르크(Hapsburg)에 성을 쌓고 그 이름을 지었다. 두각을 나타낸 것은 신성로마제국이 황제를 뽑지 못한 때부터이다(대공위 大空位 시대). 이 혼란이 지속되자 독일 귀족들이 할 수 없이 내놓은 카드가 합스부르크 가문이다(마인츠 대주교, 호헨 쫄레른 가문의 지지). 합스부르크의 루돌프 4세는 이 기회를 놓치지 않고 작센, 브란데부르크, 라인, 상 바이에른 등 선거권이 있는 주요 가문들과 결혼동맹을 맺어 독일 왕으로 뽑혔다. 아헨에서 대관식을 치르었다(루돌프 1세). 그는 오스트리아 공국과 슈타이어 마르크 공국까지 땅을 넓혔다. 그의 가장 큰 장점은 능수능란한 결혼동맹이었다. 이를 통해 크라인 공국(크로아티아) 티롤까지 합쳐 지금 오스트리아 영토의 토대를 만들었다(오스트리아, 스위스, 독일 남동부 포함). 합스부르크 가문이 유럽의 최강 가문에 이른 것은 막시밀리안 1세 덕분이다. 그는 황제 선출에서 교황의 간섭을 배제하였고 더욱 적극적인 결혼 동맹을 이루었다. 15세기 중반 신성로마제국의 제위를 차지한 합스부르크 가문은 적대관계에 있던 부르고뉴를 침공하여 합병하였다. 막시밀리안 1세의 손자 카알5세는 숙적 프랑스의 발루아 왕조를 꺾고 영국왕 헨리 8세의 이혼과 재혼까지 간섭했다. 합스부르크의 가장 큰 골치는 종교 개혁과 이슬람 제국 오스만투르크였다. 북독일의 신교도에 대항하기 위해 스페인 군대를 불러 왔는데 독일의 제후들은 불만이었고 이것이 30년 전쟁의 실마리가 되어 이 지역을 산산조각냈다. 오스만 투르크의 술레이만 1세는 헝가리를 병합하고 오스트리아 수도 비인을 두 차례나 포위할 정도로 강력했다. 이 두 가지로 인해 합스부르크는 프랑스나 러시아처럼 강한 절대 왕정을 만들지 못했다(영방체제 지속). 그래도 현명한 카알 5세는 군제 개혁을 하고 탁월한 전술을 개발했다. 카알 5세의 계승자는 아들 페르디난트 1세였다. 스페인 영역까지 포함하였으나 스페인 필리페 2세의 실정으로 북부 7주는 네덜란드로 떨어져나갔다. 30년 전쟁의 결과 합스부르크는 북독일 지역의 패권을 잃고 인구는 3분의 2로 줄었으며 땅은 폐허가 되었다(베스트 팔렌조약). 또 오스트리아 왕위계승전쟁에서 져서 실레지엔 땅을 프로이센이라는 애숭이한테 넘겨주었다. 오스트리아 마리아 테레지아는 이를 회복하기 위해 7년 전쟁을 벌였으나 이루지 못했다. 한참 후 프랑스 혁명 때에는 대불동맹을 조직하여 전쟁을 하였으나 프랑스군에게 패배했다. 곧이어 등장한 나폴레옹에 의해 1806년 신성로마제국이 해체되었다. 오스트리아 제국은 살아남았으나 1866년 보오 전쟁에서 프로이센에게 지고 독일 통일의 주도권을 넘겨주었다(소독일주의의 승리). 제1차 세계대전에서 제국은 처참하게 패배했다. 오스트리아, 헝가리로 분리해체되고 유럽의 소국으로 떨어졌다. 절대왕정으로 발전하지는 못하였지만 합스부르크 왕가가 존립한 것은 헝가리와 발칸반도 슬라브인들이 공동의 강적인 오스만 투르크 제국을 앞에 두고 있었기 때문이다. 다양한 민족이 공존한 이유다. 합스부르크 깃발 아래에서 뭉쳤고 차별이 없었다. 합스부르크 가문 특유의 결혼 정책 덕분이다. 자신을 낮추고 수 십 년간 다른 가문과 유대를 이어왔기에 가능했다. 관용적이고 다양성이 녹아난 예술성을 대표한다. 그 도시가 바로 오스트리아의 수도 비인이었다. 후일 히틀러의 편협한 인종관, 문화관은 합스부르크의 오토 폰 비스마르크 정책과 대비된다.

<**합스부르크 가문의 리스크**(Risk)>

- 종교개혁으로 북독일 지역에 대한 지배력 상실(프로이센 등장: 독일 통일의 주도권 상실)
- 이슬람제국 오스만투르크
- 나폴레옹 등장으로 신성로마제국 해체
- 1차 세계대전에서 패배

<**리스크 대처**>

- 군제개혁과 전술 개발
- 결혼 동맹
- 관용성과 다양성의 예술 진흥(특히 수도 비인의 예술)

78. [오스만 투르크의 술레이만 1세](1494년 11월-1566년 9월: 72세에 사망)(15-16세기 유라시아)

오스만 투르크 제국의 열 번째 황제(술탄)이다. 제국을 최전성기에 올려놓았다. 술레이만(Suleyman)은 구약성경 솔로몬(Solomon)을 터어키식으로 적은 것이다. 비록 비인을 정복하지는 못해도 고대 로마처럼 스페인, 지중해, 헝가리, 북아프리카를 아우르는 대제국을 만들었다. 문학, 언어, 예술에도 조예가 깊었다고 한다. 부친 셀림 1세 아래서 7세 때부터 신앙과 학식으로 이름 높은 호자(Hoca)에게서 가르침을 받았다. 11세에 할례 의식을 치르고 어머니를 떠나 교육감독관(Lala)에게서 교육을 받았다. 아랍어와 함께 페르시아어도 배우고 15세에 마니아의 총독을 지내 차기 술탄의 길을 닦았다. 에게해의 사루칸 총독을 거쳐 17세에 콘스탄티누스 총독(Kaymakam 카이마캄)이 되었다. 이 때 치안에 주력하고 오스만 세속 법을 만들었다. 26세 때 아버지 세림 1세가 사망하여 자연스럽게 황제(술탄)가 되었다. 그가 술탄이 되었기에 다른 라이벌 친족들은 모두 처형(살해)되었다. 오스만투르크에서는 장자상속이 아니었다. 가장 유능한 아들이 황제의 뒤를 이었기에 황제 형제들은 위협적인 존재이다. 그리하여 황제가 되지 못한 형제들은 살해되는 것이 법으로 정해져 있었다. 이는 바지예트 1세가 처음 시행하였다. 법으로 정한 것은 메메트 2세다. 황제 일가족 남자는 모두 해당되고 갓난 아이도 예외가 아니었다. 슐레이만 1세의 종조부는 동로마 제국을 멸망시킨 장본인 메메트 2세다. 슐레이만 1세는 즉위하자마자 10개월 동안 꾸준히 군비를 키워 정복 사업을 했다. 먼저 세르비아의 수도 베오그라드를 쳤다. 이는 헝가리 남부에 있었는데 가장 중요하고 튼튼한 요새여서 종조부 메메트 2세마저 크게 패하고 적장(후녀디 야노시)에게 죽을 뻔하였었다. 헝가리인들은 격렬하게 저항하였으나 오스만 투르크의 10만 군대를 당하지 못했다. 더구나 헝가리 카도릭 내부에서 신앙을 달리했던 세르비아인 동방정교회 신자들이 배신하고 정문을 열어주어서 함락되고 말았다. 저항하던 헝가리인들은 모조리 살해당했다. 세르비아인들은 콘스탄티노 폴리스의 페트라 지구로 쫓겨났다. 슐레이만은 살륙과 강제 이주를 지시하고나서 금요 예배를 드렸다. 1년 후에는 해적이 들끓던 에게해의 로도스섬을 쳤다. 성요한 기사단이 굳게 지킨 곳이다. 술레이만의 아버지도 공격하다가 실패했었다. 반년간 무자비한 공격을 하고 큰 피해를 감수하면서도 1522년 정복했다. 여기에서 쫓겨난 성요한 기사단은 신성로마제국 카알 5세 덕분에 지중해의 몰타섬으로 도망가 해적으로 살았다. 오스만투르크는 여세를 몰아 헝가리로 본격 침략하였다. 격렬한 전투가 있었지만, 모하치 전투에서 헝가리군을 제압했다. 헝가리 장수 허요시 2세는 도망치다가 다뉴브강에 빠져죽었다. 헝가리인은 무참하게 죽임을 당하였다. 드디어 유럽의 최전선 헝가리가 무너졌다. 유럽은 패닉 상태에 빠졌다. 오스만투르크의 침공이 아니라도 서유럽은 내부의 종교 개혁과 독일 농민 반란, 신성로마제국 카알 5세와 프랑스 간의 패권전쟁으로 한껏 지친 상태였다. 오스만 투르크의 12만 군대는 길게 행군하여 1529년 오스트리아의 비인을 포위했다. 다급한 신성로마제국 카알 5세는 스페인 등에서 2만 3,000명을 징발하여 격렬하게 전투를 이어갔다. 그런데 비가 많이 와서 투르크군의 많은 대포와 화약이 비에 젖어 버릴 수 밖에 없었고 홍수로 물자도 잃었다. 또, 물자 수송에 동원되었던 낙타 수 만 마리는 기후가 나빠 죽어버렸다. 수많은 병사들도 다뉴브 강까지 가면서 굶주림과 전염병에 시달렸다. 오스만 군대가 비인을 포위하여 땅굴을 파고 포격을 하여도 큰 효과가 없어 1개월을 넘지 못하고 포위를 풀고 돌아갔다(제1차 비인 포위 실패). 2차 공세는 1532년 4월 25일에 있었다. 10만 대군을 동원하였으나 오스트리아는 1차 침공을 되새겨 방비를 철저히 했다. 헝가리의 소도시 쾨세그에서 크로아티아 수비대장 니콜라 유리시치의 결사적인 항전에 부딪쳤다. 또, 카알 5세 8만대군의 응전, 궂은 날씨, 길어진 보급 행렬로 투르크군의 2차 비인 포위도 실패했다. 1533년 슐레이만은 합스부르크 카알5세, 페르디난트와 평화협정을 맺고 말았다. 협정 당사자를 『스페인 국왕 카알 5세, 독일 왕 페르디디난트 vs 로마 황제 술레이만』으로 적었다. 서유럽에게 단단히 굴욕을 안겨주기 위해서였다. 오스트리아 비인 포위는 2차에 걸쳐 모두 실패하였지만, 투르크의 해군은 프레베자 회전에서 신성동맹에 크게 승리하여 지중해와 북아프리카(알제리, 튀니지)까지 진출하였다. 아라비아에서는 페르시아의 사파비 왕조를 공격하여 바그다드, 예멘, 아덴만까지 갔다. 사파비 왕조는 굴복시키지 못하고 평화 협정을 맺었다. 술레이만의 이러한 성공 배경에는 뛰어난 내치(內治)가 있었다. 형법(카논canon)을 정비하였고 사유재산을 보장했다. 신분제를 없애서 비록 노예 출신이라도 능력만 있으면 등용했다. 예술인도 적극 후원하여 몰려든 인재들로 회화, 공예, 건축, 문학이 융성해졌다. 슐레이만은 터키어 뿐만 아니라 페르시아어까지 구사하면서 많은 시를 짓고 전쟁 중에도 일기를 남겼다. 다만 그의 재임 중 개국공신 세력을 무시한 채 새로운 군인 세력을 편파적으로 중용하여 황제권이 약해지는 실책을 범했다. 또 우크라이나 출신 노예였던 후궁(휘렘 술탄)을 지나치게 총애하여 전혀 없던 황후제도를 만들어 준 것도 큰 잘못으로 꼽힌다. 술탄의 어머니나 애첩이 정치에 관여하게 된 것이다. 술레이만의 아들 셀림 2세는 국정을 돌보지 않고 술과 여자에만 빠졌다. 그 사이를 놓치지 않고 그의 누나와 재상이 나라를 좌지우지했다. 강성하던 투르크도 내리막길로 갔다.

술레이만은 죽기 직전까지 전쟁을 벌였다. 1566년 72세의 나이에도 12만 대군을 이끌고 헝가리 원정을 할 정도였다. 헝가리 요새 함락 하루 전에 병이 도져서 시겟바르 요새의 최전선에서 세상을 떠났다. 그의 시신은 콘스탄티노플로 운구되어 장례를 치르었다. 수많은 사람들이 애도하였다고 한다. 그 후 오스만 제국에서 그와 같은 지도자는 다시 나오지 않았다.

<**오스만투르크 술레이만 1세의 리스크**(Risk)>

- 후계를 둘러싼 형제간의 암투
- 1차, 2차 비인 포위 실패
- 후궁에 대해 황후제도 허용(정치 관여의 길을 터줌)

<**리스크 대처**>

- 군비 증강과 정복사업
- 내치(內治: 형법 정비, 사유재산 보장)
- 능력기준으로 관리 등용
- 문화 예술인 보호

79. [르네상스 운동](14세기-16세기 서양 유럽)

14세기부터 16세기까지 유럽에서 일어난 문학, 예술 운동이다. 중세의 종교 일변도에서 벗어나 인간성을 추구했다. 암흑의 중세 터널을 빠져나오는 견인차였다. 다만, 전혀 없던 것을 만들어내지는 못하고 고대 그리스와 로마의 문학 예술을 본따서 만들었다. 그래서 재생(Renaissance), 부흥, 부활이라고 부른다. 이태리에서 가장 활발하였는데 그 이유는 세 가지다.

(1) 첫째, 이태리에 고대 로마의 유산이 있고 동로마의 멸망 이후 서로마였던 이 곳으로 많은 지식인이 넘어왔다. (2) 둘째, 이태리는 중북부 유럽과 달리 봉건제보다는 자유로운 도시 문화가 있었다. (3) 셋째, 베네치아, 밀라노, 피렌체 등이 지중해에서 중개무역을 하여 막대한 돈을 벌었다. (4) 넷째, 메디치가 교황 등 선각자들의 아낌없는 후원이 있었다. (5) 다섯째, 흑사병으로 수많은 사람들이 죽자 인생관, 세계관이 확 변했다. 지중해 등을 무대로 하여 교역 활동한 상인들은 세상이 넓고 인생사가 복잡함을 몸으로 느꼈다. 기존의 기독교 윤리규범에 제약되지 않고 예술가, 철학자, 수학자, 문학인들을 좋아했다. 이것이 큰 힘이 되었다. 베네치아, 밀라노 등 북이탈리아 도시들은 경제적 부로 신성로마제국의 영향권에서 벗어났다. 복식부기(루카 파치올리), 은행제도(수신과 여신제도 창안), 위험분산 회피를 위한 보험사상, 외환(exchange)거래, 코멘다(Commenda-합자회사와 익명 조합의 기원), 정부 부채 등 상업적 개념을 만들어냈다. 피렌체는 금화(플로린)를 발행하여 국제 거래의 중심이 되었다(초기 자본주의). 영불간의 백년전쟁, 피렌체 은행(바르디 은행, 페루자 은행)의 파산, 이슬람인 오스만 투르크의 침입, 흑사병의 재난 등이 있었지만, 인간의 생명력과 정신은 이를 딛고 일어섰다. 오히려 르네상스를 발전시켜나갔다. 피렌체의 두 은행이 파산하자 그 틈을 타 라이벌 알비치 가문을 누르고 메디치 가문은 대부업으로 번성했다. 이런 바탕으로 메디치 가는 문학, 음악, 미술, 건축에 많이 지원했다(단테, 페트라르카 등을 후원). 메디치 가문은 은행업으로 부를 쌓은 후 교황과의 관계를 돈독히 하여 세력을 키웠다. 메디치 은행은 유럽 최대 은행이 되었다. 메디치 가문은 이후 300년 동안 피렌체의 지배적 가문이 된 것이다. 마침내 교황까지 배출하였다. 그 중 교황 레오 10세는 미켈란젤로, 라파엘로 등 거장 예술가를 후원했다. 다만, 성 베드로 성당 건립을 위해 전임교황 율리오 2세가 모아둔 돈을 모두 쓰고도 모자라 면죄부(免罪符)를 팔았다. 기금 마련에는 성공했지만, 마르틴 루터 등의 반발을 불렀다(가톨릭 종교개혁). 르네상스가 농촌 등 시골이나 외진 지역에 미친 영향은 미미할 수 밖에 없었다. 그렇지만 도시와 신흥계급인 상인, 장인, 재능있는 문학자, 음악 미술가에게 미친 영향은 컸다. 이태리의 르네상스는 영국, 프랑스 등의 나라가 백년전쟁으로 황폐해지는 동안 이태리가 상대적으로 평안했던 것이 큰

도움이 되었다. 그런데 백년 전쟁이 끝난 후에는 사정이 달라졌다. 프랑스가 이탈리아에 침입하고 신성로마제국의 합스부르크가에 카알 5세가 등장했다. 이 압력을 약소 도시국가인 이태리는 감당하기 어려워졌다. 르네상스도 쇠퇴하기 시작했다. 프랑스와의 경쟁에서 승리한 카알 5세의 합스부르크가 이태리를 지배하게 되었다. 그의 군대는 교황령을 침탈했다. 이 과정에서 개신교인 용병들이 교황을 모욕하고 로마 시빈을 무참하게 살해하기도 하였다(사코 디 로마 사건-로마 약탈 사건). 로마는 폐허가 되었고 르네상스 건물은 파괴되었다. 이태리 르네상스는 종말을 고하고 이후 중북부 유럽으로 르네상스는 옮겨갔다. 본시 르네상스는 가톨릭 교황 자신도 후원하는 등 종교개혁과는 무관하였지만 인간사에 눈을 뜬 사람들은 그게 아니었다. 가톨릭의 미사 형식과 내용 자체에도 불만이었다. 필연적으로 종교 개혁에 영향을 주었다. 또 구텐베르크 인쇄기 발명으로 인한 정보의 빠른 확산은 학습과 교육의 발달을 가져왔다. 성직자, 대학을 중심으로 한 중세의 지식 독점을 깨뜨리게 되었다.

<**유럽 중세말기 르네상스 때의 리스크**(Risk)>

- 흑사병(페스트)
- 영불간의 100년 전쟁
- 오스만투르크의 침입
- 피렌체 은행의 파산
- 신성로마제국 합스부르크의 이태리 침공

80. [종교개혁 운동(Reformation)](16세기 서양 유럽)

1517년 독일의 마르틴 루터가 교황의 면죄부 판매를 비판한 것을 시작으로 했다. 가톨릭 내부 또는 기독교 전체 개혁, 반성 운동이 되었다. 이제 서양의 중세가 끝났다. 세계사적인 변동이다. 19세기 영국의 정치학자 칼라일은 마르틴 루터가 없었더라면 개신교도 없었고 독일은 분열되지 않았으며, 프랑스 혁명도 일어나지 않았고 미국 독립도 없었을 것이라고 했다. 마르틴 루터는 성직자들의 부패만 비판한 것이 아니다. 가톨릭의 교리, 예배 형식과 내용까지 비판하였다. 르네상스 이래 다른 개혁가들과는 달랐던 것이다(중세 신학 자체에 대한 비판). 사실 루터 이전에도 이런 운동이 있었다. 1415년 콘스탄쯔 공의회 이후 교황, 대주교, 주교의 세습과 독점, 교회조직의 위계질서, 관료화에 반발하는 3개의 흐름이 있었다.

(1) 첫째, 신비주의 운동이었다. 에크하르트, 베르나르도 등은 신비주에 빠져들었다. 그러나 이들은 교회의 부패·관료화, 경직성을 직접 비판하는 데까지 나아가지는 않았다. (2) 둘째, 경건주의 운동이었다. 금욕, 절제 등 신앙을 극도로 강조했는데 수도원 중심이었다. 루터 자신도 이 경건사상의 영향을 많이 받았다고 한다. (3) 셋째, 카톨릭 사제의 부패를 직접 비판하는 적극적인 운동이었다. 존 위클리프, 얀 휘스, 사보나롤라, 에라스무스 등이다. 사보나롤라는 피렌체에서 메디치 가문을 신랄하게 비판하다가 화형(火刑)당했다. 또 이들은 청빈(淸貧)을 강조하며 신부, 주교의 돈벌이와 사치를 비난했다. 그러나, 종교 개혁의 선구는 단연 1517년 마르틴 루터이다. 루터주의로 세력화되었다. 루터와 멜란히톤 등이 주도하였다. 북독일, 노르웨이, 스웨덴, 네덜란드, 헝가리, 슬로베니아 등 동유럽 일부, 영국 잉글랜드에 영향을 미쳤다. 또 쯔빙글리, 캘빈 등의 흐름도 있었다. 이들은 스위스, 프랑스, 폴란드, 리투아니아에 세력을 만들었다. 잉글랜드는 카톨릭을 비판하면서 독자적인 성공회로 국교회를 삼았다(헨리 8세 이혼 문제로 촉발). 이탈리아에서는 삼위일체론(三位一體論)을 부정하고 하느님과 예수를 분리해서 보아야 한다는 개혁 사상도 나타났다. 이에 의하면 예수는 하나님과는 다른 존재이다. 단지 도덕적으로 우수했기에 신적 지위에 올랐을 뿐이라고 한다. 그리스도의 신성을 부정하는 급진파도 나타났다. 물론 반작용으로 이 개혁 운동에 맞서는 가톨릭 내부의 자정운동이 있었다. 가톨릭 교구를 뜯어고치거나 수도회를 통한 철저한 금욕운동으로 예수정신을 실천하자는 것이었다(예수회 등, 프란치스코 수도사들의 걸식(乞食)운동). 이들은 시골을 다니고 사회적 약자를 도왔다. 성직자를 체계적으로 교육하고 이단을 막기 위해 노력하였다. 성직자의 탐욕, 사치, 낭비를 일소하고 신앙 자체에 전념하자고 하였다.

루터가 95개조를 비르템부르크 성문에 걸자 가톨릭 교회의 무거운 헌금강요로 반발하던 신자들은 환영했다. 또, 삽시간에 전유럽에 전파되었다(구텐베르크의 인쇄술 발명도 한 몫). 루터의 레오 10세 교황 면죄부 판매에 대한 반박은 처음은 아니다. 그 이전에도 아우구스티노회, 도미니크 회에서 논쟁거리가 크게 되었었다. 루터는 대학교수였으므로 강의 주제를 알리는 게시를 한 것 뿐인데 그토록 큰 파급이 있을 줄은 짐작하지 못하였다. 95개조로 논쟁은 가열되었고 교회 내부의 비리, 부패의 비판으로 로마 교황청 자체와 대립했다.

독일 루터가 속한 신성로마제국 카알 5세는 가톨릭을 지키기 위해 노력하였다. 그는 루터를 법이 보호하지 않는다고 선언하였다. 그렇게 되자 루터를 암살하려는 사람들이 들끓었다. 그러나, 그를 보호하려는 작센의 선제후 프리드리히 3세가 나섰다. 루터를 납치하다시피하여 성 안으로 데려가 보호했다. 루터는 이후 작센 성 안에서 라틴어 성서를 독일어로 번역하는 일만 했다. 독일어의 단어를 새로 만드는 등 독일의 현대화에 크게 공헌하였다. 스위스에는 루터 이후 개혁 사상가로 쮜리히의 쯔빙글리, 제네바의 장 칼뱅이 나타났다. 칼뱅은 본시 고전문학자이고 법학자였는데 스위스 제네바에서 신정(神政) 정치를 열었다. 그는 <기독교 강요(綱要)>를 썼다. 대중 연설에도 탁월한 재능이 있었다. 이러한 노력의 결과 1555년 아우구스부르크 제국회의가 열려 매우 제한적이나마 신앙의 자유를 인정하였다. 그런데, 그 신앙의 자유라는 것이 개개인 신자가 누리는 것은 아니었다. 신자가 속한 지역의 봉건 영주가 선택할 수 있다는 것 뿐이었다. 그러나, 이로 인해 신교가 대표하는 프로이센 왕국이 탄생하여 이후 역사의 물줄기를 바꾸었다. 종교 개혁 운동은 신성로마제국을 산산조각나게 했다. 합스부르크 황제의 권위도 떨어지게 해서 영방제후(영주)의 힘이 커졌다(지방 분권의 가속화). 1618년-1648년 30년 전쟁의 도화선이다.

30년 전쟁 후 베스트팔렌 조약이 맺어지면서 비로소 개인에게 신앙의 자유가 주어졌다(1648년). 캘빈파 개신교도 허용되었다. 가톨릭 교단 자체는 크게 자극을 받아 자체 개혁 운동을 벌였다(대항종교 개혁운동 또는 카톨릭의 반동). 예수회 활동과 트리엔트

공의회 활동 등이다. 종교개혁의 여파가 가장 컸던 독일 신성로마제국은 30년 전쟁을 겪었고 인구의 격감, 제국의 분열로 후진지역이 되고 말았다. 후일 프로이센이 등장, 나폴레옹 전쟁을 겪은 이후 제도와 군비 개선을 통해 다시 강대국으로 되기까지는 오랜 시간이 걸렸다. 잉글랜드는 칼뱅 개신교파의 교리를 일부 받아들여 성공회라는 국교를 만들었다. 프랑스에서는 개신교 신자인 위그노가 중요한 사회 세력이 되었고 위그노 전쟁이 벌어졌다. 이로 인해 발루와 왕조는 망하고 부르봉 왕조가 일어났다. 종교의 자유를 찾아 영국에서 아메리카 대륙으로 간 사람들은 미국이라는 신흥 강대국을 일궈냈다. 현재의 강대국 대영제국, 미국은 종교개혁으로 탄생한 셈이다. 종교 개혁으로 사람들 사이에 유럽문화와 기독교는 별개일 수 있다는 생각이 자리잡았다. 근대시대(modern period)가 움튼 것이다. 다만, 종교가 개혁되는 개명기에서조차 마녀 사냥의 광풍이 불어닥쳤다. 기독교의 교리에 충실하다는 증명으로 경건주의가 광풍을 부채질한 것이다. 가톨릭이나 개신교가 다르지 않았다. 경건함이 의심되는 사람은 마녀로 몰렸다.

<**종교개혁가 마르틴 루터의 리스크**(Risk)>

- 로마 교황청과의 대립
- 신성로마제국 카알 5세의 탄압
- 종교개혁 주장 후 암살자의 협박

<**리스크 대처**>

- 작센의 선제후 프리드리히 3세와 제휴(작센 성 안에서 보호를 받음)
- 라틴어 성서의 독일어로의 번역사업에 전념

81. [남미 잉카제국](1438년-1533년)(15-16세기 남아메리카)

남미 안데스 산맥의 아랫 부분, 지금의 페루와 볼리비아 지방에서 꽃피었던 문명이다. 아즈텍, 마야와 함께 남미의 3대 문명이다. 잉카인이 살기 전에는 페루의 티티 카카 호수를 중심으로 티와나루 문명, 와리 문명이 있었다. 잉카제국은 12세기경 나타났다. 안데스 동굴에서 남녀가 나왔다는 신화가 있다. 이들이 쿠스코 왕국을 건설하였는데 왕은 망고 카팍—> 신치 로카—> 료케 유판키—> 마이카 카팍 등으로 이어졌다(하난왕조). 우린(Urin)일족이 반란을 일으켜 잉카 로카를 왕으로 세우고 정복 사업을 펼쳤다(Urin왕조). 우린 왕조에서 잉카 제국을 연 피차 쿠티 황제가 나왔다(1438년). 잉카 제국의 황제계승법에 의하면 황제가 되는 후계자는 전임 황제의 재산을 하나도 받지 못한다. 새로운 황제는 대외 정복 전쟁을 하여 전리품을 얻어야 했다. 그리하여 내란이 일어났다(아타오 알파와 후아스 카르의 내전 등). 일단 정복전쟁이 성공하면 하층민들을 강제 이주시킨 후 세금을 무겁게 매겼다. 이러니 훗날 스페인 군대가 쳐들어왔을 때 하층민은 오히려 스페인 군대를 환영하게 되었다. 아타우 알파 황제 즉위 직후 스페인 피사로 군대가 침입하였다. 106명의 보병, 62명의 기병에 불과했는데도 기습 공격으로 아타우 알파를 인질로 잡았다. 잉카 쪽 군대 4,000명을 살육하고 황금을 빼앗았다. 아타우 알파는 화형을 선고받았으나 가톨릭으로 개종한 후 교수형으로 완화되었다. 최후의 군주 투팍 아마루가 저항하였으나 스페인 군대에게 사로잡혔다. 구스코 왕국이 망하자 나머지 부족들도 하나하나 짓밟혔다.

<**잉카제국의 리스크**(Risk)>

- 불합리한 상속제도와 대외정복 전쟁
- 스페인 피사로 군대의 침입과 잉카제국의 해체

82. [일본 에도시대의 난학(蘭學)](17세기 동양 일본)

에도시대 일본으로 들어온 네덜란드(화란 和蘭)의 학문이다. 이전에 기독교도가 일으켰던 반란(시마바라의 난)으로 에도막부는 기독교를 금지하고 쇄국을 하였다. 그러나, 그 예외가 네덜란드(화란)였다. 물론 기독교를 전하지 않는다는 전제였다(출도 出島 데지마의 개항). 이를 통해 서양의 학문이 전해지고 네덜란드 책이 일본어로 번역되었다.

과학기술, 의학, 지리학, 인문학, 음악, 미술 등이 발달하였다. 해부학, 뇌전기의 발명, 미적분의 수학, 변증법의 응용도 있었다. 국제정세를 빠르게 파악하고 근대화를 성공시킨 밑거름이 되었다. 일본의 쇄국 정책은 1853년 흑선(黑船)(쿠로후네 사건), 1954년 미일 화친 조약 체결을 계기로 폐기하고 본격적으로 문을 열었다. 1868년 명치유신(明治維新)(메이지 유신)이다.

83. [일본 전국시대 세끼가하라전투(關ケ原の戰い)](일본의 전국(戰國)시대)(1600년 10월 21일)(17세기 동양 일본)

임진왜란, 정유재란 후 토요토미가 사망하고나서 일본 내에서 벌어진 전쟁이다. 이 전쟁으로 이후 260년간 일본 승자가 정해졌다. 동군(東軍), 서군(西軍)으로 나눠진 전투에서 총병력 17만이 미노국 세끼가하라에서 살륙전을 벌였다. 그런데 불과 3시간 만에 주요 전투가 끝났다. 여기에서 승리한 도쿠가와 이에야스는 도요토미 후 일본 최고의 통치가문으로 에도막부를 열었다. 패전한 서군은 자살하거나 살해되었다. 정유 재란이 끝나고 2년 후에 일어났기에 조선을 공격했던 일본 장수 대다수도 여기에 있었다. 그들도 동군(東軍)(카토 키요마사 등)과 서군(西軍)(코니시 유키나가 등)으로 갈렸다.

히데요시는 생전에 일본 전체의 지도자였지만, 후계 문제가 불안정했다. 또, 가신들 사이에 상당한 불화가 있었다. 본시 양자(養子)에게 모두 주기로 했는데 임진왜란 때 첩 차차히메가 아들을 낳자 히데요시의 태도가 확 바뀌었다. 우선 후계자로 정해준 양자에게 누명을 씌워 자살하게 했다. 그 처자식, 시녀들 40여 명도 목을 잘랐다. 너무나 잔학무도하여 당연히 반발이 있었다. 억울하게 처형된 사람 중에는 지방 유력자 다이묘(大名)의 딸도 더러 있었다. 이들은 모두 적으로 돌아섰다(세라 마사타다, 호소가와 타다오키, 도도 타카도라, 다나카 요시마사, 아사노 요시나가, 이께다 테루마사 등). 이 과정에서 처형될 뻔하였으나 도쿠가와의 중재로 구사일생된 이들도 있었다. 후일 이들은 도쿠가와 편(동군 東軍)에 섰다. 서군(西軍)의 지도자는 미츠나리 등 문관(文官)이었는데 리더십이 부족하였다. 이 갈등을 봉합하려는 마에다 도시이에 등 거물이 있었지만 1599년 사망하고 말아 전쟁은 피할 수 없게 되었다. 이 전투 자체는 도요토미 가문과 도쿠가와 가문의 대결이 아니었고 토요토미 가문을 누가 더 잘 보호할 것인가라는 것이 명분이었다. 즉 가문 안의 분란이었을 뿐이다. 다만, 승리한 도쿠가와 측은 더 이상 야망을 숨길 필요가 없어 새로 막부(幕府)를 열었다. 사실 도쿠가와는 임진왜란, 정유재란의 최대 수혜자였다. 도요토미가 임진왜란에 참전하라고 하였으나 에도지역을 비울 때 민란이 일어날 염려가 있다는 핑계를 대서 일본 안에 눌러 앉았다. 아무런 손실도 없이 에도에서 실력을 키워온 것이다.

도쿠가와를 비롯하여 누구도 세끼가하라에서 결전이 있을 것으로 예상하지 못하였다. 전투 배치 지형이나 전력으로 보면 서군 쪽이 두 배 이상 유리했다. 그러나, 리더십의 차이, 배신자의 속출로 동군이 압도적으로 승리하였다. 동군의 경우 도쿠가와에게 명령권이 집중되어 있었다(리더십). 서군 측 미츠나리 등 리더십 부족과는 대조되었다. 서군에 코니시와 같은 유능한 지휘관이 있었지만 미츠나리는 컨트롤하지 못하였다. 사망자는 동군이 약 4,000명, 서군은 약 3만 2,000이었다. 서군은 절반 정도가 사망하고 궤멸되었다.

<**일본 전국시대 토요토미 히데요시 사후 막부의 리스크**(Risk)>

- 후계의 불안정
- 가신들 사이의 불화
- 미츠나리 등 서군(西軍) 리더십의 부족
- 배신자의 속출

84. [오사카 전투](大阪の陣)(1614년 겨울과 1615년 여름의 두 차례 전투)(17세기 동양 일본)

토요토미 가문과 도쿠가와 가문이 패권을 겨루었다. 이로써 일본의 전국시대는 끝이 났다. 개화 시기까지 기나긴 에도막부가 열렸다. 세키가하라 전투에서 이에야스가 승리(동군東軍)하였지만 도요토미 가문과 그 가신은 여전히 오사카성을 중심으로 세력이 있었다. 하늘의 태양은 하나다. 히데요시의 아들 히데요리가 12살인데 이에야스는 73세에 접어들어 불안했다. 이에야스는 아들 히데타다의 딸 센히메를 히데요리에게 출가시켰지만 정략 결혼일 뿐.... 1611년 새로 천황이 즉위하자 이에야스는 교토에 올라왔고 히데요리와 회견했다. 한편 대형 대포를 만들고 화약을 구입하여 전쟁 준비를 하였다. 도요토미편을 들었던 아사노 나가마사, 가토 키요마사 등은 사망하였고 우에스기 모리, 다테 마에다, 호소가와, 시마즈 가문은 이익을 따져 이에야스에 붙었다. 그 와중에 호코라는 절에서 범종을 만들었는데 그 글귀가 이에야스의 심기를 건드렸다. 「국가안강군신풍락」(國家安康君臣豐樂)인데 이에야스 이름 가강(家康)은 둘로 나눠 버리고 토요토미의 이름 풍신(豊臣)은 거꾸로 넣었다는 트집을 잡았다. “이에야스를 저주하고 토요토미를 찬양하였다”라는 얼토당토 않는 해석을 하여 토요토미를 공격하는 빌미로 삼았다. 전쟁 전 도쿠가와는 3가지 중 하나를 택하라고 했다. (1) 히데요리가 에도(도쿄)로 와서 직접 이야스에게 무릎을 꿇을 것, (2) 히데요리의 어머니 오도도노를 에도에 인질로 보낼 것, (3) 오사카성을 버리고 이에야스가 지시하는 곳으로 옮겨갈 것.

어느 것도 수락할 수 없는 굴욕적 요구였다. 이에야스는 10만 대군을 동원하여 침공하였으나 히데요리 편을 든 대명(大名 다이묘)은 거의 없었다. 궁여지책으로 떠돌이 무사(로닌)를 고용하였으나 10만명에 불과하였다. 숫자도 절반인데 히데요리 측의 리더십도 부족했다. 오사카 성은 난공 불락, 최강의 성곽이었지만 도쿠가와 측의 심리전, 기만적인 협상에 말려들었다. 어리석게도 『성 아래 해자 연못을 돌로 메꾸는데』 합의하고 말았다. 여름 전투가 개시되자 히데요리측의 약체가 드러났다. 패배가 예상되자 돈으로 고용한 로닌과 주민은 성을 떠났다. 도요토미군 일부는 끝까지 항전하였으나 패배, 히데요리와 오도도노는 할복했다.

<오사카 전투시 토요토미 가문의 리스크(Risk)>

- 이에야스 측의 군비확충(10만 대군, 대포와 화약 구입)
- 다이묘오(대명: 大名)의 이탈, 고용한 로닌과 주민의 충성심 부족
- 도쿠가와 측의 심리전으로 해자를 돌로 메꾸는 결정적 실수

85. [30년 전쟁](1618년-1648년)(17세기 서양 유럽)

신성 로마제국 등 중부 유럽에서 벌어진 종교 전쟁, 이권 전쟁이다. 유럽의 역사에서 나폴레옹 전쟁, 2차 대전만큼 중요한 사건이다. 영국, 러시아, 오스만투르크, 폴란드, 리투아니아를 제외한 유럽 전부가 휘말렸다. 전쟁의 원인은 (1) 첫째, 신성로마제국의 리더십 부족이다. 이 제국 자체가 프랑스, 영국, 러시아처럼 중앙집권이 잘되지 않았다. 독일, 네덜란드, 이태리 북부, 보헤미아, 스위스 등의 왕들과 360여개의 자유도시 집합에 불과했다. 황제는 카톨릭의 권위로 제국의 힘을 유지하려고 했지만 잘되지 않았다. 왕과 영주들은 이해관계에 따라 개신교를 선택하기도 하는 등 독립을 추구하였다. 종교개혁으로 로마 가톨릭의 권위가 추락하였으니 더욱 그러했다. (2) 둘째, 각 국가들의 이해 타산이다. 본시 충성심이 약한 독일 지방에서 종교적 연대보다는 이해득실 계산이 빨랐다. 가톨릭이면서도 개신교 편을 든 프랑스 예를 보면 잘 알 수 있다. 프랑스 재상 리슈루는 신성로마제국 분열을 위해 합스부르크 왕가를 방해했다. 네 번에 걸친 큰 전쟁을 묶어 30년 전쟁이라고 부른다. 황제 카알 5세와 아우 페르디난트 1세 때 아우구스부르크 종교 회의를 열어 루터파 신앙의 자유를 허용한 바 있다(1555년). 그러나, 캘빈파가 득세하자 또다시 루터파와 캘빙파가 반목하게 되었고 캘빈파도 신앙의 자유를 요구하였다(팔츠 선제후국, 네덜란드, 남 프랑스, 스코틀랜드, 라인강의 자유도시 등). 또, 가톨릭 자체도 스페인의 합스부르크는 강경한 예수회였지만, 프랑스와 이태리는 온건했다. 프라하(체코 지역), 바이에른에서 프로테스탄트 연대와 가토릭 연대가 대립한 것이 전쟁의 시작이다.

(1) 보헤미아 팔츠 전쟁(1618년-1620년)

휘스의 농민 반란이 일어났던 보헤미아 지방은 오스트리아, 헝가리, 크로아티아와 달리 개신교의 영향이 컸다. 보헤미아 왕 마티아스는 형 루돌프 2세에 반항하여 신앙의 자유를 얻어냈는데 왕위는 페르디난트 대공이 물려받았다. 그런데 그는 가토릭 신앙만을 강요하여 분노한 보헤미아 귀족들이 황제의 대리인을 창문 밖으로 내던지는 사건이 벌어졌다(프라하 창문 투척 사건). 후에 보헤미아 왕이 된 프리드리히 5세도 이 지역을 잘 모르고 있었다. 게다가 그 아내인 엘리자베스 스튜어트(영국왕 제임스 1세의 딸)마저 정치에 관여하자 반발이 일어났다. 칼뱅파 프리드리히 5세는 루터파로부터 외면당했다. 또, 그가 잉글랜드의 사위였기에 프랑스에 기댈 수도 없었다. 1620년 11월 보헤미아에서 제국군에게 패한 프리드리히 5세는 네덜란드로 도망갔다.

(2) 팔츠 수복전(1621년-1623년)

보헤미아를 되찾은 카톨릭의 페르디난트 2세는 팔츠 처리가 골치였다. 그는 독일과 보헤미아를 추종 세력으로 만들려 했지만 국내외의 반발이 일었다. 주교를 누구로 임명하는가도 문제였다. 다만, 개신교의 크리스찬군대는 약탈로 속도가 느려져서 카톨릭 군대에게 슈타트론 전투에서 전멸당했다(1623년 8월 8일).

(3) 덴마크 전쟁(1625-1629년)

가톨릭 신자인 페르디난트 2세는 개신교인 프리드리히 5세를 쫓아냈다. 그 영지도 빼앗아 막시밀리안 1세에게 주었다. 그런데 이는 라이벌 프랑스를 긴장시켰다. 프랑스의 재상 리슈루는 신성로마제국에 대항하기 위해 잉글랜드, 프랑스, 네덜란드, 덴마크, 스웨덴 연합을 꾸렸다. 네덜란드와 덴마크의 크리스찬 4세 또한 신성로마제국의 제후들과 대립하는 사이였다. 그런데 황제편에 선 틸리군, 발렌스타인군 앞에서 크리스찬 4세의 덴마크군도 역부족이었다. 패전으로 덴마크는 북독일 지역에 대한 지배력을 잃었다(뤼베크 조약). 다만, 승리한 발렌스타인은 관대하게도 덴마크에게 전쟁 배상금을 물리지 않고 포로도 즉시 교환하였다.

(4) 스웨덴 전쟁(1630-1635년)

덴마크에 승리한 페르디난트 2세 황제는 쉽게 분쟁을 마무리할 수 있었다. 그러나, 독실한 신앙심 때문인지 모질게 마음먹지 못하였다. 전쟁 후 1555년 아우구스부르크 회의 이전으로 되돌린다는 칙령을 내렸다. 그런데 이미 70년이 지난 후라서 개신교 제후뿐 아니라 가톨릭 제후들 심지어 황제의 최측근 막시밀리안 1세(바이에른 선제후)마저 반대했다. 페르디난트 2세 황제는 이 반대를 누르고 발렌슈타인의 군사력으로 밀어붙이려고 했다. 그런데 문제는 자금난 때문에 발렌슈타인을 컨트롤하지 못한 점이다. 개신교의 선제후 작센, 브란덴부르크는 황제의 적인 스웨덴과 연합하였다. 스웨덴의 왕 구스타프 2세 아돌프는 루터파였다. 그는 군제 개혁과 프랑스의 지원에 힘입어 브라인텐

펠트 전투에서 황제에게 크게 이겼다. 황제군 총사령관 틸리를 전사시키고 뤼첸 전투도 연전 연승이었다. 다만, 스웨덴의 구스타브 2세 아돌프도 전사했다. 다시 개신교군의 결속력은 약해지고 이어진 전투에서는 황제군에게 졌다(1635년 프라하조약).

(5) 프랑스-스페인 전쟁(1635-1648년)

합스부르크의 황제 페르디난도 3세와 페르난도 데 아우스트리아는 스페인 정부를 잘 컨트롤하지 못하고 있었다. 인플레이션과 1640년 포르투갈 왕정복고전쟁이 겹쳐 스페인도 어려운 상황이었다. 무엇보다 같은 가토릭이면서도 신성로마제국과 경쟁관계였던 프랑스가 골치였다. 오히려 프로테스탄트 동맹을 지원하고 있었던 것이다(콩피이뉴 조약). 프랑스는 독일 남부를 침략했고 스웨덴은 이에 발을 맞추었다. 다만 덴마크는 이전과는 달리 황제 편을 들어주었다. 황제측 전세가 불리해진 것은 인재와 물자가 부족한 때문이다. 전쟁이 장기화되자 오스트리아, 보헤미아에서 자금과 식량, 군대를 모을 수 없었다. 다만, 프라이부르크 전투에서는 프랑스에 이겼다(베스트팔렌 조약: 1648년). 이 조약으로 네덜란드와 스위스는 스페인 지배에서 벗어났다. 또, 명실공히 유럽에서 종교의 자유가 개인에게 허용되었다. 프랑스와 스웨덴은 유럽의 강국으로 태어났고 스페인은 힘이 약해졌다. 오스트리아의 합스부르크 왕가가 힘이 빠지자 북독일의 브란데부르크 선제후국(호헨 쫄레른 가문)이 들고 일어났다. 후일 독일 통일의 선봉이 된다. <u>독일 지역은 30년 전쟁으로 심각한 피해를 입었다. 독일인 사망자는 신성로마제국 인구의 3분의 1(약 800만 명)이나 되었다. 도시, 성곽, 농촌 할 것 없이 6분의 5가 황폐해졌다. 프로이센 등장 때까지 이 후진상태에 있었다</u>.

<30년 전쟁의 원인이 된 리스크(Risk)>

- 구교와 신교의 대립
- 루터파와 캘빈파의 대립
- 신성로마제국의 리더십 부족
- 각 유럽국가들의 이해득실

86. [조선의 인조반정](仁祖反正: 1623년)(17세기 동양 한반도)

조선의 4대 쿠데타 중의 하나다. 반란군 2천명으로 성공한 쿠데타이다. 사실 광해군이 중국의 쇠약해지는 명나라를 멀리하고 새로 일어난 후금(청)을 가까이 한 외교 정책은 매우 올바른 것이었다. 그러나, 국제 정세에 어두운 공자왈 맹자왈 유림들은 광해군을 싫어했다. 반정 직후에는 어리석게도 정묘호란, 병자호란을 불러일으키고 말았다. 연산군과 비교하자면 인조의 폭정은 별것이 아니었다. 그런데, 명나라를 배척한 데 대한 반발이란 대의명분이 포퓰리즘을 이끌었다. 광해군의 지지 세력인 대북파만으로는 반대파를 제어할 수 없었다. 궁성의 훈련 대장(군대-軍隊)마저 왕에게 등을 돌리는 형편이었다. 외교 노선은 5년간 국정의 쟁점이었는데 왕을 반대하는 상소는 많았지만 지지는 하나도 없었다. 신하들이 왕명을 무시하거나 출근을 거부, 행정 시스템이 마비되고 있었다. 왕은 심각성을 인지하지 못하고 대처능력도 모자랐다.

반정이 성공하자 대북파 핵심은 거의 사형당했다. 측근 200여 명도 유배를 갔다. 서인이 득세한 계기다. 반정을 방조한 남인(南人)도 이원익이 영의정이 되는 등 이익을 누렸다. 명나라의 모문룡은 평안북도 철산군 가도에서 행패를 부렸는데 후일 후금(後金) 침공의 명분이 되었다. 그런데 정묘호란, 병자호란을 겪은 후에는 결국 조선도 친명(親明)을 고집할 수 없었다. 외교노선은 급격하게 친청(親淸) 배청(拜淸)으로 돌았다. 이렇게 되자 인조는 광해군을 끌어내린 명분을 외교 정책이 아니라 인목대비 폐비로 돌리는 여론전을 시도했다. 이후 조선은 충(忠)보다 효(孝)의 가치를 절대화시켰다. 아시아 특유의 성리학적 종법질서는 이렇게 생겨났다.

<**광해군의 리스크**(Risk)>

- 국제정세에 어두운 유학자들의 포퓰리즘적 외교 주장(친명배청 정책)
- 왕을 반대하는 상소
- 광해군의 태만한 대비, 군사적 리더십 부족

87. [잉글랜드 내전(청교도 혁명)](1642-1651년)(17세기 서양 영국)

종교 개혁의 영향을 받아 영국 잉글랜드에서 벌어진 내전이다. 청교도 혁명이라고 불리다가 혁명이라는 말보다 내전이 더 적당하다고 함이 지금의 정설이다. 국왕 찰스 1세는 아버지 제임스 1세 이래로 왕권 신수설(王權神授說)을 신봉했다. 1628년 군비를 강화하기 위해 세금을 더 걷으려 하자 의회에서 권리 청원을 하여 의회의 동의를 받아야 한다고 했다. 이 충돌로 이듬해 1629년 의회는 해산당했다. 그런데 9년 후 반전이 일어났다. 1638년 스코틀랜드에서 국교회를 강요하자 반란이 일어났다. 전쟁 비용을 마련하기 위해 의회를 다시 소집하였는데 아일랜드에도 반란이 일어났다. 왕은 의회와 충돌했다. 의회도 마음대로 군대를 만들어 왕당파 군대와 격돌했다(1642년 여름). 처음에는 왕당파 군대가 우세하였으나 의회파는 스코틀랜드를 끌어들이고 올리버 크롬웰이라는 지도자가 등장, 전세가 뒤집어졌다. 이는 철기병(鐵騎兵)의 활약 덕분이다. 철기병은 개신교 신앙, 엄격한 규율과 훈련으로 무장되어 사기가 높았다(네이스비 전투). 찰스 1세가 스코틀랜드로 도망하였으나 스코틀랜드는 40만 파운드에 찰스 1세를 잉글랜드에 팔아넘겼다(1차 전쟁). 간신히 탈출한 찰스 1세는 스코틀랜드를 끌어들이고 군대를 모았다. 의회에서도 급진파와 온건파 크롬웰이 충돌했다. 의회군은 왕당파와 스코틀랜드 연합군을 격파하고(프레스턴 전투), 찰스 1세 처형에 반대하는 의원 200여 명을 쫓아냈다. 최고 법원을 연 후 1649년 국왕을 반역죄로 몰아 사형에 처하였다(공화정 체제 등장, 2차 전쟁). 찰스 1세 처형 후 그 아들 찰스 2세는 프랑스의 루이 14세에게로 도망하였다. 왕당파는 왕을 복권시키자고 했지만 의회파에 패하였다. 이 와중에 네덜란드마저 왕당파 해군에게 덤볐다. 왕당파는 자진 항복하고 말았다. 크롬웰의 잉글랜드 세력이 너무 커지는 것을 싫어한 스코틀랜드는 잉글랜드 의회와 대립, 전쟁이 터졌다. 그러나, 크롬웰 군대가 또다시 이겼다(던바 전투, 우스터 전투). 찰스 2세는 또 프랑스로 도망갔다. 크롬웰은 스스로 호국경에 취임하고(Lord Protector), 의회를 해산한 후 잉글랜드 공화국이 세워졌다(1653년). 크롬웰은 무역활동에서 잉글랜드의 배나 물건을 생산한 국가의 선박에만 물건을 싣게 하였다(항해법 내지 항해 조례 제정). 이는 무역에서 두각을 나타낸 네덜란드를 의식한 것이다. 네덜란드 조선업을 크게 위축시켰다. 다만, 크롬웰은 일련의 애국적 활동에도 불구하고 국민들은 그를 싫어했다. 그가 축구, 문화생활, 크리스마스 기념식 금지 등 청교도 정신에 입각한 지나친 금욕주의 생활을 강요했기 때문이다. 크롬웰이 사망하자마자(1658년) 공화정은 무너지고 1660년 선거에서 국왕의 세력이 이겼다. 찰스 2세를 다시 모셔오고 영국 국교회로 돌아갔다(왕정 복고).

<**청교도 혁명시 잉글랜드의 리스크**(Risk)>

- 국왕 찰스1세의 왕권신수설(王權神授說) 신봉
- 세금 중과와 의회의 충돌(권리 청원)
- 스코틀랜드의 반란
- 국왕과 크롬웰 철기군의 충돌

88. [명예혁명](1648년)(17세기 서양 영국)

청교도 쿠데타 이후에도 여전히 국왕과 대립하던 영국의회가 제임스 2세를 몰아낸 쿠데타이다. 왕의 딸 메리와 사위 윌리엄을 세웠다. 그 당대부터 처음 혁명(Revolution)이라고 불렀다. 피를 적게 흘렸다 하여 '명예혁명'이라 한다. 찰스 2세 이후 왕이 된 제임스 2세는 카토릭 신앙이 강하였고 왕권을 키웠다. 가톨릭 국가와 수교를 많이 하자

의회는 위기의식을 느꼈다. 또, 늦게 아들을 낳자 의회파는 개신교인 네덜란드에 손을 내밀었다. 네덜란드는 잉글랜드와 전쟁을 한지 15년 밖에 되지 않았지만, 잉글랜드가 구교도에게 넘어가면 안된다고 보아 의회편을 들었다. 제임스 2세는 이길 가망이 없자 프랑스로 도망갔다. 이후 권리장전(Charter of Right)이 통과되고 시민사회 권리가 획기적으로 성장했다(시민의 대표, 조세법률주의 등). 미국 독립전쟁, 차티스트 운동, 여성참정권 부여운동도 이 영향을 받았다. 개인의 경제활동에 법적 자유가 부여되고 과학혁명, 상업혁명도 자극했다.

<**명예혁명시 잉들랜드의 리스크**(Risk)>

- 제임스 2세의 가톨릭 신앙과 개신교의 충돌

<**리스크 대처**>

- 제임스 2세 추방
- 의회의 권리장전 통과

89. [과학자 아이작 뉴턴(Isaac Newton)](1643-1722년:84세에 사망)(17-18세기 서양 영국)

영국의 수학자, 물리학자, 천문학자였다. 연금술, 탐정 업무, 신학에도 조예가 깊었다. 의회의원도 했었고 화폐 제조 책임자(조폐국장)도 지냈다. 특히 역학(力學)에 수학을 도입한 것이 획기적이다. 플라톤, 아인슈타인과 같은 위대한 학자로 친다. 1642년 출생하였는데 잉글랜드 동해안에 농장이 있어서 가난한 편은 아니었다. 그러나, 증조부 때부터 가문이 시작되었으니 평민에 불과했다. 그래서인지 그는 조상에 관심을 갖지 않았다. 그가 태어나기 전에 이미 아버지가 죽었고 세 살에 어머니는 성공회 사제와 재혼하여 외할머니, 외삼촌이 돌봐주었다. 외톨이로 말없는 소년시절을 보낸 후 아버지 쪽 의사, 약제사, 사제 등 전문직 친척의 도움을 받아 그랜섬(Grantham)의 학교에 갔다. 그 학교에 다닐 때 약초를 수집하고 물레방아 모형, 해시계, 물시계를 만드는 등 재능을 보였다. 재혼한 어머니는 10년 후 또 남편과 사별, 이복 동생들을 데리고 뉴턴에게 되돌아왔다. 그런데 뉴턴의 재능을 인정하지 않고 학교를 그만두게 한 후 농사 일을 시켰다. 다만, 아버지 쪽 친척들이 설득하여 2년 후 그랜섬 학교에 복학하고 케임브리지 대학에도 갔다. 다른 천재들에 비하여 낮은 교육 수준에 머무르다가 비약적으로 발전한 것은 (1) 첫째, 수학교수 아이작 베로와의 만남, (2) 둘째, 페스트를 피해 고향 울즈소프로 피난하여 사색에 몰입한 시간 덕분이다(22세-24세까지). 이 때 만유인력의 법칙, 역학, 광학, 미분 적분법을 개척했다. 다만, 베로와의 만남이 크게 도움이 되었지만, 인간관계가 흔히 그러하듯이 그에 압도된 것은 한편 유해하기도 하였다. 또 하나 기억할 게 있다. 「뛰어난 사람에게도 공격자가 있기 마련」 이라는 점이다. 뉴턴도 <빛과 빛깔의 새 이론>으로 훅에게 아프게 비판을 받았다. 이후 타인과의 접촉을 끊고 자폐적으로 변해갔다. 본시 우울증, 조현병이 있었는데 평생 독신, 동정으로 지냈다. 또, 캠브리지 대학의 민법 교수(펠로우: fellow)에 지망하였으나 낙선했다. 존 로크에 보낸 편지에는 여성 혐오, 광기, 자학이 나타나 있다. 다만, 여러 재능과 업적으로 기사작위(Knight)를 받았으며 84세로 장수했다. 잠자던 중 편안하게 숨을 거두었고 웨스트민스터 사원에 묻혔다. 특히 그는 코페르니쿠스, 케플러, 갈릴레오로 이어온 행성의 운행, 중력 등 역학을 수식으로 증명하였다(F=MA). 프랑스의 화학자 라보와지에도 그의 수학에 힘입어 연금술을 화학으로 발전시켰다. 현대 수학의 총아인 미적분은 뉴턴과 라보와지에가 동시에 발견했다. 사실 그는 물리학보다 연금술과 신학을 더 좋아했다(연구 노트의 90%). 그는 3위일체론은 요한 복음서의 위작(僞作)이라고 주장했다. 이를 로마 교황청도 알고 있었으나 갈릴레오를 처벌하여 엄청난 반향이 있었던 과거 일을 생각하여 불문에 붙이고 모른 척하였다. 명예혁명 직후 대학을 대표하여 국회의원을 한 적도 있다. 그러나, 그의 정치 행보는 속기록에 하나만 남겼을 정도로 미미했다. "추운데 거기 창문 좀 닫읍시다..." 학자와 대중 정치인은 당시에도 양립하기 어려웠을 것이다. 연금술로 인하여 찰스

2세와 친밀하였고 조폐국장 시절에는 금본위제를 주장하면서 금대은의 비율을 7:15로 정하였다. 당시 화폐 위조범을 즐겨 교수대에 매달았다. 어떤 죄수는 사형 후 시체를 해부하여 전시하였다. 그는 1720년 남해회사 거품사건 때 2만 파운드(약 20억 원)를 주식에 투자했다가 큰 손해를 보았다.

"진리는 단순함에서 발견되어야 한다. 다양성과 혼란에서는 안 된다"는 유명한 말을 남겼다. 참으로 되새겨야 할 말이다. 이것저것 혼란스러운 생각으로는 진리를 발견할 수 없다.

[**자연철학의 수학적 원리**](Philosophie Naturalis Principia Mathematica) (1687**년 출간**)

1687년 뉴턴이 중력 등 물리학을 수학으로 설명한 책이다. 이미 1640년대에 이 내용이 정리되어 있었지만 광학에서 로버트 훅과의 논쟁으로 상처를 받아 발표하기에 꺼렸었다. 태양계 행성(行星)의 공전궤도가 왜 타원인가? 만유인력이 거래의 제곱에 반비례하기 때문임을 헬리와의 대화에서 설명하자 헨리가 이 책 출간을 적극 권유하였다. 1, 2권은 고전 역학의 기초, 3권은 태양의 구조 설명이다. 기하학적 방법으로 설명하였는데 엄청 어려웠다. 쉽게 쓸 수도 있었지만, 사람들의 편견과 비난이 싫어서 일부러 수학적 방법으로 어렵게 썼다. 그 때나 지금이나, 서양이나 동양이나 자기보다 뛰어난 사람에 대한 시기 질투는 피할 수 없다. 진리 발견이 대중 영합(Populism)과 달라야 하는 이유다. 이 시기와 질투를 맞을 때 어떻게 대처할까? 각자의 판단에 맡긴다.

<**뉴턴의 리스크**(Risk)>

- 아버지의 요절, 어머니의 무능
- 다른 학자(훅 등)의 학문적 공격
- 우울증, 조현병, 여성혐오, 광기와 자학 등 정신적 문제

<**리스크 대처**>

-재능을 발휘하여 업적을 남김(행성운행, 중력법칙, 미적분 등 역학, 연금술, 신학)

90. [프로이센 왕국(프러시아 왕국)](1701년 1월 18일-1918년 11월 9일)(18-20세기 서양 독일지역)

30년 전쟁 이후 신성로마제국 합스부르크 왕가 세력이 약해졌다. 그 틈새에서 북독일 개신교 지역에서 힘이 커진 곳이 프로이센이다. 합스부르크를 제치고 독일통일에 앞장을 섰다(호헨 쫄레른 가문). 프로이센 공국, 브란덴부르크 선제후가 중심이다. 1701년 브란덴부르크의 프리드리히 3세가 프로이센 공국을 합쳐 하나의 왕국을 만들어냈다. 주역은 브란덴부르크인데 왕이라는 이름을 붙이고 싶었다. 그래서 신성 로마제국 밖의 프로이센 지역 이름을 땄다. 말하자면 신흥 강국이 선제후—> 왕으로 되고 싶지만 신성로마제국과의 충돌을 피하고 싶었던 것이다. 브란덴부르크, 프로이센 뿐만 아니라 클레베 마르크(베스트팔렌 지역)까지 여기저기 흩어진 땅을 주워모았다. 그리고, 중앙집권을 수단으로 하여 절대주의로 나아갔다(프리드리히 빌헬름과 그 아들의 리더십). 신성로마제국 황제 군대가 8만명이었을 때 이 왕국은 무려 7만 명의 잘 훈련되고 충성스러운 상비군을 조직했다. 이 군대가 반란 진압, 대북방 전쟁, 오스트리아 왕위 계승 전쟁 승리의 카드였다. 7년 전쟁 때 망할 뻔하였지만 러시아 피오트르의 도움으로 살아났다. 폴란드 분할에도 참여했다. 나폴레옹 등장 이후에는 프랑스를 지지, 하노버와 브레멘 땅을 얻었다. 19세기에는 산업혁명의 영향으로 북독일 관세동맹을 맺었다. 라인란트, 베스트팔렌, 슐레지엔에서 석탄, 철광석을 재료로 한 산업화를 이루었다. 그런데 프랑스 혁명의 파급으로 독일에서도 1848년 의회가 설치되는 등 자유주의 운동이 일어났다. 그러나, 국왕과 전통을 중시한 세력들이 저지했다. 1849년에는 입헌군주제를 내세운 프랑크푸르트 국민의회의 통일운동이 있었다. 그런데 이러한 허수아비(명목적) 황제 체제를 빌헬름은 거절했다. 새 총리 비스마르크는 철혈 정책으로 의회를 무력화했고 대외적으로는 전쟁을 승리로 이끌었다(1864년 제2차 슐레스비히 전쟁, 1866년 프로이센-오스트리아 전쟁, 1871년 프로이센-프랑스 전쟁). 그 리더십으로 독일을 통일시켰다(1871년 독일 제2제국). 입헌 군주국이 아니라 전제군주국인 이 나라의 중심은 프로이센이다(전체 면적의 66%, 인구의 60%). 그런데 슐레스비히, 홀스타인, 하노버 왕국, 헤센 카밀 선제후국, 나시우 공국 등이 있어서 이중 구조였다. 바이마르 공화국 당시는 <프로이센 자유주>라고 하여 독자성을 유지했다. 오늘날까지도 독일의 정체성(Identity)이 되는 곳이다. 다만, 1차 2차 세계대전에서 패전, 옛 프로이센 땅의 절반 이상을 폴란드와 러시아에 빼앗겼다. 그래도 브란덴부르크, 베를린, 포츠담 등 핵심 지역은 여전히 건재하다.

<**프로이센 왕국의 리스크**(Risk)>

- 30년 전쟁이 남긴 분열과 상처
- 북방전쟁, 오스트리아 왕위계승전쟁, 7년 전쟁, 나폴레옹 등장
- 1차 2차 세계대전에서 패배

<**리스크 대처**>

- 프로이센의 지도자 등장(프리드리히 2세, 비스마르크)
- 잘 훈련되고 충성스런 군대
- 철광석과 석탄을 이용한 산업혁명 성공시켜 전쟁에서 승리

91. [중국 청나라 건륭제](1711-1799년: 88세에 사망)(18세기 동양 중국)

청나라 옹정제의 둘째 아들이다. 청의 여섯 번째 황제가 되었다. 강희제->옹정제->건륭제 연이은 3대가 청나라 최전성기였다. 어릴 때 사서삼경(四書三經)에 통달하고 사냥에서 곰을 잘 잡았다. 그래서 할아버지 강희제가 아주 귀여워했다. 큰어머니와 친모에게 똑같이 예를 다하여 문안을 올리는 등 예의도 발랐다. 할아버지 사랑에 대한 보답으로 평생 강희제 초상화를 쳐다보며 마음을 굳게 하였다고 한다. 일찍이 아버지 옹정제 정치를 도왔고 형 홍시를 제치고 황세자 자리를 굳혔다. 아버지 옹정제는 근검절약, 성실의 대명사인데 건강을 해쳐 앓아눕고 재위 23년 만에 사망했다. 건륭제는 25세의 나이에 황제가 되었다. 여러 대외원정을 하였는데 전쟁은 유능한 장군들에게 맡겼다. 부친 때 탄압받은 삼촌들을 사면하였지만 정치에는 관여하지 못하게 하였다. 종친이 정치에 관심을 가지면 황제 권위는 추락하고 부정부패가 생기게 마련이다. 그는 이갑제(里甲制), 보갑제(保甲制)의 결점도 고쳐나갔다. 이는 북송의 왕안석이 고안한 것으로 향촌공동체를 기초로 행정, 군사, 상호 감시를 하게 한 것이다. 매우 효율적인 통치 수단이었다. 지방 관리들이 인구, 세수(稅收)를 부풀려 백성을 착취하는 것을 보고 집집마다 나이, 성별, 이름을 집 앞 패찰에 걸어두라고 했다. 이를 군기처와 호부(戶部)에 보고하게 하니 매우 정확해졌다. 허위로 보고하거나 세금을 빼돌린 총독, 선무는 엄하게 벌했다. 그는 60년간 10차례나 전쟁을 하였다(10전노인 十全老人). 그래서 중국역사상 몽골제국(원나라) 다음으로 영토를 넓혔다. 특히 명나라 이래로 괴롭히던 몽골 타타르 족속(준가르부)을 이기고 신장을 얻었다. 또, 대만의 반란을 해결했다. 그 이후 평화가 오래 어어지자 부정부패하는 신하가 나와(니오후루 허신 등) 피해를 끼쳤다. 그래서 다시 백련교도의 난이 일어났다. 이는 다음 황제인 가경제, 도광제를 어렵게 했다. 건륭제의 건강과 장수 비결은 하루 2번의 식사, 채식과 생선 위주의 식사였다. 시간이 나면 선대 강희제, 옹정제처럼 다회(茶會)를 열고 시화(詩畫)를 여유있게 즐겼다. 또, 그는 만주족의 정체성을 보존하기 위해 만주족의 기원을 연구하게 했다. 사고전서(四庫全書)라는 백과사전도 편찬하였는데 청왕조에 비판적인 사상을 누르고 지식인을 달래는 목적도 있었다고 한다. 정치가의 행위에는 여러 가지 목적이 있는 법이다. 포르투갈, 스페인, 네덜란드를 이어서 18세기의 무역 패권은 영국에게 있었다. 이들은 건륭제 말기에 통상을 요구하는 사신 맥카트니 등을 중국에 보냈다. 중국은 이들 사신에게 삼배구고두례(三拜九叩頭禮: 중국황제 앞에서 세 번 절하고 머리를 아홉 번 땅바닥에 조아리는 예법)를 요구했지만 메카트니는 단번에 거절했다. 그리하여 두 나라 사이의 통상은 아편전쟁 이후에나 이루어졌다. 건륭제는 성리학을 신봉하여 가톨릭 선교사의 전도를 금하였기에 이들 선교사는 지하에서 선교할 수 밖에 없었다. 이 때 청나라에 사신으로 갔던 조선 사람들이 「천주실의(天主實義)」 등 책을 입수, 혼자 읽은 후 신앙인이 된 적이 있다. 물론 조선에서도 전례(典禮: 조상에 대한 제사를 지내냐 마느냐) 문제로 서학(西學) 카톨릭을 금하고 박해하였다.

<**청나라 건륭제의 리스크**(Risk)>

- 형과의 왕위 경쟁
- 잦은 대외원정
- 이갑제, 보갑제의 결합
- 신하의 부정부패, 백련교도의 부활
- 서세동점(西勢東漸) 시작(영국의 통상 요구)

<**리스크 대처**>

- 어릴 적부터 문무(文武) 실력 앙양, 예의범절 준수
- 건강의 위한 소식(小食), 채식(菜食)
- 사고전서(四庫全書) 편찬, 비판적 사상 통제

92. [조선의 영조](1694-1776년)(17-18세기 동양 한반도)

영조는 숙종이 아낀 숙빈 최씨 아들로(서자) 태어났다. 후에 연잉군(延礽君)으로 책봉되었다. 본시 숙종의 세자는 경종이었다. 노론은 경종을 무시하였으나, 숙종의 대리청정으로 아들 경종을 세우는 데는 찬성하였다. 경종은 그저 무난한 세자였다. 특별한 장점이 없었지만 단점도 별로 없었다. 성격이 괄괄한 숙종은 세자 경종이 마음에 덜 차 종종 야단을 쳤다고 한다. 숙종은 60세에 승하하고 경종이 대를 이었다(영조의 이복형). 노론은 경종을 압박하여 아우 영조 연잉군(延礽君)을 왕세자로 삼았다. 경종에게는 아들이 없었기 때문이다. 이후 연잉군은 공부에만 주력하였다. 노론은 경종을 무시하여 왕세제 연잉군에게 대리청정하게 하였다. 이 과정에서 신임옥사, 삼수의 옥 등 연잉군에게 위기가 닥쳤지만 경종의 보호를 받는다. 경종이 오랜 지병으로 31세에 사망하자 연잉군이 왕에 올랐다(영조로 즉위). 경종은 지병으로 사망하였지만, 음식으로 인해 독살당했다는 유언비어가 퍼져 영조는 많은 의심을 받았다. 생강과 간장게장을 조합하면 독이 된다는 풍설(소문) 때문이었다. 1755년 영조를 비방하는 「나주 괘서(掛書)」 사건이 일어났다. 참으로 대담하게도 그 주모자들은 왕 앞에서 심문을 받으면서도 이 독살설을 주장하는 정도였다. 하여간 어머니의 출신에 대해 열등감이 많았든데다 경종 독살설까지 있어서 영조는 신하들에게서 많은 견제를 받았고 마음의 고통이 컸다. 집권시 소론의 강경파 김일경과 「삼수의 옥」으로 영조를 위기로 몰았던 목호룡을 처형한 후 노론 정권을 세웠다. 그러나 이 노론이 너무 득세하자 탕평책(蕩平策)으로 소론을 보충하였다. 이러한 노력에도 불구하고 남인 이인좌(윤후의 손자사위)가 남인과 소론 강경파를 모아 반란을 일으켰다(「이인좌의 난」). 이인좌의 난은 서울, 서북지방, 삼남에서 동시다발로 일어났는데 서울과 서북쪽은 빨리 진압되었다. 충청도에서는 화포공격으로 진압하였고 경상도 거창 합천의 반란군은 안동의 의병으로 세가 크게 꺾이고 결국 중앙군에게 격퇴당하였다. 영조는 노론과 소론의 균형을 맞추려고 무진 노력하였지만, 소론 강경파와 남인의 반역 세력은 처형할 수 밖에 없었다. 결국 영조는 사림 세력을 꺾고자 그 관직 임용을 제한하고 붕당의 뿌리인 서원의 수를 줄였다. 이후 수도권인 서울과 경기 중심으로 인재를 등용할 수 밖에 없었다. 왕비 정성왕후 서씨가 64세로 사망하자 계비로 정순왕후 김씨가 들어왔는데 이 계비를 끔찍히 여겨 그 일가인 안동 김씨를 중용하였다. 그런데, 영조의 최대 실책은 아들인 사도세자에게 너무 집착한 것이었다. 아들을 열심히 교육하고자 한 선의는 좋지만 아무리 좋은 의도라도 너무 혹독하게 자식을 대하면 교육의 의도대로 굴러가지 않는다. 독이 되고 마는 것이다. 사도세자는 거의 미쳐버리고 말았다. 이로 인해 발작이 일어나자 뒤주에 가둬 죽였다. 그 아들 정조가 즉위하였지만, 사도세자를 처벌해야 한다고 주장하였던 신하들은 그 이전 연산군의 사례를 떠올려 겁을 먹고 정조를 미리 견제하였다. 정조를 보호한 것은 어머니 혜경군 홍씨와 외가였다. 그런데 정조가 자라면서 외가와 차츰 거리를 두는 모습을 보이자 홍봉한 등은 경주 김씨를 끌어들이지만 결국 숙청당했다. 영조 스스로 내세운 치적은 6가지다. (1) 탕평책(蕩平策) (2) 균역법(均役法) (3) 청계천 준설 (4) 여자인 종에게 부여한 공역(貢役) 폐지 (5) 관직 등용에서 서얼차별 폐지 (6) 속대전(續大典)의 편찬이다. 영조 51년 건강이 나빠져 손자 정조에게 대리청정을 시도하였으나 정조를 탐탁지 않게 여긴 홍인한이 반대하기도 하였다. 그러나 정순왕후 김씨가 세손을 도와 홍인한을 배제하였다. 영조는 세손에게 인사권과 병권(兵權)을 넘겨주었다. 정조가 사도세자의 아들이어서 죄인의 자식이라는 낙인을 쓰고 위기를 맞았으나 효장세자의 양자로 입적하여 이 문제를 해결했다. 순조롭게 권력을 이양한지 3개월 후 영조는 폐렴증세(피가 섞인 가래와 구토 증세)를 보이다가 사망하였다(1776년 음력 3월 5일). 정조의 계승 작업을 방해한 홍인한, 정후겸은 즉각 처형되고 김관주는 함경도 북청으로 유배를 갔다. 홍봉한은 홍국영이 살려주었는데 세도정치 신호탄인 홍국영도 정조에게 숙청당하였다. 그 이후 정조는 어린 아들 순조를 위하여 김조순 등 신 안동김씨 세력을 끌어들였는데 이는 본격적인 외척 세도 정치의 씨앗이 되고 말았다.

<**영조**(英祖)**의 리스크**(Risk)>

- 서자 출신(숙종과 숙빈 최씨의 아들로 출생)
- 신임 옥사, 삼수의 옥
- 경종 독살설(생강과 간장게장 식사로 사망설)
- 아들 사도세자에 대한 지나친 집착, 뒤주 살인

<리스크 대처>

- 탕평책
- 균역법(均役法) 실시
- 서얼 차별 폐지
- 법전 속대전(續大典) 편찬
- 손자(정조)에게 순조롭게 승계

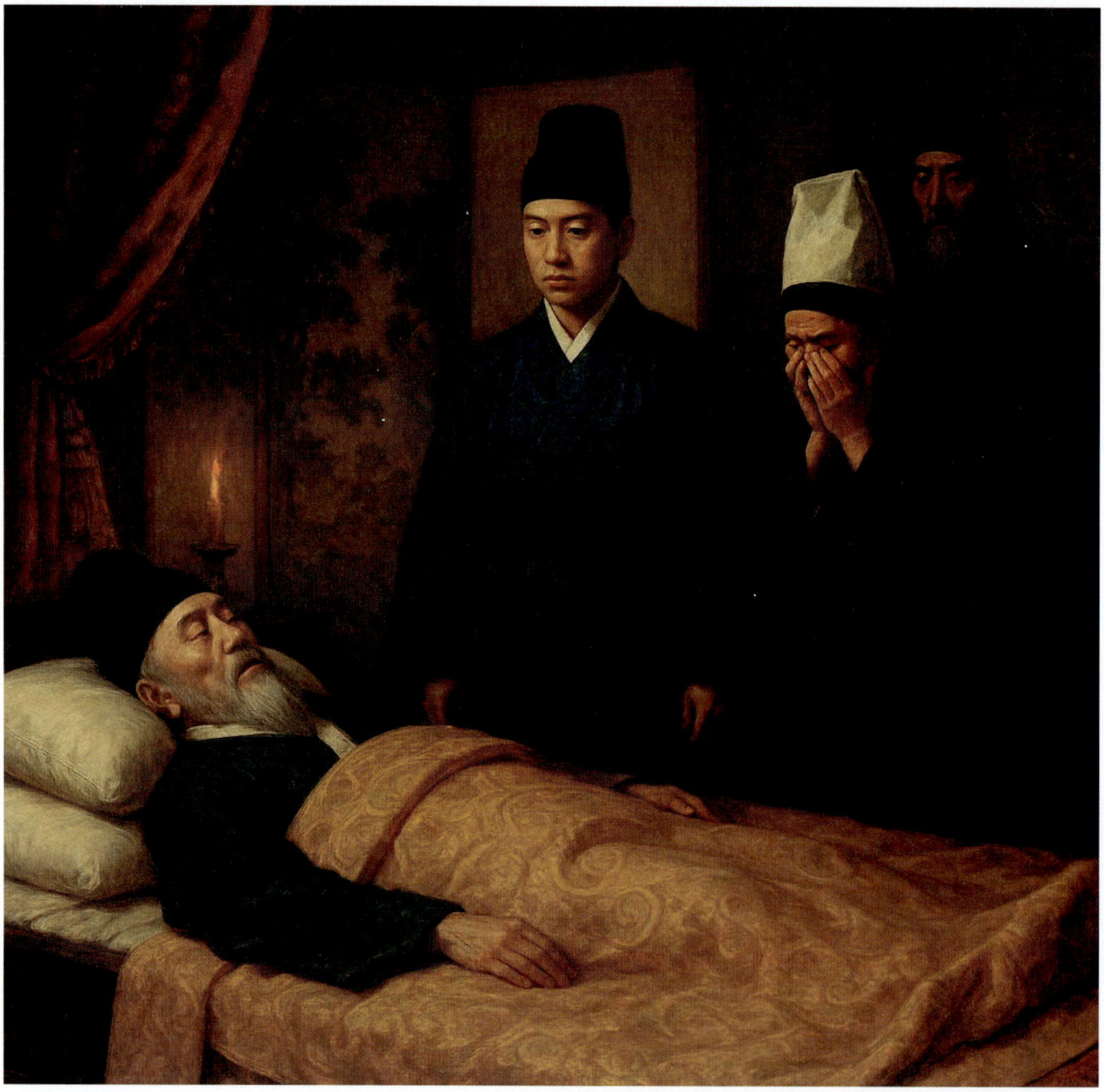

93. [오스트리아 왕위 계승전쟁](1740년-1748년)(18세기 서양 유럽)

합스부르크 왕가는 카알 5세 이후 서부와 동부로 나뉘었다. 동부 쪽 중심은 오스트리아다. 이 왕위 계승권을 두고 1740년대 중부 유럽 일대에서 대규모 전쟁이 일어났다. 오스트리아의 마리아 테레지아가 여자였기 때문에 바이에른 선제후국이 계승권을 주장했다. 합스부르크 약화를 노린 프랑스, 프로이센과 영국 등 주변국도 가담하면서 대규모 국제전이 되었다. 오스트리아의 마리아 테레지아 편을 든 나라는 영국, 하노버 선제후국, 러시아였다. 바이에른 편은 프로이센, 프랑스, 제노바, 스웨덴이었다. 작센과 사르디니아 왕국은 1742년부터 바이에른 편에 들다가 그 이후 마리아 테레지아로 돌아섰다. 이 전쟁에서 신성로마제국의 황제로 누가 되느냐는 부차적이었다. 이미 신성로마제국은 힘을 잃어 버렸기 때문이다(오스트리아의 통치권이 더 중요했습). 1740년 마리아의 아버지 신성로마제국 황제 카알 6세가 사망하여 후계가 문제되었다. 서열은 카알 6세의 형 요제프 1세의 딸이 우선이었다. 그러나, 미리 대비하여 카알 6세는 딸이라도 승계할 수 있다는 룰(이른바 국사조칙 國事條則)을 진작에 만들어 놓았었다. 다만, 이런 룰은 주변국들의 동의와 협조가 굳건하여야 한다. 카알 6세는 말기에 폴란드 왕위 계승전쟁(1737년-38년), 오스만투르크와의 전쟁에서 패하면서 내부 결속력이 약해져 있었다. 바이에른과 작센이 반기를 들었다. 오스트리아의 숙적 프랑스와 프로이센도 같았다. 프로이센의 야심찬 프리드리히 2세도 알짜배기 땅 실레지엔을 겨울에 침공하였다. 본시 프로이센은 오스트리아와 사이가 나쁘기도 했지만 프리드리히 대왕의 결혼을 오스트리아가 방해하고 강제 결혼하게 되었으니 더욱 원한이 깊었다. 프로이센은 오스트리아가 프랑스, 바이에른 전에 힘을 쓰는 사이에 슐레지엔을 쳤다. 스페인, 나폴리 왕국이 프로이센 편을 들었다. 그런데 오스트리아의 친구인 스웨덴이 오스트리아의 동맹인 러시아와 전쟁을 벌였으니 오스트리아는 러시아의 지원도 받을 수 없게 되었다. 마리아 테레지아가 여자이고 경험이 부족하여 주변국이 얕잡아 보았던 탓이 크다. 다만, 영국은 프랑스와 스페인을 견제하고자 오스트리아를 도왔다. 개신교 지역인 실레지엔은 프로이센을 환영하였다. 몰비츠 지역에서 첫 전투가 있었는데(1741년 4월) 프리드리히의 미숙함으로 프로이센은 패했지만 유능한 장군 슈베린과 잘 훈련된 보병 군대가 잘 수습했다. 의외로 프로이센이 선전한 것이다. 여기에 고무된 프랑스는 보헤미아 왕국으로 침공하고 독일인 귀족들도 마리아를 배신하는 움직임을 보였다. 위기의 순간, 마리아는 헝가리 의회로 어린 아들 요제프를 안고 가서 지지를 호소했다. 헝가리와 크로아티아의 지지가 확보되어 이를 수습했다. 할 수 없이 프리드리히 2세와는 잠시 타협했지만 보헤미아는 지켰다. 1742년 도나우 강 일대에서 프랑스군이 공세를 강화하자 프로이센도 공격하여 마리아가 참패했고 슐레지엔을 프로이센에게 내어주고 말았다(브레슬라우조약). 다시 영국이 1743년 참전, 레팅겐에서 프랑스에게 대승하였지만 오스트리아는 프로이센에게 1745년 호엔 프리트메르크 전쟁에서 크게 졌다. 다만, 1743-45년 바이에른-프랑스 동맹군에 오스트리아군이 승리했다. 이태리 제노바까지 점령한 후 남편 프란츠 1세를 신성로마 제국 황제로 선출함에 성공한다. 그 이후에는 교착 상태에 빠져 아헨(Aachen) 조약을 맺고 끝냈다. 프로이센은 실레지엔을 확보하였고 프리드리히 2세의 리더십이 크게 돋보였다. 오스트리아는 비록 실레지엔은 잃었으나 합스부르크 왕가와 그 땅 대부분을 잘 지켜냈다. 마리아 테레지아의 정치력 덕분이었다. 이 전쟁에서는 영국, 프랑스가 제3자일 뿐이었다. 그러나, 두 나라는 패권을 두고 인도와 북아메리카에서 다시 맞붙었다. 스페인은 나폴리 왕국, 시칠리아 왕국에다가 이태리 중부에까지 영역을 넓혔다. 이태리 사르디니아 왕국은 밀라노는 놓쳤지만 토르토나, 노바리를 얻었다. 오스트리아 전쟁부터는 이전의 유럽 전쟁과 달리 민간 약탈이 줄어들었다. 본국에서 수송받는 병참 시스템이 발전했기 때문이다. 일반 시민이나 정부 모두에게 바람직했다. 전쟁에도 일정한 도덕적 룰이 생긴다는 것이니까.... 훗날, 오스트리아의 마리아는 프로이센의 슐레지엔 강탈에 복수하고자 하여 또 7년 전쟁이 일어났다. 그런데, 이 때 영국은 지원대상을 반대로 했다. 과거의 앙숙 프로이센을 지원하고 오스트리아는 철천지 원수 프랑스와 손을 잡는다(외교혁명, 동맹의 역설). "국제 질서에서는 언제나 국익이 먼저"라는 철칙을 다시 보여주었다.

<**오스트리아 마리아 테레지아의 리스크**(Risk)>

- 부친 사망 후 후계 문제
- 신흥 경쟁국 프로이센의 원한과 부상, 국제전으로 비화
- 마리아 테레지아가 여성이고 경험이 부족하여 주변 강대국이 무시

94. [영국의 탐험가 제임스 쿡(James Cook)](1728-1779년: 51세에 사망) (18세기 서양 영국)

영국의 탐험가이다. 요크셔의 작은 마을 마톤에서 태어나 가난하게 자랐다. 석탄 운반선에서 일도 하고 캐나다에서의 영불전쟁에 참전, 이 때 지도 제작방법을 배웠다. 그가 호연지기(浩然之氣), 모험심을 키운 것은 등산을 통해서였다. 후에 엘리자베스 베스와 결혼했다. 태평양쪽으로 세 차례 탐사 항해를 하여 뉴질랜드, 호주, 하와이 등 여러 섬과 북아메리카 서해안을 조사하는 위업을 남겼다.

(1) 1차 항해

정부는 그의 탐사 항해를 공식적으로 후원하면서 (1) 금성(金星)을 관측할 것, (2) 미지의 남방대륙을 조사할 것을 지시하였다. 금성을 관측하라고 한 이유는 지구에서 금성까지 거리를 알면 지구와 태양 사이 거리도 알 수 있다는 믿음 때문이었다(태양계의 운행법칙에 기초). 그는 영국 인데버(Endeavor)호의 선장이 되어 태평양의 타히티 섬으로 갔다. 1769년 마젤란 해협을 돌아 타히티 섬에 도착, 관측소를 설치했다. 선원들의 괴혈병을 막기 위해 소금에 절인 양배추와 과일을 가져가 선원들에게 강제로 먹였다. 뉴질랜드에서 두 개 섬을 발견하고 호주 동해안의 대보초도 발견한 후 귀국하였다. 선원 중 조지프 뱅크스는 많은 식물 표본을 채집하여 식물학(botany)에 공원하였다. 타히티에서는 루파이아라는 원주민을 태우게 되었는데 그가 4,000킬로나 떨어져 있는 뉴질랜드 원주민과 서로 알아듣게 대화가 되는 것을 보고 놀랐다고 한다.

(2) 2차 항해(1772-75년)

이 때는 남극 대륙을 탐험하라는 명을 받았다. 역시 괴혈병을 막기 위해 절인 양배추 등을 잔뜩 실었다. 희망봉을 거쳐 남극 쪽으로 갔으나 유빙(流氷)이 너무 많아 동쪽으로 가다가 뉴질랜드에 기착한다. 뉴질랜드에서 선원들이 원주민에게 살해당하는 등 어려움을 겪으면서도 남하, 남극대륙 120km까지 접근했지만 남극 자체에는 도달하지 못하였다. 대신 남태평양의 수많은 섬들을 발견했다. 마젤란 해역을 거쳐 귀국한 후 괴혈병 예방의 공로로 정부의 표창을 받았다.

(3) 3차 항해(1776년)

남극조사라는 같은 임무로 레볼루션 호와 인데버 호를 지휘, 희망봉과 타히티 섬을 지나 하와이 섬에 도착한다. 원주민들은 이들을 신격화하여 잘 대접하였으나, 시간이 갈수록 이들이 술과 여자만 탐하는 것을 보고 불만을 가져 제임스 쿡을 비롯 5명의 선원을 살해하였다.

하와이 원주민은 절도를 아무렇지 않게 여기는 관습이 있었다. 그런데, 영국의 물건이 없어지자 쿡 일행은 이를 되찾기 위해 하와이 족장(칼라니오프)을 인질로 잡으려 했으나 실패하였다. 쿡은 배로 도망하던 중 머리 뒷부분을 얻어맞았다. 하와이 원주민들은 쿡을 살해한 후 뼈를 발라낸 3-4 킬로그램 살덩어리를 영국 배로 전달하였다. 팔다리, 머리 가죽, 잘린 두 손은 그들의 관습대로 해안가에 버렸다고 한다. 영국 항해사들은 쿡을 수장하고 그 근처(하와이의 케알라 게투어만)에 쿡을 기리는 추모비를 세웠다. 뉴질랜드의 자치령 쿡 제도, 뉴질랜드의 최고봉 산 마운트 쿡은 그의 이름을 딴 것이다. 쿡은 과학, 측량 등에도 관심이 많아 폴리네시아 등 태평양 원주민들이 타이완—> 필리핀, 뉴기니—> 인도네시아를 거쳐왔음을 밝히기도 하였다.

<**제임스 쿡의 리스크**(Risk)>

- 가난한 가정환경
- 태평양 방향 모험적 3차례 탐사여행
- 하와이 원주민의 불만과 탐험대와의 싸움

<**리스크 대처**>

- 등산을 통한 모험심, 호연지기 함양
- 과학, 측량 등으로 태평양 지리학의 선구적 업적

95. [미국 독립 전쟁](1775-1783년)(18세기 아메리카 미국)

영국의 식민지였던 미국이 본국인 영국과 벌인 독립전쟁이다. 영국의 명예혁명(1688년), 프랑스 대혁명(1789년)과 함께 근대 민주주의 뿌리가 된 사건이다. 미국 식민지는 인도, 아프리카와 달리 뉴질랜드, 캐나다처럼 영국의 본토 연장으로 여겨졌다. 그러나, 식민지에 대한 인지세(印紙稅) 부과 등 차별적 대우를 한 것이 화근이었다. 프렌치-인디

언 전쟁에서는 식민지인이 영국을 도왔고 사이가 좋았다. 그런데 재정 상황이 나빠진 영국이 식민지인들로 하여금 가급적 원주민을 촉발하는 전쟁이 일어나지 않도록 규제했다. 또, 애팔래치아 산맥 서쪽으로 진출하지 못하게 하고, 설탕조례(Sugar act-1764년), 인지조례(Stamp Act-1765년)를 내세워 과세하자 반영(反英) 감정이 싹텄다. 인지조례는 식민지의 모든 인쇄 종이에 3penny의 인지를 붙여야 한다는 것이다. 간접세가 아니라 직접세였기에 누구든 알 수 있어서 더 큰 반발을 불렀다. 사실 13주의 식민지인들이 모두 풍요를 누린 것 같아도 돈을 번다는 것은 누구에게나 매우 어려웠다. 당시 교통사정이 나빠 운송비가 엄청 비싸 돈 버는 것이 버거웠다. 또, 화폐로 세금을 내는 것은 불편했다. 영국 본국에서도 인지세가 있었지만 식민지인들은 "의회에 대표가 없는데 왜 과세하느냐"고 하였다("대표없이 과세없다"-No Taxation without Representation). 인지세에 반대하여 뉴욕, 보스톤 등지에서는 폭동이 일어났다. 영국 상인들도 폐지 청원을 하여 결국 폐지되었다. 그러나, 영국 의회는 크게 자존심이 상했다. 곧이어 타운센트세, 차세 등이 부과되었다. 보스턴 차 사건(1773년 3월 5일)이 일어나자 메사추세츠에 대한 영국 직할 통치가 선언되었다. 미국도 1774년부터 두 번의 회의가 열리고(대륙회의) 전쟁은 피할 수 없었다. 토마스 페인의 「상식(常識)」(Common sense)이라는 계몽주의 책이 큰 반향을 일으켜 식민지 내 독립 열망이 높아져갔다. 전투 시작은 메사추세츠주의 렉싱턴 콩코드 전투였다. 영국군은 보스턴으로 밀렸고 대륙회의는 조지 워싱턴을 사령관으로 임명하여 민병대를 규합했다. 1775년 공방전 끝에 영국군은 보스턴을 내주었다. 1776년에는 미국 독립선언서가 발표되었다. 식민지 군에게도 복무기간 만료 등으로 군대가 해체될 뻔한 위기가 있었다. 그러나, 트랜턴 전투, 프린스턴 전투에서 조지 워싱턴이 이 위기를 극복하였다. 영국군은 반전을 노렸지만 두 사령관 윌리엄 하우 소장과 존 비고인 소장의 손발이 잘 맞지 않아 새러토가 전투에서 대패, 항복하고 말았다. 그 이후 전쟁은 프랑스, 스페인 등이 참가하는 국제전이 되었다(벤자민 프랭클린 등은 외교활약). 인도에서도 영국과 프랑스가 퐁디세르 등에서 공방전을 벌였다. 결국 세러토가 전투에서 미국 식민지군이 승리하였지만 갈 길은 험했다. 영국의 조지 3세가 강경 진압을 선언했기 때문이다. 다만, 식민지군의 나다니엘 그린 소장이 게릴라전 등으로 선전하고 민병대가 영국군에게 큰 타격을 입혔다. 거기에다 체사피크만 해전에서 막강을 자랑하던 영국 해군이 프랑스 해군에게 패전하는 대사건이 일어났다. 요크타운에서는 콘월리스가 지휘하던 영국 남부군 전체가 2배가 넘는 수의 프랑스-미국 연합군에게 포위되고 결국 항복하였다. 영국 안에서는 전쟁 반대파가 많아지고 조지 3세도 어쩔 수 없게 되었다. 식민지 게릴라전이 영국군을 상대로 효과를 거둔 작전 중에는 <장교 저격>이 있었다고 한다. 이 전쟁의 결과 파리 조약이 체결되고(1787년) 필라델피아 회의에서 미국 헌법이 만들어졌다(미합중국 United States of America 성립). 초대 대통령으로는 조지 워싱턴이 뽑혔다. 한편 식민지군을 적극 지원하여 영국을 무릎 꿇린 프랑스였지만 참전 군인들이 자유, 평등, 박애 정신을 배워가다보니 프랑스 혁명의 씨앗이 되고 말았다.

<**독립전쟁시 미국의 리스크**(Risk)>

- 영국의 과도한 과세(인지세, 설탕세, 차세, 타운센드세)
- 영국왕 조지 3세의 강경한 태도
- 미국 안의 분열
- 나쁜 교통사정과 높은 운송비

<**리스크 대처**>

- 프랑스의 지원
- 워싱턴 사령관의 리더십
- 민병대의 게릴라 활동

96. [프랑스 혁명](1789년)(18세기 서양 유럽)

1789년 프랑스 왕정에서 발발한 대혁명 사건이다. 무능한 왕과 부패한 귀족, 조세제도의 모순, 재정의 파탄이 원인이었다. 그 이론적 배경은 루소, 몽테스키외, 디드로 등 계몽주의자와 백과전서파의 사상이다(사회계약설, 인민주권론 등-왕권 신수설의 부정). 또 미국 독립 전쟁에 참전한 프랑스 군인이 자유와 평등 사상에 영향받은 탓도 있다. 프랑스는 징세나 은행제도가 발달하지 못하여 징세청부업자가 징세했는데 평민들을 가혹하게 수탈했다. 또, 역대 프랑스 왕이 부르주아주에게 관직, 귀족 작위를 팔기도 하였다. 이래서 늘어난 귀족층은 많은 토지(국토의 40 프로)를 가지면서도 세금은 안냈다(면세: 免稅). 영국 귀족층이 국민의 0.5프로였음에 반해 프랑스는 무려 3프로였다. 또, 루이 14세와 15세 때 쌓인 빚은 너무나 많아서 루이 16세는 세금의 절반 이상을 빚갚는데 써야했다. 이를 해결하려면 귀족층도 세금을 내게 하여 세수를 늘리고 정부 지출을 줄여야 함이 상식이다. 그러나, 귀족층은 조직적, 지속적으로 반발했다. 심지어 루이 16세의 삼촌들도 이 부패와 저항의 한 축이었다. 이를 해결하자면 루이 16세 자신이 몸소 근검 절약을 실천해야 했다. 궁정 연회 등 사치를 근절하는 한편 건전하고 충성스러운 친위세력을 구축해야만 했다. 그러나, 그는 그 의지와 역량이 없었다. 거기에다 오스트리아 왕위 계승전쟁, 30년 전쟁과 미국 독립 전쟁에 휘말리는 실책을 범했다. 재정이 점점 더 나빠졌다. 그래도 국왕은 나름 노력을 하였으나 반발을 잠재우기에 역부족이었다. 사실 1730년대 이후 경기가 좋았지만 1773년부터는 흉작, 1775년 이후 식량 부족이 심해졌다. 1785년의 대가뭄, 1788-89년의 겨울 한발에 이은 곡가 앙등으로 물가 상승률이 65프로로 치솟았다. 미국 독립전쟁에서 식민지 군대를 도와 지출한 비용은 무려 20억 리부로였다. 농민봉기는 쉴 새 없이 일어나고 지방에 따라서는 사람도 잡아먹었다고 한다. 징세제도의 불법성에다가 불평등한 인두세 문제도 있었다. 포도주와 주정(酒精)에 대한 세금, 소금세도 있었다. 이를 귀족들은 하나도 내지 않고 제3계급인 평민들만 내게 했으니 문제였다. 또 징세 청부를 입찰하였는데 징세 청부업은 도급제였다. 정부가 맡긴 세금걷기로 가혹한 수탈을 했다. 명 재상 튀르고, 네케르, 드 칼론, 드 브리앵의 노력도 소용없었다. 이를 위해 루이 16세가 노력하자 고등법원은 <기본법의 수호자는 국왕이 아니라 고등법원>이라고 반발했다. 자신들의 이권을 보호하는 판결일 뿐이었다. 만약 이 때 귀족들이 세금을 내기로 하는 등 특권을 양보하였다면 영국처럼 혁명이 온건한 방식으로 갔을 것이라는 평가가 있다. 기존의 귀족과 신흥귀족(법관귀족)들은 왕을 견제하기 위해 삼부회에 기대하였다. 그러나, 그 기대와 달리 삼부회의 제3계급은 분노를 폭발시켜 구제도(앙샹 레짐Ancient Regime) 자체를 파괴해버렸다. 오히려 혁명 후 많은 귀족과 징세업자들에게 보복했다. 삼부회에서 제3계급은 자기들만 따로 모였다. 루이 16세가 군대를 동원, 삼부회 회의장을 폐쇄하자 이들은 테니스 코트에 모여 헌법 제정을 요구했다. 일부 성직자와 귀족, 시이에스와 라파이에트, 미라보 백작도 가담했다. 루이 16세도 어쩔 수 없이 헌법제정위원회를 만들었다. 그러나, 루이 16세는 영국 청교도 혁명을 떠올려 국경 수비대를 베르사이유로 출동시켰다. 다만, 시민들의 지지가 없이 군대만으로 일을 진압하는 것은 무리였고 혁명의 도화선이 되고 말았다. 인기가 높았던 재무장관 네케르를 파면한 것도 민심을 자극하여 바스티유 감옥을 습격하기에 이른다. 이어서 프랑스 전역에서는 농민봉기가 일고 영주귀족은 살해되고 토지대장은 불탔다. 1789년 제헌국민의회에서는 봉건제 폐지를 결의하고 네케르를 재무장관에 다시 불러올렸다. 같은 해 8월 25일에는 프랑스인권선언이 공포되었다(자유, 평등, 주권제도 및 표현의 자유, 사유재산의 보장 등). 같은 해 10월 5일에는 베르사유 궁전의 루이 16세 가족을 국민의회와 시민들의 엄중한 감시를 받게 한다. 가톨릭 교회 재산은 몰수되었다. 성직자는 교황청이 아니라 정부에게 충성을 맹세하게 했다. 여기에 가톨릭 사제의 다수가 반발하여 반혁명의 씨앗이 뿌려졌다. 1791년 비록 혁명에 찬성하였지만 왕실에 우호적이었던 미라보 백작이 사형되자 불안을 느낀 왕과 왕비는 6월 국외 탈출을 시도하다가 잡혔다. 곧이어 입헌군주제를 내용으로 하는 헌법이 제정되고 10월 1일 입법을 위한 의회(입법 의회)가 만들어졌다. 1792년 혁명은 유럽 각국의 전쟁으로 번졌다. 혁명의 파급을 싫어한 프로이센, 오스트리아는 프랑스로 진군하고 프랑스 입법의회는 의용군을 모집했다. 8월 9일 혁명은 과격화하여 파리 지구의 의원들이 시청을 점거, 자치 시회(「파리코뮨」)를 만들었다. 곧바로 왕실로 쳐들어가 스위스 용병을 몰살시킨 후 루이 16세 일가를 연금했다. 또, 9월 20일에는 프로이센-오스트리아 연합군을 격퇴하고(발미전투) 국민공회가 만들어졌다(Convention nationale). 그런데 그 후에 온건파인 지롱드파와 과격파인 자코뱅파로 갈라졌다. 루이 16세를 처형하자는 자코뱅파가 전체 의원 721명 중 361표를 얻었다. "국왕이 무죄(無罪)라면 혁명은 유죄(有罪)가 되니 잘못한 것이 된다"라고 했다. 1793년 1월 로베스피에르의 사형 선동 연설이다. 왕을 처형하지 않으면 자기들이 오히려 몰린다는 뜻이다. 그리하여 루이 16세의 목은 단두대에서 잘렸다(국고 낭비, 국가에 대한 음모 등 죄목). 그러자 방데 반란이 일어나고 영국, 네덜란드, 스페인, 나폴리, 교황청 등 반 프랑스 연합전선이 공격을 해왔다. 지롱드파는 세력을 잃고 29명이 체포되어 제명당했다. 자코뱅의 독재가 시작된 것이다. 토지는 국유화되었다. 그러나, 무상몰수, 무상 분배까지 가지는 못하고 곧바로 반전이 일어났다. 자코뱅의 핵심 마라가 지롱드파에 의해 암살된 것이다(1793년 7월 13일). 같은 해 8월 10일 또 새로운 헌법을 만들었다(남성의 보통선거 등). 9월 25일에는 최고 가격제가 시행되었다. 혁명재판소는 에베르와 로베스피에르파 주도하에 지롱드의 정신적 지주인 롤랑부인, 마리 앙트와네트 등을 단두대 이슬로 보냈다. 레물랭도 로베스피에르와 대립하다가 처형되었다. 그러나, 항상 그러하듯 이러한 공포정치는 오래가지 못했다. 시민봉기를 다시 모의한 에베르는 1794년 3월 24일 처형되었다. 분열을 거듭하더니 여론은 혁명 정부에 등을 돌렸다. 생쥐스트와 로베스피에르의 극단주의가 반발을 부른 것이다. 1794년 7월 27일 루이 루셰라는 무명 의원이 로베스피에르의 체포를 주장했고 헌병대가 바로 실행했다. 로베스피에르, 생쥐스트, 쿠통과 지지자 19명이 다음날 재판 없이 단두대에서 사라졌다(테르미도르의 반동). 로베스피에르 일당을 잡기 위해 집집마다 수색하였더니 시민들이 자발적으로 협조, 신고하였다고 한다(혁명에 실망한 대가). 그러나, 이로 인해 왕당파에게 바로 유리하게 되지는 않고 영국군-왕당파 연합군대는 테르미도르파에게 격파당했다. 1795년에는 행정권을 5명의 집행관이 갖는 것으로 하는 정부(이른바 「총재정부」)가 만들어졌다. 이 정부는 나폴레옹의 의견을 적극 수용, 이태리 원정과 이집트 원정을 추진하였다. 총재정부도 약점을 많이 드러내었고 이에 실망한 시이예스는 나폴레옹을 끌어들였고 쿠데타를 일으켜 집정 정부를 구성했다. 지도자는 나폴레옹이 되고 혁명은 끝났다. 프랑스 혁명군의 공포 정치는 무고한 사람들 수 십 만을 학살하였고 굶어 죽은 국민도 많았다. 이에 실망하여 루이 16세보다 더 권력을 집중시킨 나폴레옹이 등장했다. 우리나라에서도 프랑스 혁명의 어두운 면에 대해 재평가하는 움직임이 많이 일고 있다.

<**혁명 당시 프랑스의 리스크**(Risk)>

- 조세제도의 문제, 재정 파탄
- 무능한 왕, 부패(면세특권)한 귀족
- 오스트리아 왕위계승전쟁, 30년 전쟁, 미국독립전쟁에 휘말려 지나치게 출혈

97. [나폴레옹 보나파르트(Napoléon Bonaparte)](1769-1821년: 51세에 사망)(18세기 서양 유럽)

1769년 코르시카에서 랑고바르족의 후예로 태어났다. 아버지 부오나파르트(샤를 보나파르트)는 피사대학교에서 법학을 전공한 변호사였다. 코르시카가 프랑스에서 독립하는 것을 원하여 독립운동을 하였지만 실패한 후 친 프랑스로 입장을 바꾸었다. 나폴레옹은 이런 배경에서 사관학교에 진학하였지만, 사관학교에 워낙 명문가들이 많아 왕따가 되기 일쑤였다. 그러나, 군사적 재능이 뚜렷하여 주목받았다. 수학, 물리, 지리학을 좋아하여 포병이 되었다. 초급장교 때부터 책을 손에서 놓지 않았다고 한다. 한편 고향 코르시카에서는 아버지의 친구이면서 독립운동의 거물이었던 파올리와 갈등이 생기는 바람에 일가족이 코르시카를 떠나 프랑스로 이사하게 되었다. 1789년 프랑스 혁명 때의 계급은 중령이었는데 자코뱅파와 지롱드파의 싸움에 휘말렸다. 할 수 없이 자코뱅편에 서게 되어 왕당파 반란을 진압한 후 장군으로 승진하였다(포병대의 효과적인 지휘). 1794년 테르미도르 반동이 일어나서 일시 직위 해제되었는데 다시 현장 지휘관이 되어 파리 수비대의 40문 대포를 운용, 왕당파 시위대를 진압하였다. 이 전공 덕분에 이태리 방면 사령관이 되었다. 이태리 원정을 떠나 이태리를 지배하는 한편 오스트리아군을 격파하였다. 이 덕분에 프랑스는 벨기에와 이태리 북부 롬바르디아를 지배했다. 영국을 의식하여 1798년 이집트에 원정을 하였지만, 주변 나라들의 견제를 받아 대불동맹만 만들어지고 결국 이집트 원정은 실패했다. 이렇게 되자 그는 이집트를 탈출, 프랑스로 돌아와 시이예스와 손잡고 1799년 브뤼메르 쿠데타를 성공시켰다. 이로써 총재 정부를 뒤엎고 집정관 체제를 만들어 제1집정관이 되었으나 혼란이 계속되자 곧바로 종신 집정이 되었다. 그 당시의 업적으로는 국민교육제도, 프랑스 은행 설립과 나폴레옹법전 편찬 등이다. 한편 혁명의 영향을 받아 공화주의, 자유주의, 민족주의 등 급진적 운동이 일어났다. 나폴레옹은 주변국을 꺾고(오스트리아 격파: 아미앵조약) 1804년 교황으로부터 대관을 받아 황제 나폴레옹 1세가 되었다. 프랑스 국민들도 투표에서 압도적으로 나폴레옹을 지지했다. 해군의 열세로 트라팔가 해전에서 영국에게 패배하였지만 유럽 패권을 잡았다. 이 때 나폴레옹의 적은 영국밖에 없었다. 1806년 영국의 무역을 봉쇄하기 위해 다른 나라들이 영국과 교역하지 못하게 금지했다(영국과 대륙간 무역의 봉쇄). 그러나, 여기에 가장 큰 혜택을 받은 나라는 러시아와 스위스(헬베티아 공화국)였다. 정작 영국은 큰 타격을 입지 않았다. 게다가 프랑스는 이베리아 반도(포르투갈과 스페인)에서 약탈을 많이 하는 바람에 반발을 많이 받았다. 영국은 프랑스 점령의 이베리아에 군대를 파견, 스페인과 연합하여 게릴라전을 벌여 프랑스에 큰 타격을 주었다. 이 이베리아 반도 전쟁에서 나폴레옹은 무려 30만의 병력을 잃었다. 엎친 데 덮친 격으로 러시아가 대륙 봉쇄령을 무시, 영국과 동맹을 하는 바람에 프랑스군은 드넓은 러시아와도 전쟁하게 되었다(러시아 원정). 러시아의 쿠투조프 사령관과 알렉산드르 1세는 청야 전술(淸野戰術)로 맞섰다. 이는 모스크바를 잿더미로 만든 후 프랑스군을 국토 깊숙히 끌어들인 후 기습하는 것이었다. 겨울 옷과 식량이 없던 프랑스군은 10월 18일 후퇴를 하였다. 아사(餓死), 동상, 러시아군의 반격으로 60만 병사 중 전사 25만, 포로 10만, 부상이나 실종 15만 명이라는 처참한 패배를 하였다. 이 틈을 타 영국, 러시아, 프로이센, 스웨덴, 오스트리아 등이 대프랑스 동맹을 맺고 공격해왔다. 1813년 라이프치히 전투 패배는 결정적이었다. 이듬해 1814년 나폴레옹은 항복하고 이탈리아 반도 옆 엘바 섬에 유배되었다. 그러나, 전승국인 유럽 동맹국들 사이에 내분이 일자, 이 틈에 나폴레옹은 엘바섬을 탈출했다. 다만, 건강이 나빠진 상태의 나폴레옹은 영국과의 워털루 전투에서 전술상의 실수로 패전했다. 이번에는 오지 중 오지로 유배되어 다시는 빠져나오지 못했다. 아프리카에서도 아주 멀리 떨어진 세인트 헬레나 섬이었다. 그 섬의 자연환경이 최악일 뿐만 아니라 영국 총독(허드슨 로)의 가혹행위로 지병(위장병 등)이 악화되어 51세의 나이로 사망하고 말았다. 그가 마지막으로 남긴 말은 "프랑스", "군대", "선봉", "조세핀" 등이었다. 나폴레옹은 생전 군사적 천재성, 병참술을 발휘하였을 뿐만 아니라, 함께 고생하는 병사들에 대한 애정을 깊이 가졌다. 그런데 고질인 질병이 인생 패배의 원인이 되었다. 위궤양과 치질 등이다. 결국 군대에서의 과로로 인한 열병, 위궤양과 탈장, 치질 등이 영향을 주었다. 건강이 나빠지면 전술적인 판단 미스를 하게 된다. 이것이 패전으로 이어진 것이 아닌가 한다.

<**나폴레옹의 리스크**(Risk)>

- 코르시카 독립운동의 실패
- 자코뱅 지롱드 파의 싸움
- 이집트 원정 실패(대불동맹 결성)
- 러시아 원정 실패(러시아의 淸野 전쟁)
- 건강 악화(위궤양, 탈장, 치질)
- 공화국의 자유주의, 민족주의 등 급진 운동

<**리스크 대처**>

- 수학, 물리학, 지리학 연마, 군사적 천재성으로 연결
- 병사들과의 화합, 병참술의 성공
- 국민교육, 은행 설립, 나폴레옹 법전 편찬

98. [비인 회의](1814-15년)(19세기 서양 유럽)

나폴레옹 전쟁에서 승리한 나라들이 유럽세력을 재편하기 위해 만든 회의이다. 오스트리아(외무 장관 메테르니히), 영국(외무장관 스튜어트), 러시아(황제 알렉산드르 1세), 프로이센(프리드리히 빌헬름 3세)이 주도했다. 패전국 프랑스(외무장관 탈레랑)도 참가하였다. 이는 나폴레옹을 유배시킨 후 나폴레옹 전쟁의 전후 처리를 하려는 것이었다.

의장은 오스트리아의 외무장관 메테르니히였다. 회의의 목표는 "정통(正統)주의와 복고(復古)주의"였다. 프랑스 혁명 이전으로 모든 것을 되돌리려는 것이었다. 또다시 프랑스와 같은 패권국가가 나오면 안된다는 뜻이다. 다만, 각국의 이해관계가 복잡하게 얽혀 4주 예정된 회의가 8개월 동안이나 끌었다. 그래서 메테르니히가 제안, 오스트리아 비인에서 다시 회의를 열었다. 지지부진하던 회의가 급진전된 것은 나폴레옹이 엘바섬을 탈출했기 때문이다. 그 즉시 비인 의정서를 체결했다(1815년 6월 9일 비인 체제 성립). 다만, 이 비인체제는 메테르니히 외무장관 실각, 1848년 프랑스의 2월 혁명, 1854년 크림전쟁 발발로 그 틀이 깨지고 말았다. 보불 전쟁이 프로이센의 승리로 끝난 1871년 이와 비슷한 평화 체제가 다시 찾아온 적도 있다(비스마르크 체제). 이 평화 체제가 붕괴된 것은 제1차 세계대전의 발발이었다(1914년). 비인 체제에서 프랑스는 패전국이면서도 회원국 자리가 보장되었다. 프랑스 혁명시 부르봉 왕가를 피해자로 봐주자는 것이었다. 또, 비인체제 내부에서 러시아, 프로이센, 오스트리아 등이 폴란드와 작센 분할로 내분이 심하였기 때문이기도 하였다. 이 내분을 적극 이용한 프랑스 외무장관 탈레랑의 외교술도 작용했다. 가장 큰 역할은 주재자 메테르니히에게 주어졌다. 메테르니히는 비록 오스트리아의 외무장관이었지만, 오스트리아만의 이익에 집착하지 않고 정통주의, 복고주의라는 대의 명분에 충실한 면이 있었다.

<비인 회의 당시 메테르니히의 리스크(Risk)>

- 나폴레옹 전쟁이 남긴 유럽의 분열과 혼란
- 자신의 해임

<리스크 대처>

- 오스트리아, 영국, 러시아, 프로이센, 프랑스와의 국제협력 도모(1871년 비스마르크 체제가 이 리더십을 모방함)

99. [빅토리아 여왕(Alexandrina Victoria)](1819-1901년: 81세에 사망)(19세기 서양 영국)

대영제국의 여왕, 인도 황제를 겸하였다. 영국의 최전성기였기에 빅토리아 시대라 부른다. 영국 역사상 가장 오래 왕위를 지킨 왕이자 여왕이었는데 이 기록이 엘리자베스 2세에 의해 깨졌다. 다만, 여성은 왕이 될 수 없다는 살리카법이 하노버에는 적용되었기에 영국의 왕만 될 뿐 하노버의 왕은 포기해야 했다(동군(同君) 연합의 종식). 다만, 나중에 인도 제국의 황제까지 겸하게 되었다.

1819년 빅토리아는 왕 조지 3세의 넷째 아들 에드워드 왕자의 딸로 태어났다. 그런 연고로 본시 왕이 되기 어려웠다. 그러나, 왕위 계승 선순위자 여럿이 일찍 사망하는 바람에 왕위를 큰 아버지 윌리엄 4세 다음에 계승하게 되었다. 어머니는 독일 작센 공작의 딸 빅토리아였다. 독일 출신 어머니는 영국에 정을 붙이지 못했다. 그러나, 딸이 왕이 되면 섭정이 될 야심으로 비서 콘로이와 함께 어린 빅토리아를 사사건건 간섭했다. 다만, 딸 빅토리아에 대한 교육열 덕에 빅토리아는 프랑스어, 이태리어, 라틴어, 독일어와 음악, 미술, 역사를 잘 익혔다. 사춘기 때부터 어머니에게 억눌려 지냈지만 가정교사 루이즈 레첸 여남작에게는 크게 의지하였다. 왕이 된 후 어머니와 콘로이의 섭정을 거절했다. 이들을 멀리 보내서 정치 개입을 차단했다. 루이즈 레첸은 개인 비서 역할을 계속하였으나, 여왕이 알베르토(앨버트)공과 결혼한 후 앨버트와 갈등이 있어서 고향 하노버로 갔다. 빅토리아의 영국은 해가 지지 않는 나라였다. 산업혁명이 일어났고 양대 정당, 의회제가 정착되었다. 총리가 행정권의 수반이어서 왕이 통치하지는 않지만 사실상 큰 영향을 미치는 영국식 군주제를 만들어냈다("왕은 군림하기는 하지만, 통치하지 않는다"). 다만, 어느 시대에나 그러하듯 말기에는 쇠퇴하는 기운이 나타났다. 산업은 독일과 미국의 발전에 밀리고 농촌 경제도 어려워졌다. 아프리카 보어전쟁에서도 완전히 승리하지 못하였다. 즉위 직후 매일 1시간씩 총리(30대 총리 윌리엄 램)와 대면하여 업무를 익혔다. 여왕은 자유주의(휘그당)를 심정적으로 지지하였으나 보수주의(토리당: 로버트 필 총리 등)의 견제를 받았다. 즉위시 미혼이었기에 여왕의 결혼에 여러 왕족들이 지원했다. 여왕은 독일 출신 어머니에 대한 반감으로 독일인과 결혼할 마음이 없었으나, 작센의 왕자 알베르토(영국발음은 앨버트-여왕의 외사촌)의 외모에 푹 빠져 결혼했다(1840년). 앨버트는 지극한 정성으로 고집불통인 여왕을 잘 보필했다. 노예제도 폐지, 교육제도 개혁, 국제박람회의 성공적 개최도 그의 공적이다. 특히 휘그당과 토리당 양당 사이에서 정치적 균형 감각을 발휘, 군주제를 명예롭게 이끌어간 점은 엘버트의 능력 덕분이다. 그런데 41세에 장티푸스로 사망하여(1861년) 여왕은 크게 상심하였다. 남편을 그리워하며 평생 검은 드레스 상복을 입었을 정도다. 검은 상복에 어울리는 소형 왕관도 특별히 만들어졌다. 인도에서 세포의 난이 진압된 후(1857년)에는 간접 통치하던 동인도회사 대신 직접 통치를 하게 된다(인도제국 성립: 무굴제국의 황제 샤 2세의 퇴위). 그녀는 일기에서 인도의 큰 희생을 애도하면서도 왕의 책무를 깊이 깨달았다고 기록했다. 영국 총선거에서 승리한 토리당 디즈 레일리 수상이 빅토리아가 인도 제국 황제를 겸하도록 하는 법안을 통과시켰다. 여기에는 독일로 시집간 빅토리아의 딸이 독일 제국(1871년)의 황후(Empress)가 된다는 사실도 작용하였다. 여왕의 딸은 경쟁국 독일의 황후가 되는데, 어머니는 고작 영국 왕에 머무를 수 없다는 자존심이었다. 여왕의 고집스런 성격은 외교, 군사에 즉각 반영되었다. 러시아가 오스만 투르크에 승리하여 불가리아 땅을 얻게 되자(산 스테파노 조약-1877년) 이를 저지하고(1878년 베를린 조약) 러시아의 남진을 방해하였다. 다만, 아프리카에서 영국의 패전이 거듭되고(1881년, 1885년 남아프리카 수단) 아일랜드 독립파가 득세하는 것은 어쩌지 못하였다(영국 총리의 암살, 아일랜드 민족동맹의 결성, 아일랜드 자치법 통과 등 내우외환). 이러한 내리막길에도 불구하고 여왕은 퇴위하지 않고 즉위 50주년, 60주년 기념 행사를 성대하게 열었다. 그녀가 대영제국의 팽창주의, 영광의 구심점 역할을 했던 것은 분명한 역사적 사실이다. 여왕은 어린 시절(1835년)과 1871년 크게 앓았던 것 이외에는 상당한 건강체였다. 그 약점은 무릎(무릎이 약한 탓에 1883년, 1892년에 겪은 무릎 부상), 치아(1894년부터 틀니 착용), 백내장 발병(1898년)이었다. 1900년 복벽 탈장, 자궁 탈출증 이후에는 급격히 건강을 잃었다고 한다. 64년 동안 여왕의 자리를 지킨 후 1901년 사망하여 윈저 대공원의 남편 앨버트 옆에 눕게 되었다. 빅토리아 여왕까지는 하노버 왕조였다가 아들 에드워드 7세 때는 앨버트의 뿌리인 작센(Sachsen)왕조로 바뀌었다. 다만 1차 세계대전시 독일이 영국의 적국이 되자, 독일을 뿌리로 하는 왕조 이름은 부적당하다고 하여 왕궁이 있는 곳을 따 「윈저 왕가」로 이름을 바꾸었다. 빅토리아 시대는 엄숙한 고전주의, 도덕주의가 살아 있으면서도 산업혁명, 과학혁명, 독일의 통일, 이태리의 통일 등 근대적인 경제와 정치 경쟁이 치열하고 싹이 튼 시기이다. <u>그런데 영광의 가문에도 약점은 없지 않았으니, 그 집안에 대대로 치명적인 혈우병 유전자가 있었던</u>

것이다. 그 외손녀(헤센의 알릭스 공주)가 러시아 니콜라이 2세와 결혼하여 낳은 유일한 아들(알렉세이 니콜라비치 황태자)이 혈우병을 타고 태어났다. 이를 치료한답시고 요승(妖僧) 라스푸틴을 궁정으로 끌어들여 러시아 혁명의 도화선이 되기도 하였다.

빅토리아는 외모지상주의로도 유명하다. 남편 엘베트의 외모에 반하여 그토록 싫어한 독일 출신과도 결혼하였고 자녀들 중에서도 잘생긴 증손녀를 특히 편애하였다고 한다. 처녀 시절 1839년 봄 러시아의 왕자 알렉산더 1세를 만나 함께 춤을 추고 그의 매력에 푹 빠진 적도 있다. 그러나, 당시 영국과 러시아는 패권을 두고 경쟁하고 있어서 두 나라 모두 결혼을 반대했다. 로맨스는 대영제국과 러시아 모두에게 허용하는 한도가 있었던 셈이다. 빅토리아와 알렉산더 1세 모두 상대에 대한 감정을 정리해야 했다. 왕족은 연애 감정도 자유롭지 못했다. 대영제국의 여왕도 암살 위기를 겪었다(1840년 6월 10일). 어머니를 뵙기 위해 마차에 타고 있었는데 에드워드 옥스퍼드라는 18세 청년이 총을 두 번 쐈다. 범인은 오스트리아에 유배되었다. 범인은 60년을 더 살고 1900년에 사망했다. 사형에 처하지 않고 유배형에 그쳤다니 아마 왕실의 이미지를 고려한 듯하다.

<**빅토리아 여왕의 리스크**(Risk)>

- 여자는 왕이 될 수 없다는 살리카법(하노버 땅)
- 어머니의 정치간섭
- 독일, 미국의 급속한 산업발전, 보어전쟁, 세포이의 난
- 러시아의 남진, 인도 세포이의 난
- 무릎과 치아의 건강악화, 혈우병 유전자
- 암살 위기

<**리스크 대처**>

- 어학, 역사, 음악, 예술 학습
- 토리당 휘그당 사이에서 정치적 균형 감각 발휘

100. [아편전쟁](1839-1842년과 1856-1860년)(19세기 동양 중국)

영국과 중국 사이의 아편전쟁은 두 차례에 걸쳐 이루어졌다.

(1) 제1차 아편전쟁(1840-1842년)

중국에 대하여 서양은 한 때 이상향으로 보기도 했다. 불안정한 유럽의 정치에 비하여 안정적인 왕조 운영을 한 것도 그 중 하나였다(청나라의 강희제, 옹정제 등). 그러나,

건륭제의 중기(1775년)부터 청조의 기강이 흐트러졌음을 알게 되었다. 행정은 무사안일에 빠지고 황제와 고관들은 사치 향락에 빠졌다. 뇌물도 일상화되었다. 민생이 어려워지고 왕조의 정당성에 금이 가자 백련교도 등 농민반란이 일어났다. 청 군사제도의 특장이었던 팔기군(八旗軍), 녹영(綠營)은 반란군 진압에 실패하고 그 진압에 성공한 것은 오히려 민병대였다(향용 鄕勇, 단련 團連 등) 그리하여 청을 반(半)문명의 나라로 보는 시각이 머리를 들었다. 특히 독일 철학자 헤겔은 "중국 백성들은 세상에서 가장 미천하다. 그들은 황제의 수레를 끌기 위해 태어났다"고까지 하였다. 중국과의 무역은 명나라 때부터 광주(廣州)를 중심으로 하였는데 무역항의 개항 제한, 치외법권의 불인정 등으로 유럽인들의 불만이 쌓여가는 중이었다. 영국에서 메카트니, 윌리엄 피트, 네이피어 등이 사절단으로 파견되어 협상하였으나 충돌만 더할 뿐이었다. 더구나 영국은 중국의 비단과 차 등을 수입하느라 엄청난 무역적자에 시달렸다. 1781년-1810년 동인도 회사를 통하여 중국에 들어온 은은 4,200만 냥을 넘었다고 한다. 궁여지책으로 영국의 무역상들은 비상수단을 써 인도산 벵골 아편을 청나라에 팔았다. 청 조정에서는 1799년부터 아편 단속을 하기는 하였으나 군인, 관료, 황실 심지어 황제(도광제)마저 아편을 흡입하였다. 행정은 마비되고 아편 중독자는 파산했다. 아편을 사고자 일가족을 팔아넘기는 파렴치한 경우까지 생겼다. 무역흑자도 당연히 적자로 돌아섰다. 이 문제를 해결하고자 논의한 결과 아편을 양성화하자는 의견(이금론 弛禁論)도 있었으나 엄중히 단속하자는 의견이 주류였다(엄금론 嚴禁論). 황제 도광제도 엄금론(嚴禁論)에 따라 호광총독(湖廣總督) 임칙서를 흠차대신(欽差大臣), 광동수사(廣東修士)에 임명하였다. 임칙서는 1839년 3월 10일부터 아편을 강력하게 단속하는 한편 외국인 밀아편 판매상을 처벌하기 위해 국제법(Law of nation)을 번역하여 익히고 영국 빅토리아 여왕에게 협조를 요청하였다. 1839년 7월 12일 영국 수병 2명이 농민을 폭행하고 살해하는 사건이 생겼는데 중국법에 의해 처벌하였다. 임칙서는 국제법 뿐만 아니라 영국법, 영국의 신문도 중국어로 번역하게 하였다. 영국 상인 엘리엇은 아편 무역과 관련, 처음으로 청나라와 군사 충돌을 일으켜 영국배 2척이 중국 군함 26척을 격침시켰다(제1차 천비해전). 중앙정부의 지시에 따라 양광총독 임칙서는 영국과의 관계를 단절하였다. 영국인 엘리엇 등은 영국 정부에게 중국과 전쟁할 것을 요청하였다. 의회는 상인들의 로비가 통했다. 웰즐리 전 총리, 윌리엄 램 총리 등은 전쟁에 찬성하였다. 양심적인 반대도 있었지만(글래드스톤 등), 271대 262로 전쟁론이 의회를 통과하였다. 영국의 군대는 인도 주둔군으로 구성되었는데 4,000명이었다. 이들은 대포 540문, 군함16척, 증기군함 4척, 운반함 27척, 병력수송함 1척으로 무장하였다. 한편 청의 도광제는 임칙서를 무능하다고 하여 파면하고 직예총독 기선을 흠차대신에 임명하였다. 1841년 1월 7일 2차 천비해전이 벌어져 정부는 또 완패하였다(청군 500명 전사, 정크선 11척 침몰, 호문진 포대 함락, 영국군 38명 부상). 이로써 천비 가조약이 체결되었으나 양국이 모두 만족하지 못하여 비준이 거부되었다. 1841년 2월 19일, 다시 전쟁이 계속되었는데 청은 총사령관으로 혁산을 임명하였고 그의 부하 양광이 주로 싸웠다. 양광은 백년교도의 난, 이슬람 반란을 진압한 명장이었으나 이 싸움에서 졌다. 그 원인은 첫째, 그가 영국에 대해 잘 몰랐고 둘째, 군사들이 주로 의병인데다 훈련을 받지 못한 불량배, 아편 중독자들이었기 때문이다. 1841년 9월 포로로 잡힌 영국 선원(인도 식민지인들) 192명이 황제의 명으로 처형되었다. 그러나, 전세는 이미 어쩔 수 없어 남경이 함락되었다. 청나라 지식인들은 유럽 열강이 원하는 것은 영토가 아니라 상업적 이익일 뿐이라는 것을 알고 어서 강화를 맺었다(남경조약: 영사 재판권과 치외법권 인정). 영국보다 호시탐탐 영토를 노린 러시아가 더 큰 적이라고 보았기 때문이다. 남경 조약 이후 다른 나라들도 통상을 요구하였다. 청나라도 미국, 프랑스, 러시아 등을 이용해 영국을 견제하고자 하여 각각 망하(望厦)조약(미국), 황포(黃埔)조약(프랑스), 아이훈 조약(러시아)을 맺었다.

(2) 제2차 아편전쟁(1856-1860년)

제1차 아편전쟁의 여진으로 일어난 영중간의 전쟁이다. 1차 아편전쟁에서 영국은 승리하였으나 청나라에서 차(茶)를 많이 수입하면서 무역의 이익이 크게 줄어들었다. 그 와중에 애로우(Arrow)호 사건이 생겼다. 영국 배 애로우호를 청나라 관리가 단속하다가 영국 국기를 훼손하였다는 것이다. 처음에는 개전 사유가 안된다고 하여 영국 하원이 부결시켰다. 또, 글래드스톤은 내각을 불신임하는 안까지 내놓았다. 그러나 템플 총리는 하원을 해산하고 전쟁안을 통과시켰다. 영국은 1차 아편전쟁이 너무 일찍 끝나고 크게 얻은 것이 없다는 점, 청나라 사람들의 배타적 감정에 불만이 쌓여 전쟁을 하자는 쪽으로 기울었다. 마침 프랑스도 선교사가 광서성에서 피살된 것을 계기로 청에 적대하고 미국, 러시아도 중국에 적대하는 상황이었다. 청은 홍수전(洪秀全: 홍 슈취안)이 일으킨 태평천국의 난으로 크게 국격이 낮아져 1차 아편전쟁처럼 조직적 저항을 하기가 어려웠다. 1856년 10월 영국은 광저우의 지방군을 쉽게 제압했다. 이후 발해만으로 북상하고 1858년 5월에는 텐진 부근의 대고 포대까지 나아갔다(제1차 대고포대 전투). 청은 패배를 인정하고 굴욕적인 텐진조약을 맺었다(개항장의 확대, 배상금 지급, 북경에 외국 외교관 상주, 기독교 공인, 외국인의 내륙 여행 허용 등). 이 텐진조약은 1년 후 비준하기로 하였다. 그 후 1년이 지난 1859년 6월 영국과 프랑스군이 조약 비준을 위해 북상하다가 해변의 장애물을 제거하려고 하다가 청나라 포대의 공격을 받았다(2차 대고포대 사건). 영국과 프랑스는 같이 청의 수도 북경을 함락하기로 했다. 영국군은 육군 2만명, 173척의 군함이 있었다. 프랑스는 육군 6,300명에 군함은 33척이었다. 이들은 발해만의 주요 항구를 점령한 후 대고포대를 뒤에서 공격, 수비군을 전멸시켰다(3차 대고포대 사건). 그 후 양측의 협상이 열렸으나 결렬되고 8월 3일 텐진에 상륙하였다. 9월 18일 퉁저우를 점령하였고 베이징으로 가는 관문인 팔리교에서 청나라의 팔기군 1만2천명 등 3만 명의 수비대를 격파하였다. 황제 함풍제와 주전파가 열하로 도망가고난 후, 10월 6일부터 18일까지 원명원(圓明園)을 약탈하고 파괴했다. 청은 다시 러시아의 중재로 조약을 체결했다(북경조약)(개항장 확대, 배상금 증액, 구룡반도 할양, 통상과 선교의 자유 인정, 양쯔강에서의 군함 운항 인정). 러시아는 중재의 대가로 연해주를 얻었다. 이 때 한창 태평천국의 난을 진압하는 중인데도 황제 함풍제는 리홍장과 증국번의 향용(鄕勇) 병력을 베이징으로 보내라고 하였다. 그러나, 북경으로 병력을 보낸다고 하여 영불연합군을 이길 수 없었고 태평천국군에게 자칫 패배할 우려도 있었다. 리홍장 등은 시간을 질질 끌어 사실상 명령을 거부하였다. 황제의 권위가 더 이상 통하지 않게 된 것이다. 2차 아편전쟁 패배 후 북경조약을 맺었지만 이후에도 열강의 침탈은 계속되었다.

당시 조선의 사정은 어떠하였는가? 조선은 중국에서 일어난 일들에 대해 정확한 정보 수단이 없었다. 오히려 1차 아편전쟁에서 중국이 승리한 것으로 알고 있었다. 그런데 2차 아편 전쟁 후 베이징이 함락된 것을 알고는 대혼란에 빠졌다. 피난짐을 쌓아 산과 계곡으로 피신하는 사람들이 많았다. 일본의 경우 막부는 개항장 나가사키의 네덜란드인을 통하여 비교적 정확하게 중국 사정을 알 수 있었다. 청나라는 1차 아편전쟁에 대해서는 그다지 심각하게 받아들이지 않았다. 오히려 심각한 것은 태평천국의 농민 반란이었다. 그러나 2차 아편전쟁의 패배, 원명원이 불타버린 것에는 큰 충격을 받았다. 이후 서양을 배우자는 운동(양무운동 洋務運動)이 일어났다. 청은 서양의 배 만드는 기술, 군사 기술들을 받아들였다. 그런데 일본 에도막부의 경우 한 발 앞서 나갔다. 이 기술 뿐만 아니라 근대식 교육과정과 대량 생산 체제까지 적극적으로 수용하였다. 1894년에는 청나라와 일본 사이에 조선에 대한 패권 다툼으로 청일전쟁이 일어났다. 청나라는 청일전쟁 패전의 충격이 아편전쟁의 패배보다 훨씬 더하였다고 한다.

<**아편전쟁과 청나라의 리스크**(Risk)>

- 황제 고관의 사치 향락, 뇌물
- 팔기군(八旗軍)과 녹영(綠營)이 반란진압에 실패(의병인 향용: 鄕勇에 의존)
- 영국의 무역 불균형, 아편 판매
- 행정 마비, 중독자의 파산
- 애로우호 사건
- 태평천국의 난

101. [크림 전쟁(Crimean War)](1853년 10월 16일-1856년 3월 30일)(19세기 서양 유럽)

러시아와 오스만 투르크간에 전쟁이 발발하여 영국, 프랑스, 이태리 일부(사르디니아: 피에몬테 왕국)가 가담하여 유럽의 대규모 전쟁으로 발전하였다. 크림반도 공방전이 가장 중요하였지만 인근 여러 지역에서 전투가 벌어졌다. 나이팅게일과 메리 시콜 간호사 등이 활약하여 전장에서도 인류애가 살아있음을 보여주기도 했다. 이 전쟁의 원인은 러시아의 남하정책이었다. 러시아는 이미 흑해 지역에서 오스만 투르크에 승리하여 크림반도에 거점을 확보하고 있었지만, 여기에 만족하지 않았다. 그 인근에 항구와 요새를 짓고 남하를 꾀하고 있었다. 수 백 년 동안 러시아와 투르크는 동유럽, 카프카스 일대에서 충돌하다가 공동의 적인 나폴레옹 앞에서 일시적으로 손을 잡았지만, 나폴레옹 패전 이후 다시 이전으로 돌아갔다. 러시아의 목표는 보스포로스와 다아다넬즈 해역 확보였지만, 겉으로는 동방정교회를 내세워 정교회 교인들을 보호하려 한다는 명분을 내세웠다. 영국 또한 러시아의 남하를 지켜볼 수 없었다. 오스만 투르크를 지원하고 프랑스, 오스트리아, 프로이센까지 끌어들였다. 프랑스의 나폴레옹 3세는 예루살렘과 팔레스타인에 대한 성지 관할권을 주장했다. 러시아는 영국의 견제로 해협은 포기하였지만, 투르크령 다뉴브강 연안 공국을 쉴 새 없이 공격했다. 그리하여 1853년 10월 4일 오스만 투르크는 러시아에 선전포고를 하였다. 그러나 투르크는 러시아군에 비해 워낙 전력이 약하였다. 1853년 11월 30일 아나톨리아 북부의 항구 시노페이에서 해전이 일어났는데 투르크는 11척의 함선 중 10척이 침몰하였다. 카프카스의 전투에서도 투르크군은 참패했다. 1854년 4월 22일 영불연합 해군이 러시아 오데사 항구를 포격하자 러시아 선박 24척이 침몰하였다. 연합군은 10월 17일에는 흑해의 킨번 반도를 점령하고 9월에는 영-불-오 세 나라의 연합군 20만이 크림반도 칼라미타 만에 상륙했다. 연합군 포의 사거리가 러시아 포의 사거리보다 길어서 유리한 점도 있었다. 연합군이 승리하였지만, 연합군측도 의약품 부족으로 인한 피해가 컸다. 10월 17일에는 러시아의 세바스토폴 요새가 연합군에 포위당하고 공략당하였다. 그러나, 10월 25일 발라 클라바 전투에서는 일시 러시아군이 승리하였다. 11월 5일에는 러시아가 연합군의 4배가 되는 4만 명의 병력으로 연합군을 공격하였으나, 화기 성능이 좋지 않아 1만5천 명 이상의 사상자를 내고 후퇴하였다. 연합군 측도 완전한 승리를 할 수는 없었다. 수송선 30척이 폭풍에 침몰하는가 하면 겨울철 추위와 질병으로 인한 피해도 컸다. 1855년 1월에는 이태리 지역의 사르디니아-피에몬테 왕국도 러시아에 선전포고를 하였다. 이는 훗날 이태리 통일에 있어 유럽 열강의 지원을 받고자 하려는 계산 때문이었다. 전쟁 중 러시아의 황제 니콜라이 1세가 사망하여(1815년 3월 2일) 러시아군은 사기가 저하되었다. 세바스토폴 전투에서 영웅적으로 활약한 러시아의 나히모토 제독도 연합군측 유탄에 맞아 사망하였다. 9월 11일 세바스토폴 요새는 프랑스군이 점령하였다. 주요 전장이었던 크림반도에서 러시아군이 패배하자, 승기는 연합군쪽에 기울었다. 연합군은 아조프해의 러시아 주요 항구를 포격하여 러시아측 식량 수급을 막았다. 다만, 그 와중에도 러시아의 코사크 기병대는 분전하여 연합군 상륙을 저지했다. 카프카스 지역의 투르크군은 러시아군의 포위 공격과 질병으로 많은 사상자가 발생하고 카르스 수비군은 항복하였다(11월 29일). 러시아는 유일하게 여기에서만 이겼다(대 터어키 전). 발트해에서도 영국 해군은 핀란드 공국 남부 해안과 러시아 수도 페테르부르크 부근 요새, 헬싱키 조선소에 포격을 가하여 큰 피해를 입혔다. 태평양 캄차카 반도의 페트로 파블로스크 요새도 공격당한 후 점령당했다. 러시아는 많은 병력의 사상, 국가 재정의 고갈, 민심이반, 해상물류의 봉쇄로 전의를 상실했다. 또 오스트리아, 프로이센, 스웨덴도 러시아에 적대하자 3월 30일 전쟁을 끝내고 강화조약을 체결하였다. 이 전쟁의 사상자는 러시아가 14만 내지 50만, 오스만 투르크 10만-17만, 프랑스 10만, 영국 2만명 정도였다. 질병으로 인한 사상자도 많았다. 이렇게 큰 인명피해가 날 줄 몰랐던 유럽은 크림 전쟁에서 큰 충격을 받았다.

<**크림 전쟁시기 유럽의 리스크**(Risk)>

- 러시아의 남하정책, 코사크 기병대의 공격
- 겨울 전투의 어려움(추위, 폭풍, 질병)

<**리스크 대처**>

- 영국, 프랑스, 오스트리아, 프로이센의 투르크에 대한 국제적 지원활동

102. [미국의 남북전쟁(Civil War)](1861-65년)(19세기 북아메리카 미국)

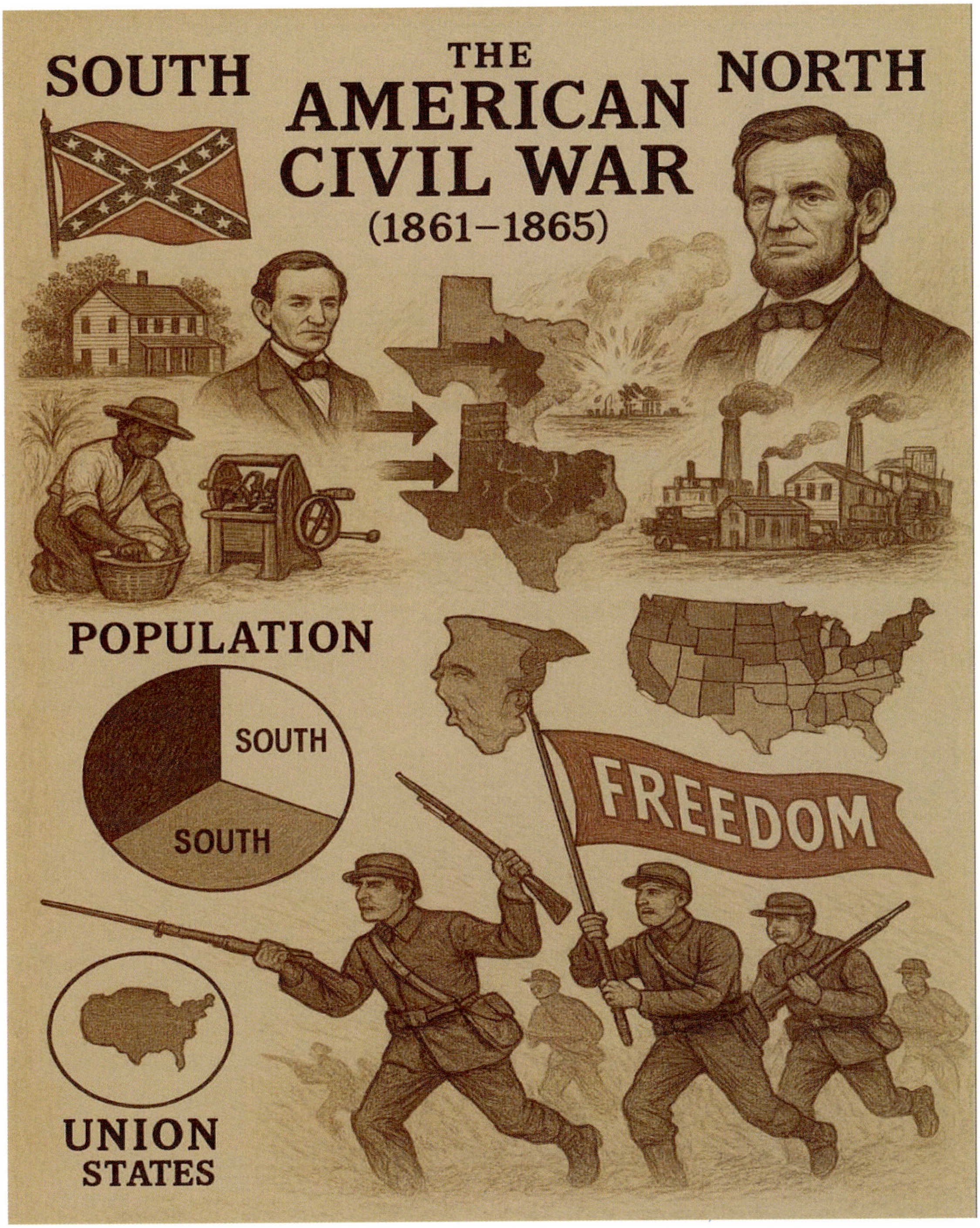

미국의 내전이다. 북부연합(합중국United States)과 남부연맹(연합국 Confederate)사이의 치열했던 전쟁인데 모든 전쟁 중 미국인이 가장 많이 죽었다. 가장 큰 원인은 노예제였다. 관세, 자치 제도, 연방제 유지 여부 등 많은 쟁점이 있었지만 노예제 폐지 여부가 윤리적, 경제적, 국제적으로 가장 중요했다. 북부에서는 계몽주의 영향도 있고, 노예제의 수익이 별로 크지 않아 1850년대까지 노예제를 단계적으로 폐지하였지만, 남부에서는 목화 농장 운영이 노예 노동에 의존하고 있었다. 목화씨를 쉽게 제거하게 해주는 조면기(繰綿機)가 발명되면서 더욱 그러하였다. 북부는 노예제를 단계적이고 서서히 폐지하자는 것이었으나 온건한 폐지론도 남부에서는 받아들일 수 없었다. 노예제 폐지를 공약으로 내건 링컨이 연방 대통령에 당선되자 갈등은 폭발하였다. 1818년에 미주리가 주(州)(State)로 승격하면서 의회에 연방 가입신청을 하였다. 그런데 노예주로 신청을 하여 북부는 그 연방가입을 반대하였었다. 여러 갈등을 겪은 후 1850년 헨리 클레이는 타협안을 제시하였다. 이는 <캘리포니아는 자유주로, 유타와 뉴멕시코는 주민 투표로 결정.... 노예 단속법 강화>등이었다. 1854년에 캔자스-네브라스카법이 통과되었지만 캔자스에서 유혈사태가 났다. 켄자스는 1861년 자유주로 승격되었다. 의원들 사이에도 폭력을 휘두르는 일이 벌어졌는데 1856년 남부 사우스 캐롤라이나 출신 하원의원이 북부의 상원의원 찰스 섬머를 지팡이로 무자비하게 구타하기도 하였다. 그러던 중 1850년 대선에서 노예제 폐지를 공약으로 한 링컨이 당선된 것이다. 다만 링컨은 남부의 주에서는 1명의 선거인단도 얻지 못하였다. 남부의 주들은 잇따라 연방 탈퇴를 선언하였다. 사우스 캐롤라이나를 시작으로 조지아, 플로리다, 엘라배마, 미시시피, 루이지애나, 텍사스 등이었다. 전쟁 발발 이후에는 버지니아, 아칸소, 노스 캐롤라이나, 테네시, 켄터키, 미주리가 탈퇴했다(전체 34개 중 11개 주가 가담). 이들은 연방정부 조폐국의 금을 훔치고 항구와 요새를 공격 점령하였으며 자체적으로 군대를 모집하였다. 부통령 브레킨리지도 사직을 하고 남부에 가담하는 지경이었다. 사우스 캐롤라이나주 찰스턴 항구 옆의 섬 섬텐 요새에 연방해군이 접근하자, 남군이 포격을 개시하여 남북전쟁은 불이 붙었다. 그런데 특이한 것은 노예주 중에서도 웨스트 버지니아, 델라웨어, 메릴랜드, 미주리 등은 연방에 남았다는 점이다(경계주 border states). 북부의 연방(United States)은 정부 조직에 따른 중앙 집권체제(행정의 효율성), 신속한 의사결정, 제조업 등 공업과 운송업의 발달 등 장점이 많았다. 인구도 훨씬 많았고(자유민 4배) 총기 등 전쟁 물자의 생산 자체가 훨씬 유리하였다. 제해권도 장악하여 유럽 이민자들은 거의 북부로 유입되었다. 이민자들은 미국에 정착하는 대가로 북군에 임대하여 병력차가 더 벌어졌다. 노예 해방이라는 대의는 병사들 사기에 큰 영향을 미쳤다. 도망한 노예들도 북군에 입대한 예가 있다(매사추세츠 의용보병연대). 다만, 전쟁은 항상 그러하듯 우세한 국력도 조직화되어야 승리를 보장한다. 북군 장교단에는 군사 경험이 부족한 정치인 출신이 많았다는 단점(일종의 spoil system: 엽관제)이 있었다. 다만, 정도의 차이일 뿐 남부에도 이러한 문제는 있었다. 남부 연합의 가장 큰 문제는 각 주의 독립성이 너무 강했다는 것이다. 게다가 목화 위주 농업의 낮은 생산력, 운송 시설의 부족, 철도의 비표준화, 군용식량 부족으로 시달렸다. 웨스트포인트 출신 장교들은 북부 연방에 가담한 비율이 훨씬 높았다. 북부의 목표는 반란을 완전히 진압하는 것이었지만, 남부의 목표는 연방에서 벗어나 독립성을 인정받는 것이었다(자치단체의 방어전투 위주). 전쟁 초에는 남부가 선전하였지만, 장기화되면서 잠재력이 큰 북부가 주도권을 잡았다. 남군 사령관 리의 북진 전략은 엔티 텀 전투와 게티스버그 전투 패배로 뜻을 이루지 못하였다. 북군 200만 이상, 남군은 100만 이상 동원되어 지루한 소모전을 벌였다. 외교전에서도 북부는 우세하였다. 남부의 외교 전략은 영국과 프랑스를 끌어들이는 것이었으나 이 또한 실패하여 영국과 프랑스는 중립을 지켰다. 영국, 프랑스는 북부로부터 식량인 밀, 옥수수를 수입하고 있었던 것이다. 남군은 1865년 4월 3일 수도 리치몬드(Richmond)를 점령당하였고 5월 5일 해산되었다. 남부 대통령 제퍼슨 데이비스는 5월 9일 북군 기병대에게 체포되어 남북 전쟁은 끝났다. 4년의 내전에도 불구, 미국에 남아 있는 갈등의 여지, 지역감정은 미미한 정도이다.

<**남북전쟁기 미국의 리스크**(Risk)>

- 노예제, 관세, 주의 자치권, 연방제 유지 여부
- 링컨의 대통령 당선, 남부 11주의 연방 탈퇴
- 영국, 프랑스(유럽)에 대한 외교전

103. [일본의 무신전쟁(戊辰戰爭: 보신 전쟁)](1868-1869년).(19세기 동양 일본)

200년 넘게 집권한 도쿠가와 막부 세력과 이에 대항한 지방 세력(존황파: 尊皇派)간의 전쟁이다. 이 직후 명치유신이 단행되었다. 1853년에 미국의 페리 제독이 일본의 개항을 요구한 사건은 도쿠가와 막부의 명예를 크게 실추시켰다. 미일통상 수호 조약은 불평등할 뿐만 아니라 천황의 승인이 없었다고 하여 젊은 사무라이들의 반발이 컸다. 막부는 대로(大老: 다이로)가 주도, 국학파인 요시다 쇼인을 처형하는 등 반막부(反幕府) 세력을 억눌렀다. 그러자 사쓰마, 초슈, 토사 등 반막부(反幕府) 세력들의 반발이 커져서 막부는 조정(천황)과 화해하기로 하였다. 반막부 세력 안에서도 사쓰마의 정국 주도에 초슈번이 반발하다가 사카모토 료마의 중재 노력으로 삿쵸 동맹(사쓰마 + 쵸슈 동맹)이 이루어졌다.

드디어 도쿠가와 막부가 정권을 천황에게 반납하였다(대정 봉환 大正奉還). 다만, 각 번이 참여하는 의회의 수장직(首長職)은 유지하여 실질적인 권력 행사는 가능하였다. 사쓰마는 반발, 1868년 1월 3일, 쿠데타를 하여 명실공히 왕정 복고(王政復古)를 실현하였다. 그러나 여전히 막부 세력은 남아 막부군, 신선조(新選組)를 합쳐 사쓰마를 토벌하기로 하였다. 1868년 1월 3일 막부군은 두 갈래로 나누어 교토를 공격하였지만 막부군 지휘관의 무능한 전술, 신형 후장식 소총의 위력(화력: 火力)등으로 신정부군에게 밀렸다. 1월 4일 막부측은 다시 공격을 하였으나, 막부군이 교토를 공격했다는 이유로 역적(조적 朝敵)으로 규정되고 배신자의 포격을 받아 오사카성으로 후퇴하였다. 관망하던 여러 지방의 번들이 신정부 편을 드는 정세 변화가 일어났다. 토쿠가와 요시노부는 카츠 카이슈 등을 통해 항복하기로 하였다. 그런데, 막부는 항복하였으나 여전히 승복하지 않는 무장단이 상당하였다(신선조-新選組, 창의대-昌義隊등). 그리하여, 우에노 전투, 우츠노미야성 전투, 동북전투, 아사히 야마전투, 나사오카성 전투, 아이즈번 전투, 시라까와 구찌 전투, 나혼마치 전투, 보나리 고개 전투, 아이즈 성 전투 등 혈전이 계속되었다. 하코다테 전투, 마츠마에번 전투, 미야코만 해전의 패배로 막부측은 완전히 패배하게 된다.

막부파와 천황파로 나뉘어 싸운 일본의 내전은 미국의 남북전쟁과 흔히 비교된다. 그러나, 전쟁 기간은 짧아서 불과 1년만에 끝났다. 그 피해도 크지 않은 것으로 흔히 평가한다. 막부 시절 해군은 이미 상당한 수준에 올라 있었는데, 이 전력이 그대로 신정부의 해군으로 이어지기도 하였다.

<명치유신 직전 일본의 리스크(Risk)>

- 미국의 통상요구
- 미일 통상조약에 반발하는 젊은 사무라이, 막부에 반대하는 동맹(삿초동맹) 결성

104. [메이지유신](1868년)(19세기 동양 일본)

19세기 말 일본에서 막부 정치를 없애고 천황 중심 체제로 근대화를 이룩한 사건이다. 이로써 일본은 서양 제국주의 열강의 지배를 받지 않으면서 오히려 아시아의 맹주가 되었다고 평가된다.

1603년 도쿠가와 이에야스가 전국시대(戰國時代)를 끝내고 일본 전역을 통일한 이후 250년 넘게 막부 체제를 유지했었다. 그러나 시간이 흘러 19세기가 되자 사족(士族)(사무라이) 계급들이 막부의 무능과 자신의 낮은 처우에 대해 불만을 가지게 되었다. 성리학에 대한 반발로 국학(國學) 신도(神道)가 숭상되고 천황을 막부보다 더 존중하는 풍토도 생겨났다. 1853년 미국 페리 제독이 증기식 전함을 타고와 통상 교섭을 요구했다. 미국은 일본에 대해 무관심하였던 영국과 달리 증기선의 연료인 석탄을 공급받을 받을 필요가 있었기에 일본의 개항이 절실하였다. 막부가 마지못해 맺은 미일 통상 조약은 일본의 관세자주권 불인정, 미국의 치외법권 등 불평등한 내용이어서 반막부 여론에 불을 질렀다. 초슈, 사쓰마, 토사, 히젠 등 지방 다이묘들이 중심이 되어 막부 타도 전쟁이 시작되었다. 1867년 쇼오군 도쿠가와 요시노부는 막부를 폐지하는 용단을 내리고 권력을 천황에게 반납했다(대정봉환 大正奉還). 그러나, 막부 타도 세력을 만족시킬 수 없었고 1869년 막부는 항복하였다. 신정부는 각 다이묘들의 토지와 백성에 대한 지배권을 천황에게 반환하게 하고 봉건시대의 번(藩)을 현(縣)으로 대체하는 선언을 하게 하였다(폐번치현 廢藩置縣). 다만, 그 후유증도 적지 않았다. 중앙정부가 과세권을 행사하는 대신 다이묘와 사무라이들에게 봉급을 지급해야 하는 의무도 부담해야 했다. 그리하여 지조법 개정, 1870년대 농민 반란을 막기 위한 세율 인하 등 조치가 필요했다. 그 후 항만과 등대를 건설하고, 항로를 정비하였으며 전신우편제도를 도입하였다. 철도도 부설하고(1872년), 엔화의 공용화(1871년), 중앙은행(일본은행) 설립이 뒤따랐다. 서양의 제도를 수입함에 큰 영향을 미친 것은 서양에 파견한 <이와쿠라 사절단> (1871-73년)이었다고 한다. 서양을 공부하여야 따라잡는다는 생각으로 의무교육, 국민 개병제도 실시하였다. 다만, 이러한 변화에 반발하는 사족(士族) 사무라이들 반란도 잇따랐고 관료주의 내무부와 대립한 법치주의 사법부의 갈등도 있었다. 무장반란이 모두 실패하자 온건한 방식으로 신정부를 비판하는 운동도 있었다. 자유 민권운동, 민주주의 운동이 대표적이었다. 1882년에는 이토 히로부미 등을 유럽에 보내어 독일의 제도를 연구하게 하였다. 그 결과가 1889년 2월의 헌법이다. 다만, 영국과 프랑스보다 독일의 절대 군주 제도를 더 많이 따왔기에 주권자는 국민이 아니라 천황이라고 명시하였다. 삼권분립(입법,행정, 사법)이 규정되었으나 육해군의 통수권자를 정부가 아니라 천황이라고 명시하였다. 군국 세력이 문민정부의 통제를 벗어나 독자적인 세력을 형성한 원인이다. 이는 이후 군부가 천황의 이름으로 권력을 행사하는 군국주의로 치닫는 폐해를 낳았다.

105. [일본의 서남전쟁(西南戰爭: 세이난 전쟁)](1877년 1월 29일-9월 24일) (19세기 동양 일본)

1868년 메이지유신이 단행되었지만, 개혁의 방향을 어떻게 할 것인가에는 내부 반발이 없을 수 없었다. 그 반발의 주역은 무신전쟁에 큰 역할을 하였던 사쓰마번의 사이고 다카모리였다. 평민 중심으로 입헌 군주국을 지향하는 메이지 유신은 사무라이 계급을 필요로 하지 않았다. 이에 사무라이 계급이 사이고 다카모리를 중심으로 반란을 일으켰다. 다만 초오슈(장주: 長州)등 사무라이 세력은 국민 주권의 메이지 유신에 찬성하여 그 충돌은 불가피하였다. 조선을 치자고 하는 정한론(征韓論)에 반대하는 오오쿠보에게 천황이 손을 들어주자, 사이고는 대장직, 군 총사령관직을 던지고 가고시마로 귀향했다. 이런 반란 이외에도 여러 반란이 있었다. 사가의 난, 신풍련(神風連)의 난, 하기의 난, 아키츠키의 난 등이 있었다. 사이고 등 가고시마의 사무라이들은 사립학교를 중심으로 뭉치고 있었다. 사학교당(私學校堂)은 교육기관이면서도 군사훈련도 하였다(약 3만명). 1877년 1월 30일, 정부에서는 가고시마현 안의 무기 제조 시설과 탄약을 오사카로 옮기고자 하였는데 사쓰마 사무라이 30명이 탄약 50만 발을 빼앗았다. 처음 사이고는 반란 명분이 없다고 하여 오오쿠보와 협상하고자 하였으나, 강경파에 밀려서 반란을 하는 쪽으로 기울었다. 메이지 신정부는 사쓰마의 무력행사를 반란으로 규정하고, 토벌령을 내렸다. 그 사령관(참군: 參軍)에 야마가타 아리또모를 임명하였다. 구마모토성 전투(2월 22일-4월 14일)에서는 사이고측 반란군이 3만 명의 대군으로 구마모토성을 함락시키고자 하였으나 실패하였다. 3월 1일-3월 30일 타바루지카 전투(田原坂の戦い)에서 사쓰마 반군은 참호를 파고 화력 거점을 마련하였으나 전장식 소총의 불량률이 높고 신정부군의 저격대 때문에 패전한다. 와다고에 전투(和田越の戦い)에서는 반군의 발도(拔刀) 돌격에 힘입어 일시 우세하였으나 정부군의 함포 사격에 밀렸다. 에노다케 전투, 시로야마 농성전에서도 정부군의 포격을 받았다. 동굴에서 13명이 최후의 발도(拔刀) 돌격을 하기도 하였으나 전원 전사했다. 사이고 다카모리는 허리와 허벅지에 총을 맞고 나서

할복자살했다. 그 부하간부들도 전원 할복하고 전쟁은 끝났다. 서남전쟁 이후 일본에서는 사족(士族) 중심이 아니라 확실히 일반 국민들의 주권을 전제로 한 자유민권, 입헌군주국, 양당제가 대세로 되었다. 이 전쟁 후 내무부 장관 오쿠보 도시미츠는 암살당하고 기도 다카요시는 1877년 5월에 병사했다. 오쿠보 도시미츠 후임 내무부 장관은 이또 히로부미이다.

<**명치유신 직후 일본의 리스크**(Risk)>

- 입헌군주국에서의 사무라이 입지 약화와 그 반발
- 반란 빈발

106. [러시아-터키 전쟁](1568-1878년)(16-18세기 유라시아)

러시아와 터어키 사이에는 16세기부터 20세기까지 싸움이 끊이지 않았다. 처음에는 오스만 투르크가 확실히 러시아를 압도하였다. 17세기 말까지는 러시아는 몽고계의 침략을 받고 조공을 바쳐온 약한 존재에 불과하였기 때문이다. 이것이 역전된 것은 러시아 피오트르 대제의 서구화 정책 때문이다. 상대적으로 전근대적 제도에 머무른 투르크는 약세로 몰렸다. 러시아의 남진을 저지한 것은 투르크가 아니라 영국과 프랑스라고 할 정도로 투르크의 힘만으로는 러시아를 막을 수 없었다. 러시아가 터키와 충돌한 가장 큰 이유는 남쪽의 부동항을 얻기 위한 영토야심이다. 거기에 정교회라는 기독교 신앙이 작용했다. 러시아는 정교회가 국교였다. 멸망한 동로마 제국의 후계자 내지 제3의 로마라고 자처하였다. 그런데 동로마를 무너뜨린 오스만 투르크도 동로마 제국의 후계자라고 스스로를 불렀다.

(1) 제1차 전쟁(1568-1570년)

루스국(러시아의 전신 1547-1570년)과 오스만 투르크 사이의 전쟁이다. 전쟁의 승패를 판단하기 어렵지만 오스만 제국의 피해가 적었다.

(2) 제2차 전쟁(1571-1574년)

루스국과 크림 칸국(오스만투르크의 속국) 사이에 벌어진 전쟁이다. 크림 칸국의 주민 대다수는 몽골계인 타타르인이었는데 루스공국이 승리하여 몽골계가 모스크바 부근의 영향력을 잃었다. 다만, 루스국도 모스크바의 많은 건물이 불타고 시민 10만 명이 노예로 잡혀갔다.

(3) 3차전쟁(1676-1681년)

루스 공국과 오스만 투르크 사이의 전쟁이었는데 승부를 가리지 못하였다. 바흐 치사라이 조약을 체결하여 두 나라 사이의 경계를 드네푸르강으로 정하였다.

(4) 4차 전쟁(1686-1700년)

오스만투르크가 오스트리아를 공격한 것(제2차 비인 포위)이 실패한 이후 오스트리아(합스부르크가)가 반격한 전쟁이다. 유럽의 여러 나라들이 신성동맹을 결성하였는데 폴란드, 리투아니아, 베네치아 공화국도 당연히 신성동맹 편을 들었다. 이 전쟁에서 투르크는 영토를 크게 빼앗겼다. 러시아는 아조프 일대 땅을 얻었다.

(5) 5차 전쟁(1910-1711년)

루스 공국과 스웨덴 사이 북방전쟁이 벌어져 패배한 스웨덴 국왕 카알12세가 투르크에 망명, 루스 공국(러시아)을 공격해달라고 요청하여 이 전쟁이 벌어졌다. 몰다비아 공국에서 주로 전투가 일어났다. 1711년 프루르 강 전투에서 러시아가 투르크에게 크게 졌고 러시아의 피오트르 1세는 죽을 뻔하였다. 그런데 의외로 투르크의 사령관이 러시아에게 관대한 처분을 내렸다. 그 사령관은 투르크에서 크게 비난을 받고 사형에 처해졌다. 기사회생한 러시아는 1721년 뉘스타드 조약으로 스웨덴의 발트해 영토를 모두 차지했다(발트해로 진출).

(6) 6차 전쟁(1735-1739년)

러시아-오스트리아 연합군과 투르크 사이에 또 전쟁이 벌어졌다. 러시아는 몰다비아 공국(公國)에 대한 지배권을 포기하였지만, 아조프해를 얻어 흑해에 진출하였다. 오스트리아의 합스부르크 가문은 니시 조약체결을 중개한 댓가로 투르크내 기독교의 보호자격으로 되었다. 6차 전쟁 이후 투르크는 러시아를 상대로 이긴 적이 없다.

(7) 7차 전쟁(1768-1774년)

이번에는 우크라이나 남부 크림 칸국을 놓고 다투었다. 러시아가 투르크에게 대승하였다. 그 결과 우크라이나 남부, 카프카스 북부, 케르케스 지방을 투르크에게서 빼앗았다. 그 동안 투르크의 속국이던 크림 칸국을 완전히 독립시켰다. 그 후 러시아는 크림 칸국에 영향력을 행사하더니 1783년에는 러시아에 복속시켰다. 이로써 투르크와 러시아의 국력은 역전되었다.

(8) 8차 전쟁(1787-1752년)

1783년 러시아가 크림 칸국을 복속시키자 이에 투르크가 반발하여 전쟁이 되었는데 국력이 성장한 러시아가 대승하였다. 이로써 러시아는 흑해 지역에 더욱 깊숙히 진출하였다.

(9) 9차 전쟁(1806-1812년)

나폴레옹 전쟁에서 크게 패배한 러시아를(아우스테를리츠 전쟁) 투르크가 침공하였다. 투르크의 배후에 나폴레옹이 있었지만 러시아가 승리하였다(부쿠레시티 조약). 이로써 러시아는 다뉴브강에서 무해통행권을 얻었다. 또, 베사라비아와 그루지아 서부를 빼앗았다.

(10) 10차 전쟁(1827-1829년)(그리스 독립 전쟁)

그리스가 독립하고자 투르크와 전쟁을 벌였는데(그리스 독립전쟁) 러시아, 영국, 프랑스가 그리스를 도왔다. 나바리노 해전에서 동맹국이 크게 승리하였다. 발칸반도, 카프카스 일대에서 러시아가 크게 승리, 아드리아노플 조약을 맺었다. 그리스는 독립하였고 러시아는 보스포러스 해협과 다아다넬즈 해협의 무해통항권, 오스트리아 지역에서의 러시아인의 교역권을 얻었다. 투르크는 엄청난 전쟁 배상금 채무를 졌고 이를 다 갚을 때까지 러시아는 몰다비아, 왈라비아 관리를 할 수 있었다. 세르비아 공국에게는 자치권이 주어졌다. 투르크의 지배를 받던 이집트도 자치권을 얻었다.

(11) 11차 전쟁(크림전쟁: 제1차 동방전쟁) (1853-1856년)

러시아-투르크 간에 일어난 전쟁이지만 러시아의 남하를 저지하기 위해 영국, 프랑스, 이태리(사르디니아: 피에몬테 왕국)까지 투르크 편을 들었기 때문에 러시아가 크게 패하였다. 투르크는 혼자서는 러시아를 이길 수 없어서 서구 열강의 도움을 받아 겨우 러시아를 물리쳤다. 크림 전쟁 패배로 러시아 황제의 권위가 많이 약해졌다.

(12) 12차 전쟁(제2차 동방전쟁)(1877-1878년)

19세기 중반 이후 확산된 민족주의 운동의 영향을 받았다. 범슬라브주의를 기치로 내세운 러시아, 세르비아, 루마니아, 몬테니그로, 불가리아는 투르크를 상대로 전쟁을 벌였다. 이 연합군은 이스탄불 근처 산 스테파노까지 나아갔고 투르크는 굴욕적으로 패배하였다. 이로써 투르크는 유럽 영토 대부분을 잃었다. 러시아는 산 스테파노 조약에서 영토를 많이 빼앗았지만 러시아의 남하를 경계한 영국, 프랑스, 독일, 오스트리아, 헝가리의 견제를 받아 꿈이 좌절되었다. 이 전쟁 때 불가리아에서 러시아군 또는 불가리아인에 의해 투르크인, 포마르인, 유목민 등 50여 만 무슬림에 대한 학살이 자행되었다. 이러한 갈등은 20년 후 발칸전쟁으로 재점화되었다. 이 발칸에서의 충돌은 제1차 세계대전으로 비화되었다.

<**러시아-터키간 전쟁시 터키의 리스크**(Risk)>

- 러시아 피오트르 대제의 서구화, 근대화 정책 성공
- 러시아의 남하정책과 기독교(정교회) 신앙에 근거한 사상적 공세

107. [발명가 토마스 에디슨(Thomas Alva Edison)](1847-1931년) (19세기 아메리카 미국)

미국의 위대한 발명가이면서 기업가였다. 끈질긴 노력으로 유명하다. 이론적인 과학 지식은 별로 없지만, 기존의 발명품을 개량하여 상품화하는 특별한 능력이 있었다. 음량 녹음(축음기), 영화 등 대중이 즐길 수 있게 시청각 예술을 발전시켰다. 인류 문명에 가장 큰 기여를 한 것은 전구(백열전등)의 상용화이다. “제2의 불”은 이렇게 인류를 밝혔다. 그 자신이 기초과학 기술자는 아니었지만, 이를 잘 응용한 발명가였다. "산업과 상업에서 누구나 남의 것을 훔친다. 나 역시도 그랬다. 다만, 나는 훔치는 방법을 알았지만 남들은 그 방법을 몰랐다"(에디슨의 자서전에서).

그는 1847년 2월 11일 미국 오하이오 밀란(Milan)에서 가난한 집의 아들로 태어났다. 위인전기에 나오는대로 초등학교 시절 집에서 계란을 품어 병아리로 부화시키려 하는 등 호기심이 많고 집요했다. 학교에서 취업에 집중하지 못하여 교사에게 하도 질문을 많이 하여 3학년 때 퇴학당했다. 그 이후 뉴욕의 쿠퍼 유니온에서 청강을 한 적은 있지만 공식적인 정규 교육은 이것이 끝이었다. 다행히 그의 어머니가 전직 교사여서 집에서 여러 교육을 하였다(홈 스쿨링home schooling). 결국 호기심과 집념으로 성공하였다. 어린 시절 기차 안에서 실험 중 폭발사고가 일어나 차장한테 얻어맞아 한 쪽 청각을 잃었다고 한다. 그의 발명품은 전등, 축음기, 영사기 이외에도 장거리 전화, 전기 냉장고 등이 있다. 영화에 대해서는 그가 독점하여 영화의 길이 등을 마음대로 정하는 등 횡포를 부렸다. 이에 불만을 품은 영화인들이 서부의 시골 마을에서 영화를 만들었는데 그 곳이 헐리우드(Hollywood)다. 그의 가장 유명한 발명품인 전구를 처음 발명한 사람은 스코틀랜드의 천문학자이자 철학자인 린지(James Bowman Lindsey 1799-1862년)이다. 다만, 수명이 짧고 열이 너무 나서 대중화할 수 없었다. 이를 영국의 화학자 스완(Sir. Joseph Wilson Swan 1828-1914년)이 1875년 개량하여 특허 신청을 했다. 에디슨은 이 스완의 아이디어를 도용하여 전구를 만들었는데 도리어 스완이 도용하였다고 고소하였다가 패소하고 말았다. 에디슨이 이 전구 개량을 위해 필라멘트 실험을 여러 번 거듭한 것은 유명하다. 조선에서는 고종 때 이 전기를 경복궁에 도입하였다. 승정원 일기에서 에디슨을 (「의대손-宜代孫」)으로 적었다고 한다(1884년 9월 4일). 일본과 중국 청나라는 1889년에 비로소 전기를 도입하였으니 동아시아 최초이다. 그런데 열이 많이 나서 열을 식히는 냉각수가 필요했다. 경복궁 연못의 물을 끌어썼는데 연못의 수온이 영향을 받아 고온으로 올라가자 그 안의 물고기가 떼죽음을 하였다. 이로 인해 민심이 흉흉해진 적도 있다. 에디슨 전기의 효용 가치를 알게 된 J. D. 모건이 그에게 투자를 하여 미국 전역에 전등, 발전 시설이 퍼졌다고 한다. 에디슨은 전기를 이용, 전기자동차까지 만들었는데 니켈, 철, 전지의 에너지 밀도, 충전 시간 등 단점이 있어서 몇 년 지나지 않아 생산이 중단되고 말았다. 그 대신 헨리 포드의 가솔린 자동차는 대성하였다. 에디슨은 헨리 포드를 격려하고 친하게 지냈지만, 테슬라와는 경쟁관계였고 사이도 좋지 않았다. 에디슨은 직류 전기(DC)에 집착하고 테슬라는 교류 전기에(AC) 주력하였기 때문이다. 오늘날에는 교류(A.C)가 전력 수송에 유리하여 장거리 송전에 주로 사용된다. 직류 전기는 전지, 알루미늄 생산 등 전기화학산업, 태양광산업, 전기철도 등에 사용된다. 에디슨은 전기사업 이외에도 시멘트 사업, 관광사업도 해보았지만 모두 실패했다. 그는 말년에 영혼 문제에 깊이 빠졌다고 한다. 죽은 사람과 통신하는 영계 통신기도 발명하였다. 에디슨의 임종을 지켜본 헨리 포드는 마지막 날숨을 받아 유리관에 저장했다. 지금도 남아있다. 그가 사망하자 로버트 후버 대통령의 제안으로 미국 동부 기준, 밤 10시에 1분 동안 전기불을 끄고 추도하였다. 그런데 에디슨은 비록 위대한 발명가였지만 훌륭한 가장은 아니었다. 첫째 부인에게 쓸모있는 발명품을 못 만들어낸다고 구박하고 그녀의 장례식에도 바쁘다는 핑계로 가지 않았다. 자신이 대학 교육을 받지 못해서인지 자식들은 모두 공과대학에 보냈는데 그 자식들을 자주 만나지 않았을 뿐더러 냉랭하게 대했다. 그 자식들은 길거리에서 비참하게 죽는 등 삶이 좋지 못하였다. <u>에디슨을 기념하는 최대의 박물관은 우리나라 강릉에 있다(「참소리 축음기 에디슨 박물관」). 에디슨도 대단하지만, 에디슨을 좋아한 한국인의 열정도 대단하다</u>.

<**에디슨의 리스크**(Risk)>

- 가난한 환경, 학교생활에 적응하지 못하여 퇴학당함
- 구타를 당하여 청각상실
- 전구(電球)특허 소송에서 패소
- 가족(부인, 자녀)과의 불화

<**리스크 대처**>

- 호기심과 집념으로 성공
- 전구(백열등)의 상용화 등

108. [조선의 고종 황제](1852년 7월25일-1919년 1월21일)(19-20세기 한반도)

고종은 철종 3년(1852년) 흥선군 이하응의 둘째 아들로 태어났다. 어릴 때 이름은 개똥이, 또는 명복(命福)이었다. 왕으로 즉위한 후에는 「재황(載黃)」 —> 「형」 이라는 이름으로 바꾸었다. 그는 영조, 사도세자의 후손이 아니고 인조의 셋째아들 후예여서 왕이 되는 서열에서 한참 멀었다. 그러나, 할아버지 남연군이 사도세자의 서자 은신군의 양자가 되고 그 자신은 아버지 흥선대원군의 각고의 노력으로 효명세자와 신정왕후의 양자로 입적되어 군(君)(익성군)이 되었다. 이러한 복잡한 절차를 거쳐 철종 사후 조선의 26대 왕으로 추대되었다. 처음에는 조 대비가 수렴청정하다가 고종 3년(1866년) 고종이 15세가 되자 스스로 물러났다. 그러나, 15세의 왕은 여전히 미숙할 수밖에 없었을 것이다. 그리하여 부친 흥선대원군이 대리 청정하다가 고종이 22세가 되던 해 최익현 등 유림들의 탄핵 상소를 기화로 아버지를 물리쳤다(고종의 친정 시작). 처가인 여흥 민씨(민비) 등 세력은 이 당시에는 세력이 크지 않았지만 여흥 민씨 가문 자체가 고종, 대원군, 남연군에게 겹사돈이 되는 명문가여서 잠재적인 파워가 있었다. 불과 22세의 고종이 복잡한 세력 구도에서 균형 잡힌 인사를 한 것을 보면 왕으로서의 지도력은 꽤 있었던 모양이다. 흥선 대원군파, 반 대원군파, 안동 김씨 일파 등을 골고루 등용하였다. 또, 아버지 대원군의 개혁 정치를 대부분 이어받았다. 예컨대 호포제(戶布制), 사창제(社倉制), 서원철폐 등이다. 유림의 요구에 응하는 척 만동묘(萬東廟)에 다시 제사 지내는 것을 허용하면서도 다른 한편 제사를 유림이 주관하게 하지 않고 국가가 주관했다. 제사를 유림이 주관하게 하면 그 유림은 준정부화하기 때문이다. 또,당백전(當百錢), 청전(淸錢: 청나라의 동전) 등 화폐의 폐단을 고치고자 노력하였지만 역부족이었다. 화폐와 물가, 경제정책 자체에 밝은 전문가나 관료가 없었다. 민생피폐, 재정난이 뒤따랐다. 1875년에는 일본의 군함 운요오호(雲揚號)가 강화도 영종도 앞바다에서 나타나 갑자기 측량을 시도하길래(해안 측정), 조선의 수비포대가 당연히 위협사격을 하였다. 일본 수병 36명은 이에 대응, 전장식 단발총 최신 무기로 공격하여 영종도 수비대 전원이 전사하고 말았다. 이렇게 쉽게 무너진 원인은 강화도 일대 군영의 예산(군비와 군수 지원금)이 단절된 데 있다. 당백전과 청나라 동전 유통에 따른 극심한 인플레이션, 왕실재정조차 어려워진 사정 때문이었다. 운양호 사건 다음 해인 1876년 강화도 조약이 맺어졌다. 고종은 흥선 대원군, 수구파 유림들의 반대를 꺾고 이최응, 박규수 등 개화파 대신들 의견에 따라 나라의 문을 열었다. 그로부터 몇 년 후 1882년에는 5군영 등 구식 군인들이 반란을 일으켰다(임오군란). 별기군(別技軍)이 만들어진 이후 5군영 등 구식 군인들은 차별 대우를 받아오던 차, 봉급을 13개월이나 받지 못하였다. 구식군인들은 방치되었고 왕십리에서 채소를 길러 겨우 연명하는 등 비참했다. 이들이 부글부글 끓자 1개월분 봉급이 주어졌는데 이마저도 모래와 겨가 섞여 있었다. 당연히 항의하자 적반하장으로 썩 꺼지라고 하니 분노를 참지 못했다. 고종은 군인들을 이해하면서 수습하려 하였으나 선혜청의 민겸호는 고종의 말조차 무시한 채 추모자를 연행하여 감금했다. 이에 군인들은 민겸호, 이최응 등 고위 관리들과 일본의 훈련 교관, 일본 민간인들을 닥치는대로 살해하였다. 일본 공사(公使) 하나부사(花房義質)는 간신히 달아났고 고종은 흥선대원군에게 사태 수습을 모두 맡겼다. 대원군은 별기군을 해체하고 강화도 조약 등 일본과의 통상조약을 모두 파기했다. 그런데, 청나라 리훙장의 지휘를 받는 군대가 난입하여 흥선대원군을 청나라 텐진으로 납치하였다. 왜 청은 흥선대원군을 납치하였을까? 아마도 대원군의 쇄국정책 부활이 일본을 자극하며 골치아파질 것을 두려워한 때문이라는 견해가 있다. 일본을 반대한 대원군을 도리어 청나라가 잡아가다니, 국제정치는 이토록 어지럽다. 이 때 불과 23세에 지나지 않던 위안스카이는 북양 군대의 철수 이후 조선에 남은 청나라 군대를 지휘하며 조선을 호령했다. 그로부터 2년 후 1884년 개화파의 갑신정변이 일어난다. 젊은 개화파인 김옥균, 박영효, 홍영식, 서광범, 서재필 등이 주도했다. 우정국 낙성식을 기화로 고종과 명성황후를 경운궁으로 옮기고 청나라에 사대하던 관료들을 입궐하게 하여 보이는대로 살해하였다. 이들은 강령 14조(홍범 14조)를 발표하고 내각을 구성한다고 하였지만 기민한 명성황후가 사태의 전말을 파악했다. 넓은 곳으로 옮기자고 하여 창덕궁으로 갔다. 창덕궁에 있던 위안 스카이의 청병 1,500명과 조선의 수비병이 함께 개화파를 단번에 물리쳤다(삼일천하). 이들은 고종을 데리고 인천으로 달아나려 하였으나 고종은 창덕궁에 남아 죽겠다고 버텼다. 그래서 자신들만 일본으로 도주했다. 갑신정변은 실패하고 그 친족들은 저잣거리에서 무참하게 목이 잘렸다. 그 이후 청의 조선에 대한 지배권은 더욱 공고해졌다. 일본은 피해자라고 하면서 한성조약 체결을 강요하고 청나라와는 톈진조약을 맺었다. 또 피해 배상을 요구했다. 갑신정변 이후 10년간은 청나라 판이 되고 말았다(위안스카이의 폭정). 한편 동학교(東學敎)는 꾸준히 교세를 키우고 있었다. 천주교, 개신교의 합법화에 자극을 받아 동학도 합법화해달라고 요구했다. 공주, 삼례 등에서 동학교도들은 집회를 하면서 교조 최재우의 억울한 죽음을 풀어달라고 하였다(엎드려 상소하는 시위방법: 이른바 「복합상소」 伏閤上疏). 충남 보은에 수 만명의 교인이 집결하자 정부는 강화도, 평양의 병력을 수원, 용인에 이동시켰다. 고종은 청나라 군대까지 요청했다. 그런데 농민군은 관군의 쿠르프 야포 공격을 받아 더 이상 북상하지 못하였고 청군의 아산만 상륙, 일본군의 인천 상륙에 크게 긴장하였다. 곧이어 정부와 전주화약(全州和約)을 맺게되자 조선 정부는 청과 일본 모두에게 철수를 요구하였다. 청은 철수하고자 하였으나 일본은 청에게 조선에 남아 개혁을 완수하자고 했다. 그런데 갑자기 일본군이 청의 군대를 공격하여 청일전쟁이 시작되었다(1894년). 그리고 일본은 군국기무처를 설치하고 갑오경장을 실시했다. 이는 신분제와 노비제도 폐지, 화폐개혁, 조세의 금납(세금을 쌀 등 현물 아닌 돈으로 내게 함), 도량형 통일, 재정 일원화, 국내부와 의정부의 분리, 조혼금지, 과부의 재가 허용, 연좌제(連坐制) 폐지, 지나친 고문인 압술형(壓膝刑) 등 폐지, 과거제도 폐지 등이었다. 사법제도도 개혁하여 재판소를 설치하고 지방관의 사법권을 빼앗았다. 1895년에는 을미사변(乙未事變)이 일어나 명성 황후가 시해되었다. 그 당시 고종과 명성황후는 러시아 공사 베베르와 접촉하였지만, 정작 러시아 정부는 소극적이었다. 그러다가 이준용이라는 고종의 조카가 고종과 태자, 명성황후를 제거하고 스스로 왕이 되려한 역모 사건이 일어났다. 그래서 다시 친미파, 친러파가 득세하는 제3차 김홍집 내각이 세워졌다(박영효 등 친일 내각 제거). 일본군이 훈련하던 훈련대도 해산하자 군인 출신의 미우라 신임 공사와 경질된 이노우에 등이 민비 시해 계획을 세웠다. 이는 명성황후 민비가 친청파, 친러파의 핵심이라고 보았기 때문이다. 이 과정에서 홍계훈, 이경직도 살해되었다. 그 후 성립한 내각이 제4차 김홍집 내각이다. 그 핵심은 유길준이었는데 을미계획을 단행, 단발령을 시행하였고 고종은 사실상 연금되었다. 미국 공사관으로 탈출시키려 하였으나 한 대대장이 밀고하여 군부대신 어윤중이 무산시켰다. 고종은 유림들에게 밀서를 보내 의병을 일으킬 것을 지시하였고 이가 을미의병(乙未義兵)이다. 을미의병은 여러 고을을 점거하면서 세력을 규합하였는데 억울하게 희생된 고을 수령도 여럿 있었다. 을미의병을 진압하기 위해 중앙의 군대가 지방에 파견되어 감시가 소홀해지자 고종은 궁녀가 타는 가마를 타고 왕세자와 함께 러시아 공사관으로 피했다(1896년 아관파천 俄館播遷). 아관파천 등 친러정책을 주도한 사람은 러시아 공사 베베르였다. 고종은 아관파천 직후 김홍집 내각의 관료들을 죽이라는 교지(敎旨)를 내려 군중이 김홍집, 정병하 등을 길거리에서 살해하였다. 이를 면한 유길준 등은 일본으로 망명하였다. 아관파천으로 한 나라의 왕이 러시아 공사관에서 지낸다는 전례없는 사태를 비판하는 지식인들은 독립협회를 만들었다. 처음에는 독립문을 건립하기 위한 목적(친정부 단체)이었으나 독립신문 등을 발간하면서 사상적으로 조직화되고 정부비판적으로 바뀌었다. 서재필, 박영효 등 중심 인물에 의하여 급진 개화단체로 변모한 것이다. 고종의 환궁 이후 입헌 군주제 등 개혁 방향도 논했지만, 고종황제는 체제 자체를 부정한다고 봐 군대를 동원하여 강제 해산시켰다. 이 때 젊은 이승만도 잡혀서 사형 판결을 받고 서대문 형무소에 갇혔다. 고종의 환궁은 독립협회의 강력한 요구사항이었는데 고종도 독립협회의 자주의식은 높이 평가하여 1897년 황제의 나라라는 뜻으로 대한제국 수립을 내외에 선포하였다(연호는 광무 光武) 그리고 개혁을 추진하여 근대식 정부와 행정제도, 국민개병제, 도시의 근대화, 황권 강화 등을 추진하였다. 그러나, 1904년 러일 전쟁이 일어나고 일본이 승리하면서 이러한 노력은 성공하기 어려웠다. 당시 러시아의 남하정책과 일본의 대륙 진출 정책은 충돌이 예정된 두 기차였다. 1904년 러일 전쟁이 발발하자 일본은 만주의 러시아 군대를 기습 공격했다. 중립을 지키려고 했던 대한제국을 일본은 동맹국으로 끌어들였다. 일본은 청일전쟁 때와 달리 러시아에게 압도적으로 이기지는 못했지만 육전과 해전에서 모두 이겼다. 미국 테오도르 루즈벨트의 중재로 포츠머드 조약이 맺어지고. 테오도르 루즈벨트는 노벨 평화상을 받았다. 러일 전쟁이 끝난 이후 조선 땅에서 일본을 견제할 세력은 없었다. 일본군은 경운궁, 덕수궁을 완전히 장악하고 이토 히로부미가 고종을 알현, "외교권을 넘기면 유혈 사태는 막을 수 있습니다"라고 하고 일본 천황의 밀서를 내밀었다. 고종은 처음에 "나라를 망치는 일은 죽어도 못한다"라고 거부하였다. 그러나, "여러 경들에게 상의해보라"고 하자 을사조약(을사늑약)이 체결되고 말았다. 최익현 등 전국 유림의 거센 반발과 의병, 장지연의 대한 매일 신보논설(시일야 방송대곡 是日也放聲大哭), 민영환의 자결 등이 있었지만 한번 기운 국운을 되돌리지는 못하였다. 이미 청나라와 러시아는 일본에 졌고 미국, 영국도 필리핀, 인도 등 때문에 일본 편을 들었다. 고종은 1907년 마지막 시도로 네덜란드 헤이그의 만국평화회의에 밀사를 파견하였다(이준, 이상설, 이위종의 헤이그 밀사사건). 이후 일본은 이완용, 송병준을 배후에서 조종하여 고종의 전화선을 끊는 등 궁에 감금하고 날치기로 퇴위를 시켰다(1907년 7월 19일 순종 즉위). 1909년에는 기유각서가 체결되어 사법권, 감옥 사무가 넘어가고 1910년에는 한일 의정서로 경찰권이 넘어갔다. 1910년 8월 29일에는 한일 합방이 강제로 발표되었다. 고종과 황족들은 일본의 강요에 의해 작위와 은사금을 받았다.

<**고종 황제의 리스크**(Risk)>

- 철종의 후계자 아닌 서열
- 아버지 흥선대원군과 왕후 민비와의 대립
- 임오군란, 갑신정변
- 동학혁명, 청일전쟁, 러일전쟁
- 을미사변, 아관파천
- 러일전쟁
- 을사조약, 한일합병

109. [청일전쟁](1894년 11월 25일-1895년 4월 17일)(19세기 말 동양 한반도)

조선의 서울, 평양, 성환, 청나라 만주, 산동성 부근에서 일어난 청일 양국의 충돌이다. 일본이 승리하면서 조선에서의 청의 종주권이 부인되고 갑오개혁이 시행되었다. 이후 러시아가 개입하면서 3국 간섭, 을미사변, 아관파천이 일어났다. 이 전쟁의 주요 격전지는 바로 조선이었고 조선이 가장 큰 피해를 입었다. 이 전쟁을 기점으로 일본에서 민족주의가 크게 일어났다. 일본은 청으로부터 막대한 배상금과 요동반도 등을 얻어냈고 이를 기반으로 러일전쟁 승리의 기초를 마련하였다. 청나라는 청불전쟁, 청일전쟁, 베트남에서의 연이은 패배로 양무운동의 한계를 절감했다. 이는 변법자강운동의 계기가 되었다. 청일 전쟁 직전까지 청나라는 아편전쟁 등 서구 열강에 패배하였지만 조선에 대해 여전히 지배권을 행사하고자 하였다. 일본은 메이지 유신 이후 근대화에 성공하면서 식민지 확장에 대한 야욕을 품었었다. 일본에게 있어 조선은 청나라와 러시아로 넘어가는 교두보였고 타이완은 유럽으로 가는 해로의 길목이었던 것이다. 그러나 아직 서구 열강에 비하여 열세였던 일본은 그들과 직접 충돌하지 않는 범위에서 조선과 타이완에 대한 영향력 확대를 원했다. 조선에서는 임오군란, 갑신정변 등에서 일본은 청나라에 밀리는 형세였지만 동학혁명이 일어나자 다시 청나라와 맞붙어보기로 작정했다. 조선정부는 동학혁명군을 혼자 진압하기 어려워 청나라에 원병을 구했다. 그런데 이것이 화근이 될 줄이야... 청나라가 아산만에 2,800명의 병사를 보내면서 톈진 조약에서 정한대로 일본에게 통보하자 일본군도 거류민과 공사관 보호 명목으로 혼성 9여단 8.000명의 병력을 인천을 통해 서울로 보냈다. 두 나라의 출병 소식을 듣고 깜짝 놀란 동학농민군은 정부와 전주 화약을 맺고 해산했지만 이미 늦었다. 양군은 철수하지 않았고 일본은 조선 조정에 내정개혁 등을 요구하면서 1894년 7월 23일 경복궁을 공격하였다. 조선의 경군(京軍)은 많은 수가 동학농민군 진압을 위해 지방에 가 있었고 경복궁 수비병은 장위영, 통위영 일부, 평양 기영 일부 뿐이었다. 영추문, 영춘문 등에서 조선군은 최선을 다해 저항하였지만 일본군이 고종의 신병을 확보하였다. 이들은 고종을 협박하였으나 굴복하지 않았다. 그러나, 김가진과 안경수가 고종의 가짜 어명을 만들어 조선군 사령관 홍계훈을 협박, 조선군을 무장해제시키기에 이르렀다. 조선군은 소총 3천정, 야포 20문과 개슬링 기관총 8정을 빼앗겼다. 그리고 일본은 김홍집 내각을 통하여 맹약을 맺고 조선을 자주국으로 선언하게 하였으니 이것이 갑오개혁이다(갑오경장). 그 직후 청군의 철수를 요구하였다. 그러나, 1894년 7월 25일 서해 아산만 앞 풍도(경기도 안산시 단원구 풍도동)에서 일본 해군이 청나라의 해군 함대를 공격하여 청일 양군의 본격 전투가 개시되었다. 한편 육지에서는 7월 28일 성환에서 일본 육군 4천명이 청군 3천 5백명을 공격, 청군 500명이 전사했다. 평양에서도 전투가 개시되었다. 평안감사 민병석은 대원군의 밀명을 받고 청나라를 도왔다. 청나라 조정은 이 싸움을 리훙장(향용: 鄕勇)에게 모두 맡겼다. 그러나, 리훙장은 개혁파여서 황제파의 견제를 받고 있었던 터라 은근히 소극적이었다. 자신의 지지 기반인 군사력만 낭비하는 것은 손해였기 때문이다. 청군은 을밀대에서 항복하고 일본군이 평양성에 들어왔다. 청군은 2천명 전사, 4천명 부상, 2천명은 압록강 쪽으로 물러갔다. 청군 포로들은 참수당하는 등 처절한 보복을 받았다. 그 당시 청군은 의외로 방비를 잘 하였지만 지휘 라인에 문제가 있었다고 한다. 그 사이 서울, 인천, 경기, 충청, 강원, 평안, 황해 등 조선 전역은 청나라 패잔병과 일본군에 의한 약탈과 부녀자 겁탈 등 가장 처참한 피해자가 되었다. 경제는 파탄나고 국가 재정은 흔들렸다. 청일전쟁은 조선의 내부 분열이 아니었다면 결코 우리 땅에서 일어나지 않았을 것이다. 9월 17일에는 압록강 근해 황해에서 청일 양쪽 해군이 맞붙었는데 청의 함대는 다섯 척이나 침몰되었다. 청 나라는 지휘관부터 아편중독자가 있는 등 훈련과 기강이 부족했다. 무장은 대구경의 주포 등에서 청군이 앞서 있었지만, 일본군은 중소구경 속사포가 앞섰고 명중률도 높았다. 랴오뚱반도와 따렌 전투에서는 청군 일 만 명이 분전하였으나 하루 만에 리슌 요새가 무너졌다. 청군이 일본군을 조롱하고 시신까지 훼손하는 것을 보고 일본군은 뤼순에서 처참한 보복학살을 자행했다. 일본군 피해도 적지 않았다. 겨울철인데도 군화없이 짚신만 신고 있어 살인적인 추위를 견디기 어려웠고 청군은 끈질기게 방어했다. 이후 러일전쟁 때는 일본군에게 가죽 군화가 보급되었다. 1895년 위해위(웨이하이웨이) 전투에서는 청의 북경함대 자체가 궤멸당하였다. 일본 육군은 열흘 만에 청의 육군을 몰아내고나서 북양함대의 해안 포대를 점령하였다. 청의 사령관 정여정과 휘하장교 유보섬, 황응양은 자결하고 북양함대 12척은 나포되었다. 청은 상군(湘軍)을 또 투입하였으나 전세가 이미 기울어 상군도 패하였고 주화파(主和派) 공친왕 혁훈이 총리가 되어 화친하기로 하였다. 마침내 1895년 3월 30일 일본의 시모노세키(下關)에서 리훙장과 이토 히로부미 사이에서 정전 회담이 열렸다. 시모노세끼 조약으로 청의 조선에서의 종주권은 부인되고 요동반도, 타이완과 부속도서가 일본에게 넘어갔다. 배상금은 2억 냥. 이 금액은 일본 정부 세입 4년 수입에 해당하였다고 한다. 또, 일본은 영국, 프랑스처럼 청나라에서 최혜국 대우를 받게 되었다. 그러나, 러시아가 가만두지 않았다. 프랑스, 독일과 함께 삼국 간섭을 하여 일본은 굴복하고 말았다(1895년 삼국간섭). 일본은 영국과 미국에게 도움을 청하였으나 별 호응이 없었다고 한다. 청일전쟁의 승리를 일본은 메이지 유신의 성공 징표로 받아들였다. 일본 국민들은 열광하여 민족주의, 팽창주의가 드세졌다. 또, 팽창을 저지한 러시아 등 열강 세력에 적대감을 가졌다. 러시아 또한 청나라가 비어있는 틈에 극동 지역을 만만하게 보아 남하 정책에 박차를 가했다. 그리하여 러-일의 충돌은 시간 문제였다.

중국 입장에서는 아편전쟁은 중국이 미리 준비하지 않았기에 영국에게 졌다고 치더라도 하물며 같은 아시아의 작은 나라인 일본에게까지 지고말았다니, 너무나 큰 충격을 받았다. 관망하던 서구 열강도 청이 한갖 종이 호랑이에 지나지 않는다고 보고 적극적으로 숟가락을 들고 나왔다. 러시아도 만주지역에 진출, 뤼순을 조차하고 철도 부설권을 가졌다. 1897년 독일은 선교사 2명이 살해되었다는 것을 빌미로 교주만(자오저우 만)을 조차하였고 1899년 프랑스는 광주만을 조차하였다. 일본, 영국, 미국도 마찬가지였다. 중국은 1898년 변법자강운동도 실패하고 1899년 의화단 운동도 제대로 안되다보니 극단적인 노선으로 치달았다. 그래서 일본 천황제를 모델로 한 입헌군주국을 세웠다. 아예 임금이 없는 민주주의, 즉 공화정 수립을 목표로 한 것이다(신해 혁명으로 발전).

<**청일 전쟁시기 조선의 리스크**(Risk)>

- 조선에 대한 종주국 청나라와 신흥 강국 일본의 대립
- 내분(동학혁명)등으로 독자적인 해결이 불가능하다고 보아 청나라에 원병을 요청한 것
- 국토의 침탈, 경제의 파탄
- 일본의 팽창주의, 민족주의: 훗날 러일 전쟁으로 발전

110. [제1차 세계대전](1914년 7월 28일-1918년 11월 11일)(19세기 전세계)

사라예보 사건을 계기로 오스트리아-헝가리 제국이 세르비아 왕국에 선전포고하여 전 세계가 전쟁에 휘말리게 된 사건이다. 그 원인은 영국, 프랑스 등 선두 산업국가들의 팽창과 후발주자인 독일의 불만, 범게르만주의 대 범슬라브주의의 대립, 3국 협상과 삼국동맹의 대립 등이다. 1914년 오스트리아-헝가리 제국의 황태자 페르디난드가 사라예보에서 세르비아의 19세 청년에게 암살당하는 사건이 일어났다(사라예보 사건). 오스트리아-헝가리 제국은 세르비아에 선전 포고하였고 같은 슬라브족 국가인 러시아가 세르비아 편을 들었다. 오스트리아-헝가리의 동맹인 독일은 러시아와 그 동맹(러-불 동맹이 맺어진 상태)인 프랑스에게 선전포고를 하였다. 영국은 중립을 지키려 하였지만, 독일이 쉴리펜 계획에 의해 벨기에를 치자 참전할 수 밖에 없었다. 일본은 영국과 동맹을 맺고 있어서(영일동맹) 독일에 선전 포고를 하였다. 투르크는 1914년 11월에 참전하였고 이탈리아는 1915년, 미국은 1917년에 뛰어들었다. 오스트리아-헝가리 제국과 세르비아 왕국 사이의 전쟁으로 끝날 수 있었는데 3국협상, 3국동맹, 영일동맹 등 동맹 체제로 인해 전세계로 퍼졌다. 1차 세계대전의 가장 큰 불씨는 영불과 독일간의 대립이었다. 이들 나라는 거의 100년간의 평화를 누리며 산업혁명을 맞아 과학기술의 발전, 생산력의 비약, 원자재와 상품 시장의 필요성으로 아프리카 등 식민지에서 필사적으로 경쟁했다(보어 전쟁에서 영국과 독일의 대립, 1차 2차 모로코 사건에서 프랑스와 독일의 대립 등). 물론 직접 불을 붙인 것은 발칸 반도에서의 민족주의 대립이었다. 러시아는 범슬라브주의를 기치로 발칸반도로 남하 정책을 폈다. 필연적으로 범 게르만주의인 오스트리아-헝가리 제국과 충돌했다. 세르비아는 오스트리아-헝가리가 보스니아를 합병하자 바다로의 출구가 막혀버려 불만을 가져 사라예보 사건이 일어났다. 사라예보 암살 사건 후 오스트리아는 세르비아에게 테러단인 <검은손> 해체, 반(反) 오스트리아 활동 규제, 사라예보 사건 공범 처벌을 요구했지만, 세르비아 정부는 이를 거절하여 전쟁이 일어났다. 독일의 경우 재상 비스마르크는 주변국과의 외교에 많은 주의를 기울여 독일, 오스트리아, 러시아를 3제(三帝) 동맹으로 묶어서 효과적인 안전망을 만들었었다. 보불전쟁에서 패배하여 복수를 다짐하던 프랑스를 효과적으로 고립시키기 위해서였다. 그러나, 젊은 빌헬름 2세가 황제가 되자 비스마르크를 해임, 러시아와의 관계를 멀리하고 오스트리아-헝가리 제국과는 가깝게 지냈다. 그 반작용으로 러시아는 1894년 러불 동맹을 맺었다. 게다가 영국도 독일의 인구 증가, 경제적 향상을 의식하여 아프리카 등에서 오래 경쟁하던 프랑스와 화해하고 러시아까지 끌어들여 3국 협상을 성사시켰다. 이렇게 되면 오히려 독일과 오스트리아 쪽이 고립되는 것이다. 한편 독일의 국력은 급성장하여 1910년에는 영국을 앞질렀고 인구도 6,700만명이나 되었다. 당시 영국은 4,600만명, 프랑스는 4,000만명에 불과하였다. 이러한 독일의 발전에 대해 영국-프랑스는 물론 러시아도 불안하게 지켜보고 있었다.

제1차 세계대전이 발발하자 각국의 젊은이들은 앞을 다투어 자원 입대했다. 당시의 낭만주의, 애국심, 민족주의 열풍 때문이었다. 그러나 사람간의 투쟁, 전쟁은 동서고금을 막론하고 낭만이 아니다. 서부전선의 경우 평균 생존 시간은 5일에 지나지 않았다고 한다. 굶주림, 추위, 참호속 포화, 정신적 쇼크가 덮쳤다. 서부 전선의 독일군은 프랑스 일부에서 승리한 후 방어를 위해 참호를 팠다. 영국과 프랑스군도 질세라 같이 참호를 깊이 팠다. 상대편을 이기고자 참호의 측면으로 공격해가자 방어하는 편에서는 더 길게 참호를 팠다. 이것이 북해에서 스위스 국경까지 이어졌다. 기관총, 야포, 철조망 등 방어를 위한 무기는 발달하였지만, 효과적인 공격 무기가 없어 양측은 길게 대치하는 소모전을 치루었다(서부전선, 이탈리아 전선의 상황). 그러나, 동부전선, 발칸반도, 카프카스 중동 지역에서는 참호전 대신 철도, 기병을 이용한 기동전 위주였다. 왜냐하면 이 동부전선은 흑해에서 발트해까지의 지형 특성상 참호를 파서 저항함이 적당하지 않았기 때문이다. 오스만투르크 제국도 곧 독일편이 되었다. 1914년 7월 영국에서 만들던 투르크의 전함 2척을 영국이 압류하자 영국에 대한 여론이 나빠지고 이 틈을 타 독일이 투르크에게 전함 2척을 주고 군사적 지원을 하여 비밀리에 동맹을 성사시켰기 때문이다. 독일 해군이 지휘하던 이 두 전함이 10월말 러시아의 세바스토폴 항구를 공격하자 11월에 러시아는 투르크에게 선전 포고하였다. 영국, 프랑스도 중동 지역에서 투르크를 공격하였다. 인도는 영국이 자치권 부여를 약속하자 곧바로 영국 편을 들었다. 1914년 12월 크리스마스에서는 대치하던 군인들이 약속한 듯이 휴전을 하고 사이좋게 대화도 나누었다. 그러나 이 때 뿐이었다. 1915년 2월부터 독일은 무제한 잠수함 작전으로 연합국의 상선까지 침몰시키고 5월에는 영국 여객선(루시타니아호)까지 격침되었다. 이 여객선에 탔던 미국인 128명이 사망하자, 미국내 참전 여론도 높아졌다. 독일도 태도를 바꾸어 이 작전을 중단하였다. 그러나, 이 작전 자체는 영국의 해군력을 크게 약화시켰기에 독일은 곧 재개했다. 이로써 미국이 참전할 수 밖에 없게 되었다(치머만 전보사건). 이태리의 경우 연합국(협상국)이 유리한 공세를 펼치는 것을 보고 3국 동맹을 배신하고 1915년 5월에 오스트리아-헝가리 제국에 선전포고를 하였다. 그러나, 이태리의 전력은 그다지 강하지 않아 국경에서 얼마 떨어지지 않은 곳에서 오스트리아-헝가리 군에게 밀렸다. 험준한 알프스 산맥에서는 어려운 전투를 이어갔다. 불가리아가 1915년 10월 참전, 오스트리아 편을 들자 세르비아 등 발칸 지역이 독일-오스트리아에 유리하게 되었다. 이듬해 서부전선은 교착 상태가 되었다. 베르덩 전투, 솜 전투에서 2백만이 죽거나 다쳤지만 여전했다. 해전에서도 마찬가지였다. 독일 해군이 일시 유틀란트 해전에서 영국에 승리하였지만 찻잔 속의 태풍에 머물렀고 영국 해군이 워낙 강력하여 잠수함 작전에만 매달렸다. 1916년에는 중립을 지키던 포르투갈도 연합군에 가담하였다. 영국과의 동맹국이었기 때문인데 영국이 독일 배의 나포, 화물 압류를 요구했다. 동부전선에는 러시아가 분투하였다. 1916년 6월에 러시아는 독일, 오스트리아를 상대로 싸웠는데 오스트리아 헝가리에는 큰 타격을 주었지만 독일군에 비해서는 약체여서 1916년 말까지 500만 명이 죽거나 다쳤다. 경제도 매우 어려워져 국내 분란이 고조되고 있었다. 곧바로 러시아 공산 혁명의 원인이 되었다. 오스만투르크도 매우 열악한 상황으로 가고 있었다. 캅카스 전선에서 러시아에게 지고 있었고 영국이 중동의 아랍 부족들을 부추기자 6월에 반란이 일어났다. 그리하여 중동 지역도 매우 취약해졌다.

한편 1차 대전 동안에 새로운 무기가 많이 만들어지고 전술도 개발되었다. 이 때 개발된 전술이 현대 보병전의 기초가 되었다. 철모와 화염 방사기를 참호전에서 사용한 것도 이 때부터이다. 그런데 불법적인 독가스를 사용한 것은 큰 문제였다. 참호를 공격하기 위해 전차(탱크)를 발명하였고 1918년에는 기관단총을 사용하기 시작했다. 또 항공기, 비행선을 공중전에 이용하였고 새롭게 공군이 만들어졌다. 1917년 미국의 참전은 1차 세계대전에 마침표를 찍게했다. 독일이 1917년 2월부터 무제한 잠수함 작전을 재개하자 4월에 미국이 참전한 것이다. 중국의 경우 독일 잠수함 작전으로 노동자를 실은 배가 침몰당하자 1917년 3월 단기서 내각이 오스트리아 헝가리 제국과 단교하고 수십만 명의 노동자를 보내 연합군을 후방에서 지원했다. 러시아는 1917년 3월에 혁명이 일어났고 4월 독일은 레닌을 기차에 태워 러시아로 보내 혁명을 앞당겼다. 11월에 세계 최초의 공산혁명이 일어나 짜르 체제를 엎은 후 독일과 전쟁을 끝냈다. 이로써 독일은 서부에만 전력을 집중할 수 있었다(브레스트-리토프스크 조약). 영국은 투르크령인 바그다드를 비롯, 메소포타미아의 대부분을 석권하였다. 독일은 미군이 본격적으로 뛰어들기 전에 동부전선 71개 사단을 서부전선으로 돌려 루덴도르프 공격을 하였지만 성공하지 못했다. 5월에는 미군이 독일을 상대로 처음 승리하였고 루마니아를 굴복시켰다. 1918년 8월부터 미군은 하루에 1만 명씩 프랑스에 보내 서부전선에 활기를 불어넣었다. 힘 받은 연합군은 100일 작전을 빠르게 펼쳐 독일군의 주요 방어선인 힌덴부르크 방어선을 무너뜨렸다. 이태리 전선, 중동전선, 마케도니아 전선에서도 연합군은 승기를 잡았다. 패색이 짙어지자 불가리아가 가장 먼저 1918년 9월 29일 무너졌다. 이어서 오스만투르크가 10월 30일 항복하고, 11월 3일 오스트리아-헝가리 제국이 손을 들었다. 마지막까지 완강히 저항하던 독일도 키일(Kiel) 항구 수병의 반란을 시작으로 반정부 운동이 일어나자 항복할 수 밖에 없었다(1918년 11월 11일 콩피에뉴 휴전협정). 그러나, 독일은 마지막까지 서부전선을 프랑스 영역에서 유지하고 있었고 항복에 반대하는 여론도 상당했다. 이는 후일 나치즘이 삽시간에 득세하는 한 원인이 되었다. 1919년 6월 베르사이유 조약, 생제르망 조약, 트리아농조약, 뉘이 조약 등이 체결되었다. 미국 우드로 윌슨의 민족자결주의 정신이 많이 반영되고 패전한 동맹국 측은 황실의 몰락, 제국의 분리와 독립, 영토의 할양, 배상금의 지급 등이 뒤따랐다. 러시아는 중도에 이탈하였으므로 승전국 지위에 들 수 없었다. 세르비아는 오스트리아에게서 많은 땅을 빼앗아 유고슬라비아로 독립했다. 일본은 일부 이권을 얻었지만 세계 대공황을 극복하기에는 역부족이어서 군이 통치권을 행사하는 방식으로 나갔다(일본의 군국주의화). 비록 전후에 국제연맹이 창설되었지만 평화 유지로는 만족스럽지 않았다.

1차 대전은 군인 사망자 900만명, 민간인 사망자 600만명, 부상자 2,700만명, 불구자

600만명, 전쟁 미망인 400만명, 고아 800만명이라는 엄청난 재앙을 낳았다. 한 세대가 사라지고 성비율의 불균형, 사회 경제적 대혼란을 낳았다. 유럽의 평균 인플레는 350%를 넘었고 바이마르 정부의 독일은 3년 동안 물가가 1억 배나 올랐다.

종전 10년 후 세계경제 대공황이 닥쳤다. 이는 또다시 세계대전을 촉발시켰다. 20세기의 모든 것이 1차 대전에서 비롯되었고 2차 대전은 그 연장선이었다. 1차와 2차 세계대전은 여러 국가의 세력 판도를 바꾸었을 뿐만 아니라 인류 역사를 뒤엎어 놓았다. 비록 문명과 과학기술이 발전하더라도 풍요, 평화는 별개임이 증명되었다. 낭만주의가 대실패하고 비관주의, 국가 민족을 단위로 하는 총력 경쟁이 불가피하게 되었다. 국가 시스템에 반감을 가진 공산주의, 사회주의 사상이 득세하는 한편 그 반대 측면에서는 국가와 민족을 중시하는 사상이 일어나 서로 충돌했다(사상의 대립과 격렬한 충돌). 독일의 경우 국가 인프라와 시스템을 전후에도 잘 유지하여 20년 만에 세계 3위의 경제력을 회복하였다. 이 경제력과 1차 전쟁 처리에 대한 불만이 2차 대전의 원인이 되었다. 미국과 일본은 1차 대전으로 큰 수혜를 입은 대표적인 사례이다.

<**세계 1차대전 직전의 리스크**(Risk)>

- 범 게르만주의와 범 슬라브주의의 대립(사라예보 사건 발발)
- 선진 산업국가(영국, 프랑스)와 후발 산업국가(독일)의 대립
- 3국 협상과 3제 동맹의 대립
- 보어전쟁(남아공화국에서의 영국과 독일의 대립)
- 모로코 사건(프랑스와 독일의 군사적 충돌)
- 독일의 국력 급신장 그러나 외교에서는 고립

111. [러시아 혁명](1905년, 1917년)(20세기 유라시아)

1905년에 이어 1917년 러시아에서 3월, 10월 두 차례 혁명이 일어나 러시아 로마노프 황제 체제가 무너지고 최초의 공산주의 공화국이 탄생하였다. 당시 러시아가 사용한 율리우스력으로는 2월, 10월 혁명이 되고, 세계적으로 주로 쓴 그레고리우스력으로 하면 3월, 11월 혁명이 된다. 1800년대 중반 이후 러시아에서 산업혁명은 크나큰 성공을 거두고 있었다. 1860년대부터 40년간 공업 생산량은 7배 이상 증가하였고 광업, 철강업, 운수업, 제조업 등에서 서유럽의 수준에 도달하였다. 그러나, 한편 그에 따라 정치적 자유를 요구하는 조직이 잇따르고 섬유 노동자 등의 파업이 빈발하였으며 노동자 보호법이 제정되었다. 그러나 부르주아들의 편법, 가혹한 노동 환경은 혁명의 씨앗이 되고 있었다. 이리하여 1840년대부터는 공산주의 사상이 러시아에 들어왔다. 바쿠닌은 1869년 마르크스의 <공산당 선언>을 러시아어로 번역하였고 각종 공산주의 경제 이론이 러시아 혁명가들을 자극하였다. 1883년 게오르그 플레하노프(1956-1918년)는 스위스 제네바에서 러시아 최초의 공산주의 단체인 노동자해방단을 조직하였다. 러시아에서 자본주의를 거쳐 사회주의로 가게 한다는 혁명론(혁명의 2단계론)이었다. 그는 카알 마르크스-엥겔스 이론서를 러시아어로 번역했다. <블라고예프단>(1883년), <토치키스 그룹>(1885년), <브루스 네프단>(1889년) 등이 조직되었다. 이들은 한편으로 노동자들을 가르쳐 공산주의 사상을 주입하려고 했다. 특히 플레하노프의 <노동자해방단>이 번역한 이론서들이 공산주의 사상이 깊이 박히게 했다. 1895년에는 레닌, 마르토프, 크루프스카야 등이 주동하여 <노동자계급 해방투쟁 동맹>을 만들었다. 그러나, 이 조직은 그 해 12월 바로 해산되었고 레닌은 체포되었다. 3년 후 1898년에는 민스크에서 <사회민주노동당>이 창당되었는데 레닌, 프레하노프 등이 중심이었다. 곧 해산되었지만 노동자 사회에 공산주의를 깊이 각인시켰다. 들불처럼 일어난 공산주의 운동에도 불구, 사회민주노동당에서는 노선의 차이에 의해 분열이 일어났다(레닌의 폭력 노선과 마르토프의 온건노선의 대립). 이로써 투표에 붙여진 결과 볼셰비키(다수파)와 멘셰비키(소수파)로 분열되고 레닌은 1912년 별도 조직인 볼셰비키 정당을 만들었다. 노동자의 정치 파업, 시위는 극렬해졌다. 1901년에는 <사회혁명당>이 결성되어 급진적인 테러를 주장하고 방해물이라 여겨지는 관료들을 암살하였다. 1905년에는 유럽식의 자유주의, 의회주의를 요구하는 흐름이 거세어졌는데 정부는 강경 대응하였다(「피의 일요일」 사건). 러일 전쟁의 패배, 인플레, 수탈 등은 농민, 노동자뿐만 아니라 군대마저 반란을 일으키게 하였다(전함 포템킨 수병의 반란). 황제 니콜라이 2세는 마침내 1905년 <10월 선언>에서 헌법제정, 의회개설(두마), 선거권 확대, 언론 출판결사의 자유를 보장하였다(입헌군주제). 황제의 실권은 여전히 보장되는 절충안이었다. 한편 총리 스톨리핀(Stolypin)은 경제개혁을 착실히 하여 큰 성과를 내었다(중산층 육성, 농업 생산력 향상). 레닌이 더이상 혁명은 불가능하다고 여길 정도였다. 만약 니콜라이 2세 황제가 궁정 내 라스푸틴 등 잡음을 없애고 자신부터 검약, 절제하면서 관료와 군인들을 설득하였다면 레닌의 폭력 혁명은 성공하지 못하였을 것이다. 특히 무모하게 1차 대전에 휘말리지 않았다면 인플레, 식량난에 시달리지 않고(내치 內治) 군인, 농민, 노동자들의 생활환경을 개선하는 안정책이 성공하였을지도 모른다. 아무튼 모든 권력이 황제에게 집중되는 때였으니 자신도 가족도 레닌 부하 총에 쓰러짐을 탓할 사람은 황제 자신 밖에 없다. 결정적인 것은 전쟁에서의 패전이다. 탄넨베르크 전투, 블루실로프 전투에서 독일에게 완패, 500만의 젊은이가 죽거나 다쳤다. 전비 마련을 못해 루블화를 마구 찍어내 인플레, 식료품 품귀로 후방의 국민들도 지쳐갔다. 1917년 3월 8일 <세계 여성의 날>이 되자 방직공장 여성 노동자들이 파업을 하였다("빵을 달라, 전쟁 반대, 황제 물러가라"). 그런데 12일 13일이 되어 시위 진압을 명받은 군인들도 혁명편을 들자 황제가 다스리던 러시아는 무너졌다(3월 혁명, 부르좌 혁명의 성공). 3월 혁명에 성공하자 각 지방마다 <노병 勞兵 소비에트>가 결성되었다. 적위대가 조직되고 8시간 노동시간제가 실시되었다. 기존의 모든 판사는 인민판사로 바뀌었다. 그런데 이 때만 해도 노병(勞兵) 소비에트와 함께 자본가 지주 세력의 임시정부도 구성되었다. 그 의회는 임시위원회를 뽑아 전선에 나가 있던 황제 니콜라이 2세의 하야를 요구했다. 그는 남동생에게 양위하고자 하였지만 남동생 미하일 안드로비치가 사양하여 로마노프 왕조는 사라졌다(3월 17일 공화국 선포). 임시정부와 노병(勞兵) 소비에트라는 이중 권력이 탄생하였지만, 전쟁, 기아, 노동 환경의 열악함은 노병 소비에트에 기울게 만들었다(볼셰비키의 4월 테제와 쿠데타). 부르주아 멘셰비키는 레닌의 선동과 인적 네트워크에 밀려났다. 케렌스키가 임시정부의 새 수상이 되고 코르닐로프의 계엄령이 선포되어 볼셰비키를 막아보려고 하였지만 모두 실패했다. 볼셰비키의 인기는 급상승하고 트로츠키와 레닌의 조직이 우체국, 전화국, 전신국, 기차역을 점령하고 겨울 궁전까지 접수하기에 이르렀다. 인민위원장에 레닌, 외무위원에 트로츠키, 민족위원에 스탈린이 임명되었다. 케렌스키 등은 반혁명을 시도하였지만 12월 초에 모두 진압되었다. 레닌은 독일과 정전 협정을 맺고 러시아 영토를 독일에 많이 양보하였다. 러시아 자체에는 내전이 발발하고 연합군도 황제와 군대를 도왔지만 실패하였다. 백군(白軍: 반공산주의 군대)이 황제 가족을 구출하려 하자 레닌은 니콜라이 황제 가족을 모두 죽여버렸다. 공산주의 소련이 몰락한 이후에는 현재 러시아 연방정부나 푸틴에 있어서도 러시아 혁명은 외면의 대상이다.

<**러시아 니콜라이 2세 황제의 리스크**(risk)>

- 1840년대부터 러시아에 유입된 공산주의 사상
- 당시 공장에서 만연된 편법, 가혹한 노동환경
- 정치 파업과 시위, 급진적 테러, 관료 암살, 군대의 반란, 노병(勞兵) 소비에트 등장
- 러일 전쟁, 1차 대전 패배, 인플레와 식량난
- 라스푸틴 등 궁정내부의 혼란상

112. [무솔리니의 로마진군 : Benito Andrea Amilcare Mussolini의 진군](1922년 10월 28일 유럽 이태리)

1871년 통일 당시 이태리에서는 빅토리오 에마누엘레 2세 국왕이 영웅적으로 활약한 바 있다. 그래서 무솔리니의 등장까지 왕 중심 체제는 튼튼하였다. 다만, 1922년이 되자 1차 대전의 후유증인 사상혼란, 사회혼란 때문에 국가 파시스트당이 10월 쿠데타를 일으켰다. 1919년 사회주의자였던 베니토 무솔리니가 <전투 파쇼>(Fascio di Combatiniento)라는 매우 공세적인 정치 단체를 만들었고 행동대(「검은셔츠단」)까지 두었다. 「검은셔츠단」은 주로 전직군인, 실업자였는데 1920년 밀라노의 노동자 파업을 가혹하게 진압한 것으로 알려졌다. 사회 불안을 싫어한 지주 등 일부는 파쇼와 「검은셔츠단」을 지지하여 의회까지 진출했다. 1922년에는 이태리 민족주의를 가미하여 힘을 불렸다. 이태리인들이 국가 파시스트단과 무슬리니에게 열광한 이유는 극심한 사회혼란 탓이다. 로마 제국의 부흥을 내세우는 강력한 카리스마에 빠져들기도 했다. 이 당원은 처음 1만 명 정도였지만 2년만에 70만명 이상으로 불어났다. 좌파 세력도 가만히 있지 않고 1922년 7월 31일 총파업으로 대항했지만 역부족이었다. 1922년 10월 20일 나폴리의 전당대회에서 무솔리니는 로마로 쳐들어가자고 하였다. 총리 루이지 파크타는 엄정 대응하여 수비대, 5개 정예 대대, 경찰, 철도청 직원을 동원하여 열차를 정지하고 검문을 강화했다. 이로 인해 2만명 이상은 로마 진군을 못했다. 기차 아닌 도보로 온 7,000명도 악천후, 물자 부족으로 고생하였다. 다만, 국왕 빅토리오 에마누엘레 3세는 총리의 계엄안을 거부하여 군대 동원을 저지했고 파크타 총리는 사임했다. 에마누엘레 3세가 왜 무솔리니를 지지했을까? 그 이유에 대한 설명으로는 내전을 막으려 했거나 우파인 자본가, 민족주의자들이 국왕을 설득했다는 소문이 있다. 무솔리니는 국왕의 요청으로 10월 30일 왕을 알현한 후 총리가 되었다. 의회와 언론에는 좌파와 중도 세력이 있었지만, 이들에 대한 테러가 자행되어 힘을 쓸 수 없었다. 집권에 성공한 무솔리니는 청소년 교육에 주목했다. 학생들을 조직하여 <유벤투스 Juventus>라는 준 군사 조직을 운영하기도 하였다. 지금은 프로축구단의 이름이다.

113. [중국의 국공내전(國共內戰: 중국국민당과 공산당의 싸움)]

(1927-1936년과 1945-1949년)(20세기 동양 중국)

국공내전은 중국의 장제스 국민당 군대와 모택동의 공산군이 중국 패권을 두고 싸운 전쟁이다. 1911년 신해혁명으로 청나라 제국은 멸망하고 중화민국이 만들어졌다. 그러나, 위안스카이가 총통제를 실시하고 황제에 오르는 등 시행착오가 많았다. 갓 건국된 중화민국에 대하여 소련의 코멘테른이 지지하여 제1차 국공합작(國共合作)이 만들어졌지만, 국민당과 공산당의 이념 대립은 본질적인 것이어서 함께하기 어려웠다. 또 당시 중국 대륙에는 군벌이라는 골치덩이도 있었다. 국민당을 장악한 장제스는 1926년이 되자 군벌의 북양(北洋) 정부를 토벌하기 위해 제1차 북벌을 시작했다. 그러나, 이미 국민당의 본질적인 적은 군벌이 아니라 소련의 지시를 받는 공산당이었다. 결국 장제스는 1926년 4월 12일 쿠데타를 일으켜 남경 정부를 세우고 공산주의와는 인연을 끊었다. 공산당은 진독수(陳獨秀)를 몰아내고 남창(南昌) 폭동, 추수 폭동, 광주(廣州) 폭동, 창사(昌沙) 폭동을 일으키며 정강산(井疆山) 해방구 등을 마련하였다. 공산당의 위협을 느낀 국민당은 공산당 토벌(초공작전 抄共作戰)을 시작했다. 궤멸 직전에 몰린 공산당은 산시성으로까지 도망을 갔다(연안장정 延安長征). 장제스는 만주의 근거지를 잃고 산시성에 와 있던 장 샤오량에게 공산당 토벌을 명령한 후 격려하려고 방문하였는데 오히려 감금되고 말았다(시안사건). 시안 사건의 결과 공산군보다 일본군을 주적으로 싸운다는 제2차 국공합작이 이루어졌다.

중일전쟁(1937년)은 공산당이 기사회생하는 계기가 되었다. 국민당이 대일전쟁에 치중하는 사이, 공산당은 대일전쟁보다는 자신의 세력 확장에 주력하였다. 1945년 8월 일본은 연합국에 항복하여 국민당과 공산당 사이에는 회담이 열렸다. 쌍십 협정(雙十 協定)(10월 10일 협정)이 맺어졌지만 공산당은 이를 이행할 마음이 있을 리 없었다. 그 사이 홍군(紅軍: 공산당 군대)은 숫자가 100만 명 이상으로 늘어났고 소련, 몽골, 북한으로부터 지원도 받았다. 특히 국민당군의 정신상태는 느슨한 반면, 공산당은 사상 무장이 잘되고 군벌 출신 등 배신자가 거의 없었다. 공산당을 섬멸할 기회를 놓친 국민당은 1947년부터 수세에 몰렸다. 1948년 초에는 만주와 화북의 대부분을 빼앗겼다. 국민당은 해당 구역을 요새화하여 항전했으나, 50만 명이 내부 공산주의자의 공작과 보급의 부족으로 공산군에게 포위당했다. 이들은 국민당의 핵심 전력이었다. 국민당 군대 사령관급에서도 반란을 일으키고 공산당에 투항하는 사례가 왕왕 있었다. 더구나 장징궈의 화폐 개혁마저 실패하면서 민심이 돌아섰다(경제의 중요성). 장제스의 리더십은 많이 흔들렸다. 공산군은 만주에 이어 산동반도, 제남시, 베이징까지 손에 넣었다. 이 때까지 국민당 군대는 150만이 넘게 사망했다. 1949년 10월 1일 베이징에서 공산 정권이 수립되었다. 마침내 장제스 국민당 정부는 타이완으로 갔다.

국공내전에서 장제스가 패한 원인은 주로 국민당 내부에서 찾는다. 사상 교육이 모자라서 우파 민족주의, 자유민주주의 신념으로 무장하지 못한 탓이다. 외부요인은 중일전쟁이다. 대일 항전으로 인한 국민당 정부의 총체적 손실, 경제 파탄 때문이다.

<중국 국공 내전 당시 장제스의 리스크(Risk)>

- 공산당과의 본질적인 이념 차이로 인한 알력
- 소련, 몽골, 북한 공산주의의 모택동 지원활동
- 장학량(장 샤오량)에 의한 시안사건(국공 합작 강요)
- 중일 전쟁으로 인한 대일 항전(국력 소모)
- 국민당의 느슨한 사상무장, 내부 반란, 화폐개혁 실패

114. [스페인 내전](1936년 7월 17일-1939년 4월 1일)(20세기 서양 유럽)

스페인 제2공화국 시절 1936년부터 1939년까지 이어진 내전이다. 가장 큰 원인은 당시 스페인 안의 좌우 이념대립 때문이다. 러시아 혁명의 여파로 공산주의 내지 사회주의가 유럽 사회에 기승을 부린 탓이다. 공산주의와 사회주의 편을 든 무정부주의, 공화주의가 있었고 그 대립축으로 군왕주의, 군국주의, 반공산주의가 자리했다. 1920년대 스페인은 공화국이지만 왕이 다시 돌아오고 부르봉 왕조의 무능상태는 계속되었다. 경제는 극심한 공황을 겪고 있었다. 스페인 제1공화국부터 시작한 쿠데타는 40여 회였고 1923년 데 리베라 장군의 쿠데타는 국왕 알폰소 13세의 승인까지 얻었다. 그러나, 경제 공황과 정책 실패에 스페인 독감까지 겹치자 군부 지지마저 잃고 무너졌다. 이 와중에 제2공화국이 탄생하였다. 1931년의 지방 선거에서는 좌파(공화파)가 승리하여 국왕(알폰소 13세)을 쫓아냈다. 그런데 이 선거는 <지방선거>였기에 헌정자체를 바꿀 수는 없었다. 이 좌파 색채가 매우 짙은 정부(좌파 공화정)는 팔랑훼 반대, 농지분배, 검열 강화를 명시한 공화국 수호법을 만들었다. 그리하여 우파 중도파가 반발하고 가톨릭 교회도 돌아섰다. 1933년에는 우파와 중도연합은 공화파와 사회주의자를 압도하고 정권을 되찾았다. 1936년에 다시 총선을 맞았는데 좌파(인민전선)와 우파(국민전선)의 대결이 뚜렷해졌다. 인민전선 좌파 연합의 구성은 스페인 사회주의 노동자당, 사회주의 성향의 공화좌파당, 사회주의 성향의 공화연맹, 스탈린주의의 스페인 공산당, 마르크스주의 노동자당이다. 그 반면 국민전선 중도우파의 구성은 카톨릭 보수 진영의 스페인 우익 연합, 민주중도당 일부, 급진공화당 일부, 진보공화당의 일부, 보수공화당의 일부, 자유민주공화당, 바스크 국민당, 카탈루니아 연맹, 보수자유주의 급진 공화당, 팔랑헤주의 당 등이다. 양 진영의 득표차는 10만 표 미만이었는데도 소선구제의 이점으로 좌파 인민전선이 경합지역에서 대승을 거두고 과반이 안되는 285석을 차지했다. 우파는 선거에 불복했다. 어느 쪽이 집권하더라도 내전 가능성이 높았다. 좌파 정권은 우파 성향의 장군들을 멀리 추방하였다. 프랑코 장군도 카나리아 제도에 추방되었지만, 영국과 독일의 협조를 얻어 아프리카 군단 4만 7,000명을 빠르게 스페인 본토로 수송할 수 있었다. 우파 군부의 반대에 직면한 좌파 정부는 우파의 거두 <호세 칼보 소텔로>를 납치하여 암살했지만 그로 인해 우파가 결집하였다. 에밀리오 몰라 장군은 1936년 7월 17일 쿠데타를 일으켰다. 다음 날에는 스페인 전 지역과 스페인령 모로코에서도 국민파는 내전을 일으켰다. 몰라와 프랑코가 지휘한 아프리카 군대는 그 당시 스페인에서 실전 경험이 유일한 최강 부대였다. 스페인 인구 2,500만 중 1,100만명 정도는 국민파였고 내전은 장기화되었다.

공화파(좌파) 정부는 본시 육군이 약체인데다가 군항 세비야, 카디스를 빼앗겨 해군마저 국민파(우파) 것이 되었다. 공군도 독일과 이탈리아의 지원을 받았다. 영국 뿐만 아니라 프랑스도 은근히 국민파를 지원했다. 영국, 프랑스는 파시즘보다 공산주의 팽창이 더 위험하다고 보았기 때문이다. 국내에서도 좌파 정권의 정당성을 부정하였던 감정이 가톨릭 등 우파 내부에서 강력하였다. 본시 프랑코는 몰라, 상주르호 등 강경 군인들과 달리 쿠데타에 참여하지 않으려 하였으나 소텔로 암살 이후 마음을 바꾸었다. 소텔로 암살을 지켜본 이들은 가만히 있다가 당할 수 없다고 생각했다. 일단 개전이 되자 국민파는 갈리시아, 카스티야 이레온, 라 리오하, 나비라 등 북부지방, 카나리아와 반데아레스 여러 섬, 스페인령 모로코를 쉽게 손에 넣었다. 이어서 프랑코 장군은 독일과 이태리의 도움으로 아프리카 군단을 본토에 상륙시켜 안달루시아 쪽을 장악했다. 반면 공화파는 혼란에 빠져 수도 마드리드 일부까지 내주었다. 소련이 지원한 전차 등 무기와 해외에서 온 국제 여단의 도움으로 간신히 버텨냈다. 이후 내전은 일진일퇴를 거듭하다가 국민파가 승기를 잡기 시작하였다. 공화파의 주도권은 공산당이 잡았는데 이들은 좌파 안에서 공화주의자, 무정부주의자, 스탈린주의자 군인들을 트로키주의로 덮어씌워 제거해 나갔다. 또, 공화파의 사기는 높은 편이었으나 카리스마 있는 지도자가 없어서 단결할 수가 없었다. 국민파는 스페인 북부의 제1공업지대 바스크 지역의 산업 시설을 점령하여 물자를 조달했다. 공화파는 이 와중에 또 자중지란이 일어나 공산주의 혁명여부로 서로 총부리를 겨누었다(이는 작가 조지 오웰의 <카탈로니아 찬가>에 잘 나타나 있다). 정규군 영관급 장교 60프로, 헌병대(순찰 경찰대)의 70프로 이상이 국민파를 지지했다. 독일과 이태리가 지원한 무기도 있지만, <u>프랑코의 리더십이 국민파 승리의 가장 중요한 원인이라고 본다.</u> 좌파 진영의 주도권을 잡은 공산당은 소련의 지원을 얻어냈지만 스페인 안에서는 크게 뿌리내리지 못했다. 소련이 공화파(좌파)를 지원하기는 하였지만 스페인 공화정부가 가진 금괴를 대가로 요구하였고 1937년 중일전쟁 이후 관심의 중심이 중국으로 이동하는 등 문제가 있었다. 스페인 해군과 공군은 공화파를 편들었으나 약점을 극복하지 못했다. <u>국민파에서도 내부 단결이 잘 되는 편은 아니었으나(왕당파, 자본가, 팔랑헤, 공화주의 우파의 분열), 프랑코의 노련한 정치력으로 반목요인을 제거하였다</u>. 그의 친가톨릭-반공 입장도 큰 보탬이 되었다. 프랑스는 내전 초기에 공화파를 지원하였으나 프랑스에 대한 파급효과 우려로 지원을 멈추었다. 영국은 독일, 이태리의 공화파 지원을 사실상 방조했다. 미국은 중립이었다. 일본과 일본 국민은 국민파에 우호적이었지만 어떤 지원도 하지는 않았다. 이 전쟁은 신무기와 새 전술의 시험장이 되었고 2차 대전의 서막이었다. 스페인 내전에 참전한 이들은 현대 총력전의 경험을 일찍 체득, 한힌골 전투, 2차 대전과 한국 6.25 전쟁에까지 전투 능력을 발휘했다. 또 공화파나 좌파 편에 있었던 사람 중 영미 쪽 국민은 그 사상선택에 대해 자국의 반공 정책으로 고초를 겪었다. 영국과 미국이 스페인 공화파를 지원하지 않은 것은 공산주의 확산에 대한 두려움 때문이다. 공산주의와 파시즘 어느 쪽이 더 위험하였을까에 대해 처칠과 루즈벨트는 전자라고 여겼다. 공화파는 최후로 에부로 공세를 시도하였으나 실패하고 카탈루냐도 국민파가 함락시키면서 스페인 거의 대부분에서 승패는 판가름났다(마드리드, 발렌시아 제외). 공화파 지도부는 프랑스로 망명하였다. 1939년 3월 28일 국민파는 수도 마드리드를 손에 넣었다. 4월 1일 공화파 제2공화국은 무너졌다. 전사자는 공화파 11만, 국민파 9만이었다. 부상자는 100만, 공습 사망자 1만, 영양실조 사망자 2만5천, 암살이나 정치적 처형자 18만 이상이었다. 내전이 끝난 이후에도 정치적 갈등은 쉽게 끝나지 않았다. 지금도 프랑스에는 스페인 공화파(좌파)의 영향이 남아 있다. 내전 중 국민파 공화파의 상대방에 대한 살인, 강간, 약탈, 교회에 대한 테러는 씻을 수 없는 증오를 남겼다.

내전 기간 가톨릭 신부들 학살은 거의 8,000명에 이르러 카톨릭 교회가 국민파에 가담하였고 영국 정부도 공화파에 등을 돌렸다. 2차 대전 중 프랑코 정권은 반공주의 미국에 비록 소극적이지만 협조하였다. 스페인 내전에 대한 평가는 시대의 정치 사정에 따라 다르다. 내전기간 중 공화파는 "그들은 통과하지 못하리라"(No Pasapan)고 한 데 반해, 국민파는 "우리는 통과했다"(Hemos Pasado)라는 유명한 슬로건을 각자 남겼다.

<1930년대 스페인의 갈등과 리스크(Risk)>

- 러시아 혁명의 여파, 좌우 이념 대립, 납치와 가톨릭 신부 등 암살
- 부르봉 왕조의 무능, 극심한 공황
- 스페인 독감
- 소련, 프랑스, 영국, 미국의 개입, 국제적 총력 전쟁의 서막

115. [중일전쟁: 中日戰爭](1937-1945년)(20세기 동양 중국과 일본)

1937년 7월 7일 중국과 일본 양국간 전쟁이 일어났다. 두 나라의 국경인 베이징 서쪽 유조구(柳條溝 유거우 차오) 다리에서 일본인 병사가 사라졌다가 돌아왔다는 사건으로 충돌하였다. 일본군의 연대장 무따구치 렌야가 사건을 증폭시키고 본국의 군부와 내각도 사태를 무마하지 못하여 전면전으로 발전했다. 사건 4일 후인 7월 11일 양국이 정전 협정을 맺었지만, 일본은 병력을 늘렸고 7월 25일 베이징과 톈진을 공격하여 7월 30일 점령했다. 중국 장제스 국민정부는 7월 17일 전민족의 명운을 걸고 저항할 것을 결의하고(루싼 성명) 8월 2일 대국민성명을 발표했다. 8월 7일에는 공산당의 간부 주은래, 주덕까지 참석한 국민당 임시전국대표자회의가 열렸다. 주은래는 국민당 정부에 대한 적대행위를 일체 중지하기로 하고 장제스도 공산당과 협력하기로 하였다. 8월 19일 공산군은 제8로군(八路軍)으로 되어 국민혁명군에 합류하고 화중 화남 지역의 공산 게릴라 1만 3,000명도 공산당 중앙의 설득에 의해 신4군(新四軍)으로 개편, 국민당의 지시를 받는 유격활동을 전개하였다. 전선은 상해에까지 확대되었고 화중까지 휩싸였다. 국민당 정부는 80만 대군을 상해에 파견하였지만 전략의 부재로 패배하였다. 8월 30일에는 국제연맹에 제소하였다. 그러나, 이태리와 미국의 반대로 일본에 대한 경제제재 석유금수는 부결되었다. 화북을 석권한 일본은 중국에 정전회담을 제안하였고 나치 독일의 주중대사 트라우트만이 일본의 타협안을 중국에 제시했다. 이는 (1) 내몽고에 자치정부 수립, (2) 만주국 국경에서 텐진, 베이징 남방까지 비무장 지역 확장, (3) 상해의 비무장 지역 확장, (4) 항일정책 중지, (5) 일본에 대한 관세인하였다.

중국 지도부는 대체로 수용하자는 의견이었지만 장제스만은 반대했다. 한편 일본의 군 지휘부는 전선을 확대하지 말자고 했으나, 현지 일본군은 이를 무시하고 남경까지 진출하기를 원했다. 중국은 남경 방어를 위해 패잔병들을 조직하였으나 장교와 무기, 훈련의 부족으로 남경을 포기했다. 그 후 중경으로 수도를 옮겼다. 호남 군벌이 남경 사수를 위해 노력하였으나 일본군의 맹공으로 남경은 함락되었다. 남경 함락 후 일본군은 만행을 저질러 수 만-30만에 이르는 중국인을 학살하였다. 화북의 경우 중국 6전구의 40만 대군의 약점은 다양한 계파, 장비와 훈련의 부족이었다. 일본군 37만은 육전대를 필두로 황하강 이북을 점령했다. 1938년 1월 16일 일본 정부는 국민정부를 부정했다. 이후 베이징에 북양정부(왕조명 王兆銘), 남경에 중화민국 유신정부(량 홍즈) 등을 수립했다. 무한으로 옮긴 중국정부는 국방최고회의 대신 국방최고위원회를 신설, 장제스가 위원장이 되어 사실상 정부 기능을 하게 했다. 일본군은 많은 영토를 점령하였지만 중국의 해안선은 너무 길고(2,400km), 중국은 홍콩, 마카오, 광주, 상하이 등 조계지(租界地)를 통해 무기를 수입하고 있었다. 또한 부패한 일본군과 괴뢰 정부 관료를 매수하였다.

화북 전선 붕괴 후 장제스는 군 내부의 부패가 패전의 원인이라 보고 1938년 1월 24일 산동 군벌 등 고위 장성을 41명이나 총살하여 규율을 잡았다. 한편 제5전구(산동성, 강소성)은 하이언강에서 일본군 5사단, 10사단 주력을 분쇄하는 전과를 올리고 있었다. 중국군의 저항은 날로 강해지고 있었고 일본군은 병참 수급문제라는 약점이 있었다. 일본군 14사단은 중국 12개 사단에 포위되었고, 정제스는 황하강 제방을 폭파하여 일본군 14사단, 16사단에 4만 3천명의 손실을 입혔다. 중국군을 도와주던 독일 군사 고문단장은 나치 정부의 명령으로 귀국했다. 독일을 대신하여 중국을 도운 것은 공산주의 소련이었다. 소련의 바실리 블류헤르 원수는 장고봉 전투에서 일본에 대승하였으나 중국에서의 확전을 원하지 않은 스탈린의 지원은 그것 뿐이었다. 블류헤르는 스탈린의 숙청 바람에 가혹한 고문을 받고 처형당했다. 무한을 점령하면 중국의 의지를 꺾을 수 있을 것으로 본 일본은 중국군의 섬멸보다 무한 점령에 주력했다. 일본은 무한 삼진을 모두 점령하였으나 중국 정부는 다시 무한에서 중경으로 옮겨갔다. 남경과 주장 등지에서 만행을 하던 일본군은 의외로 이곳에서는 기율을 지키며 살인과 대량 강간을 자제했다. 이 무렵 중국군은 분투하고 있었고 일본군은 아군 중상자 치료를 소홀히 하여 죽게 내버려 두었다. 중국군은 사상교육, 정치교육의 중요성을 강조하고 1938년 11월 중경정부는 징병령, 장교와 사병의 훈련 계획을 세웠다. 그럼에도 10월 21일 광저우는 쉽게 내주고 말았다. 그 이후 국민정부 안에서는 중국이 완전히 패배하였다고 생각하는 지도자들이 생겨났다. 왕징웨이(왕정위 王精衛)가 대표적이었다. 일본과 협상해야 한다고 믿었다. 장제스는 왕정위를 암살하려고 하였으나 그는 도리어 주석대리 겸 행정원장에 취임했다. 북방의 군벌 오패부(우페이푸)도 일본의 제안을 받았지만, 일본군이 먼저 철수해야 한다고 하여 사실상 거부했다.

전쟁 15개월간 중국은 엄청난 타격을 받았으나 일본군도 중국군을 포위섬멸하지 못했다. 장제스는 후방에서 수 백만명의 군대를 지켰다. 자신의 리더십 확보에도 성공하였다. 이후 그는 유격전(게릴라전)에 주력하였다. 유격전술에 능한 공산당 교관 30명이 이를 가르치게 하였고 이후 장제스는 80만 명까지 유격부대를 키웠다. 또, 하노이 루트, 버마 등을 통하여 무기를 수입했다. 게다가 무더위와 풍토병이 겹쳐 전선은 교착 상태였지만 장사(長沙) 전투에서는 중국군이 승리하기도 했다(1941년 12월). 장제스는 특무조직 군사위원회 조사통계국(남의사 조직의 계승)안에 비밀 경찰을 운영하게 했다. 책임자 다이리(재립 載笠)는 남의사를 흡수하여 테러 활동을 벌였다. 왕정위 정부의 여러 각료, 청방(青幇) 우두머리까지 암살했다. 반면 일본의 경찰들도 장제스편을 드는 중국인들에게 잔혹하게 보복하였다. 1939년에 이르자 중국 공산당은 독자 생존하려고 국민당과 결별수순에 들어갔다. 이 갈등의 여파로 신사군(新四軍)은 국민당과의 전투에서 괴멸하였다. 이후 중국은 일본의 남아시아 전투, 버마 전투 때문에 영국, 미국, 네덜란드와 합작하게 된다. 다만 원조 문제, 연합국 내부의 주도권 다툼으로 중국-영국 중국-미국 간의 갈등도 일어났다. 미국은 스틸웰, 웨드 마이어 장군 등을 파견하였고 일본의 패전까지 중국군과 함께 연합작전을 지휘하였다. 그러나, 대부분의 대규모 전투(연대급 이상 전투)에서는 일본군이 이기고 있었다. 중국은 전쟁 말기까지 이 상황을 바꾸지 못했다. 중국은 20개 사단으로 광저우, 홍콩 등 중국 동남 해안을 탈환하는 계획을 세웠으나(카보네이드 작전) 실행 전에 일본이 항복하였다. 그러나 장제스는 여전히 숙제가 많았다. 전후 재건 문제, 소련과의 관계에서 만주문제, 영국과의 홍콩 문제, 군벌 문제, 공산당 문제였다. 가장 큰 암덩이는 공산당이었다. 공산당은 1945년 8월 9일 항일전쟁이 끝났음을 선언하고 해방구를 확대했다. 만주만 하여도 공산당원이 40만명에 이르렀다. 공산당은 일본군과 만주국의 군인, 기술자들을 많이 흡수하여 국공 내전에 써먹었다.

116. [일본과 소련 사이의 할힌골 전투(ノモンハン事件; Battles of Khalkhin Gol)](1939년)(20세기 유라시아)

1939년 5월 11일부터 9월 16일까지 몽고 할하강 주변에서 벌어진 소련-몽고 대(對) 일본-만주국 사이의 국경 분쟁(전쟁)이다.

결과적으로 소련-몽고 연합군이 승리하고 소련과 일본간의 국경 분쟁은 종결되었다. 소련과 일본 제국 사이에 중립 조약이 체결되어 일본군 관동군이 동쪽에 묶여 소련군이 자유롭게 대독 전쟁을 수행하게 되었다. 이 전쟁에서 일본이 패배한 가장 큰 원인은 소련군에 대한 정보 부족, 과거 러일 전쟁의 경험 때문인지 과도한 자신감을 가졌다는 데 있다. 사실 당시 일본군의 군비는 치하 전차, 대전차포 등 주력 화력이 객관적으로 강하지 않았다. 또 중일 전쟁을 치르는 상황에서 소련까지 적으로 상대하는 이중전쟁(二重戰爭)의 부담을 자초한 약점이 있었다.

(1) 건차자도(乾岔子島: Kanchatzu island) 전투(1937년)

건차자도는 아무르 강 가운데 있는 섬인데(러시아에서는 우수리스크 섬), 소련과 만주의 국경선으로서 일본-소련의 최초 발화 지점이 되었다.

일본의 관동군(關東軍) 제1사단이 최전선을 이루었다. 공산주의 소련에 대해 매우 적대적인 군인들로 구성되어 있었다. 과거 2.26 사건의 주역들이었다고 한다. 이 충돌 이후 중일전쟁이 일어나자(1937년) 관동군은 이 전투를 끝내고 중국 전선에 집중하였다. 일본의 예상보다 소련의 전력이 강하여 전선은 교착 상태에 머물렀다.

(2) 하싼(Khasan)호 전투(1938년)-장고봉(張鼓峰) 사건

장고봉은 두만강 근처의 불과 150m 높이의 산이다. 일본군 감시병이 소련군에게 사살되자 일본군 제19사단이 소련군을 공격하였다. 소련은 1개 군단, 1개 기계화여단, 연해주 공군을 동원하여 반격, 일본군 19 사단과 혈전을 벌였다. 피해는 소련 측이 더 컸고 스탈린은 이에 격분했다. 소련군 전선사령관 블류헤르 원수는 모스크바로 잡혀가 고문을 받고 20여일 후 감옥에서 죽었다.

(3) 할힌골 1차 전투와 2차 전투(1939년)

소련군에서는 주코프까지 뛰어들고 적을 얕잡아보지 않았는데, 일본군은 주력 무기인 포의 숫자가 부족하였음에도 근거없이 소련군을 과소평가했다. 일본은 공세를 포기, 1939년 10월 강화 조약을 맺고 포로 교환 후 정전하였다. 관동군 총사령관, 참모장, 참모차장, 작전참모, 제23사단장은 모두 예편당했다. 일본은 패전의 원인을 분석하기 위해 「노몬한 사건위원회」를 구성, 보고서를 작성했다. 그 핵심은 두 가지다. 1) 화력을 무시하고 육탄 공격(정신력)에 지나치게 의존한 것, 2) 참모의 독선과 자만이다. 이 보고서는 태평양 전쟁(1941년 12월 7일) 직전에 작성되었다. 그러나, 일본 사령부는 태평양 전쟁에서 이 보고서를 의도적으로 무시하였다. 그 결과는 일본의 참패(慘敗)다.

117. [제2차 세계대전의 원인]

세계 제2차 대전은 제1차 대전의 후유증이었다. 즉 이미 잠재된 국가간 영토 야욕의 충돌이다. 국제연맹은 강제기구가 없어서 중재할 수 없었다. 그 원인은 제1차 대전에서 해결하지 못한 국가간 긴장, 1930년대 대공황, 공산주의에 대한 위기의식, 국가주의, 민족주의, 인종주의 등이었다.

(1) 반공이념

1917년 러시아에서 급진적 공산주의 정권이 수립되고 이것이 유럽에 잠입되고 있어서 서유럽은 큰 위기였다. 공산주의자들은 이미 헝가리와 바이에른에 공산주의 평의회를 세웠었다. 독일 뮌헨의 바이에른 소비에트 공화국은 1919년 독일의 자유군단(제대군인의 자발적 준군사 조직)이 분쇄하고 나치 돌격대(SA)의 씨앗이 되고 있었다. 1933년 히틀러 집권 때까지 이 충돌은 계속되었다.

(2) 제국주의(팽창주의)

이는 1차 대전의 원인과 중복된다. 1차 대전 후 파리 베르사이유 조약에서 이태리는 적은 보상에 불만, 독일과 오스트리아 등은 영토 분할에 불만을 지녔다. 소련 또한 1차 대전과 내전 동안 폴란드, 에스토니아, 라트비아, 리투아니아, 루마니아 등에게 잃은 옛 땅을 찾기를 원하였다. 러일 전쟁에서 일본에게 잃은 땅도 찾기를 바랐다. 일본도 군부의 팽창주의, 군국주의로 인해 매우 공격적인 태도였고 이태리의 무솔리니는 <파시즘의 교리>(Doctrine of Fascism)라는 저서에서 침략과 전쟁을 찬미했다. 거기에 민족주의와 독일 히틀러의 인종차별주의가 가세하였다.

더 구체적으로 보면 다음과 같다. 그 직접적인 원인은 독일의 팽창 정책, 이태리의 이디오피아 침공, 일본의 만주침략, 중일전쟁 등이다. 소련 또한 영토야욕으로 폴란드와 발트해, 발칸반도에 대한 위협을 계속하고 있었다. 독일의 경우 1차 대전 패전의 상처가 깊어 베르사이유 조약체제, 해외 식민지 상실, 국토분할 등으로 바이마르 체제에 대한 불만이 쌓이고 과거 빌헬름 시대를 희원하였다. 1930년대를 덮친 세계 대공황은 껍데기 같은 민주주의보다 강력한 국가주의로 돌아가게 한 촉매제다. 독일의 우파는 물론 좌파까지 바이마르 공화국에 염증을 느끼고 열정적 개혁론자 히틀러를 환영했다. 히틀러 나치당은 독일 통일, 반유대주의, 농촌 정착민을 위한 생활공간(Lebensraum)확보, 공산주의와 슬라브 인종 반대를 내세웠다. 독일의 공격적 움직임을 견제할 힘이 영국이나 프랑스에게는 부족했다. 소련의 움직임도 변수였다. 소련은 영국 프랑스와 동맹을 맺고 싶어했으나, 영국 프랑스는 소극적이었고 그 반면 독일은 소련에게 손을 내밀었다. 결국 유럽의 팽창주의 정책이 점령으로 나타난 것인데 그 바탕에는 민족주의가 있다. 19세기 이후 유럽에서 민족주의는 제국주의, 군국주의, 사회 진화론 등과 결합한 강력한 사상 체계로 나타났다. 그에 의하면 민족은 생존을 위해 강해져야 했다. 이는 강한 군대와 영토를 필요로 했다. 곧 식민지 쟁탈전으로 이어졌다. 나폴레옹 전쟁 이래로 확산된 군대 병영문화도 한 몫 했다.

특히 유럽의 후발국 독일의 국민들은 통일(1871년)과 빌헬름 황제, 비스마르크의 군사적 승리를 환영하였다. 대외적으로 평화 공존 등의 외교보다는 실력에 의한 군사적 해결을 바랐다. 1차 대전의 승전국 중 최강 영국도 독일과 미국에게 기술 역량이 따라잡혔다. 독일의 저력은 과학 기술과 교육의 힘이었다. 산업을 발전시키고 군비를 늘려나갔다. 이로써 제1차 대전이 일어났는데 그 패전을 딛고 일어선 독일은 다시 팽창 욕구를 펼쳤다. 일본의 경우 만성적으로 천연자원이 부족한 게 문제였다. 만주 등지로 확장하자 1921년부터 1922년까지 워싱턴 회의는 일본의 (독점적) 이권을 무효로 하였다. 이는 중국에 관심을 보인 미국 때문이다. 게다가 1907년 만주협상 이래로 협력관계에 있던 러시아가 1917년 공산혁명으로 멀어졌다. 대공황이 덮치자 일본의 공업은 침체기에 빠지고 군부가 힘을 얻었다. 2.26사건, 5.15 사건을 거쳐 1937년 중일전쟁까지 일으켜 미국의 금수 제재를 받았고 그에 반발한 일본은 태평양 전쟁을 일으켰다. 전쟁에서 일본은 자원이 풍부한 동남아시아를 주로 노렸다. 독일의 체코 등 침공에 대하여 프랑스 혼자 도저히 견제할 수 없었고 폴란드, 덴마크, 노르웨이가 점령되어도 할 수 있는 것이 거의 없었다. 영국 체임벌린마저 독일에 유화적으로 대처할 수 밖에 없었다.

118. [제2차 세계대전](1939-1945년)(20세기 전세계)

2차 세계 대전의 주요 전쟁은 다음과 같다.

(1) 독일의 폴란드 침공(1939년 9월 1일-10월 6일)

이는 제2차 세계대전의 시발점이다. 소련, 중국, 나치 독일 다음으로 많은 사망자가 폴란드에서 나왔다(폴란드 전체 인구 17프로인 6백만 명 사망). 독일은 독소불가침 조약 9일 후인 1939년 9월 1일, 단치히 자유시와 폴란드 회랑을 시비하면서 폴란드를 공격했다. 영국과 프랑스는 9월 3일 독일에 선전포고를 하였으나 실질적으로 폴란드에 아무런 도움을 주지 않았다. 게다가 9월 17일에는 동부에서 소련이 침략하여 폴란드 방어가 불가능해졌다. 이 전쟁의 근본 원인은 단치히와 회랑에 대한 갈등 때문이다. 1차대전 패전으로서 서프로이센은 신생국인 폴란드가 가지게 되고 핵심 항구인 단치히는 자유시로서 실질적인 독립국가로 되었다. 독일 입장에서는 동프로이센과 그 중심 쾨니히스베르크가 폴란드 너머 있어 본국과 연결되지 못한데 불만을 품게 되었다. 이는 바이마르 공화국, 나치 독일 모두에게 현안이 되고 있었다. 이로써 독일은 폴란드를 주적으로 보았는데 (1) 단치히, (2) 회랑, (3) 상부 실레지엔, (4) 포즈난이 협상 우선순위였다. 그러나, 폴란드는 1번 단치히부터 수용할 수 없었다. 히틀러는 폴란드를 대화 상대로 보기를 포기하고 강경한 요구를 하면서 전쟁을 준비하였다. 뮌헨 회담, 체코 합병은 히틀러에게 자신감을 불어넣었다. 그러나, 폴란드 입장에서는 단치히가 넘어가면 회랑의 폭이 절반으로 되고 영해도 좁아질 뿐만 아니라 독일의 철도와 도로 통행권, 치외법권까지 허용하게 될테고 주권이 무력해진다. 또, 폴란드 수출 물량의 78 프로가 막히게 되어 가뜩이나 경제난에 시달리던 때여서 수용하기 어려웠다. 폴란드는 동쪽 러시아와의 관계도 나빴다. 러시아가 우크라이나를 침공하자 우크라이나는 폴란드에 손을 내밀었는데 이미 벨라루스에서 러시아와 국경분쟁이 있던 폴란드는 우크라이나를 지원하여 러시아-폴란드 전쟁이 벌어졌었다(1919년 2월). 1921년 리가조약에서 벨라루스, 우크라이나를 분할하는 것으로 전쟁은 끝냈지만 소련은 폴란드 동부 지역을 계속 노리고 있었다. 영국과 프랑스가 소극적 유화 정책을 펴는 것을 안 히틀러는 체코 수데텐 지역을 뺏은 다음 체코 전체를 다 먹고 다음 목표를 폴란드로 잡았다. 독일은 경제위기를 극복하기 위해 적자 예산을 각오하면서까지 생산성이 거의 없던 군수 산업에 집중하였기에 재정이 극도로 나빴다. 군비를 줄이는 것이 경제회생의 지름길이라고 주장한 중앙은행 총재 얄마르 샤프트는 해임되었다. 마침내, 1939년 8월 23일 독소상호 불가침 조약이 맺어졌다. 폴란드 땅을 서로 나눠 가지려는 야욕이다. 폴란드 침략을 위하여 독일군 150만이 동원되었다. 북부 집단군, 남부 집단군에다 괴뢰국인 슬로바키아의 야전군을 남부 집단군에 합류시켰다. 그 중 남부집단군이 침략을 주도했다. 남부가 주공격 목표로 되는 것은 폴란드 중화학 공업 단지와 탄전 때문이었다. 독일은 군사작전 뿐만 아니라 폴란드 민간인 학살 계획도 짰고 침공 이전부터 독일 안에 있는 폴란드 계통 독일인을 2,000명 정도 학살하였다. 이에 비하여 폴란드군의 계획은 철저히 수비 위주일 수 밖에 없었다. 육군이 100만명이라고 하나, 현역은 28만 3,000명(장교 1만8,000명, 부사관 4만 3,000명)이고 나머지는 예비군이었다. 또 방어 전략도 미숙하여 산악이 거의 없는 평야지대의 2,000km에 달하는 국경선 전부를 지킨다는 개념이었다. 폴란드도 독일의 위협을 감지하고 있었으나, 개전시기를 1942년 정도로 생각하여 무기 생산이 늦었고 기갑(전차 등) 병력이 독일 육군에 비해 빈약하였다. 소총, 기관총, 야포 등도 구식이 많았다. 공군의 경우 사정이 더 나빠 독일공군(Luftwaffe)이 폴란드에 2,315대의 전투기와 폭격기를 동원함에 비해 폴란드는 400여대의 항공기만 전투에 동원될 수 있었다. 그나마도 구식이어서 느렸다. 해군은 육군과 공군보다 더 열악하였다. 구축함 4척, 잠수함 5척, 기뢰함 1척, 소해정 몇 척에 지나지 않았다. 독일 해군에 대적할 수 없었다. 더구나 폴란드는 교육 수준이 높지 않고 민족 구성이 다양하여 일치 단결하기 어려운 문제를 안고 있었다. 1919년 독립 당시 성인 전체의 3분의 1이 문맹이었다. 그 후 국민교육에 힘써 1937년 문맹비율이 18프로까지 낮아지기는 하였다. 숙적 독일이 순수 혈통이 많은 반면, 폴란드는 다민족 국가로서 폴란드인 66프로, 우크라이나인 15프로, 유대인 9프로, 벨라루스인 4프로, 독일인 3프로 등 섞여 있었다. 특히 독일계와 우크라이나인들이 잘 동화되지 않았다. 유대인들 자체는 큰 문제 없었지만, 폴란드 내의 반유대주의 경향이 암덩이였다. 이는 물론 군대에까지 영향을 미쳤다. 게다가 예비군 동원이 늦어 침공 직후 절대적인 열세에서 전쟁을 맞았다. 독일군은 침략의 명분을 쌓기 위해 친위 부대 소령이 마치 폴란드가 먼저 독일 방송국에 기습 침투한 것처럼 자작극을 벌였다. 이는 전쟁이 끝난 후 연합국에 비로소 알려진 사실이다. 1939년 9월 1일 새벽 4시 45분 선전포고도 없이 독일 전함이 그다니스크 항구의 폴란드 요새를 포격하여 전쟁이 시작되었다. 주공격 지점인 남부쪽은 거센 공세에 곧 무너졌다. 곧이어 북부집단군도 공세를 하여 폴란드군은 후퇴할 수 밖에 없었다. 독일 공군의 공격이 개시되자 폴란드 군은 통신이 끊어지고 통합 지휘가 불가능해졌다. 폴란드 공군 조종사들의 분투도 수적 열세 앞에서는 어쩔 수 없었다. 수도 바로샤바는 곧 포위되었다. 포위전은 29일간 치열하였으나, 독일의 전사는 1,500 여 명에 그쳤고 수도는 함락되었다. 그 와중에 독일계는 반란을 일으켰고 슬로바키아 쪽도 폴란드를 공격하였다. 엎친데 덮친 것은 9월 16일 소련의 공격이었다. 폴란드가 독일에 무너지는 것을 보면서 소련은 일본과 할힌골 전투의 휴전을 맺고 폴란드를 침공한 것이다. 소련군 61만 명 앞에 2만명 폴란드군은 속수 무책이었다. 폴란드의 패배는 확정적이었다. 소련의 침공이 아니었다면 독일군의 길어진 보급선 문제, 프랑스의 응원 등으로 폴란드의 항전이 매우 길게 갔을지도 모른다. 양쪽의 적을 맞아서는 결코 안 된다는 진리가 또다시 입증되었다. 사망자 포로자 이외의 폴란드군은 루마니아, 라트비아, 리투아니아 등지로 탈출하였다. 물론 프랑스군 11개 사단이 폴란드를 도왔지만 독일에게 큰 피해를 입히지 못하였고 9월 17일 소련군이 침공하자 프랑스군은 퇴각해버렸다. 9월 26일부터 항복협상에 들어간 바르샤바군 사령관 롬멜 소장은 27일 12시 휴전 협정을 맺었다. 10월 2일에도 최후의 전투가 벌어지고 10월 6일에는 항복하였다. 히틀러는 10월 5일 바르샤바에서 독일군을 사열하였다. 침공기간에 사망한 폴란드 민간인은 20만에 이른다. 항복 후 독일 점령기간에는 더욱 가혹한 고문, 학살, 강간이 뒤따랐다. 전쟁 이전부터 독일은 폴란드를 깊이 혐오하였었다. 히틀러는 폴란드의 교수, 의사 등 엘리트를 절멸하도록 명령하였다. 폴란드의 유대인 335만명 중 290만명이 학살되었고, 2,400만 명 폴란드인 중 277만 명이 사망했다. 또, 제2의 카틴학살, 바베르 학살 등이 줄을 이었다. 600여 만의 사망자 수는 유럽 전선에서 소련, 독일 다음 세 번째 많은 숫자이다. 그런데 인구 대비로는 가장 큰 비율의 사망이다. 전후 독일과 러시아는 폴란드를 반으로 나누어 가졌을 뿐만 아니라 폴란드인의 민족성을 말살하는 통치를 이어갔다. 또 친독 우크라이나인이 폴란드인을 12만 명이나 학살하기도 하고 그 보복으로 폴란드인이 우크라이나인 2만 명을 학살하는 참극도 벌어졌다. 다만, 폴란드인은 굴복하지 않고 끈질기게 저항, 40만명 정도가 반란군(레지스탕스)에 가담하였다. 2차대전 기간 1943년 4월까지 45만 명이나 되는 많은 독일군은 치안 유지 때문에 폴란드에 묶여있어야 했다. 독일은 패전 이후 폴란드로부터 강탈한 영토를 모두 다시 폴란드에게 빼앗겼고, 쾨니히스베르크와 그 인근 지역은 러시아에 빼앗겼다. 1969년 중도좌파 독일 사민당으로 정권이 교체되자 총리 빌리 브란트는 소련과 동구 공산권과도 화해한다는 동방정책을 내세워 폴란드와도 수교하였다. 그리고 국경선 오데르-나이세선을 인정하고 1990년 독일 통일 때는 폴란드쪽 영토를 영원히 포기해야 했다. 혹독한 전쟁 피해를 겪은 폴란드는 냉전이 끝난 이후에도 그 교훈으로 재래식 군사력을 많이 보유하고 있다. 최근 러시아-우크라이나 전쟁 동안의 폴란드 안보 불안도 참혹한 역사적 경

험 때문이다. 제2차 세계대전이 발발한 장소 <베르테르 플라테>의 전쟁 기념비에 새겨진 문구는 다음과 같다

< Nigdy Wiecej Wozny>
(더 이상의 전쟁은 없다)

(2) 독일의 소련 침공(독소전쟁) (1941년 6월 22일-1945년 5월 9일)

제2차 세계대전 중 독일과 소련 사이에 벌어진 대량 학살전쟁이다. 2차 세계대전 중 생긴 사망자의 절반이 여기에서 나왔다(3천만 명 이상의 인명피해). 유럽 서부 전선과 달리 인종멸시, 공산주의 확산 등이 주된 원인이었다. 독일의 침공 원인은 우크라이나 석유 확보, 공산주의 제거, 영국과 미국과의 전쟁에 대한 사전 대비, 독일인의 경제적 생존 영역(레벤스 라움Lebensraum)확보였다.

히틀러가 공산주의 소련에 특히 적대한 이유는 1차 세계대전 패배를 공산주의 탓으로 보았기 때문이다. 그 이전 바이마르 공화국 때는 독일과 러시아 사이가 좋았다. 바이마르 공화국 자체에 사회주의 요소가 다분하였고 베르사이유 조약 이후 국력이 추락한 상태였기 때문이다. 독소전쟁전 소련은 독일의 위협을 의식, 4자 안보 체제(영,불,소,폴란드)를 위해 외무상 몰로토프가 노력하였지만, 영불은 1차 대전의 아픔 때문에 독일을 자극하지 않으려했다. 마침 이 때 독일 외무장관 리벤트로프가 스탈린을 만나 독소 신용협정(信用協定)을 맺고 1939년 8월 23일에는 독소불가침 협정을 체결했다. 1939년 9월 1일 독일이 폴란드를 침공한 이후 소련도 9월 17일 동쪽에서 침공, 폴란드를 나눠 먹었다. 소련은 여세를 모아 1940년 6월 발트 3국을 강제로 병합했다. 독소간 부자연한 평화는 1940년 7월부터 본색을 드러냈다. 독일 외무장관은 반영동맹에 소련을 끌어들이고자 하였지만, 히틀러의 공산주의에 대한 본질적인 적대감, 소련의 발칸 반도에 대한 영토 야심으로 진전되지 않았다. 소련 외상 몰로토프는 반영동맹의 조건으로 터키네 소련군 주둔, 핀란드에서의 독일 철수, 불가리아에 대한 소련의 우선권, 일본의 남 사할린 반환, 스웨덴에 대한 독일의 양보 등을 요구하였다. 독일은 이를 도저히 받아들일 수 없었고 히틀러는 1940년 12월 18일 소련 공격 작전을 짜라고 명령하였다. 그런데 서쪽에 영국이라는 강적이 있는 한 소련과 전쟁하려면 4-5개월 안에 승리해야 했다.

독일과 러시아는 당시 모두 식량 원자재, 광물자원을 획득하여 경제자립, 경제대국

을 만들고자 했으니 충돌할 수밖에 없었다. 독일 입장에서 서쪽에 영국이라는 강적이 있는데도 동쪽에 소련과 양면 작전을 벌이는 데는 나름대로 히틀러의 계산이 있었다(경제적, 군사전략적 이유). 미국 참전 전에 소련을 굴복시키고자 했던 것이다. 앞서 독일이 폴란드와 프랑스를 큰 희생 없이 한 달 이내에 정복한 자신감에서 소련은 10주 안에 격파할 수 있을 것으로 육군 참모본부에서 예측하였다. 최고위 장군들은 양면전쟁 위험성을 우려하였지만, 잘하면 소련을 쉽게 이길 것으로 계산하기도 하여 크게 반대하지는 않았다. 전쟁의 주요 계획은 히틀러의 머리에서 나왔다. 그런데, 유의할 점은 독일의 엘리트 뿐만 아니라 대다수의 국민들도 이 분위기에 편승하였다는 것이다. 소련과 전쟁을 해본 일본을 제외하고는 대다수의 나라들도 소련이 쉽게 항복하리라고 예상했다. 이는 소련 내부에 대한 정보 부족 때문이었다. 소련 내부의 정보는 스탈린만이 정확하게 알고 있었다. 독일군의 선제 공격은 바로 바르바로사 작전의 대성공을 낳았다. 스탈린의 후퇴 금지 명령으로 소련군은 300만 명이 죽거나 항복했다. 그러나, 전쟁이 길어질수록 소련이 대량의 물량을 동원하고 전략전술을 발전시켜나가 1944년 바그라티온 작전 이후에는 독일군을 포위도 하고 10만 단위의 포로를 잡기도 하였다. 독일은 침공 사실을 사전에 동맹국 일본에 알리지 않았기에 일본도 독일에 협조하지 않았다. 일본의 진주만 습격 후에 독일이 미국에게 선전포고하여 일본의 소련 공격을 유도하였으나 독일이 항복할 때까지 일본은 소련을 공격하지 않았다. 한편 히틀러의 대미선전포고는 미국이 연합국을 도우는 명분을 제공하는 악수가 되고 말았다. 소련의 스탈린은 독일이 양면전쟁을 할 가능성은 거의 없다고 믿은 것 같다. 히틀러가 소련 공격이 아니라 수에즈 운하를 노리는 것으로 보았고 소련 스파이들이 소련 침공 준비를 보고하여도 독일의 역공작이라고 여겼다. 나아가 스탈린은 군의 경계령 발동이 독일을 자극할까봐 이를 내리지 않도록 명령하기까지 하고 독일의 정찰기, 정찰 부대에 대한 대응도 금지시켰다. 어리석게 보인 스탈린의 행동에도 이유는 있었다. 소련군 대숙청후의 재건 시간, 군수 산업에 시간이 필요했던 것이다. 또, 유럽 서부 전선에서 독일과 영국 등이 서로 싸워 기력이 빠질 것을 기다리고자 하는 마음, 괴벨스의 역정보 등도 작용하였다. 소련 간첩들이 올린 독일 침공 준비 보고서에 독일군에게 겨울 추위 준비가 전혀 없었다는 것도 스탈린의 판단미스에 영향을 주었다. 1941년 6월 하순을 기준으로 해서는 그 이전에 경고하던 독일의 침략 준비가 거짓으로 판명되기도 하였다. 독소전쟁은 하나의 전선이 아니라 유럽 2차 대전의 거의 대부분이다. 동원된 수 천만의 군인, 사상자 수에서 그러하다. 2차 대전의 사상자 절반을 차지하고 대전의 운명을 판가름지었다. 이 전쟁의 결과 동게르만 민족, 프로이센 전통이 완전히 사라졌다. 즉, 독소전쟁은 대규모의 병력을 동원하고 항공기, 탱크 등을 활용한 신속한 전개, 다연장 로켓, 곡사포, 구스타프 열차포, 칼 자주 박격포 등 폭발적인 화력, 총력전, 상대방을 지워버리겠다는 극단적인 증오(절멸전쟁) 등의 특징이 있었다. 독소전쟁의 주요 전투는 바로바로사 작전(1941년 6월 22일-12월 5일), 레닌그라드 전투(1941년 8월 25일-1944년 1월 18일), 모스크바 공방전(1941년 9월 30일-1942년 1월 7일), 크림반도의 세바스토폴 공방전(1941년 10월 30일-1942년 7월 4일), 코카서스 전투(1942년 7월 25일-1943년 10월 9일), 스탈린그라드 전투(1942년 8월 2일-1943년 2월 2 일), 쿠루스크 전투(1943년 7월 5일-7월 15일), 바르샤바 게르봉기(1943년 4월 19일- 5월 16일), 바그라티온 작전(1944년 6월 22일-8월 29일), 베를린 공세(1945년 4월 16일-5월 8일) 등이 있다. 히틀러와 스탈린 두 지도자 모두 인명경시 사상이 강하고 인종주의와 극좌파 공산주의 이념이 강하게 충돌하여 그야말로 상대방을 지워버리려는 전쟁이 되었다. 소련은 3,000여만 명의 군인이 동원되어 1,800만여 명이 사망, 행방 불명, 포로가 되었다. 민간인을 포함하면 2,900여만 명이 사망하였다. 2차대전 사망자 5,000만명의 60프로에 해당한다. 소련에서 동원된 남녀 3,450만 명 중 84프로가 죽거나 포로가 되었다. 가용한 남녀 10명 중 9명에 해당한다. 더구나 나치 독일은 민간인 학살, 강간을 넘어 유대인, 슬라브인을 열등 민족으로 보아 노예로 삼거나 없애버리려고 하였다. 소련은 다행히도 군수공장을 우랄산맥 쪽으로 이전하여 많은 전차와 총들을 생산할 수 있었다. 미국과 영국의 지원도 받아 군사력을 금방 회복할 수가 있었다. 그런데 2차 대전때의 트라우마가 워낙 커서 냉전 시기에도 지나치게 군비에 집착, 경제가 나빠져 소련이 몰락하는 원인이 되었다.

독일의 경우 1,100만명이 죽거나 다쳤다(사망자 370만 명). 동원된 총병력의 75프로, 1936년 기준 남자 인구의 46%에 해당한다. 소련과 달리 독일의 산업회복(군수공업)은 여의치 않았고 서부전선에서 노르망디 작전이 성공, 양면에서 적을 맞게 되자 패하였다. 두 나라의 주요 전쟁터였던 동유럽의 국가에서도 인명과 경제 피해가 막심하였다. 폴란드의 경우 주로 독일에 의해 500만 명의 민간인들이 학살되었다(400만 명이 유대인). 또, 소련군에 의한 카틴학살 등이 있었다. 체코, 헝가리, 루마니아, 유고슬라비아, 에스토니아, 라트비아, 리투아니아, 불가리아의 총인구 865만 명 중 500만 명이 사망하였다(약 60프로). 특히 독일은 거의 패전이 확실한데도 유대인 학살을 쉬지 않았다. 군수품을 싣고 전장으로 가야 할 열차가 유대인을 싣고 가스 수용소로 갔다. 전체 유대인 600만 명 사망자 중 500만명이 동유럽 유대인이었다. 초기에 총칼을 사용하던 학살 방법이 (i) 보안 누설, (ii) 가해자의 트라우마 발생, (iii) 군장비의 사용 등 문제가 있다 하여 수용소에서의 가스 사용으로 바뀌었다고 한다. 소련도 독일에 대응하여 잔혹한 독일군 포로 학살, 민간인 강간을 자행하였다.

영국 체임벌린 내각은 강대국 소련을 견제하기 위해 어느 정도 독일에 관용을 베푼 면이 있으나 히틀러의 호전성, 인종주의를 미처 읽어내지 못하였다. 소련은 10월 혁명 기념일과 2차대전 승전일(5월 9일)을 기념해 오다가, 1991년 소련 붕괴 이후에는 승전일만 기념하고 있다.

(3) 쿠르스크 전투(성채작전: 1943년 7월 5일-8월 23일)

독소전쟁 중 쿠르스크 일대에서 벌어진 독일-소련간 전투이다. 이는 제3차 하리코프 공방전 이후 형성된 러시아 공격전선이 쿠르스크 돌출부를 만들어내자 이 돌출부분을 공격하기 쉽다는 독일 전략이 세워지게 되었다. 소련군도 이를 정확히 예측하여 총 인력의 40프로, 기갑 부대의 75프로를 이곳에 쏟아부었다. 7월 4일 독일은 <성채 작전>을 개시하여 러시아의 돌출한 북쪽과 남쪽 모두 공격했다. 스탈린그라드 전투가 사상 최다 사상자를 낸 반면 쿠르스크 전투에서는 기갑과 항공기가 가장 많이 동원되었다. 독일과 소련 병력 200만 명, 항공기 4500대, 전차 6,000대가 동원되었다. 스탈린그라드 전투로 독일의 주도권이 흔들리다가 쿠르스크 전투로 소련군이 우위에 섰다. 쿠르스크 전투 이후 독일은 동부전선에서 대규모 성공을 할 수 없었다. 쿠르스크 전투 이전에도 미국의 소련지원(무기 대여법)이 부담이었다. 또, 북아프리카의 롬멜 기갑부대는 보급의 부족으로 점차 수세로 몰리고 있었다. 독일군은 소련군에게 치명타를 입혀서 성과를 보여줘야 한다는 강박 관념에 시달리고 있던 중이었다. 대다수 독일 장군들은 성채 작전에 찬성하였지만, 소련의 1백만대군이 집결한 것을 항공 정찰 정보로 파악한 모델 장군은 별로 찬성하지 않았다. 히틀러도 마찬가지였지만 어쩔 수 없었다. 독일군은 50개 사단 90만, 전차와 자주포 2,700대, 야포 1만문, 항공기 2,000대를 집중시켰다. 소련군은 방어를 위하여 민간인 30만명을 동원하여 3천 마일이 넘는 참호, 175km의 6중 방어선, 40만개의 지뢰, 위장된 공군기지 50개, 비행장 150곳, 전차 방해용 말뚝, 야포 1만 3,000문, 카추샤 다연장 로켓 920대를 설치했다. 독일의 공격 시기가 언제일까에 대한 정보는 캠브리지 대학 출신 영국 정보부의 친소 간첩이 제공했다. 드디어 독일 중부집단군 클루게 사령관은 독일 9군 사령관 발터 모델에게 공격 명령을 내렸다. 독일은 공군의 지원을 받으면 소련 방어선을 쉽게 뚫으리라 예상했지만 소련의 항공기 수가 만만치 않았다. 결국 소련군의 2차 방어선을 뚫지 못하였다. 7월 7일 발터 모델 대장이 철도선을 공격하자 10km 정도의 밀집된 공간에서 40만 대군이 격돌했지만 이 역시 소련은 방어에 성공했다. 독일군은 전투 능력이 탁월했지만, 소련군은 압도적 물량을 쏟아부었다. 소모전이 된 것이다. 남부 전선은 7월 5일 폰 만슈타인이 지휘하였다.

그러나, 북부전선에서처럼 남부에서도 기갑부대들이 초반에 많은 손실을 입었다. 7월 7일 2SS 기갑군단이 선전하였지만, 소련군 제1전차군이 그 진격을 저지하였다. 7월 9일부터 14일까지의 전투가 결정적이었는데 앞에서처럼 독일기갑부대의 전투력은 우수하였으나 그 진격은 느렸다. 소련군은 각개 격파당하고 지휘가 엉성하여 전술은 독일의 승리였지만, 전략적으로는 소련의 승리였다. 독일군의 약점은 보병의 수가 적어서 측면 확보가 어렵다는 것이었다. 이를 기갑부대로 보완하려 하였지만 잘되지 않았다. 그 와중에 서유럽 연합군이 시칠리아에 상륙하여 이탈리아 무솔리니 정권이 위태로워졌다. 최정예 2 SS기갑군단은 이탈리아로 배속되어 갔다. 이로써 <성채 작전>(쿠르스크 전투)은 공식적으로 끝났다.

독일 남부 집단군의 구성은 다음과 같았다.

(1) 제3기갑군단-3호전차 72대, 4호전자 28대, 티거 탱크 6대, 돌격포 29대

(2) 라오스군단-돌격포 18대

(3) 제48기갑군단-3호 전차 77대, 4호 전차 46대, 티거 탱크 6대, 판터 43대, 돌격포 40대

(4) 2SS 기갑군단-3호전차 80대, 4호전차 68대, 티거탱크 4대, F34 11대, 돌격포 64대.

쿠르스크 북쪽에서는 7월 28일부터 독일군이 새 방어선으로 후퇴하여 소련은 8월 5일 오룔을 함락하고 8월 15일에는 브랸스크시를 탈환하였다. 다만, 독일군 50만 명은 후퇴하면서도 소련군 128만 중 43만 명을 죽거나 다치게 하고 전차 2,600대를 파괴한 후 하겐 라인으로 안전하게 후퇴했다. 독일의 지휘관 모델은 9군사령관과 제2기갑군의 사령관을 겸하여 지휘 라인을 통일시켰다. 소련의 반격은 7월 17일 주코프가 주도했다(루미안 체프작전). 이어 8월 3일과 8월 7일 전투 후 8월 23일 하리코프 시를 탈환하자 독일군은 도네츠크강 유역을 포기했다. 그 이후 드네프르강 전투, 1943년 키이우 전투, 코르순-제프카시 포위전 등으로 이어졌다. 기갑병력의 전부를 이 전투에 쏟아넣은 독일은 전투 능력이 고갈되어갔다. 육군, 공군, 군수공장은 보충 능력이 없었다. 또, 동부전선의 제공권 상실은 독일에게 뼈아픈 손실이 되었다. 소련의 보충 능력은 드네프르강 서안, 서부 우크라이나에서의 징병에 힘입은 바가 크다. 이 전투 패배로 독일군의 사기

는 땅에 떨어지고 이는 상부지휘관 사이에서도 같았다.

(4) 바그라티온 작전(1944년 6월 20일-8월 19일)

1944년 시점에서는 독일군이 밀리고 있었는데 1944년 6월 22일 소련이 벨라루스 일대에서 독일 중부 집단군을 상대로 대승을 하였다(독일군이 받은 사형선고). 이는 연합군의 노르망디 상륙 작전과 같은 시기에 맞추어 있어서 독일군은 양면 작전을 감당해야 했다. 소련군은 독일이 예상한 우크라이나 지역이 아니라 벨라루스 발트 3국부터 치고들어갔다. 우크라이나는 그 다음이었다. 독일군이 우크라이나 방어에 주력하는 동안 소련은 벨라루스 돌출부의 정면을 공략, 벨라루스, 리투아니아 일대를 석권하고 독일 중부 집단군을 포위 격멸했다. 독일군이 착각한 것도 직전까지 소련군은 우크라이나를 주로 공격했기 때문이다. 「바그라티온」이란 이름은 나폴레옹 전쟁시 러시아의 명장 이름에서 따왔다. 이 작전 계획은 극비에 붙여져 스탈린, 총사령관 주코프, 총참모장 바실랩스키, 부참모장 안토노프 이외에는 아무도 모르게 했다. 시차를 둔 5개의 작전은 보급과 작전의 절차를 계산한 것이다. 구체적으로 주코프는 제1벨라루스 전선군, 제2벨라루스 전선군을 통합지휘하고 바실렙스키는 제1발트 전선군, 제3벨라루스 전선군을 통합지휘했다. 이 작전을 위해 스탈린은 모스크바에서 대부분의 지휘관을 불러들여 회의를 했다(5월 22일-23일). 소련군은 과거 독일군의 장기였던 양익돌파, 포위전을 똑같이 구사하기도 했다. 이 당시 독일군은 서쪽 방어를 위해서도 차출되어야 했으므로 육군과 공군 모두 전투력이 약해져 있었다. 소련군의 전투기가 7천대인 반면 독일군은 4천대로 줄어있었다(제공권 상실, 항공정찰 불가).

독일 히틀러가 유능한 만슈타인, 글라이스트를 해임하고 쇠르너로 임명한 것도 지휘력의 약화를 불렀다. 아마 히틀러는 자신에게 복종을 잘하는 사람을 원했던 것 같다. 중부집단군 사령관 부슈 역시 히틀러에게 복종하면서도 의욕을 잃고 있었다. 부슈는 곧 발터 모델 원수로 바뀌었다. 벨라루스에서 소련군이 마주한 독일군은 제4, 제9, 제3 기갑군으로서 예하 모두 34개 사단이었다. 매우 취약한 군병력이어서 사실상 방치되는 것이나 마찬가지였다. 특히 남쪽의 대습지, 동쪽의 강 몇 개 이외에는 방어할 데가 마땅하지 않았다. 일단 돌파당하면 포위되기 십상이었다. 또 전선이 길게 늘어져 있었는데 이를 만회하려면 전선을 뒤로 하여 전선을 좁히고 임기응변할 수 있는 예비부대를 설치하는 것이었는데 만약 이런 후퇴를 한다면 동맹국들이 동요할 수 있다는 이유로 히틀러는 거부하였다. 독일군 지휘부는 연합군이 프랑스에 상륙하더라도 바로 제압한 후 동부에 집중할 수 있으리라 여겼다. 소련군은 이 공세를 위하여 14개 제병 협동군, 1개 전차군, 4개 항공군, 118개 소총 사단, 2개 소총여단, 2개 기병군단, 8개 기계화(전차)군단, 수십 개 포병 제대를 준비하였다. 총병력 125만 명, 전차와 자주포 4,070대, 야포 2만 4천, 항공기 7천대였다. 또 미국 B-17 폭격기의 지원을 받았다. 그러나, 소련군은 독일군을 속이기 위해 벨라루스 돌출부 정면이 아니라 남부와 북부를 공격하는 척했다. 드디어 1944년 6월 21일 밤부터 소련 공군은 독일군 후방을 폭격하고 특수부대는 독일 전방 주요 지점을 타격하였다. 히틀러가 독일군의 후퇴를 허용하지 않고 요새화라고 명령한 사이, 소련군은 종심작전 교리에 따라 요새를 공격하지 않고 우회하여 포위하였다. 병력이 집중되지 않았던 독일군은 각개 격파당하기 시작하였다. 독일 제53군단은 핀란드 비텝스크에서 포위되었는데 히틀러는 핀란드가 동요할 우려가 있다 하여 탈출하지 말라고 했다. 소련군은 포위된 비텝스크를 뒤로 두고 계속 전진하였다. 제3기갑군 사령관 라인하르트는 포위된 53군단을 탈출하게 하여 방어선을 짜야 한다고 건의하였으나 히틀러와 부슈 원수는 안된다고 고집부렸다. 결국 53군단은 2만 명이 죽고 1만 명은 항복하고 말았다. 이는 소련 공군의 활약에도 크게 힘입었다. 독일 제3기갑군은 전투개시 6일 만에 11개 사단 중 5개사단을 잃고 말았다. 이에 라인하르트 군사령관은 격분, 중부 집단군 사령관 부슈에게 사임하겠다고까지 했다. 제3기갑군이 무너지자 제3기갑군 남쪽의 제4군 측면과 후방도 위험해졌다. 독일군 후퇴가 너무 늦어져 소련군 제49소총군이 먼저 드네프르 강을 건너게 되었다(6월 27일). 이 때라도 독일군은 현실을 인정하고 벨라루스의 민스크로 후퇴했어야 했다. 그러나, 히틀러는 모길료프를 사수하라고 했다. 그러나 대다수의 독일군은 이를 무시하고 서쪽으로 도망쳤다. 오르시아에서는 소련군이 독일의 막강 티거 전차를 바로 상대하지 않고 우회진격, 중부집단군의 후방으로 파고들었다. 그러니 독일 501중전차 대대는 전투 한 번 못해보고 후퇴했다. 이제 소련군은 독일 제4군보다 먼저 벨라루스의 민스크로 몰려들었다.

한편 남쪽에서는 6월 24일 로코소프스키 장군이 선봉에 섰다. 15개 소총사단, 3개 전차 여단으로 독일 제41기갑 군단을 치고 나갔다. 독일 방어선을 뚫고 늪지 둑길 위로 기갑부대를 투입, 후방을 유린했다. 또 소련 제5군과 제5전차근위군은 독일 제5기갑사단을 지나쳐 그 배후인 민스크로 진격하였다. 독일 제5기갑 사단은 포위될 위기에 처하여 간신히 물러났다. 상황이 이러한데도 히틀러는 6월 27일 독일의 포위된 병력으로 전선을 다시 만들라고 했다. 6월 28일에는 중부 집단군 부슈 원수가 해임되고 명성이 높던 발터 모델원수(북 우크라이나 집단군 사령관)가 임명되었다(양군 사령관 겸임). 그러나, 소련의 제3벨라루스 전선군, 제1벨라루스 전선군은 독일 제3기갑군과 제9군을 분쇄하고 벨라루스의 핵심인 민스크로 들어갔다. 민스크 동쪽에서 후퇴하던 독일 제4군 전체가 포위망에 들게 되었는데도 히틀러는 현 위치를 사수하라고 했다(퇴각 중지 명령). 소련군은 마침내 7월 3일 오후, 제1근위 전차군단이 민스크를 삼켰다. 남동쪽에서는 제3군, 북동쪽에서는 제31군의 소총병 부대가 뒤를 이었다. 이로써 민스크 동쪽에서 방어를 하던 독일 제4군은 완전히 포위되었다(10여개 사단). 7월 10일 독일 제4군은 궤멸하였다. 독일군은 이로써 25만명이 사망, 부상, 실종되었다. 스탈린그라드 피해를 넘어섰다. 독일 중부집단군은 이로써 붕괴되고 소련군은 계속 서진했다. 리투아니아, 폴란드, 나아가 독일 본토로 가는 길이 뚫린 것이다. 다만, 기갑 부대가 많이 손상되고 400km 전진으로 보급이 어려워져 7월 중순부터는 수리, 정비에 시간을 써야 했다.

한편 독일의 모델 원수가 부대를 다시 편성하고 교량을 파괴하는 등 효과적인 방어를 한 것도 기록적이다. 소련 전력의 10분의 1에 불과하고 예비대가 전혀 없는데도 소련군 선봉의 측면 약점을 노려 쉴 새 없이 타격했다. 성공적으로 후퇴하는 작전이었다(독일 국방군, 무장친위대 기갑 사단, 강하기갑사단, 5호 전차부대의 재편성). 이로써 바그라티온 작전은 겨우 끝이 났다. 겨우 한숨을 돌린 독일의 모델 원수는 병력을 서유럽 영미군에게 대항하도록 이동했다. 독일은 바그라티온 전투에서 9개 군단장 중 3명이 전사하고 4명은 포로가 되었다. 4군의 경우 사단장 전부가 전사, 실종, 포로가 되었다. 중부 집단군이 궤멸하자 북부 집단군도 라트비아의 쿠를란트에 고립되고(쿠를란트 집단군으로 개칭), 독일 패전까지 여기에 갇혀있다가 소련에 항복하였다. 나아가 우크라이나에서도 북우크라이나 집단군, 남우크라나 집단군이 타격을 입었다. 이를 보더니 루마니아 왕국은 추축국에서 이탈, 오히려 독일에 선전포고를 해왔다. 상처입은 사자에게는 늑대도 배신한다. 이 전투에서 소련 미하일 투하체프스키의 「종심 돌파 이론」이 크게 빛을 발했다. 스탈린그라드 전투, 쿠르스크 전투 때보다도 사상자는 적게 나오고 성과는 컸다. 소련은 이 승리를 기념하여 독일군 포로 5만 명을 모스크바의 승리 행진에 동원했다. 1944년 6월부터 8월 사이 독일군은 100만 명 이상의 손실을 입었지만 놀랍게도 여전히 전선을 유지하고 있었다. 이제 소련은 동유럽과 발칸 반도로 눈을 돌렸다. 바르샤바에서는 폴란드인이 독일에 대항하여 봉기를 하였으나 소련은 봉기군이 자신들에게 우호적이지 않다고 생각하여 전혀 도와주지 않았다. 이 봉기는 독일군에 의해 무자비하게 진압당하고 이후 소련에 점령당한 폴란드는 소련의 위성국가가 되고 말았다. 약소국의 뼈아픈 운명을 타산지석으로 삼아야 한다.

(5) 태평양 전쟁(1941년 12월 7일-1945년 9월 2일)

아시아에서의 일본의 팽창정책, 중일전쟁 등에 대해 워싱턴 조약 등 미국에서 제재를 가하자 일본이 보복했다. 태평양 전쟁은 세계 제2차 대전의 하나다. 좁게 보면 1941년부터 1945년까지 미국과 일본 사이에서 태평양, 동남아시아를 무대로 한 전쟁이다. 넓게는 중국 전선(중일전쟁), 영국군과 싸운 버어마 전선, 호주군과 싸운 남서 태평양 전선을 포함한다. 그 신호탄은 진주만 습격이다. 1941년 12월 7일 일본 해군이 하와이 진주만의 미국 해군 태평양 함대 기지를 선전포고 없이 기습 공격한 것이다. 초기에 일본군은 파죽지세로 승리, 동남아시아와 남태평양 지역을 모두 점령하는 기염을 토하였다(남방작전). 특히 해군이 승리를 거듭하고 인도, 호주까지 위협하는 지경이 되었다. 그러나, 반격에 나선 미국이 미드웨이 해전, 과달카날 전투에서 승기를 잡고 필리핀 해전에서 완승하자 일본은 방어전으로 일관하고 본토 앞까지 내몰렸다. 그 후 미국이 히로시마와 나가사키에 원폭을 투하하고, 소련이 만주로 오자 1945년 8월 15일 항복하였다. 태평양 전쟁은 육지에서 주로 싸운 유럽 전선과 달리 바다에서 주로 싸웠기 때문에 해전(海戰)과 상륙전에서 결판이 났다. 또 수륙양용작전이 중요하였다. 지상전이 필요한 경우 미국은 해병대를 많이 활용하였으나 육군도 많이 동원했다(도합 27개 사단).

같은 2차 세계대전이면서도 문명화된 유럽 전선과 달리 일본군의 야만적 만행(식인, 포로 학대, 인체실험, 민간인 학살 등)으로 처절했다. 원주민들도 많이 희생되었다. 주요 전투로는 중일전쟁, ABCD 포위전, 코 창 회전, 진주만 공습, 홍콩 전투, 남방작전(제1차 괌 전투, 웨이크섬 전투, 말레이 해전), 동남아시아 전투(싱가포르 전투, 자바 해전, 실론 해전), 둘리틀 특공대의 일본본토 폭격, 산호해 해전, 미드웨이 해전, 알류산 열도 전투, 코코아 트랙 전투, 부나고나 전투, 과달카날 전투(제1차 솔로몬 해전, 동부솔로몬 해전, 산타크루즈 해전), 과달카날 해전(제3차 솔로몬해전), 테나루 전투, 타사 파롱가 해전, 비스마르크 해전, 애투섬 전투, 뉴조지아 전투, 콜롬 반가라 해전, 타라와 전투, 부건빌전투, 글로스터 곶 전투, 테일스톤 전투, 임팔 전투, 사이판 전투, 필리핀 해전, 제2차 괌 전투, 펄레리우 전투, 앙가우루 전투, 대만 항공전, 필리핀 탈환전, 레이테만 해전, 일본 본토공습, 랄리섬 전투, 페닝해전, 오보에 작전, 도쿄 대공습, 이오지마(硫黃島) 전투, 오키나와 전투, 그레 군항 공습, 만주 전략 공습 작전, 시탕굽이 전투, 히로시마 나가사키 원폭 투하, 궁성사건, 마츠에 소요사건, 2차 일본 본토 공습, 타네가시마 상륙작전, 파스텔 작전, 올림픽 작전, 코르넷 작전, 지퍼작전, 카보네이드 작전, 결호 작전 등이다.

미국과 일본의 군사력 비교표(주요 전력) (1939—1945년)

종류	미국	일본
전차, 자주포	88,000대	2,500대
야포	25만 7천대	1만 3천대
박격포	10만대	미공개
기관총	267만정	38만정
트럭	238만대	18만대
전투기	10만대	3만 3천대
폭격기	9만 7천대	1만 5천대
수송기	2만 3천대	2천대
항공모함	141척	18척
전함	8척	2척
순양함	48척	9척
구축함	349척	63척
잠수함	203척	167척

일본 측의 돋보이는 무기는 전투기 뿐인데 이마저도 미국의 75프로 수준이다. 미국 전투기는 P-51 머스탱, F-46 콜세어, F6F 헬캣(hell cat), P-38 라이트닝이었다. 일본은 초기부터 개량하여 운용한 「0전(戰)」(제로센)이다. 제로센은 처음 F2A버팔로, F46콜세어에 우세하였지만 미국이 더 좋은 전투기를 개발하면서 수세에 몰렸다. 코너에 몰리자 가미가제 자살 전술을 사용하였는데, 그 단점은 베테랑 조종사가 많이 전사하는 것이었다. 「시덴 카리」 같은 전투기가 후에 나와 활약하였지만 이미 전세가 기운 다음이었다. 전투기의 대량 생산과 수리도 어려워 점점 공업국 미국에 뒤졌다. 사실 일본 전투기는 초기에는 연합국인 영국, 소련, 추축국인 나치 독일, 이태리보다 압도적이었지만, 미국의 개량 속도, 생산량에는 속수무책이었다. 구체적으로는 「제로센」 전투기가 선회기술은 우수했으나 무전 시설이 미군기에 뒤지는 약점이 있었다. 미국은 이 약점을 간파, 「제로센」 한 대에 미군기 2-3대가 긴밀한 무전 연락으로 상대하게 했다. 나머지 무기 중 전차, 자주포는 말할 것도 없이 뒤졌다. 미국과 일본의 생산량 격차는 갈수록 커졌다. 일본은 1945년부터 본토 공습까지 받았지만 미국은 본토가 안전하여 산업시설을 잘 가동시켰다. 숙련공이 전쟁에 징발되지도 않았다. 그리고 일본은 철이 부족한 나라여서 중일전쟁 때는 소련에서 강철을 수입하고, 영국령 인도에서 선철, 미국에서 고철을 수입하여 충당하였는데 진주만 습격으로 이 모든 나라를 한꺼번에 적으로 돌리는

우를 범했다. 식민지 조선에서는 텅스텐이 세계 최대로 매장되어 있었지만, 일본은 이를 가공하는 기술이 모자랐다. 또 일본의 기술력은 독창적·창의적인 것이 아니었다. 영국과 미국 등 과학기술 선진국에 의존한다는 단점이 있었다. 일본군은 총참모부(대본영 大本營)와 천황 황실에서도 장기전으로 가면 미국에게 진다는 것을 알았다. 그래서 총사령관 야마모토 이소로쿠(山本五六)도 단기전을 바랐다. 단기전으로 미국 태평양 함대를 무너뜨리고 하와이 점령, 파나마 운하 점령을 하여 미국을 협상 테이블로 끌어내리고 일본에 대한 금수 조치를 풀게 하면 된다는 계산이었다. 그러나, 선전포고 없는 진주만 기습, 야만적인 전쟁으로 미국이 크게 분노하여 장기전으로 갔다. 미국이 1년 만에 전시 생산 체제를 갖추어 대항하자 미드웨이 해전 등을 시작으로 일본은 밀리기 시작했다. 또, 모든 연합국과 추축국에도 있었던 문제지만 일본에서는 유독 육군과 해군의 갈등이 심했다.

일본군이 궁극적으로 미국을 상대로 승리하지는 못하더라도 태평양에서 주도권을 잡고 미국을 상대로 유리하게 전쟁을 이어간 부분도 분명히 있었다. 이를 물거품으로 만든 것이 미드웨이 해전과 과달카날 전투였다. 이후 유황도(이오지마) 전투 등에서 일본 방어군이 5배나 되던 미군을 고전하게 한 예에서 보듯 태평양이라는 드넓은 전장은 일본 뿐만 아니라 미국도 쉽게 상대방을 공격하기 어려운 환경이었다고 한다. 2차 대전 중 미군 사망자 총 48만 명 중 태평양 전쟁의 사망자가 23만명이다. 전사 16만, 포로 1만 3,000명, 말라리아 사망자 6만명이다. 일본은 필리핀 루손섬 전투에서만 이 정도의 군인이 사망했다. 유럽에서는 넓은 벌판에서 많이 싸워 폭격 등으로 사상자가 많이 나왔지만, 태평양이라는 바다 전투는 상대적으로 사상자를 많이 내지는 않았다. 일본의 지상군이 큰 피해를 입기 시작한 것은 미국의 필리핀 탈환 작전, 오키나와 탈환작전 때부터이다(미군에 의한 일본군 공격으로 약 100만 명 사망). 일본은 식민지 조선과 대만을 포함하여 1억 명 인구였고 미국은 1억 3000만 명 정도였는데 일본의 경우 조선과 대만 출신을 신뢰하지 않아 전투 병과에 넣지 않았다. 포로 감시, 수송, 병참 등 비전투 분야만 맡겼다. 물론 전쟁 말기에는 방침을 바꾸었지만 곧 전쟁은 끝났다. 이 전쟁에서 가장 큰 피해를 입은 나라는 중국이다. 군인 400만 명 사망, 전체 1,200만 내지 2,200만 명이 사망하거나 실종되었다. 독소 전쟁 때의 소련 피해와 비슷하다.

일본의 가혹한 징발에 의한 기아와 질병으로 동남아시아 각국도 크게 고통받았다. 네덜란드령 동인도는 300만 내지 400만명, 프랑스령 베트남 등 인도 차이나에서 100만 내지 200만명, 필리핀 50만 내지 100만 명, 영국령 버마 15만 명, 포르투갈령 티모르 5

만 내지 7만명, 영국령 인도 150만 내지 250만명, 영국령 싱가포르 5만 명 정도이다. 특히 총탄으로 많이 사망한 유럽 전선과 달리 기아, 질병 사망자가 유독히 많았다. 또, 미국과 일본의 문화 차이, 언어 차이로 전쟁이 잔혹하게 전개되었다. 우생학을 믿고 무사도에 의지하여 항복을 모르는 일본군은 포로를 잔혹하게 고문, 학살, 시신훼손하는 야만성을 보였다. 미군은 이를 갚고 그와 비슷하게 보복, 재보복하는 악순환이 이어졌다(야만의 극치, 이성의 증발). 일본군은 점령지인 원주민에게도 가혹하였다. 미군이 일본 본토에 접근하는 일본 패배 국면에서도 일본군은 대전차 자폭, 자폭 잠수병과 자폭 잠수함, 자폭선, 자폭 창병, 가미가제 비행사, 오키나와 민간인을 이용한 부비 트랩, 자폭 전차, 유인 대함미사일 등으로 공격했다. 이는 큰 전과로 이어지지는 않았지만 미군에게 큰 충격을 줘 핵무기의 사용으로 이어지게 하였다. 무더운 날씨, 정글, 모기, 독사, 독거미, 거머리, 폭우, 진창, 말라리아 등 전염병, 열악한 보급은 병사들을 극한의 고통으로 몰고 갔다. 일본군은 물론이고 미군들도 정신력에 의지하지 않으면 생존할 수 없었다.

태평양 전쟁 당시 전쟁 범죄는 다음과 같다.

(i) 일본의 전쟁범죄: 신멸작전, 남경대학살, 100인 참수 경쟁, 마닐라 대학살, 죽음의 철도, 죽음의 행진, 밀리환초 학살작전, 치치지마 식인 사건 등

(ii) 미국의 전쟁 범죄: 일본군 전사자 시체 훼손, 도쿄대공습, 히로시마와 나가사키 원자폭탄 투하 등이다.

(6) 2차 세계대전 중 유럽의 서부전선

1차 대전 때 서부전선에서 프랑스와 독일이 치열하고 긴 참호전이 있었는데 2차 대전 때는 1차 대전 때와 달리 프랑스가 허무하게 항복했다. 그 후 영국만 외롭게 독일에 맞서 싸웠다. 독일의 영국 본토 폭격을 버텨내고 미국의 참전을 이끌어냈다. 지중해와 북아프리카 전선에서도 독일군을 상대로 선전하자 동부전선에서 고전하던 소련은 유럽에서 제2전선을 형성해 줄 것을 요구했다. 결국 연합국측은 노르망디 상륙 작전을 실행하고 프랑스를 해방시켰다. 마켓 작전 등에서는 쓴 맛을 보았지만, 독일의 최후 저항인 아르덴 작전을 분쇄하고 연합국은 승리하였다. 잘 알려지지는 않았지만 일본군도 유럽의 서부전선에 장비로 참전하였다고 한다. 일본이 독일에서 구매한 티거 전차 2대, 판

터전차, 3호 전차를 다시 독일이 서부전선에 사용하게 하였다고 한다. 노르망디 상륙 작전 이외에도 남 프랑스에서는 1944년 8월 15일 미육군 6군 사령관 디버스 중장 지휘로 용기병 작전이 있었다. 이들은 프랑스 남부에 이어 9월 4일 리옹을 탈환하고 9월 12일 노르망디 상륙군과 합류하였다. 독일은 최후로 아르덴 대공세를 펼쳤으나 연료가 부족하였고 연합군의 지상군 공군전력에 눌렸다. 독일군은 잔인한 소련군보다는 연합군에 항복하는 편을 택했다. 1945년 지그프리트 선이 뚫리고 히틀러가 루르 공업지대를 사수하라고 명령하였으나 30만 명이 무저항, 항복하고 말았다. 원래 초기에 영불연합군의 패배, 프랑스가 항복한 이후 서부 전선은 영국과의 소규모 공중전, 위력 정찰, 코만도나 레인저 대대의 침투, 소규모 특수작전 등만 있다가 노르망디 상류 작전이 이루어진 것이다. 서부전선이나 동부전선 모두 2차 대전 때는 항공기 폭격이 중요했다. 독일이 패한 주요 원인이었다. 서부전선의 주요 전투는 독일의 프랑스 침공, 덩케르크 철수작전, 독일의 영국 폭격, 영국의 독일 폭격, 노르망디 상륙작전, 마켓 가든작전, 아르덴 대공세, 라인란트 전투, 연합군의 독일 본토 침공 등이다.

(7) 대서양 전투(1939-1945년) (Battle of Atlantic)

1939년 2차 대전이 터지자 바다(대서양)에서도 독일과 영국—미국 해군 간에 치열한 전투가 벌어졌다. 초기에는 독일 잠수함(유보트)의 활약이 너무나 커서 영국 등이 큰 피해를 입었지만 갈수록 미국의 산업 생산 능력이 발휘되어 독일 해군이 궤멸하였다. 1939년 9월 3일부터 독일의 U-30, U-29, U-47등이 영국 여객선, 항공모함, 전함을 격침시켰다. 반면 독일의 수상 해군은 열세를 면하지 못하자 해상 작전은 잠수함을 주력으로 하였다.

히틀러는 유보트 사령관 되니츠에게 해상전쟁 지침을 직접 내렸다. (1) 우리는 이 전쟁에서 꼭 이겨야 한다. (2) 아무도 구조하지 말라. (3) 날씨와 육지와의 거리는 고려하지 말라. (4) 배와 자신의 안전만을 고려하라. (5) 적군이 우리를 공격하기 시작했으니 우리는 거리낄 게 없다.

설상가상으로 프랑스가 독일에 항복하자(1940년 6월) 모든 게 독일에 유리해졌다. 대서양의 프랑스 항구와 작전 구역이 모두 독일 손에 들어갔기 때문이다. 프랑스 항복 이전에는 독일 항구만(함부르크, 브레멘, 빌헬름스 하펜 등) 이용할 수 있었다. 북해를 지나 영국 북부를 모두 돌아서 대서양으로 나가야 했지만 이제는 번거롭게 우회할 필요가 없게 되었다. 이에 힘입어 독일의 되니츠 제독은 늑대가 떼를 지어 공격하듯 유보트들이 떼를 지어 다니면서 연합국의 함대와 상선을 공격하게 하였다. 즉 연합국측 배가 지나가는 것을 보면 무선으로 지휘소에 알리고 지휘소는 그 근처의 잠수함 전부를 불러모아 동시에 공격하게 지시를 내렸다. 이로써 영국은 월 평균 30만톤 이상의 물자가 침몰되었다. 영국은 비상수단을 강구했다. 그 이전까지 영국 관할이었던 아메리카 카리브해 군항을 미국에 넘기는 대신 미국의 구축함을 받아 독일 잠수함을 공격했다. 또 독일 암호 해독에 성공하여 1941년 말쯤에는 전세를 역전시켰다. 독일 되니츠 해군 제독에 의하면 잠수함 작전이 완전히 성공하려면 유보트 3백척이 필요했다. 즉 바다 작전구역의 100척, 이동하는 유보트 100척, 수리와 보급 유보트 100척이었다. 그러나, 현실적으로는 40여 척뿐이었다. 그런데 1942년 미국이 참전하고나서 미국 동부 해안 등을 타격하는 잠수함전은 성과를 거두었다. 유보트가 해상 보급을 받을 수 있게 작전 기간을 늘려 카리브해, 멕시코만, 남아프리카, 캐나다 연안까지 타격하기도 하였다. 또, 암호통신기(이니그마)를 업그레이드시켜 암호 해독을 어렵게 하였다. 1942년에만도 연합군 1,160척, 600만 톤의 선박을 침몰시켰다. 이 추세는 1943년 3월까지 이어졌지만 연합군도 잠수함장 출신 영국 맥스호튼 사령관이 소형 경계함, 소형 항모, 장거리 공격 항공기 등을 활용하여 유보트 약점을 파고들었다. 소나, 레이더 등 초계기를 활용하여 물위에 떠오른 독일 잠수함을 탐지한 것도 크게 유용하였다. 미국의 대형 호위 항공모함, 새로운 암호해독 기법으로 독일 유보트를 유명무실하게 만들었다. 독일도 새로운 기술로 수중 속력 17노트의 고성능 잠수함 21형 유보트를 건조하였지만 1945년 4월 30일에나 실전 투입하니 너무 늦었다. 그러나 전쟁이 끝날 때까지도 유보트는 수중에서 충전이 가능한 스모클을 이용, 노르웨이 등에서 저항을 계속하였다. 해군 사령관에서 독일 대통령이 된 되니츠는 1945년 5월 4일 유보트의 항복을 명령하였다.

대서양 전쟁 기간 이태리 유보트도 독일에 제안하여 27척이 참전(레오나르도 다빈치함, 엔디코 타촐리함 등), 1943년 5월까지 연합군측 109척이나 격침시켰다. 이 수훈을 인정받아 이태리 함장이 독일 철십자 훈장을 받기도 하였다. 이 대서양 전투에서 3만 2,000여 명의 선원이 죽고 3,500여 척의 상선이 격침되었다. 연합국은 3만 6,200명이 전사하고 175척의 군함이 침몰하였다. 독일 해군은 승조원 3만명이 전사하고 함정 47척과 유보트 783척이 격침되었다. 승조원의 사망률은 70프로 정도였다니 10명 중 7명은 전사한 것이다.

(8) 노르망디 상륙 작전(1944년 6월 6일-7월)

제2차 세계대전 서부전선 중 하나다. 1944년 6월 6일 프랑스 해안 노르망디에 영국, 미국, 자유 프랑스, 캐나다군, 호주, 뉴질랜드 등 연합군이 대규모 상륙했다. 원래 작전명은 「해왕성 작전」(Operation Neptune)이다. 이 개시일을 「디데이」(D—day)라고 불렀다. 독소전쟁 이후 소련은 서부전선에도 제2전선을 만들어 달라고 했다. 1942년부터 요구했는데 처칠에 의해 연기되었다. 영국군이 우위를 점하던 지중해쪽을 우선하였기 때문이다. 1943년 중순 연합군은 북아프리카, 이태리의 시실리 섬까지 점령, 9월에는 이태리 본토까지 상륙하기에 이르렀다. 서부전선은 영국이 「DF 상륙 작전」을 감행하였으나 실패, 다시 연합군 전체가 준비하기에 이르렀다. 프랑스 해안 네 곳이 후보였는데 최종 노르망디로 정했다. 칼레의 경우 독일군의 방어진지가 워낙 견고했기 때문이다. 노르망디는 칼레보다 약하였고 그에 가까운 도시 칼이 교통의 중심지라는 잇점도 있었다. 다만, 노르망디에도 사막의 여우 롬멜 장군이 이곳에 부임하여 버티고 있어 결코 만만하지 않았다. 그는 기뢰, 지뢰, 방어철근, 해안포 등을 깔아 대비하고 있었다.

노르망디 상륙 작전은 1943년 1월 연합군 수뇌부가 모로코의 카사브랑카 회담에서 결정했다(암호명 오버로우드 overroad). 미국의 아이젠하워, 영국 몽고메리의 지휘로 노르망디 중에서 (1) 미군은 오마하와 유타해변, (2) 영국군은 골드와 소드 해안, (3) 캐나다군은 주노 해안을 맡게 했다. 전체적으로 이 작전은 성공이었다. 그러나 오마하 해변 등에서 큰 피해를 입었다. 6월 6일 하루 동안 함정 7,000여 대가 동원되어 병력 16만 명이 건너갔다. 서부전선의 이 승리는 동부전선 선전과 함께 나치 패망을 가져왔다.

작전 상륙지로 노르망디가 결정되자 연합군은 독일군을 속이기 위하여 보디가드 작전, 포티튜드 작전 등 미국 패튼 장군이 다른 곳을 공략하는 척 기만술을 폈다. 원래 D-데이는 1943년 6월 4일이었지만 강력한 한랭전선, 비바람으로 연기되다가 기적처럼 갠 날씨인 6월 6일 개시했다. 이 날이 아니었다면 9월까지 기다려야 했고 수 십만 병사들을 2주 이상 가둬둘 수도 없었다. 6월 6일 작전 개시일에도 연합군은 보안을 위해 기만술을 폈다. 즉, 칼레항구 상공에다 거대한 항공기 떼인 것처럼 보이려고 손바닥 크기의 은박지를 뿌려댔다.

6월 6일 새벽 0시 15분에 공수부대가 개전 테이프를 끊었다. 미 육군 82공수사단,

101공수사단, 영국 육군 제6공수사단이다. 그런데 독일 롬멜은 강을 이용, 늪지대와 호수를 많이 만들어 크게 장애가 되었다. 미군의 공수부대원은 낙하한 후 복잡한 벨트를 풀다가 익사하기도 했다. 강한 바람과 독일 대공 포화도 문제였다. 연합군 수송기가 예정장소에 병사를 낙하시키기 어렵게 만들었다. 침투용 글라이더도 쉽지 않았다. 특히 오마하 해변의 독일 방어병은 정예병이었고 롬멜은 지휘력이 뛰어나 해안방벽 설치를 꼭꼭 해두고 있었다. 연합군측이 사전 포격과 공습을 하였지만 독일 방어군을 잘 맞히지 못했다. 연합군 수륙 양용 전차(DD전차) 30대를 수송하던 함선은 독일 포격을 무서워하여 해안에서 너무 먼 곳에 내려놓았다. 그 바람에 27대는 물 속에 가라앉고 말았다. 미육군 29보병사단 제116연대의 피해가 가장 컸다. 독일군 토치카에 정면으로 향했던 29사단 116연대는 적의 기관총 앞에 무방비였다(소총, 기관총, 2문의 8.8센치 해안포의 사격). 상륙전 병사들을 잘 먹인다고 한 고기, 계란, 소시지는 멀미를 일으켰다. 미군은 오마하 해변에서만 3,000명 정도가 죽거나 다쳤다. 상륙전에서 계획한 교두보는 8km였으나 2.5km를 확보하는데 그쳤다. 그래도 116연대 연대장 테일러 대령 등이 해군의 포격 지원을 유도하고 독일 방어선을 넘었다. 주노, 유타, 소드 등 다른 해변에서는 미리 낙하한 공수부대가 독일군 해안포를 잘 처리했다. 연합군 본부는 오마하 해변의 방어가 가장 튼튼함을 이미 알고 있었다. 그러나, 상륙지점 4곳의 틈이 벌어지지 않게 하려면 어쩔 수 없었다. 오마하 해변의 미국 레인저 부대 225명은 절벽 위에 29개 로프를 걸쳐놓고 올라가 독일군 포를 제압했다. 독일군 사령부는 반격으로 나왔는데 연합군은 이들을 잘 보호하지 못했다.

유타 해변의 미군은 오마하보다는 쉽게 성공했다. 이들은 상륙 후 동쪽으로 연결하기 위해 카랑탕에서 격전을 벌였다. 골드 해변의 영국군은 400여 명의 사상자, 주노 해변의 캐나다 군은 천 여명의 사상자를 내었다. 소드 해변의 영국군과 프랑스군의 사망자는 7백 여 명이었다. 그런데 오마하 해변에서의 사상자 수는 3,000여 명에 육박했다. 주노 해변의 캐나다군은 상륙한 지 15분 만에 독일군을 제압하고 골드 해변의 영국군 후방을 차단, 독일군을 괴멸시켰다. 상륙성공 3일 뒤에는 노르망디 앞바다에 「멀베리」(Mulberry)라는 인공항구를 만들었다. 상륙 후에는 아군의 인원과 물자가 이어 공급되어야 하는데 노르망디는 항구시설이 없었던 것이다. 옆의 항구를 다시 점령하기에는 시간이 너무 촉박했다. 영국의 해군 준장 마운트 베튼 제독은 1942년 초부터 1년 이상의 시간을 두고 연구를 거듭하여 낡은 수송선, 콘크리트 상자를 4.5m 깊이의 바다에 가라앉혀 1.5km 길이의 방파제를 만들었다. 또 물에 뜨는 방파제도 만들었다(「멀베리 비」 Mulberry B). 미국이 만든 방파제는 「멀베리 에이」(Mulberry A)인데 2주 후 폭풍우로 부서져 버렸다. 「멀베리 B」를 통하여 10개월 동안 연합군 250만명, 차량 50만대, 물자 400만 톤이 들어갔다. 교두보에 대한 독일 공군의 공격은 거의 없었다. 서부 전선 독일군은 유능한 롬멜 원수(B집단군 사령관)와 룬트 슈테크 원수(서부방면사령관) 두 사람이 방어 책임을 맡고 있었다. 연합군 공군 폭격으로 도로는 파괴되었다. D데이인 6월 6일 오후까지도 연합군 상륙 지점을 몰라 우왕좌왕했다. 프랑스 레지스탕스는 통신 장비와 철로를 파괴하여 큰 도움을 주었다. 독일군은 중요도시 캉(Caen)을 방어하기 위해 SS제12기갑사단, 히틀러 유겐트를 늘려 영국군과 공방전을 벌였다. 독일 최강부대인 기갑 교도사단도 노르망디로 갔지만 이미 독일군은 내륙으로 밀려나 지연전을 하고 있었다. 가끔 독일군 분전도 있었다. SS기갑부대의 비트만 중위가 이끄는 101전차대대 티거(Tiger) 9대는 영국 제7기갑사단 28대 전차를 파괴하여 연합군의 캉 진격이 느려졌다. 노르망디 상륙은 성공적이었지만, 내륙 진출은 쉽지 않았던 것이다. 키 작은 과일나무, 밭, 좁은 이동 통로, 매복한 독일군의 티거 탱크, 저격수, 대전차포, 판터 전차 등이 큰 장애물이었다. 그러나 궁하면 통하는 법이다. 한 병사가 아이디어를 내서 연합군 전차 앞에 잡목을 자르는 쇠붙이를 용접해서 길을 열었다. 무엇보다도 연합군의 압도적인 항공기와 포병전력이 독일군을 눌렀다. 6월 22일에는 연합군이 프랑스 셸브르에 도착, 6월 25일 셸브르 수비대인 독일육군 쉴리펜 중장과 해군 소장 헤네케의 항복을 받아냈다. 다만 상륙 이전에 독일 해군 폭파반이 항구를 박살내놓았고 숨겨둔 부비트랩이 큰 문제였다. 6월 25일부터 캉을 향해 연합군은 함포사격, 공군 폭격으로 나왔다. 롬멜과 룬트슈테트는 베를린의 히틀러에게 가서 방어 태세로 바꾸자고 하였으나 거절당했다. 룬트슈테트는 해임당하기까지 하였다. 연합군은 셸부르에 이어 생로까지 점령하여 노르망디에서 벗어날 수 있었다. 여기까지 이르는데 사상자가 12만 2,000명이나 나왔다. 다음 목표는 전략적 요충지 캉(Caen)이었다. 캉은 철도와 도로망이 펼쳐져 있었다. 공수 모두에게 중요했다. 그런데 독일군의 저항은 놀랄만큼 완강했다. 연합군도 포위 전술을 바꾸어 정면공세로 나갔다. 이틀 사이에 연합군 3,800명, 독일군은 2,000명 이상이 죽거나 다쳤다. 결과적으로 연합군의 승리였고 독일군이 후퇴했다. 여기서 혼이 난 영국 몽고메리 장군은 독일의 오른강 방어선 공격을 취소했다. 7월 18일에는 영국군이 「굿우드」(Goodwood) 작전을 시작했다. 그런데 3km의 짧은 길에 3개사단이 들어가니 너무 혼잡했다. 더구나 8,000톤의 융단 폭격에도 살아남은 독일군과 88미리 대공포 4문은 완강하게 저항했다. 날씨까지 나빠졌다. 7월 20일 폭우가 내려 길이 진창이 되자 「굿우드」 작전은 취소되었다. 독일군은 2,000명 이상이 포로로 잡히고 백여대의 전차를 잃었다. 영국군의 손실은 두 배가 넘어 4,000명이 죽고 300-500대의 전차가 사라졌다. 그런데 독일군이 잃은 전차는 SS 펜저(Panzer) 등 최정예 기갑이어서 방어전력에 큰 데미지가 되었다. 캉의 탈환은 연합군 진격에 탄력을 주었고 패튼 장군의 팔레스 전투 승리에도 힘이 되었다. 미군은 7월 24일 「코브라(Cobra)」 공습을 시작했다. B-17, B-24 중폭격기 1,500대가 나섰는데 기상이 좋지 않기도 하였지만 목표지에서 1마일 벗어난 곳에 떨어뜨리기도 했다. 브래들리 장군은 이 작전을 취소하거나 연기해 달라고 하였지만 아이젠하워는 작전 예정 하루 전에 취소할 수 없어 밀어붙였다. 결과는 대성공이었다. 미군은 브류타뉴 지역으로 나갔고 독일 패잔병은 결정적으로 노르망디 지역을 포기했다. 이 상황에서도 히틀러는 반격하여 연합군을 노르망디에 묶으라는 비현실적인 명령을 내리고 있었다. 이는 전황을 더 나쁘게 할 뿐이었다. 독일군은 팔레즈에 묶여 괴멸할 수밖에 없었다(팔레즈 포켓). 연합군은 드디어 프랑스를 해방시켰다. 그러나 또다시 1944년 8월 앤트워프, 로렌에서는 독일의 명장 발터 모델의 방어에 막혔다.

이 전투에 동원된 양군은 다음과 같다.

Ⅰ. 연합군

1. 영국 육군과 특수부대(코만도)

(1) 제2군 (2) 소드 해변 배후: 제 6 공수사단 (3) 소드해변: 제1코만도 여단, 제41코만도 대대, 제3보병사단, 제27기갑여단 (4) 주노해변: 제46코만도대대, 제48코만도대대,

캐나다 제3보병사단, 캐나다 제2기갑여단, (5) 골드 해변: 제47코만도대대, 제50노섬브리아 보병사단, 제8기갑여단, 제 79기갑사단

2. 미국 육군

(1) 제1군 (2) 유타 해변 배후: 제82공수사단, 제101공수사단 (3) 오마하 해변: 제2레인저대대, 제5레인저대대, 제1보병사단, 제29포병사단 (4) 유타 해변: 제4보병사단, 제90보병사단 휘하 제259 연대 전투단

Ⅱ. 독일군

(1) 유타 해변: 육군 제709 보병사단 (2) 오마하 해변: 육군 제 352보병사단, 제726척탄병 연대일부 (3) 골드 해변: 육군 제 716보병사단, 제352 보병사단 (4) 주노해변:육군 제716보병사단 (5) 소드해변: 육군 제716보병사단, 제711보병사단.

<**제2차 세계대전시 리스크**(Risk)>

- 독일 바이마르 공화국 정부의 무능과 불안정
- 세계 대공황으로 인한 경제 패닉
- 독일의 과학기술, 교육을 통한 국력신장과 군비 확장
- 일본의 천연자원 부족과 미국과의 갈등(워싱턴 조약 등)

119. [6.25 전쟁(한국전쟁)](1950년 6월 25일-1953년 7월 27일)(20세기 동양 한반도)

1950년 6월 25일 새벽 4시 김일성은 남침을 하여 3년 동안 전쟁을 벌였다. 그는 새벽 3시 긴급내각회의를 열고 이승만이 북진하였다고 거짓 주장을 했다. 남한에 대한 역습을 가해야 한다고 하면서 남침을 결정했다. 1시간 후 새벽 4시에 남한 침공을 시작했다(작전명 「폭풍224」). 대한민국 군수뇌부는 미국 군사고문단과 함께 육군본부 장교

클럽에서 파티 중이었다. 군은 직전까지 최고경계 단계였지만 이를 풀고 대규모 휴가를 내보냈었다. 개전 3일만에 수도 서울이 함락되었다는 점에서 어떤 친북적 주장도 침묵시킬 수 있다. 북한의 남침 준비는 명백했다.

6월 25일 일요일 농사도 바쁘고 또 장마철인데 전쟁을 왜 일으켰나? 김일성이 8월 15일 광복절 이전에 적화통일을 원했기 때문이라고 한다. 또 그 날은 브라질에서 1950 FIFA 월드컵이 개최된 날이다. 전 세계인이 축구 경기에 한 눈을 팔 때 전쟁을 일으켰다. 북한의 무기는 거의 소련 제품이었다 스탈린은 처음에는 공짜로 주다가 어느 때인가부터 돈을 받고 팔았다. 다만, 미국을 의식해 최신식 전차, 전투기(T-54 탱크, IS-2, IS-3 전투기)는 팔지 않고, 구식무기(T-34 탱크, YAK-9 등의 프로펠러 전투기)를 주었다. 북한군에는 국공내전 때 팔로군에서 전투 경험을 쌓은 3만 명의 정예 보병이 있었다. 미군도 본토 정예군이 오기 전까지는 이들에게 연전 연패했을 정도였다. 포병도 막강했다. 122미리 M-30 곡사포, 76미리 Zis-3 사단포, 100미리 KS-19대공포, 85미리 대공포, 카츄샤 다연장 로켓, M72 모터사이클, GAZ-67등이었다. 이들의 유효 사거리는 한국군 포병의 유효 사거리보다 길었다.

북한군의 기갑부대는 T34-76, T-34-85 전차 242대, SU-76 M 경자주포 150대 이상, BA-64B 장갑차 54대였다. T-34 탱크(전차)는 2차 대전 중 독일의 티거도 타격할 수 있을만큼 화력, 기동력, 방어력, 생산력이 뛰어났다. 이를 바탕으로 115전차연대를 만들고 이를 105전차여단으로 발전시켰다. SU-76미리 경자주포 150대도 있었다. T-34 탱크에 비해서는 화력이 약했지만, 전차가 한 대도 없는 한국군에게는 매우 위협적이었다. 주일미군의 M24 채피나, 한국의 M8 그레이하운드 장갑차에 비하면 막강했다. 북한 공군은 YAK-9 150대, IL-10 공격기 겸 경폭격기 70대, 남한에서 월북한 L-4, L-5 센티널 연락기, Po-2와 AN-2 야간 저고도 폭격기, YAK-18 훈련기 등 240대 이상의 비행기가 있었다. 다만, 이들은 프로펠러로 기동하기에 미국 공군의 상대가 될 수 없었다. 또 숙련된 전투 조종사는 20-30명뿐이었고 일본 항공대 출신 조종사들은 친일파로 몰려 숙청될까봐 입대를 꺼리거나 월남한 상태였다. 그리하여 미 공군의 제트 비행기인 F-80 슈팅스타, F-82G 트윈 머스탱, F-51 머스탱, F4U 콜세어에 대적하지 못하고 제공권을 빼앗겼다. 이는 북한의 육상 작전에도 심각한 타격을 주었다. 북한 해군은 1,000톤급 무장수송선 1척, 1,780톤급 무장수송선(남포호), 어뢰정 4척, 4-50톤급 발동선과 상륙정 70척, 월북한 소해정 3척과 화물 수송선 4척 등이었다. 1,000톤급 무장수송선은 대한 해협에서 백두산함에 의해 격침되고 어뢰정 4척은 주문진항 해전에서 미국과 영국 함대에 격침되었다. 남침 초기 동해안에 상륙작전을 펼쳐 상륙정을 호위하던 것은 20톤도 안되는 어뢰정 4척 뿐이었다.

남침을 위해 김일성은 애국미 명목으로 쌀 4만 8,400 가마를 모아 무기 구입과 군량미로 썼다. 또 전차와 전투기에 필요한 유류를 생산하도록 원산, 장진호 부근에 정유공장을 세웠다. 소련의 기술을 이전받아 소총, 기관총, 기관단총, 박격포, 탄약 등을 직접 생산하기도 했다. 그에 비해 국군은 장비와 훈련 모두 빈약했다. 전차와 전투기가 한 대도 없었고 기술과 자원도 없었다. 이승만 대통령이 미국에 여러 번 요청하였으나 마셜 플랜의 유럽이 우선이었다. 혹시 한국군이 북침하면 3차 세계대전이 될까봐 공격용 아닌 방어용 무기만 원조했다. 에치슨 라인 선포 후 한국에 전투기, 전차, 초계정, 함포, 곡사포 등을 지원하고자 했지만 그 전에 남침이 일어나고 말았다. 북한군이 20만 명 정도일 때 한국군은 9만명에 불과했다(8개 사단). 장교는 일본 학병, 만주군 출신 장교(백선엽, 정일권 등), 일본 육사, 광복군, 중국 국민당에서 싸운 군인, 육군사관학교 1기- 10기까지였다. 일본 육사의 경우 구 일본군 대좌 중좌 출신(이응준, 신태영, 김석원), 47기 이후의 청년층(이종찬, 채병덕, 정일권 이형권) 등이었다. 일본 학병 출신은 대부분 소위 계급 정도였다가 해방을 맞았다. 광복군, 국민당군 계열은 중국 국민당(국민혁명군) 중장이었던 김홍일 장군, 국민당 군관학교를 졸업한 후 북벌에 참여했던 장년층(이준식, 박시창), 황포공관학교, 낙양군관학교 출신의 청장년층(안춘생)이 있었다. 그런데 문제는 대규모 병력을 지휘해본 경험자가 거의 없었다는 것이다. 사단급을 지휘해 본 사람은 김홍일 정도 뿐이었다. 연대 대대급 지휘 경험자는 일본군 출신 이응준, 김석원, 국민혁명군 포병연대장이었던 박시창 정도였다. 이나마 6.25전쟁이 터졌을 때 이들은 지휘라인이 아니어서 힘을 쓸 수 없었다. 참모총장 채병덕(일본 육사 49기)도 일본군 병기과 소좌 정도였다. 실전 경험이 거의 없었다. 훈련 측면에서 보면 북한군은 군단급 훈련을 1950년 2월까지 마친 상태였다. 그 반면 국군은 중대 대대급 전술 훈련 뿐이었다. 그나마 지리산 공비토벌 등 때문에 충실한 훈련이 없었다. 더구나 국군 안에 남로당이 침투, 문제를 일으켰다. 1946-1950년 숙군이 진행되자 6여단 예하 8연대 대대장 강태무와 표무원은 훈련을 빙자하여 월북하기까지 했다. 미국은 한국군 5만-6만 규모로 예산과 장비를 지원했다. 그런데, 이승만 대통령은 북한의 위협 때문에 병력을 10만으로 늘렸다. 미군과 상의가 없었기에 항상 예산은 부족했다. 소총은 일본군이 남긴 99식 소총

위주였다. 그 이후 M-1 소총, M-1 카빈으로 차차 바뀌었을 뿐이다. 6.25 당일 휴가, 외출, 외박으로 나간 병사가 40프로 정도였고 공비 소탕을 위해 2사단(대전), 3사단(대구), 5사단(광주) 3개 사단이 후방으로 빠진 상태였다. 후방 3개 사단을 급히 복귀시켰지만 급하게 투입하는 방식이어서 체계적인 지휘가 어려웠다. 그 뿐 아니라 전방 사단도 6월 13일부터 20일까지 크게 교체되는 바람에 주변의 지형지물에 적응하지 못한 상태였다. 포병은 더욱 사정이 나빴다. M3 105미리 경곡사포(사정거리 6.5km)는 북한 122미리 평사포, 견인 곡사포(사정거리 10km이상)에 비추어 화력이 약했다. 사정거리도 절반에 불과했다. 숫자도 턱없이 모자라 포가 91문에 불과했다. 대전차 무기는 57미리 M18 무반동총, 57밀리 대전차포가 있었지만 북한 T-34나 T-85를 맞추려면 320m 이내에 접근해야 했다. 철갑탄 자체도 크게 모자랐다. M18 무반동총, 2.36 인치 바주카 포도 T34, T85 탱크를 격퇴할 수 없었다. 이를 격퇴하기 위해서는 아주 가까운 거리까지 가야 했고 목숨을 걸어야 했다. 아무리 매복 공격을 한다 하여도 이러한 대전차 무기로는 성공하기 어려웠다. 포병의 화력이 본연의 업무에 집중하기도 어려웠다. 전투가 이어질수록 포병과 대전차 무기는 빠르게 손상되어 기능을 발휘할 수 없었다. 그 이후 미국에서 구경이 큰 화포와 슈퍼바주카를 들여와서야 조금씩 나아졌다. 기갑부대의 경우 전차는 없고 미국으로부터 M8그레이하운드 장갑차 27대, M3 하프 트랙 20여 대를 지원받았다. 여기에 군견, 군마를 합쳐 수도경비사령부 예하에 독립기갑 연대를 겨우 만들었다. 군용 트럭도 거의 없었다. 민간차량이 있어도 거의 일제여서 수리와 부속 갈아끼우기가 어려웠다. 해군의 경우 손원일 제독의 해방병단이 일찌기 미군정으로부터 인정받은 유일한 한국의 군사 조직이었다. 이것이 조선 해안경비대로 승격했다. 진해에 해군기지를 설립하고 부산과 여수에 특무 부대를 둔 후 해군사관학교를 설립, 장교를 양성하였다. 대한민국 정부수립 후 정식으로 해군이 되었다. 해군은 소해정 23척, 경비정 1척, 유류 수송선 1척, 상륙정 2척, 전차 상륙함 1척, 전투함으로서의 구잠함 4척을 갖추었다. 소해정은 나무로 만들었는데 미군의 소극적 지원으로 경비 임무만 할 수 있었다. 즉, 배꼬리에 육지에서 쓰는 37mm 대전차포와 기관총을 달아 불법 조업하는 일본과 중국의 어선을 단속하는 정도였다. 전쟁 발발 후 옥계 방면의 소해정은 북한 상륙정과 발동선을 1척 격침시키고 1척 나포하였다. LST 전차상륙함은 인천상륙작전을 눈치 못채게 하는 장사 상륙작전에 투입했다. 경비정 1척은 PG 303 충무공함이었다. 287톤짜리에 불과하였지만, 손원일 제독의 노력으로 우리가 만든 최초의 함정이다. 처음에는 기관총 1자루에 불과했지만, 나중에는 40미리 기관포를 설치했다. 해군 장병들이 월급을 보태고 고물상에 판 수입, 해군장병 부인들이 삯 바느질로 1만 5,000 달러를 모았다. 감격한 이승만 대통령이 4만 5,000 달러를 보탰다. 이로써 450톤급 구잠함 4척을 샀다. 그 중 하나가 백두산함이다(해군 최초의 전투함 탄생). 이 백두산함이 북한 특수군을 실은 배를 대한해협에서 쳐부수었다(대한해협 해전). 6.25전쟁 전 해병대는 여순 반란 사건을 계기로 필요성이 인정되었다. 신현준 중령의 건의로 2개 대대가 만들어졌다. 6.25직전까지 섬 지역에서 빨치산 소탕 작전을 맡았다.

공군의 경우도 최악이었다. 6.25 당시 전투기, 폭격기, 공격기 같은 항공기가 한 대도 없었다. 6.25 전에 이승만 대통령이 조병옥 박사, 주한 미국대사 등을 통해 100대 가량의 전투기, 폭격기, 연습기, 수송기 등을 미국에 요청했지만 북침 염려가 있다고 하여 거절당했다. 김정렬, 최용덕 장군이 2,000명 가량의 공군을 창설한 것도 미국 군사고문단의 완강한 반대를 겨우 뚫은 것이다. 공군은 겨우 L4, L5 연락기, T6 텍산 연습기 모두 합쳐 22대였고 일본이 버리고 간 Ki9 연습기 몇 대만 있었다. L4 연락기 10대는 미국이 한국에 처음으로 지원한 항공기인데 재료 중 철은 일부일 뿐 대부분 캔버스 천과 나무였다. 무기를 달 수 없었고 무전기도 없었다. L5 연락기 10대는 무전기를 달 수 있어서 약간 나았다. L4 L5는 공비 토벌, 북한과의 산발적 전투에서 잃기도 하고 2대는 남로당 분자가 몰고 월북해버려 12대만 남아있었다. T6 텍산 연습기 10대는 겨우 민간업체를 통해 캐나다에서 돈 주고 산 것이다. 이는 최고속도 시속 300km가 넘고 항속거리는 1200km가 넘었다. 그러나, YAK 9 전투기를 상대하기는 역부족이었다. 탄약 등 보급 상황도 형편없었다. 그나마 6.25 전 공비토벌과 38선 국지전에서 많이 써버린 상태였다. 소총, 대포, 트럭 등의 고장이 15프로 내지 35 프로에 달해 서울, 부평 정비창에 수리를 위해 보냈다. 그런데 6.25 직후 점령당해 모두 빼앗기고 말았다. 또 전방 사단은 미국제 소총이었지만 후방사단은 일본제 99식 소총이어서 전투력 차이도 났다. 군량미도 많이 모자랐다. 쌀이 동나고 건빵만 조금 남은 것이 6.25 직전 휴가를 대거 내보낸 이유 중 하나였다. 다만, 이 보급 문제는 미군이 참전하면서 조금씩 나아졌다. 6.25 전쟁이 터진 새벽 4시, 육군본부 당직 참모는 정보국 정보과 연락 장교였던 김종필 중위였다. 그 때 정보국장은 장도영, 북한 관련 책임자는 김종필이었다. 박정희는 숙군작업 중으로 계급장이 떨어져 군무원으로 있을 뿐이었다. 김종필 중위는 육군본부의 국장들을 깨웠다. 당직 사령에게는 전군에 비상을 걸라고 건의하였으나, 그는 자신에게 그럴

권한이 없다고 거절했다. 총참모총장 채병덕에게도 연락이 갔지만, 클럽에서 놀다가 새벽 2시에 들어간 그는 통상적인 국지전일 거라고 하면서 다시 잤다. 전군에 비상이 걸린 것은 3시간이 지난 오전 7시였다. 신성모 국방부 장관은 "신사는 주말에 일하지 않는다"고 하면서 전화코드를 빼둔 채 잠자고 있었다. <주말에 일하지 않는 신사>는 영국이나 미국 정도에 해당하는 사치다.

이 대통령은 경복궁 경회로에서 낚시하다가 오전 10시 30분 이후에야 보고를 받았다. 미군도 비슷했다. 트루먼 대통령은 휴가 중이었고 국방부장관과 참모총장 등도 자리에 없었다.

전차를 앞세운 북한군은 파죽지세였다. 의정부, 동두천 방면은 물론이고 옹진반도의 국군 17연대는 3배수의 적군을 맞아 분전하다가 LST천안함, 소해정, 징발 민간 배를 타고 하루 만에 인천으로 후퇴하였다. 중과부적의 상황에서 육사생들마저 투입하는 무리수를 두었다(내촌 태릉전투). 첫 전투에서 사망자 100명 이상이었고 곧바로 후퇴했다. 사기 진작 차원에서 국군이 해주시로 진격한다고 방송한 것이 사태를 더욱 악화시키기도 했다. 다만, 이토록 어려운 때에도 문산, 파주 봉일천 방면에서는 백선엽 대령의 1사단이 용감하게 싸웠다. 춘천, 홍천에서는 김종오 대령의 6사단이 북한군을 저지하고 있었다(춘천 대첩). 강릉과 주문진에서는 이성가 대령의 8사단이 혈투를 하였다. 1사단은 임진강을 사수하고 있었고 6사단 포병은 적 1개 군단을 격멸하였다. 8사단은 대관령 험준한 지형을 이용하여 방어하면서 강릉을 되찾았다. 문제는 포천, 동두천, 의정부 축선이 무너진 것이다. 서울로 직통하는 3번 국도가 적의 주공 루트가 되고 말았다. 이들을 방어하는 7사단 유재흥 사단장 아래 2개 연대는 25연대 배속 문제 등으로 어수선했다. 육군 7사단 정면에 북괴군 3, 4, 15사단, 105 전차여단 아래의 2개 전차연대가 있었다. 포천 전투에서 국군 7연대 2대대, 3연대, 25연대가 차례로 투입되었으나 약간의 시간만 벌었을 뿐이다. 곧 의정부로 후퇴, 의정부 전투가 벌어졌다.

비상국회는 6월 27일 새벽 1시에 열렸다. 신익희 의장, 신성모 국무총리 서리, 채병덕 참모총장 등이 참석하였다. 격렬한 논쟁 끝에 수도 사수를 결의하였지만 비전문가의 공허한 말에 불과했다. 김홍일, 이범석, 지청천 등을 초대해 군사원로 자문회의를 열어 의견을 들었다. 이 베테랑들은 현실적으로 한강선 방어를 주장했다. 그러나, 채병덕과 수도경비사령관 이종찬은 비현실적으로 서울 사수, 의정부 방면 역습을 결정했다. 이로써 후방 3개 사단(대구 3사단 22연대, 대전 2사단, 광주 5사단)을 7사단 정면으로 순차 투입하는 멍청한 짓을 했다. 북괴군은 이를 분쇄한 후 의정부 축선을 돌파했다.

또, 국군 공병대는 마음이 급하여 한강 인도교를 폭파했다. 한강 북방에서 전투하던 수경사, 1. 2, 5, 7사단은 장비를 모두 버리고 개별적으로 한강을 넘어 후퇴할 수 밖에 없었다. 좀더 질서 있는 후퇴를 하여 중화기 등을 보유하게 하였더라면 참으로 좋았을 것이다. 전쟁 등 아무리 급박하더라도 침착하게 생각하고 전후좌우를 잘 살펴 대응할 필요가 있다.

한강인도교 조기 폭파로 중화기와 병력 손실이 막대했다. 백선엽의 수기에 의하면 개전 당시 1사단 병력 8,000명 이상이던 것이 한강 이남에서 재집결하였을 때는 1천-2천 명에 불과하였다고 한다.

서부전선에서는 김홍일 장군이 한강 이남으로 후퇴한 병력을 모아 혼성부대를 운영, 강북의 북한군과 대치하였다. 본성부대라는 약점이 있었지만, 6월 28일부터 7월 4일까지 한강 이북 적의 진격을 1주일 지연시켰다. 이로 인해 북한군 승리로 끝날 뻔한 전쟁이 연장되었다. 결정적으로 미국은 유엔 안전보장이사회를 통해 유엔군 파병을 결정했다(6월 27일 결의안 83호). 안보리에 소련은 불참했다. 이는 거부권 행사가 아니라 기권으로 해석되어 결의안은 가결되었다. 이 대통령은 6월 27일 새벽 4시 특별 열차로 대전으로 피난했다. 27일 저녁 9시 KBS 대전방송국 유병훈 방송과장으로 하여금 생방송을 하게 하였다.

"...국군은 장비가 부족하다. 나는 도쿄와 워싱턴에 연락하였다. 맥아더 장군의 참전 전보를 받았다. 그는 유능한 장교와 군수물자를 보내는 중이다. 이 좋은 소식을 전하고자 오늘 밤 방송을 한다. 우리는 투지를 증명해보였다. 모든 우방국들이 우리를 지지한다. 용감한 군인들과 정치인들에게 감사를 표한다. 공산주의자들이 실수를 바로잡고 대한민국에 충성을 맹세한다면 용서받을 수 있다..." 등이었다.

이 대통령이 "국민 여러분 안심하십시오. 서울은 안전합니다"라고 대놓고 방송한 것은 아니었다. "적은 패주 중이다....국군이 의정부를 탈환하였다.... 국민 여러분은 마지막으로 생업에 종사하라..."는 내용도 전혀 아니었다.

27일 오후 4시 국방부 보도과장 김현수 대령은 특별 발표를 했다. 국군이 남쪽으로 후퇴하는 것을 보고 두려움에 떨던 주민들은 이 방송으로 비로소 두려움에서 벗어났다고 한다.

6월 27일 수원의 맥아더 사령부가 오산으로 철수하기로 하자 대통령 일행은 7월 1일 다시 대전에서 부산으로 피난을 가기로 했다. 당연히 극비였다. 수행 인원을 최소화하고 세단 자동차 1대, 지프 자동차 2대를 이용했다. 경부선보다는 안전한 이리, 목포로 갔다. 목포에서 해군 함정을 타고 부산항에 도착했다(7월 2일 오전 11시). 국군은 외로웠고 고통이 컸지만, 영웅적으로 지연전을 펼쳤다. 만약 이 지연전이 아니었다면 미군이 재편성하고 한반도에 투입되기 이전에 공산화되었을 것이다. 갑작스런 한강 폭파로 6사단, 8사단 이외에는 중화기를 버리고 한강을 건넌 상태에서 용전 분투한 것이다. 김포사령부에서는 영관급이 육탄공격을 하기도 하였다. 국군은 사단급과 군단급 훈련이 없었지만 휴전선 인근의 국지전, 지리산 등지의 무장공비 토벌전 경험이 저력을 보였다. 북한군에 격파된 뒤에도 삼삼오오 복귀하거나 게릴라로 저항하고 북한군 중대나 대대급에 국지전을 벌여 진격속도를 늦췄다. 북한군은 신속한 기동을 강조하였지만, 2차대전 당시 독일군의 기동전이나 소련군의 제파식 전술에 미치지 못하였다. 서울 점령 후 시간을 허비하면서까지 시민들을 인민재판으로 학살하는데 골몰했다. 이로써 점령된 서울 시민 민심이 돌아서게 하고 오히려 국군 유격대에게 협조하게 만들었다.

이시영 부통령은 수원으로 피난하였고 피난하지 못한 조소앙, 안재홍, 김규식은 납북되었다. 북한군 진격이 늦었던 원인 중 가장 큰 것은 국군 6사단이 춘천, 홍천지구에서 북한 2군단을 3일이나 저지하였기 때문이다(춘천대첩). 그리고 북한 1군단의 도하 장비도 충분하지 않았다.

북한군은 한국의 국회의원을 잡아 임시국회를 열어 항복선언을 받으려 했으나 대부분 피난하는 바람에 실패했다. 박헌영 말대로 남한의 남로당 빨치산 주도로 민중봉기가 일어날 것을 기다렸다는 말도 있다. 서울 함락 직후의 암울한 상황에서 김홍일 장군은 한강선 일대 이응준 장군은 수원 방면에서 방어 작전을 지휘했다. 김홍일 장군은 중국에서의 실전 경험으로 지연작전의 개념을 익히고 있어서 크게 도움이 되었다고 한다. 많은 서울 시민들은 공산주의로 통일되는 것을 기정사실로 받아들여 군인, 경찰관 가족 등을 제외하면 피난갈 이유도 별로 없었다. 국회의원 등 고위층과 지식인조차 그러한 게 사실이다.

한편 국군은 해군과 공군의 전황도 좋지 않았다. 북한은 한국 공군의 전투기가 1대도 없다는 사실을 알고 전쟁 직후 김포 비행장, 수원 비행장에 폭탄을 떨어뜨렸다. 미군 특수부대 스미스 부대가 투입되어 7월 5일경 경기도 오산시 죽미령에서 오산 전투가 벌어졌다(최초의 교전). 그러나, 미군 540명 중 사망 150명(부대대장 포함), 실종 31명이라는 손실을 내고 후퇴했다. 나름대로 정예부대였지만 T-34탱크에 맞서는 105미리 폭탄의 부족, 통신 혼선 등으로 밀렸다. 또 북한군의 고급 장교들 중에는 중일전쟁과 국공내전의 베테랑들이 많았다고 한다. 스미스 부대의 패배로 미국은 북한군의 전력을 제대로 알게 되었다. 스미스 부대의 본대인 미국 제24사단이 투입되었으나 결과는 같았다. 평택-안성전투, 천안전투, 전의 전투, 대평리-공주전투 등 지연전에서도 피난민을 가장한 스파이가 미군측 지뢰를 제거하거나 신관을 분리해 놓았다. 깜짝 놀란 미군이 일본에서 M24 채피 경전차를 보냈지만 대전차 성능이 부족하여 7대가 완파되었다. 결국 미24사단은 슈퍼바주카포 하나로 싸우다가 대전에서 하루 만에 북한군 3개 사단에 포위되어 괴멸되었다. 사단장 딘 소장은 탈출하였으나 북한군 기습으로 낙오되었다가 전북 진안군에서 생포당했다. 이후 3년 동안 잡혀 있다가 전쟁이 끝난 후 북한군 2사단 참모장 이학구와 교환되었다. 미군은 2차 대전 때 독일군과 일본군에 승리하였지만, 전후 급격한 군축으로 병사들의 실력과 경험이 부족한 것이 패인이었다고 한다. 딘 소장을 진안군에서 인민군에게 밀고한 자는 진안군 운산리의 「한두규」라는 사람이다. 그는 밀고 과정에서 딘 소장의 부관을 사살했다. 이후 부역자로 총살당하였다고 한다. 전쟁 당시 북한군은 포로가 귀찮다며 소련식으로 두 손을 뒤로 모아 노끈이나 철사로 묶은 뒤 무릎을 꿇린 후 사살하였다.

미국은 24사단 패전 후 지상병력을 늘렸다. 그리고 미군은 서부(경부선, 경부국도 포함), 한국군은 동부를 각각 맡아 수비전을 펼쳤다. 한국군은 남은 병력을 수습, 동락리 전투, 진천 전투, 청주 전투 등 중앙에서의 지연 작전도 벌였다. 동해안은 3사단 23연대가 사실상 독립부대로 되어 울진-영덕간 지연작전을 폈다. 미 해군은 함포 지원을 했다. 한미간 언어 문제로 소통이 잘 안되고 미군이 한국군을 북한군과 잘 구별하지 못하는 문제도 있었다. 미군이 방어전을 할 때 북한군은 살짝 우회하여 포위를 시도했다. 한국군 입장에서는 왼쪽이 항상 뚫리므로 거듭 후퇴하는 일이 벌어졌다. 천안전투 이후에는 장항선 방향이 뚫렸다. 이후 장항-군산-이리 전투에서 한국군 5사단과 7사단 잔여병력, 경찰, 해병대가 효과적인 방어를 했지만, 북한 4사단과 6사단에게 전라도 전역을 내주었다. 7월 22일 대전과 전주, 23일 광주, 26-27일 여수가 점령되었다. 그 후 북한군은 경상도 서쪽 옆구리로 치고 들어왔다.

다만, 미국 공군의 활약은 대단했다. 국군의 지연 작전도 미 공군의 화력 지원이 없었다면 불가능했을 것이다. 미 공군은 6월 27일에 이미 평양을 폭격했고 북한군 전차의 낮시간 전진을 묶어버렸다. 8월부터 대한민국 방어선은 동쪽과 남쪽으로 밀려나 낙동강 전선까지 내려갔다. 국토의 90프로가 적 치하가 된 것이다. 미군은 북한군의 우회기동과 포위전이 부담스러워 산악지대의 방어를 사실상 포기했다. 그 대신 큰 강을 교두보로 하여 북한군 도하를 저지하고자 했다. 북한군 4사단, 6사단을 막기 위해 미군은 황급히 25사단을 빼내서 24사단을 도와 서부 전선을 사수하기도 하였다. 한국군은 안동의 요충지에서 방어하는 계획도 세웠지만 화력과 병력 부족으로 대구 근처까지 후퇴했다. 영천-신녕-대구 북쪽-동해안 산악전을 최후의 보루로 하였다. 즉 낙동강 방어선은 대구-경주-부산-마산-대구의 원형 교통망, 부산-포항-마산의 항구, 영일비행장이 핵심이었다. 다만, 낙동강이 중간에 곡선(만곡)을 이루며 흐르는 구간을 비집고 북한군이 건너기도 하였다. 대구 남쪽 창녕군 일부 구역에 들어와 창녕-영산전투를 벌였다. 북한군은 창녕을 교두보로 하여 대구 거점을 북,서,남에서 옥죄려 했다. 그러나, 국군의 저항이 워낙 완강했다. 피난민과 현지인들 중 청장년을 무조건 징집, 부산과 제주도 훈련소에서 양성한 후 군대 숫자를 보강했다. 그 당시 북한 인민군은 10만 명 정도였고 유엔군은 20만 명이었다. 화력도 공군과 해군은 압도적이었다. 그러나 방어전투 때에는 항상 병력이 모자랐다. 인천 상륙작전으로 차출된 군인을 다시 낙동강 전선에 두 번씩 투입하느라 바다에서 2개월간 시간을 허비하기도 했다. 국군과 미군의 훈련 경험, 사기가 바닥에 떨어진 점도 전투력을 저하시켰다. 북한군은 5월 초에서 하순까지 교통의 요지인 대구를 목표로 공격했다. 대구 북방 방어를 담당한 국군 1사단 정면에 북한군 주공 3사단, 13사단, 15사단과 1사단 일부를 집결시켜 유학산-수암산-다부동 연결선에서 혈투가 벌어졌다(다부동 전투). 피해를 견디지 못한 북한군은 8월 하순부터 대구 공격을 포기하게 된다. 상호간 전력차가 역전된 시점이다. 그러나, 9월 8일 국군 8사단은 일시 영천을 점령당했다. 이 날 미국 워커 장군은 국군의 3군 총사령관 정일권에게 비밀스런 명령을 내렸다. 미국이 마치 도망갈 준비를 하는 것 같았다. 다행히도 영천의 북한군 15사단은 격퇴되었다. 북한은 9월까지 대공세를 펼쳤지만 다부동 전투, 왜관 전투, 영천-신녕전투, 영산포 진주 마산 일대의 전투, 마산 전투 등에서 국군과 유엔군은 방어선을 지켰다.

그런데 (1) 다부동전투 (2) 영천-신녕 전투 (3) 마산 전투 중 하나라도 졌다면 낙동강 전선 자체가 무너졌을 것이다.

마침내 수세에서 공세로 전환했으니 인천상륙작전이다. 9월 15일 새벽 인천 상륙 작전이 개시되었다. 이후 경상도 지역에서 낙동강 전선의 국군도 북진을 개시하였다. 9월 30일 북진하는 국군과 상륙군이 만났다. 10월 1일에는 38도선을 넘어 진격했다(국군의 날 기원). 국군은 인천상륙작전에 육군 17연대, 해병대 1연대가 참여했다. 팔미도 등대 점거와 점등작전에 미해군 유진 클라크(Eugene Clark) 대위의 지휘, KLO부대 최규봉, 해군장교 연정, 육군장교 계인주 등의 공로가 컸다. 인천상륙을 속이기 위한 양동작전으로 기획된 장사리 상륙작전에는 700여 명 학도병을 투입했다.

유엔군이 38도선을 넘는 데는 유엔의 결의가 필요하였다. 이사회 결의안이 소련에 의해 부결되었기에 총회에 부쳐 통과되었다. 동한만-황해도 일대(개성북부의 천마산-두석산 등지)에서는 혈전이 벌어졌다. 김일성은 10월 11일 밤 "피로써 조국을 사수하자"라는 방송을 하고 덕천을 거쳐 임시수도 강계로 도망갔다. 평양 방송은 정부가 신의주로 옮긴다고 발표했다. 10월 12일 스탈린은 김일성에게 만주에 망명정부를 세우라고 했다. 일 주일 후에는 김일성이 스탈린에게 소련 지상군을 보내달라고 애걸했다. 스탈린은 미국과 충돌하지 않으려 했기에 북한을 포기하고자 했다. 그러나, 중공군이 참전하자 마음을 바꾸었다. 10월 19일은 유엔군이 평양을 점령한 날이다. 10월 26일에는 압록강 옆 초산군에 진격하였고 11월 23일 함경남도 혜산군, 11월 26일 함경북도 청진시를 탈환하였다, 북진 통일은 눈 앞에 있었다. 유엔군은 크리스마스 전까지 고향에 돌아갈 것으로 생각했다. 그러나 그렇지 않았다. 9월부터 김일성의 요청을 받은 중국은 10월 16일에 인민해방군 선발대를 보내 압록강을 넘게 했다. 10월 19일에는 30만 병력이 압록강을 건넜다. 10월 말 국군과 유엔군이 청천강을 건너 압록강 유역에 도달하자 본격적으로 충돌했다. 중공군은 인해 전술에다가 중일전쟁과 국공내전에 참여한 정예군이었다. 신속하게 한 곳에 병력을 집중시키고 상대의 지휘체계를 혼란하게 한 후 우회하는 전술이었다. 부대 전체를 와해시키는 포위 전술이었다. 중국의 지휘관 팽덕회는 미군이 공군·기병·기갑부대의 화력, 차량에 의한 병력과 물자 수송에만 의존하고 도보 행군에 취약하다는 약점을 파고들었다. 도로와 청야를 주로 이용하던 미군과 달리 중국군은 백두대간 등 산악지대를 이용했다. 기동 속도가 하루 평균 20킬로를 넘었다. 중공군 제38군 113사단은 14시간 야간 행군을 하여 72.5km를 주파한 후 공격하기도 했다. 미 공군의 항공 정찰을 피해 숲 속에 매복하고 있다가 야간에 공격했다. 산지 전투에서는 공군 기갑차량 포병이 중공군의 접근을 막을 수 없었다. 유엔군은 전방에 있고 후방은 한국군이 맡고 있었다. 상대적으로 약한 후방의 한국군을 무너뜨린 후 유엔군의 보급로와 퇴로를 차단했다. 맥아더 유엔군 총사령관은 중국을 핵 공격하는 방안까지 생각했다. 트루만 대통령도 처음에는 같은 생각이었으나 맥아더가 문민 통치를 반대하는 성명서를 공화당 대표를 통해 낭독하게 해 대통령과 갈등을 일으키는 바람에 해임당하고 말았다. 영국 총리 애슐리도 핵 공격은 안된다고 적극 말렸다. 결과적으로 중공군의 개입 후 11월에는 미군 1개 사단이 거의 전멸하였다. 한국군도 지리멸렬하여 평양을 내주고 유엔군은 후퇴했다. 동부전선도 마찬가지였다. 장진호 전투, 흥남철수를 거쳐 1951년 1월 4일에는 다시 서울이 점령당했다. 혹한의 추위로 전투력을 발휘하기도 어려웠다. 총알에 죽은 군인보다 얼어 죽는 군인이 더 많을 정도였다. 전선이 평택-오산까지 내려왔는데 유엔군은 금강까지 밀리면 한반도를 포기하려고 하였다. 중국의 대만처럼 200만명을 제주도로 이주시키는 작전 계획이었다. 그러나, 다행히도 북위 37도선에 이르자 중공군은 한계에 다다랐다. 처음과 달리 전선이 좁아지고 병력 배치가 빽빽해지면서 중공군의 기습포위 전술이 잘 먹히지 않게 된 것이다. 미 공군이 공습하니 보급도 어려워졌다(공세 종말점). 곧 유엔군이 반격하여 1951년 3월 14일 서울을 다시 찾았다. 대치 전선은 다시 38선까지 올라갔다. 중공군은 4월 22일 70만 명의 대군으로 춘계 대공세를 개시, 4월 30일 서울 북방 8km까지 진출하였다. 그러나, 설마리 전투, 파평산 전투는 실패했다. 5월 중순 2차 춘계 공세도 실패했다. 5월 말부터는 유엔군이 대대적으로 반격을 하여 지금의 휴전선과 비슷한 모양이 되었다. 이후 전선은 교착되어 국지전, 고지전으로 이어졌다. 1951년 7월부터는 휴전회담이 열렸다. 10월 유엔군의 추계 공세로 모든 전선에서 10km 정도 북방으로 전진했다. 다만, 금성(강원도 김화군 金化郡) 지구에서는 북쪽 돌출부 일부를 잃었다. 미국도 다시 전면전을 하기에는 부담이었고 국내 여론도 좋지 못했다. 이 점은 중국도 비슷하였다. 한반도의 혹한 기후도 이런 여론 형성에 한몫하였다.

중국은 만리장성 길이에 버금가는 지하 갱도를 구축했다. 이승만과 김일성은 모두 휴전 협상에 반대했지만 어쩔 수 없었다. 고지전에서 국군과 유엔군은 도솔산 전투, 펀

치봉 전투, 피의 능선 전투, 단장의 능선 전투에서 이겼다. 이로써 양구와 고성 일대의 전선을 북방으로 밀어올렸다. 중공군 개입 이후 최전선에서 북한군은 거의 빠지고 중공군이 대부분의 전투를 맡았다. 한국군은 북한의 2배가 넘는 인구와 미국의 지원에 힘입어 중공군에 직접 맞섰다. 미국의 체계적인 전술 훈련도 도움이 되었다. 미군에 비해서는 전력이 부족했지만 백마고지전투, 금성 전투 등에서 선전했다. 트루먼 대통령은 3차 세계대전을 우려, 이제 발을 뺄 때라고 생각했다.

휴전 협상은 소련이 먼저 제안했다. 그러나 협상이 2년씩이나 늦어진 것은 스탈린이 의도한 것이다. 가장 큰 문제는 포로의 송환이었다. 즉 「일괄송환」(소련, 북한, 중국 입장)인가, 「자유 송환」(유엔군 입장) 인가였다. 1953년 6월 이승만 대통령은 미국 등 반대를 무릅쓰고 거제도 등 포로수용소에서 공산군 포로를 석방하였다(반공포로 석방). 이 문제 때문에 이 대통령은 부산에서 CIA 요원에게 암살당할 뻔한 적도 있다(「에버레디」 계획 등 암살 시도). 스탈린이 사망한 후 1953년 7월 27일 마침내 휴전협정이 조인되었다. 밤 10시 휴전되는 시각 5분 전에 양측은 남아있던 탄약을 다 쐈다고 한다.

6.25 전쟁의 주요 전투는 옹진반도 전투, 대한해협 해전, 춘천-홍천 전투, 주문진 항 해전, 한강방어선 전투, 동락리 전투, 장항군산이리 전투, 대전전투, 청송전투, 다부동 전투, 마산전투, 영천-신녕전투, 장사 상륙작전, 인천 상륙작전, 평양 탈환작전, 초산 전투, 장진호 전투, 1.4후퇴, 금양장리전투, 횡성전투, 지평리 전투, 설마리 전투, 파평산 전투, 현리전투, 용문산 전투, 가칠봉전투, 펀치볼 전투, 피의능선 전투 등이다.

<6.25 **전쟁 당시 대한민국의 리스크**(Risk)>

- 군 수뇌부의 안이함, 장비 부족, 인력 부족, 대규모 휴가, 지리산 공비 토벌로 병력 분산, 국군내 남로당 침투
- 북한군의 정예화, 군 장비의 현대화(포병, 기갑부대 등)
- 한강 인도교 조기폭파로 병력과 장비 손실
- 한미간 언어소통 문제
- 북한군과 중공군의 신속한 우회침투와 포위전
- 맥아더 장군의 미국 트루먼 대통령과의 갈등과 해임

<리스크 대처>

- 유엔 공군의 제공권 확보
- 동해안 전투에서 완강한 지연작전(춘천 지구 등)
- 해군(백두산 함)의 대한해협에서의 선전
- 유엔군 파병, 인천상륙작전의 성공
- 중공군의 공세 종말점과 아군의 육탄공격 등 영웅적 저항, 미국의 체계적 전술 훈련

120. [쿠바 미사일 위기](1962년)(20세기 아메리카)

냉전 때인 1962년 10월 쿠바에 소련이 SS-4 탄도미사일(MRBM) 기지를 만들어 생긴 미소간 핵전쟁 위기다. 갓 미국 대통령에 당선된 케네디를 흐루시초프가 얕봤기 때문이다. 흐루시초프는 아이젠 하워와의 면담에서 미국도 핵전쟁을 두려워한다는 사실을 알고 핵으로 미국을 협박하려고 마음먹었다. 그는 즉흥적이고 낙관적이었는데 소련 군부의 지지를 업고 쿠바에 육군 5만명, 전략 로켓군 MRBM 기지, 해군 기지를 설치하려고 했다. 미국은 핵전력, 재래전력, 기술력 모두 앞서 있었지만 스포트니크 충격 등으로 소련을 몹시 경계했다. 쿠바의 카스트로가 1959년 미국의 코앞에서 공산 혁명을 하자 미국은 피델 카스토르를 제거하고자 시도했고 피그만에 쳐들어갔다. 카스트로는 소련에게 도움을 청하였다. 소련도 쿠바의 전략적 가치에 주목했다. 소련과의 비밀 연락을 주고받은 후 쿠바는 자국 내에 탄도미사일 기지를 설치해 달라고 했다. 소련으로서도 미국에 대한 핵전력 열세를 뒤집을 수 있는 절호의 찬스였다. 흐루시초프는 1962년 5월 21일 미사일 배치를 결정했고 간부회의의 승인을 받았다. 소련 군부도 적극적으로 지지했다. 이 미사일 기지는 모두 40개의 사일로였다. R-12를 위한 사일로가 24개, R-14를 위한 사일로가 16개였다. R-14의 사격 범위에 워싱턴주를 뺀 미국 전부가 들어갔다. 이 계획을 위해 쿠바주둔 소련 집단군이 만들어졌다(사령관 이사 폴라예프 육군대장). 구체적으로 다음과 같다. (1) 육군: 제302, 314, 400, 406 차량화 소총연대 (2) 해군: 제5함대 (3) 공군: 제134 항공대대, 제437 헬기연대, 제561, 584 순항미사일 연대 (4) 방공부대: 제10, 제11대공미사일 사단, 제32근위 전투항공연대 (5) 전략로켓군: 제51미사일 사단, 제79근위 미사일연대, 제181 미사일연대

미국에서 최초로 알아낸 것은 CIA였다. CIA 국장 존 매콜은 바로 대통령에게 보고하였다. 그런데 소련의 쿠바 배치는 준비가 많이 부족했다. 군사고문단 2진이 긴급 착륙하면서 미국 관광객에게 들키기도 하고 쿠바의 공용어 스페인어도 구사하지 못했다. 쿠바에 대한 기본적 지식도 없었다. 게다가 새로운 중장비는 북미전력체계와는 맞지 않아 쓸 수 없었다. 또, 이 시설을 야자수로 은폐하려 한 계획도 불가능했다. 10월 14일 미국의 U2 정찰기가 이 공사 현장을 항공 촬영하여 대통령과 국방부에 보냈다. 쿠바에 미사일이 들어갈 때는 보안 유지가 잘 되었지만, 쿠바 안에서는 잘 되지 않았다. 소련의 기병분과 출신 주둔군 사령관이 출신이 다른 부대들을 잘 융화시키지 못하고 정보

교환도 원활하지 않았다. 또, GRU소속 정보장교 팬콥스키 포병대령이 R-12 미사일의 마이크로필름을 GRU 도서관에서 빼내어 영국 MI 6와 미국 CIA에게 보냈다.

소련의 펜코프스키 대령은 2차 대전 독소전쟁 당시 최연소 연대장으로 무공을 세운 사람이다. 다만, 그의 아버지가 러시아 혁명 직후 백군장교였다는 사실이 밝혀지고 나서 그는 배척당했다. 그래서 공산주의 체제에 환멸을 느껴 서방세계에 협조하는 스파이가 되었다. 그 후 간첩 혐의로 1964년 KGB 본부 지하실에서 처형되었다. R-14가 워싱턴을 제외한 미국 전역을 타격 대상으로 함이 밝혀지자, 미국 군부는 쿠바 미사일 발사 시설을 폭격으로 날리자고 하면서 케네디의 온건책에 반대했다. 그러나 3차 대전의 위험 앞에서 케네디 등 온건파는 신중을 기했다. 선택지는 전면 침공, 공습, 회유, 묵인 4가지였다. 케네디는 다른 방안으로 쿠바 봉쇄 쪽으로 기울었다. 단호한 의지를 보여주되 미사일 철수 기회를 주자는 평화적인 방안이다. 케네디는 각료들과 회의를 하면서 자신만이 아는 비밀 버튼으로 대화 내용을 녹음했다. 국방장관 맥나마라가 케네디 편을 들었다. 케네디는 22일 TV와 라디오를 통해 이 사실을 전 세계에 널리 알렸다. 3차 대전, 핵전쟁의 위험은 현실적으로 다가오고 있었다. 흐루시초프에게는 어떤 핵무기도 사용하지 말라고 하는 한편 미국 군부 매파를 설득하였다. 그는 3가지 중 하나를 선택하고자 하였다. 이는 (1) 미국이 쿠바에 핵 우산을 확대하는 것, (2) 쿠바 안의 소련 핵무기 통제권을 쿠바 카스트로에 넘기는 것, (3) 미국 본토를 공격할 수 있는 중거리와 장거리 미사일을 빼는 것이다.

수뇌부가 혼란스러워하는 와중에 군부 강경파는 강력한 대응을 요구했다. 케네디는 10월 22일 데프콘 3을 발령했다. 그는 소련군부의 예상을 깨고 항공모함 8척을 포함하여 90척의 대규모 함대를 동원, 쿠바 영해를 둘러쌌다. 카리브해에 오는 미사일 건설 자재 운송배에 대해 강제 수색하라고 하고 만약 거부하면 격침하라고 지시했다.

흐루시초프는 이에 대해 공해상 항행의 자유를 위협하는 국제법 위반이라고 받아치고 미국의 해상 봉쇄를 무시하라고 했다. NATO와 WTO에도 비상이 걸렸다. 사실 케네디도 3차 대전의 위험 앞에서 무력사용을 최소화할 것을 지시하였다. 국방장관 맥나마라는 소련의 핵잠수함 추적을 한 앤더슨 제독과 크게 마찰하였다. 즉, 미국의 의지를 보여주긴 하되, 실제 충돌은 하지 말라는 이중적인 조치였다. 10월 25일 유엔 안전보장이사회가 열렸지만 해결할 수 없었다.

흐루시초프도 쿠바에 핵 미사일이 도착하기 전에 문제를 해결하기로 했다. 미국이 터키에 배치한 전략무기를 철수하면 자신도 쿠바에서 철수하마고 했다. 소련의 외무기관과 시민들도 지지하였다. 10월 27일 미국의 로버트 케네디, 소련의 도브리닌이 만나 구체적으로 합의했다. 다만, 쿠바의 카스트로는 이에 불만을 품고 미국 정찰기를 격추하라고 했다. 흐루시초프는 이를 무시했다. 케네디와 흐루시초프는 역시 현실 정치가였다. 다만 28일 U2 정찰기 활동을 두고 미소 요격기들이 서로 대치하고 미국 해군 RF-8 정찰기가 쿠바의 대공포 사격을 받는 일이 일어났다. 그런데도 미국과 소련 지도부는 이를 알지 못하였다. 최일선의 충돌 위험은 여전히 남아 있었던 것이다. 10월 28일 "소련이 먼저 핵 공격을 했다"라는 잘못된 경보도 있었다. 결국 흐루시초프가 먼저 백기를 들고 라디오 방송을 했다. 그 날짜로 소련 선단이 돌아오게 명령하였고 쿠바 미사일을 철수하겠다고 발표하였다.

쿠바 위기 이후 정확한 의사소통을 위해 미소간에는 핫라인을 만들었다. 이후 흐루시초프는 소련 안에서 위상이 추락하고 몰락했다. 미국 소련간에는 군비 경쟁이 치열해졌고 그 후유증으로 1991년 소련은 무너졌다. 쿠바 미사일 사태 이후 중국 모택동, 북한 김일성 등은 소련을 수정주의라고 비난했다.

이 사건 이후 학문적으로는 위기관리(Crisis management)에 대한 연구가 각광받았다. 이는 (1) 합리적인 행위자의 문제 (2) 조직의 문제 (3) 정부 정치 등을 연구하는 것이다. 이 사건 이후 1962년 미국 중간 선거에서는 케네디의 민주당이 판세를 역전시켜 대승했다. 한편 미국 안의 좌파는 쿠바를 지지하고 미국을 제국주의라고 하였다가 엄청나게 비난받았다.

<**쿠바 미사일 배치의 리스크**(Risk)>

- 미소간의 군사적 경쟁과 냉전
- 흐루시초프, 카스트로의 군사적 모험주의

<**리스크 대처**>

- 케네디의 결단과 인내, 지도부 의견 조율
- 미소간의 극적인 협상과 타협성공

121. [베트남 전쟁](1955년 11월 1일-1975년 4월 30일)(20세기 동양 인도 차이나)

북베트남과 남베트남 사이에 일어난 전쟁이다. 미군과 한국군 등 자유세계는 남베트남을 적극 지원하였다. 남배트남은 게릴라 조직인 베트콩(남베트남 민족해방전선)에 고전하였다. 미국은 중공, 소련과의 전면전을 우려하여 북베트남으로 진격하지 못하는 불리한 상태를 극복하지 못했다. 미군과 베트남군의 부패, 정신상태 불량으로 인한 작전능력 부족은 패전으로 이어졌다. 미국의 민주주의 시스템은 이 압력을 견디지 못하고 반전 운동으로 폭발했다. 1973년 미국은 북베트남과 휴전 협정을 체결하였고 약체인 남베트남은 홀로 버티지 못하고 1975년 공산화되고 말았다. 베트남 전쟁에서 돌아온 참전용사의 후유증, 사회 부적응 문제가 뒤따랐다. 국군의 파병으로 6.25 이후 겪은 최대의 전쟁이 되었다.

베트남 전쟁의 뿌리는 2차 대전의 후유증이다. 길게 보면 19세기 프랑스 식민시대부터이다. 2021년 아프간 전쟁에서 미국이 패전하기 전까지는 미국이 패배한 유일무이한 전쟁이기도 했다. 미국은 1973년 어쩔 수 없이 발을 뺐다(출구 전략, Exit strategy). 베트남은 (1) 프랑스로 상대로 할 때는 식민지 해방 전쟁이라고 하다가 (2) 미국을 상대로 할 때는 남 베트남 통일전쟁이라고 불렀다. 북베트남의 호치민은 2차 대전시 미국과 동맹 관계여서 트루먼 대통령에게 지지를 호소한 적도 있다. 그러나, 냉엄한 국제정치의 현실을 깨달았다. 호치민은 공산주의자치고는 비교적 온건한 축이었지만 사상 차이가 있는 사람에게는 무자비하였다. 농민들의 반정부 시위도 잔인하게 눌렀다. 한편 미국은 비공산계열 독립운동가를 지지했다. 군주제의 바오다이 황제는 부패의 대명사였기에 1955년 10월에 국민투표로 종말을 고했다(공화국 수립). 초대 대통령 고딘디엠은 경제건설, 치안 유지 등 능력 있는 카톨릭 신자였으나, 정치적 기반인 지주편만 들다가 토지개혁에 실패하면서 농민의 마음이 돌아섰다. 이어서 가족의 부패, 사치로 치안은 악화되고 여론도 나빠졌다. 1960년 12월에 베트콩 조직(N.L.F-남베트남 민족해방전선)이 만들어졌다. 1961년 베트콩 조직은 30만 명으로 확대되어 남베트남군은 베트콩조차 버겁게 되었다(1963년 압박 전투). 이로써 미군이 본격 개입하게 되었고 미국 CIA는 쿠데타를 사주, 고딘디엠을 암살했다. 그러나, 오히려 군부는 파벌 싸움에 골몰하고 베트콩은 농촌에서 세력을 키워나갔다. 베트남전의 본격적인 개시는 1964년 통킹만 사건이지만 그 이전부터 게릴라전, 국지전이 끊임없이 일어나고 있었다. 이는 우리나라의 6.25 전쟁과 같다. 1964년 8월 2일 미군은 통킹만의 어뢰정 기지와 석유저장시설을 폭격하였다(통킹망 사건). 1965년 3월 미국 존슨 대통령은 미해병대 4개 대대를 보냈다. 베트콩은 같은 해 3월 30일 사이공 미 대사관을 폭탄테러하여 218명이 죽거나 다쳤다. 이로써 돌아올 수 없는 다리를 건넜다. 남베트남군은 베트콩의 상대가 되지 못하여 미 지상군이 투입되었다. 미국 이외에도 태국, 대한민국, 호주, 뉴질랜드, 필리핀이 전투병을 보내고 기타 자유진영에서는 비전투병을 보냈다. 타이완의 경우 중공의 파병을 염려하여 미국이 파병을 거부했다. 미국은 3차 대전을 우려했던 것이다. 공산권 진영에서도 중공, 소련은 무기를 원조하고 방공포 부대, 공병부대 등을 보냈다. 실질적으로 한국전쟁의 연장인 이념 투쟁이었다. 월남의 티우 대통령은 철저한 반공주의자였지만, 정규군 병력 58만이라는 숫자와 미국과의 방위조약만 믿고 태만하였다. 게다가 장군들은 애국심보다 권력투쟁을 일삼는 사이 베트콩은 농촌에서 세력을 키워나갔다. 대한민국도 육군 수도사단, 맹호부대, 9사단(백마부대), 해병대 2여단(청룡부대), 특전사 일부, 해군 UDT 부대를 보냈다.

이 와중에 1963년 불교승려 틱광득이 몸에 불을 붙여 자살하는 사건이 일어났다. 이는 지도층이 행한 1955-1956년 호와하오교, 까오다이교 탄압에 이은 불교 탄압 여파였다. 고딘디엠은 독실한 카톨릭 신자였고 부패와 매춘금지, 유리 직물과 수산물 수출 증대라는 큰 업적을 남겼음에도 불교 등 종교인을 적대하고 토지개혁을 미루는 바람에 이이제이(以夷制夷)에 실패한 것이다. 또 군사 부문에는 문외한이어서 장교 인사를 능력 위주보다는 연줄에 의지하는 실수를 범했다. 특히 반공 조직이 강했던 종교 세력을 지지세력에서 이탈하게 한 것은 베트콩 선전의 구실이 되었다.

1965년 당시 베트남은 공산주의에 무기력했다. 미국은 군인들을 뇌물로 회유하고자 하는 안일한 정책을 취할 뿐이었다. 또한 남베트남군을 불신하여 소외시키는 어리석음을 범하였다. 남베트남 뿐만 아니라 캄보디아, 라오스마저 반미 여론이 들끓어 북베트남과 중공에 기울었다. 미군은 2차 대전 때 일본군의 정글전, 게릴라전을 경험하였으나 중공과 소련의 지원을 받은 월맹군, 베트콩을 상대하기가 더 어려웠다. 화력은 미국이 압도했지만 전쟁은 총포가 아니라 사람이 한다. 호치민 루트와 구찌 땅굴을 통한 보급과 침투를 효과적으로 격퇴하는 전술을 개발하지 못했다(패전의 원인). 인근 캄보디아의 폴포트(크메르 루주), 라오스의 공산 반군도 호치민 루트를 도왔다. 미국은 캄보디아의 시아누크를 축출하였는데 시아누크는 폴포트를 도왔다. 미국은 소련과 중공의 개입을 염려, 북베트남으로 진격하지 못하는 한계에 갇혀 있으니 결코 이길 수 없는 구도였다. 침공당한 측에서는 방어만 하고 공격을 할 수 없다니 「공격이 최선의 방어」라는 명제에 반하는 꼴이었다. 미군은 북베트남의 체계적인 지령과 지원을 받는 베트콩을 이길 수 없으니 사기마저 떨어졌다. 1968년 구정 공세 당시의 상황이 미국에 방송되자 미국에는 반전 여론이 격화되었다. 북베트남군은 후에시에서 대학살을 자행하였다. 북베트남군은 보 구엔 지압의 표현대로 "전투는 몇 번 졌지만 정치는 이겼다"

1968년 닉슨은 선거에서 승리한 후 닉슨 독트린을 발표, 베트남에서 단계적으로 철수하기 시작했다. 또 중국과는 핑퐁 외교를 시작했다. 1969년 9월 2일 호치민은 지병인 심장병으로 사망했다. 그 뒤를 이어 레두안, 보구엔 지압 등이 계속 전쟁을 수행하였다. 1973년 1월 파리 강화 협정을 맺고(남베트남, 북베트남, 미국의 3자 협정), 미국은 남베트남에서 완전히 물러났다. 중추 역할을 한 헨리 키신저는 노벨 평화상을 받았지만 베트남은 지옥을 선물받았다. 한국군도 1972년 안케패스 대전투를 끝으로 1973년 3월 완전히 철수하였다. 이어서 일본, 영국, 서독, 프랑스 등도 월맹과 수교를 하였으니 남베트남은 외교적으로도 코너에 몰렸다. 미국은 핵 위협을 하였지만 체면 치레였을 뿐이다. 비록 평화협정이 체결되었으나, 이는 미군과 한국군 등을 몰아내기 위한 수단이었을 뿐이다. 월맹은 당연히 후속 조치로 남베트남에 쳐들어갔다. 남베트남 군 내에까지 공산주의자가 침투, F5 전투기 조종사가 남베트남 정부 청사를 폭격한 후 북베트남에 귀순하는 일도 있었다. 출격을 하라고 하면 돈을 요구하는 조종사도 많았다고 한다. 남베트남의 패색이 짙어지자 남베트남 해군은 필리핀으로 도망갔다. 티우 대통령의 철수작전도 체계적이지 않아서 부대장들에게 잘 전달되지 않았다. 1975년 4월 1일 시점에는 후에, 다낭, 꾸이양, 나트랑 등 중부 해안지대까지 함락당하였다(국토의 60프로).

그러나, 그 와중에도 5,000명 정도의 18사단은 레민다오 준장의 지휘 아래 용감히 맞섰다. 사이공 북동쪽 60km 지점 쑤언룩시에서 북베트남의 1개 군단 4만 5,000명의 공세를 저지했다(4월 9일-21일). 그러나 18사단도 포위된 후 3군단 사령부의 명령으로 철수하고 사이공이 함락되던 날 항복했다. 레민다오 사단장은 생포되어 포로가 되었다가 15년간 복역한 후 석방, 미국으로 망명했다.

미국의 탈출은 4단계로 전개되었다.

1단계- 공군기지와 민항기로 공중수송
2단계- 군용기로 공중 수송
3단계- 사이공 항만으로 해상 수송
4단계- 헬리콥터로 공중 수송

대한민국은 베트남의 한국 교민을 데려오기 위해 해군 LST 2척을 보냈다(공식적으로는 구호품 전달목적). LST 함대 사령관은 한밤중에 북베트남이 장악한 수로로 빠져나오기를 감행했다. 대사관 직원 15명은 본국의 훈령을 무시하고 남았다. 미국의 경우 4월 29일 떤선 녓 공항의 DAO, 미 대사관의 탈출지점을 통해 미국인과 기타 자유국 시민들을 구출했다. 4월 30일 새벽 5시 헬리콥터는 마틴 미국 대사 등 2,100명을 실어날랐다. 오전 7시에는 마지막 해병대원 11명이 대사관 성조기를 내리고 헬리콥터로 탈출했다. 미군 헬기는 78대가 동원되었다.

4월 30일 정오 북베트남군이 사이공 베트남 궁에 진입하여 금성 홍기를 게양했다. 즈엉반민 대통령은 항복하였다. 그러나, 이 때까지도 용감하게 싸운 남베트남군이 있었다. 제4군단 사령관 응우옌 콰남 소장, 부사령관 레반 홍 준장은 게릴라전으로 메콩강

삼각주를 확보하려고 했다. 휴전 협상에 유리할 것으로 보았기 때문이다. 그러나, 즈엉 반민 대통령의 항복지시를 받고 부대를 해산한 후 자결하였다. 2군단 팜반푸 소장, 5사단장 레응우 옌비 준장, 7사단장 찐반하이 준장도 사이공 함락소식을 듣고 부대 해산 후 자결했다. 북베트남은 1975년에 다시 시작한 이 전쟁이 1976년까지는 이어질 것으로 예상했다. 그러나, 고작 4개월 밖에 걸리지 않아 스스로 놀랐다고 한다.

남 베트남에서는 베트콩이 정권을 잡은 후 1976년 북베트남과의 통일을 선언했다(베트남 사회주의 공화국 수립). 이로써 인도차이나 반도 절반이 적화되었다. 다행히 태국은 라마 9세의 지도력이 탁월하여 공산화되지 않았다. 인도는 소련과 가까웠지만 미국과도 가까웠고 다행히 중공과 대립했다. 여전히 남베트남에서 탈출하지 못한 한국 교민 100여 명은 포로로 잡혔다가 조건없이 석방되었지만, 이대용 공사 등 대사관 직원들은 5년간 포로로 고생하였다. 북한은 이들에게 사상 전향과 월북을 회유하였으나 끝까지 거절하였다. 베트남이 중국과 사이가 나빠지고 북한이 중국편을 들자 이들을 석방하여 1980년 한국의 품에 안겼다. 베트남 전쟁 이후 서유럽의 사회민주주의 기운은 사라지고 다시 자유주의로 회귀하게 했다(신자유주의). 미중 화해 무드 데이탕트 분위기도 만들어졌다. 남베트남에는 공산화 이후 비참한 학살이 이어졌다. 또 자유를 갈구한 보트 피플이 양산되는 크나큰 비극이 일어났다. 한반도에서도 김일성은 "전쟁이 벌어지면 잃을 것은 철조망이요, 얻을 것은 조국 통일이다"라고 호언했다. 그에 따라 대한민국도 반공 태세가 더욱 굳어졌다.

남베트남 패전의 원인은 사상의 느슨함과 무능, 부패가 꼽힌다. 언제 어디서나 있었던 사례다.

<베트남 전쟁시 남 베트남의 리스크(Risk)>

- 미군과 베트남군의 사상무장 불량--> 작전능력 저하로 나타남
- 바오다이 황제 의 부패
- 토지개혁 실패로 인한 농민민심 이반
- 불교 가톨릭의 친 배트공화
- 북 베트남의 첩보전 강화
- 중공과 소련의 북베트남에 대한 대대적 지원

122. [68운동](1968년 5월-6월)(20세기 서양 유럽과 미국)

1968년 프랑스와 미국에서 대학생을 중심으로 일어났던 반정부 운동이다. 넓게 보면 1960년대 초반에서 1970년대 초반까지 있었던 세계적인 운동이라고 할 수 있지만 정확하게는 1968년 5월부터 6월 사이 프랑스와 독일에서 대학생이 주도한 소요다. 프랑스, 독일의 시위가 일본의 전학공투회 운동(전공투), 이태리의 총파업, 체코와 폴란드의 자유화 운동, 남미의 멕시코에도 영향을 주었다.

그러나, 사회의 중심 세력은 이에 흔들리지 않았다. 68운동 자체도 자유주의, 무정부주의, 마오주의, 트로츠키 사상 등 여러 사상으로 분열돼 있었다. 정치적인 면에서 볼 때 미국은 1968년 11월 대선에서 존슨이 승리하고 1968년 6월 프랑스 총선에는 드골파 정당이 압승하였으니 68운동은 실패하였다. 미국의 경우 68운동이 1972년까지 이어졌지만 1972년 대선에서 68운동의 지지를 받은 조지 맥거번이 패배했다. 이후 워터게이트 사건이 터지면서 대학생 운동권은 주된 관심 대상이 아니었다.

68 운동은 왜 일어났나? (1) 첫째, 기성세대(1870-1930년대생)와 신세대(1940년대생)의 갈등이다. 두 세계대전을 경험한 기성세대는 확고하게 기독교 윤리, 국가의 중요성을 바탕으로 하였지만, 전쟁 이후 세대인 베이비부머들은 두 개의 세계대전과 경제공황을 경험하지 못하였기에 국가, 과거의 식민주의에 비판적이었다. 공산주의 자체에 대해서도 스탈린주의 소련을 싫어했다(마오주의, 트로키주의 등에 기울었다). (2) 둘째, 1950년대 후반이 되자 마셜플랜 등 미국의 유럽 지원은 줄고 제조업이 쇠퇴하면서 경기가 침체했다. 우파에서는 네오파시스트가 일어나고(독일의 민족민주당 NPD, 이태리의 사회운동 MSI 등) 좌파에서는 극좌 공산주의 활동이 일어나 사회가 극도로 불안했다. 경기침체는 노동자를 더 어렵게 하였고 청년실업도 커졌다. 이러한 침체는 베트남 전비조달로 미국 존슨 정부가 달러를 많이 찍어내면서 더욱 심해졌다. (3) 셋째, 미국의 흑인 인권 운동도 미국 68운동의 촉매제였다. 1954년 연방 대법원은 인종평등 원칙에 중요한 판결을 내렸다. 즉, 종래에는 백인과 흑인을 분리하여 질적으로 다른 대우를 하여도 된다고 했지만(플래시 대 퍼거슨 판결: Plessy vs. Ferguson case: "분리하지만 평등" 원칙), 이 때 이 판결이 뒤집어졌다. 이로써 버스 안에서의 인종 분리는 금지되었다. 한편 인기있는 흑인 인권운동가 마르틴 킹 목사는 「남부기독교 목회자협회」(SCLC)를 만들었다. 이는 68혁명의 모태가 되는 남부 흑인 대학생 조직 「비폭력 조정 학생위원회」(SNCC) 창립을 자극했다. (4) 넷째, 1950-1960년대의 비판 이론과 프랑스의 후기 구조주의 사상도 영향을 미쳤다. 이는 기존 마르크스 레닌주의라는 공산주의 사상을 대신하려는 움직임이다. 이들은 알튀세르, 미셸 푸코, 들뢰즈, 데리다, 자크 라캉 등이다. 이런 철학자들은 마르크시즘의 변증법적 유물론, 경제 결정론, 계급혁명론을 부정했다(신좌파 新左派의 등장). 거기에다 사르트르, 마르쿠제 등도 「지식인의 행동」을 촉구하여 학생들을 자극했다. 특히 마르쿠제는 아도르노와 달리 폭력 혁명 쪽으로 나갔다. 소르본느 대학에서는 모택동주의에도 영향을 받았다(소련 공산주의에 대한 반발). 영국의 쾌락주

의적 경향(자유로운 성생활, 마약 흡입, 기성세대 비난)도 68 운동을 자극했다(British Invasion). (5) 베트남전이 길어지고 미국 대사관이 불타는 사진도 미국 젊은이들에게 반전 운동을 촉발시켰다. 히피 집단의 자유로운 성생활, 마약 복용, 베트남전 반대를 부르짖었다. 파리에서는 미국 회사를 향한 테러도 일어났다(1968년 3월 17일 아메리칸 익스프레스의 건물 폭파). 미국에서는 마르틴 루터 킹 목사가 암살되었고(1968년 4월 4일), 독일에서는 68혁명의 지도자였던 '루디 두치케' 라는 청년이 총에 맞았다. 이로 인한 대규모 시위에 독일 의회는 긴급조치법을 통과시켰다. 1968년 5월과 6월 프랑스에서는 700만명 노동자가 총파업을 했다. 극좌무정부주의 노동조합의 영향이 컸다고 한다. 미국 민주당은 1968년 대통령 선거 후보로 베트남 철군을 슬로건으로 한 유진 메카시와 가난한 사람의 후보라고 자처하던 로버트 케네디를 지지하였는데 6월 5일 로버트 케네디가 암살되고 말았다. 결국 휴버트 험프리를 대선 후보로 선출하였지만, 내부에서 분열하면서 소요사태가 일어나 지지율이 20프로나 떨어졌다. 결국 공화당의 리처드 닉슨이 대통령이 되었다. 프랑스에서도 조기 총선에서 드골의 보수우파가 압도적으로 승리했다. 정작 68 혁명의 주요 국가인 프랑스, 미국에서 운동은 실패한 것이다. 미국은 이후 워터게이트 사건이 터져 68운동, 베트남전 반대운동은 관심을 받지 못했다. 68운동의 특징은 노동자나 부르좌 계층이 아니라 대학생이 주도했다는 것이다. 1차 2차 대전을 겪은 기성세대는 <죽느냐 사느냐>의 기로에서 살아온 사람들이라면, 전후 세대는 권위와 기독교윤리, 경건한 삶에 싫증을 냈다. 혁명은 끝나고 전 세계는 보수우파로 기울었다. 1968년 타임지는 <올해의 인물>로 68운동의 주도 인물이 아니라 아폴로 8호의 우주비행사를 뽑았다. 즉 68운동 자체를 없었던 일로 하고 싶어했다. 그러나 이는 성해방과 남녀평등, 구좌파와의 결별, 서구식 세속주의, 환경운동, 예술에서의 전위주의, 후기구조주의, 포스트 모더니즘, 페미니즘 등에 영향을 미쳤다.

<68**운동 당시 전세계의 리스크**(Risk)>

- 기성세대와 신세대의 갈등, 쾌락주의 등장
- 미국의 인종갈등
- 베트남전의 장기화, 미국 대사관이 테러 공격당하여 미국 우위의 전황이 의심받음

123. [독일재통일(Wiedervereinigung)](1990년)(20세기 서양 유럽)

1990년 10월 3일 동독이 해체되고 동독을 이루던 5개 주가 서독에 흡수되어 통일되었다. 독일 통일은 (1) 1870년 독일 통일과 (2) 1990년 통일 모두를 말하는데 후자는 흔히 재통일(Wiedervereinigung)이라고 부른다. 동독이 아무리 공산주의 체제를 유지하려고 하여도 모든 동유럽 국가들이 자유 체제 영향을 받는 사정에서 점점 어려워져갔다. 그러던 중 1989년 5월 헝가리가 오스트리아 국경에 있던 철조망을 철거했다. 그리하여 동독 주민 1천명이 헝가리로 여행가서 서독으로 망명하려고자 했다. 헝가리는 이를 돕고자 하고 오스트리아의 합스부르크 가문도 합세했다. 동독의 라이프치히에서는 1989년 10월 9일 7만명의 집회가 있어 서기장 호네커는 진압하려 했다. 그러나, 독일 주둔 소련군은 출동하지 않았다. 오히려 동독군의 유혈 진압을 막았다. 동독군인 중 초급장교와 병사들도 같았다. 10월 17일 호네커 서기장은 사퇴하고 후임에는 크렌츠가 일당 독재하 온건한 개혁안을 제시했다. 1989년 11월 9일 크렌츠는 당 중앙위원회에서 <여행허가에 대한 출국 규제 완화> 법령을 내놨다.

그런데 당시 당의 대변인 빈터 샤보프스키가 내용을 잘못 발표하는 일이 생겼다. 즉

국외 이주에 대하여 "동서독 국경 또는 동서 베를린의 모든 검문소를 사용할 수 있다"는 내용을 "동독국민은 베를린 장벽을 포함하여 모든 국경 출입소에서 출국할 수 있다"라고 발표해버린 것이다. 이 법률은 당의 중앙위원회와 내각에서 아직 승인받지 못한 상태였다. 또 11월 10일 아침에 발표할 예정인데도 그 서류에 적혀 있지 않아 샤보프스키도 <지금 지체없이>(sofort, unverzüglich)라고 말해버렸다. 더구나 일이 커져버린 것은 그 자리에 있던 이탈리아 통신사 기자 에르만(Ehrman)이 이 국경 개방을 "동독 정부가 베를린 장벽을 지체없이 철거한다"라고 본사에 잘못 보냈기 때문이다. 이 내용은 이태리에서 소련, 프랑스, 영국, 미국, 일본 등 여러 나라로 퍼지고 말았다. 밤 11시 20분에는 서베르린의 방송이 <베를린 장벽 철거>라는 방송을 내보냈다. 이태리 기자 에르만의 오보가 서베를린에 돌아오는 데는 불과 5시간밖에 걸리지 않았다. 11월 10일 밤 10시경 몰려오는 동독 주민이 1만여 명에 달하면서 국경경비대는 통제 능력을 잃었다. 동서독 양쪽 주민들이 망치, 곡괭이, 중장비를 가져와 베를린 장벽을 부수기 시작했다. 하룻밤에 동서독의 장벽은 무너졌다.

베를린 장벽이 붕괴하자 동독 정권도 무너지기 시작하였다. 군대와 경찰은 기능을 잃었고 비밀경찰 슈타지의 건물은 시민들이 부쉈다. 하루 2,000명의 동독 주민이 서독으로 넘어갔고 동독 화폐 마르크의 가치는 10분의 1로 떨어졌다. 드디어 통일이 다가왔다. 독일 통일의 국경선은 오데르강-나이세강(Oder-Neisse)으로 했다. 또, 슐레지엔, 포메른, 동프로이센 등 과거 독일 영토 수복 주장을 포기한다는 조건으로 주변 나라들도 동의했다. 1990년 3월 동독에서는 처음이자 마지막으로 자유선거를 했다. 점진적 통일을 주장한 사회민주당이 압승할 것 같았지만 그렇지 않았다. 선거 막바지에 반공성향의 <독일 연합>이 빠른 화폐 통일, 경제 재건을 내세워 압도적으로 이겼다. 동독 자체가 서독에 합쳐지는 것이 아니라 동독 안의 5개 주가 개별적으로 서독(독일 연방 공화국)에 합쳤다. 이는 1990년 8월 31일 베를린에서 조약으로 서명되었다. 9월 12일 2+4 조약(동서독 + 미국, 소련, 영국, 프랑스)으로 승인되었고 베를린은 주권을 되찾았다. 동독 정부 조직은 해체되었고 일부 구성원은 서독 정부에 합류했다. 군대(국가인민군)도 해체되었다. 동독군대 10만 명 중 1만 800명만 연방군에 들어갔다. 반인권 범죄를 저지른 동독 정치인들에 대한 단죄도 이루어졌지만 관대했다. 호네크와 크랜츠는 동독에서 서독으로 넘어가는 사람들을 사살하라는 명령을 내렸기에 재판에 회부되어 실형을 선고받았는데 곧 석방되었다. 사실 영국은 독일 통일에 가장 강력하게 반대한 나라이다(대처 수상). 프랑스 미테랑 대통령도 마찬가지였다. 통일이 독일의 극우 민족주의를 자극, 알사스 로렌, 슐레지엔, 포메른 동부, 동프로이센 등 옛 영토를 회복하고자 할까봐서다. 그러나, 독일이 영유권 회복 포기, EU 단일 화폐 도입에 동의하자 재통일에 동의했다. 소련의 고르바초프 역시 동독 지역에 대한 나토군 주둔 금지, 군대의 감축(37만 명), 핵무기 금지, 소련에 대한 50억 마르크 대출을 조건으로 통일을 승인했다. 만약 영국, 프랑스, 소련이 반대하였다면 독일 통일은 어려웠을 것이다. 미국은 유럽에서 멀리 떨어져 있고 독일계 이민자가 많았기에 쉽게 독일 통일을 승인했다. 미국의 조건은 통일된 후에도 나토에 남는 것 뿐이었다. 헬무트 콜 수상도 이를 원했기에 별 문제가 없었다. 서독이 빠르게 통일된 이유는 (1) 첫째, 소련 고르바초프의 권력이 1990년대 초부터 급격히 흔들렸기 때문이다. 소련은 독일통일 1년 후 바로 붕괴되었다. (2) 둘째, 동독 정부의 강력한 요구가 있었다. (3) 셋째, 베를린의 주권회복이라는 절실한 국민적 열망이 있었다.

독일 통일로 부작용이 없지 않았지만 자국 통일이 다른 나라의 모범이 될 것이라는 의견이 82프로에 달하였다. 불이익이 되었다는 의견은 17프로에 불과하였다. 극단적인 독일 민족주의의 관점에서는 오스트리아, 스위스, 남부 티롤, 룩셈부르크, 리히텐 슈타인도 범독일민족 국가에 속한다. 그러나, 동독 이외의 통합은 국제적으로도 거론된 바 없고 지금은 그 해당 국가들 스스로도 부정적이다.

<**독일 재통일의 요인**>

- 소련의 변화(페레스트로이카, 글라스노스트)
- 베를린의 주권회복 열망
- 영국과 프랑스의 양해, 미국의 동의

Ⅱ부: [산악인 홍성택 대장의 알래스카 베링해협 도보횡단 원정기]

- 도전과 탐험 그리고 인류의 진화 -

1. [남을 이기려는 경쟁보다 자신을 이기려는 도전으로! !]

(도전정신)

- 경쟁하지 말고 도전하라
- 인류의 진화는 도전(挑戰)으로부터 시작되었다.-

오늘날 우리는 사회라는 문명의 테두리 속에서 산다. 국가, 사회, 기업, 학교, 다양한 단체가 우리를 지배한다. 개인과 사회조직은 치열한 경쟁 속에서 살아가고 있다. 우리 현대 사회는 경쟁을 필연적이며 최선의 수단으로 여기고 있다. 학생은 학생끼리, 직장인은 직장인끼리 경쟁한다. 기업은 시장에서 살아남기 위해 다른 기업과 경쟁하며 끊임없이 혁신하고 있다. 우리는 고도로 발전된 문명 속에서 살고 있음에도 불구하고, 많은 사람들이 행복보다는 스트레스를 느낀다. 자신이 불행하다고 느낀다. 행복지수는 낮고 자살률은 높다. 세계 경제대국 10위권이고 OECD에도 속하는 나라, K-컬처로 남들이 부러워하는 나라임에도 불행하다고 느끼는 이유는 무엇일까. 아마도 경쟁만 강조하기 때문 아닐까? 경쟁은 사회를 움직이는 중요한 원동력이자 단기간에 성과를 내는 주요 방법임에는 틀림없다. 그리고 인류는 2백만 년 동안 경쟁해왔고 앞으로도 그럴 것이다. 우리 생존을 위해 피할 수 없음도 사실이다. 그러나 동시에 개인과 조직에 큰 부담을 주기도 한다. 따라서 경쟁을 하더라도 좀더 차원을 높여야 한다. 경쟁의 시각과 목표를 바꾸어야 한다. 남을 누르려는 경쟁은 단기간에 성과를 낼 수 있지만, 오래가지 못한다. 장기적으로는 사회 발전이나 삶의 질을 떨어뜨린다. 각 개인의 발전과 행복, 삶의 만족도를 위해서는 남과의 비교우위를 조장하는 태도를 버려야 한다. 남을 이기려는 조잡한 경쟁심보다 나를 높이는 도전정신이 어떨지?

대한민국은 정말 대단한 나라다. 작은 땅과 인구, 변변한 지하자원 하나 나지 않는데도 세계경제 10위권으로 단숨에 도약했다. 해방 이후, 6.25 전쟁을 겪고나서 세계에서 가장 가난한 나라 중 하나였음에도 말이다. 참으로 위대하다. 하지만 지금 되돌아보자. 성장은 멈춘채 제자리 걸음을 하고 있다. 많은 사람들이 엄청난 스트레스 속에서 살아간다.

한가지만 바뀐다면 좋겠다. 돈이 있으면 있는 사람대로 행복을 느끼고, 없는 사람은 없는 사람대로 각자 삶의 긍지를 지니는 사회를 꿈꾼다. 남을 의식하고 꺾으려는 경쟁을 하기보다 어제의 자신을 오늘 이겨보려는 도전을 해보자.

이를 각자의 직업군에서 해보자. 만약 이렇게 할 수만 있다면 어떤 나라보다도 더 강하게 대한민국을 성장하게 할 것이라 믿는다.

도전 정신이란 어려운 것이 아니다. 각자의 일터에서 가능하다. 학생의 예를 들자. 만약 수학 점수가 60점이라면 65점에 목표를 두어보자. 5등인데 앞의 4명을 꺾고 1등으로 오르자는 생각보다 낫지 않을까? 오로지 스스로의 목표일 뿐이다. 1차 도전이 성공하면 다시 67점에 도전하는 것이다.

식당을 하는 분들도 같다. 여러 가지 새로운 메뉴로 손님을 즐겁게 해보자. 새로운 매출 계획을 새우고 도전을 해보는 것이다. 이는 각자의 성장을 위한 도전일 뿐이다. 반드시 이웃 가게보다 손님이 더 많아서 느끼는 비교우위와는 차원이 다르다. 물론 옆집 식당을 의식하지 않을 수 없지만, 자기 성장과 개발을 위한다는 목표를 세운다면 스트레스를 줄일 수 있다. 기업이 새 상품을 개발하거나 판매시장을 개척하면서 도전정신을 가진다면 오히려 국제 경쟁이 한결 수월해질 것이다. 경쟁을 의식하지 않으면서도 오히려 경쟁력은 높아지는 역설(逆說)이다.

지금까지 우리는 남을 이기기 위한 경쟁을 벌이면서 어느 누구 예외없이 패배의식과 피해의식을 느꼈다. 시기·질투하며 '나답게 살기'보다 남의 시선을 의식했다. 끊임없이 남과 비교를 하며 살아왔다. 돈이 있고 안정적으로 살지라도 남과 비교를 하는 순간 열등의식에 노출된다. 은근히 불쾌해진다. 남을 이기려는 경쟁을 하다가 지게 되면 승패 결과를 인정하기 싫다. 또, 무슨 수를 써서라도 승패 결과를 뒤집어보고자 한다. 상대를 흠집내어 쓰러뜨리는 것을 자위수단으로 삼는다. 슬프게도 다른 나라에 비해 한국에 유독 고소·고발이 많다고 한다. 갈등지수는 OECD국가 중에서 가장 높다고 한다. 국민의 55%는 울분에 차 있다고도 한다.

(1) 남을 이기려는 경쟁의 문제점을 다시 짚어보자

1) 지나친 스트레스와 불안

남을 꺾으려는 경쟁은 타인과의 비교를 강요한다. "너, 반에서 몇 등이냐?" "전교에서 몇 등이냐?" "상대평가 학점이 얼마냐?" 많은 사람들이 과도한 스트레스를 경험한다. 학업 경쟁이 심한 학생들은 학교가 싫어지고, 직장 내 심한 경쟁은 업무 만족도를 떨어뜨린다.

2) 자기 주도성 상실

남을 이기려는 경쟁만 하다보면 자신의 성장 목표를 잃어버린다. 오로지 다른 사람을 깔아뭉개는 데 집중하기 때문이다. 개인의 존엄성, 가치관은 무시된다. 자기 인생을 자신이 주도할 수 없는 수동적 존재가 되니 바보들만 탄생하는 구조다. 자아 정체성은 혼란스럽고 내가 아닌 타인이 원하는 허상을 좇아간다. 제3의 인생, 소외된 인생이 되고만다.

3) 인간관계의 악화

경쟁은 동료를 협력자가 아니라 적으로 만들 수 있다. 이는 인간관계를 단절시키고,

장기적으로는 협력보다는 갈등을 유발하는 원인이 될 수 있다. 무한 경쟁은 더이상 성실과 최선, 근면과 같이 긍정적인 면으로만 포장되어서는 안된다.

단순한 승패를 넘어 협력과 공존의 가치를 인정해야 한다. 서로의 발전을 돕는 방향으로 가야 한다. 지속 가능한 성장을 위해서는 경쟁심을 도전정신으로 승화해야 한다. 그래야 상생의 가치와 균형을 찾을 수 있다. 도전 정신이야말로 21세기 대한민국의 시대 정신으로 자리매김해야 한다.

이제 나와 우리 이웃은 극심한 스트레스와 피로감, 인간관계의 악화에서 벗어나야 한다. 상대의 상처를 후벼파서는 안된다. 후회와 불행을 만들어내서는 안된다.

도전은 자신과의 싸움을 하자는 것이다. 이는 도전자 스스로를 개발하고 성장시킨다. 21세기의 우리는 남을 이기려는 경쟁보다는 도전 정신으로 갈아타자. 이렇게 새롭게 태어나보자 !!

(2) 도전정신의 장점에 대하여

1) 자기 성장의 기회

도전은 남과의 비교가 아니라 자신의 한계를 넘어서려는 시도다. 언제나 흥분되고 즐겁다. 새 기술을 배우고, 어제보다 나은 목표를 세운다. 오늘 많이 가졌다고 남보다 낫다고 만족하지 않는다. 지속적으로 발전하려고 애쓴다. 좋은 기회를 스스로 찾는다. 설령 도전 후 실패를 하더라도 다시 도전에 나설 수 있다. 그는 실패한 인생이 아니다. 오히려 그 도전에서 높은 레벨로 올라간다. 한 수 배운 성숙한 사람이 된다. 비록 실패를 했더라도 이전보다 더 성장했음을 누구보다 자신이 안다. 그 실패는 부끄럽지 않다. 명예로운 실패다. 과학기술 등 연구에서도 도전적 실험과 연구가 필요한 이유다.

2) 내적 동기 부여

남을 이기려는 경쟁은 외부의 기준에 의해 동기가 부여되지만, 도전 정신은 스스로의 가치 판단에 기반을 둔다. 따라서 도전을 통해 얻는 성취감은 깊고 지속적이다.

3) 창의성과 문제 해결 능력 향상

남과의 비교우위를 차지하려는 경쟁은 정해진 틀 안에서 최고가 되는 것을 목표로 한다. 그러나, 도전은 타인이 만든 경쟁방식을 거부한다. 예컨대, 공기 오염, 지구 온난화 등 환경문제가 있다면 이를 해결하기 위해 창의적인 해결책을 추구한다. 혁신적인 사고는 남을 꺾으려는 치졸한 경쟁의식에서는 나오지 않는다. 나를 넘어서려는 도전정신만이 창조적 파괴를 가능하게 한다. 진정한 문제해결로 이어진다.

(3) 어떻게 도전할 것인가?

1) 자신만의 목표 설정하기

경쟁을 피하려면 남들과 비교하는 습관을 버리고 자신만의 목표를 세워야만 한다. 스스로 의미 있는 목표를 정하고, 이를 달성하기 위한 세부계획을 세워야 한다.

2) 실패를 두려워하지 않기

도전은 실패를 동반할 수 있다. 하지만 실패는 배움의 기회다. 도전하는 과정 자체가 성장의 에너지다. 도전정신을 가진 사람은 비록 그에 도달하지 않아도 남의 시선을 의식할 필요가 없다. 또, 두려움이 없고 인생의 행복감, 성취감 속에서 살 수 있다. 비록 실패하더라도 곧바로 실패의 원인을 분석하고 업데이트하는 에너지가 생기므로 재도전을 시도해야 한다.

3) 꾸준한 자기 계발

도전에는 지속적인 자기 계발이 요구된다. 운동, 독서, 새 기술 습득 등 다양한 방법이 있다. 특히 몸을 건강하게 만드는 것이 중요하다. 건강한 정신은 건강한 몸에서만 나온다는 말은 진리다. 공연한 헛소리가 아니다. 건강한 몸을 만들기 위해 노력해보자. 그 육체 운동을 하는 동안 당신의 정신은 더 긍정적으로 변한다. 더 진취적으로 될 것이 틀림없다.

다시 말하거니와 경쟁은 단기적으로 성과를 가져올 수 있지만, 장기적으로는 스트레스와 인간관계의 악화를 초래할 위험이 크다. 반면 도전은 자기 성장과 내적 동기 부여를 통해 지속적인 발전을 가능하게 한다. 우리는 경쟁에 매몰되기보다 도전을 통해 차원높은 가치를 찾고 내일의 꿈으로 나아가야 한다. 도전 정신을 배운다면 가능하다. 나와 함께 우리 이웃도 행복하게 할 수 있다.

도전정신의 대표적인 사례는 탐험과 개척이다.

(4) 탐험과 개척에 대하여

등반이나 극지탐험은 인생의 모든 것을 걸어야 한다. 히말라야 등반이나 극지탐험은 극도로 고독한 몰입이다. 그리고 모든 것을 건다. 스포츠 게임이나 사업, 또는 흔히 말하는 장사를 하다가 실패하면 다시 도전하면 그만이다. 하지만 등반이나 탐험에서는 한번의 실수가 돌이킬 수 없는 사고로 이어진다. 더 이상의 기회도 없고 집에 돌아갈 수 없다. 모든 것을 걸고 시작하는만큼 한번의 실수를 하지 않기 위해 오직 여기에만 몰입하고 집중한다. 난관을 헤쳐나가되 자연을 거스르지 않는다. 정상에 오르기까지는 고난에 익숙해져야 한다. 고통을 감내해야만 한다. 이것이 바로 탐험정신이고 도전정신이다. 비단 등반 뿐만 아니라 사업을 하거나 학문을 할 때도 이를 응용할 수 있다. 만일 실패를 하더라도 탐험정신과 도전 정신은 누구를 탓하거나 환경을 탓하지 않는다. 원인을 찾고 성찰을 통해 미흡한 부분을 채워 다시 도전하게 된다. 그 반면 얕은 경쟁의식은 재도전을 하기보다 목표를 포기하고 좌절로 이어지기 쉽다. 나를 탓하기보다 주변과 환경을 탓한다. 비관하게 된다. 인류 역사는 탐험정신과 개척정신의 역사다. 미지의 세계에 대한 호기심과 도전정신이 새로운 문명을 창조해냈다. 기술을 발전시키는 원동력이 되었다.

탐험은 미지의 세계를 향한 인간의 본능적인 호기심과 도전 의식이다. 새로운 환경을 조사하고 이해하려는 태도를 포함한다. 탐험정신은 지리적 탐험에만 적용되지 않는다. 경제, 과학, 기술, 예술 등 여러 분야에도 해당된다. 탐험을 서두른 나라일수록 선진국 대열에 빠르게 올랐다. 우연일까? 시샘과 질투는 순간의 위안이 될 수 있을지언정 이들을 이기지 못한다. 탐험은 지리적 발견으로 이어졌다. 콜럼버스의 신대륙 발견, 마젤란과 바스코다가마의 세계일주, 아문젠과 스콧의 남극 탐험을 보자. 이는 지중해에만 머물러 있던 사람들로 하여금 세계의 바다로 눈을 돌리게 했다. 새로운 무역로 개척, 문화 교류, 과학적 발전의 계기가 되었다. 물론 부작용도 많았다. 그러나, 탐험가가 세상 모든 것을 다 예측할 수는 없다. 양자 물리학자도 핵무기 개발과 사용을 다 예측할 수 없었듯이....

영국은 일찍 1820년대부터 히말라야로 탐험대를 보냈다. 그리고 1921년 8,848미터 높이의 에베레스트 등반대를 파견하더니 '힐러리'라는 사람이 최초로 에베레스트를 등정하였다. 또 남극점 탐험, 북극점 탐험 등을 시도했다. 가장 중요한 것은 이러한 탐험이 단순한 탐험으로만 끝나게 하지 않았다. 국민들에게 도전 정신과 탐험정신을 일깨우는 계기로 삼았다. 세계 1차, 2차 대전시 독일에 밀리던 처참한 패전 상황에서도 처칠 등이 불굴의 투지로 버틴 데는 이런 정신이 작용했으리라.

비단 영국 뿐만 아니다. 탐험과 원정대를 파견했던 다른 나라들도 비슷하다. 영국 이전에 포르투갈과 스페인은 탐험대를 여기 저기 보냈다. 스페인 이사벨라 여왕이 보낸 이태리 사람 콜룸부스는 1492년 마침내 아메리카 대륙을 처음 찾았다. 원주민들에게 몹쓸 짓을 한 것은 충분히 지탄의 대상이 되지만 여전히 스페인어는 브라질만 빼고 남미에서 다 통하는 공용어다. 프랑스와 독일도 같다. 아시아의 후발국 일본도 미국 페리 제독의 함대에 겁을 먹고 맥없이 개항을 강요당했지만, 메이지 유신 이후 세계의 변화를 따라갔다. 우리 조선도 쇄국정책만 고집할 것이 아니었다. 빨리 깨어났더라면 중국, 일본, 러시아 등 강한 나라에게 고통을 받지 않아도 되었다. 청일전쟁, 러일전쟁 피해를 왜 조선이 고스란히 입어야 했나?

도전 정신은 곧바로 산업의 고도화, 경제 성장에 필수적인 창의 정신으로 응용된다. 새로운 시장을 개척하고 새 과학기술 연구에 도전하며 개척하게 한다. 지치지 않는 에너지원이었다. 성장에 성장을 거듭하는 동력이 되었다.

개척정신은 거친 황무지를 개간하거나 과거에 알려지지 않던 연구 영역을 밝게 하려는 마음가짐이다. 용기, 인내, 창의성을 기반으로 하며, 기존의 틀을 깨고 새로운 세계를 구축하려는 의지가 핵심이다. 산업혁명 시기의 발명가들, 전기의 실용화를 이룬 에디슨, 컴퓨터와 인터넷을 개발한 현대의 혁신가들을 떠올려보자. 특히 19세기 미국의 서부 개척은 개척정신의 좋은 예다. 미국 정부는 '프런티어 정신'을 강조하며 서부로의 확장을 장려했다. 철도 건설과 토지 개혁을 통해 경제 발전을 이끌었다. 미국 사회 전반에 걸쳐 도전과 혁신을 강조하는 문화로 자리잡았다. 우리가 시샘하고 트럼프 대통령과 미국에 대해 비판을 하기도 하지만, 미국이 세계적인 정치·군사·경제 강국임은 부정할 수 없다. 또, 미국에 트럼프 같은 사람만 있는 것은 아니다.

20세기 이후 인류는 지구를 넘어 우주로 탐험영역을 확장했다. 1969년 아폴로 11호의 달 착륙은 탐험정신과 개척정신이 결합된 대표적인 사례다. 미국과 소련(현 러시아)의 우주 경쟁은 인공위성 개발, 달 착륙, 화성 탐사 등으로 이어지면서 기술 발전을 촉진시켰다. 중국, 유럽 국가들도 우주 탐사를 통해 미래 산업을 선점하고자 한다. 이 탐험정신은 국가의 경제력과 기술력을 강화하는 원동력이다. 현재도 화성 탐사, 우주 정거장 건설 등 인류의 도전은 계속되고 있다. IT, AI, 챗 지피티, 바이오 기술 등의 신산업은 개척정신을 요구하고 있다. 창업, 환경 문제 해결도 탐험정신과 개척정신이 없다면 불가능하다. 다시 말하거니와 국가의 번영은 자원의 풍부함이나 경제적 성장만에 기댈 수 없다. 탐험정신과 개척정신이 꼭 있어야 성공한다. 따라서 국가는 탐험과 개척을 장려하는 운동을 해야 한다.

이를 다시 분야별로 살펴보자.

1) 경제 및 경영 분야

기업 경영에서 탐험정신과 개척정신은 매우 중요하다(창조적 파괴 innovation). 창업가들은 기존의 시장을 분석하고 새로운 시장을 개척하며 기회를 찾아 도전한다. 또, 혁신적인 기술과 서비스를 창출한다. 탐험에서는 거친 환경과 위험 요소를 받아들이고 이를 극복하여 정상에 도달하기 위해 노력한다. 탐험정신과 개척정신은 고난에 익숙하게 하고 인내심을 가지게 한다. 환경에 적응하며 한발 한발 나아간다. 결국 기업 성공의 키는 창의와 개척정신이다.

2) 학문과 예술분야

학문과 예술에서도 탐험과 개척의 정신으로 새로운 발견, 창조를 도모한다. 과학자들은 새로운 이론과 기술에 도전하고, 예술가들은 기존의 형식을 넘어 독창적인 작품을 만들어간다.

3) 환경보호 분야

탐험과 개척정신은 환경 보호와 지속 가능한 발전에도 적용된다. 신재생에너지 연구, 기후 변화 대응 기술, 친환경 산업 발전 등도 현대 사회에서 필수적인 탐험과 개척의 영역이다. 비록 어두운 중세를 끝내고 근대시대를 이끌기는 하였지만 산업혁명, 과학 발전, 개발만이 능사는 아니다. 오염되고 파괴된 지구 환경은 인간의 오만함을 다시 돌아보는 지혜를 요구한다. 환경변화, 지구온난화 문제를 풀려면 또다른 창의와 도전정신을 가져야 한다. 인간적인 삶이 지속되어야 하기 때문이다.

탐험과 개척정신을 심으려면 창의성과 도전 정신을 귀하게 여기는 교육이 반드시 학교현장에서 이루어져야 한다. 학생들에게 문제 해결 능력과 창의적인 사고를 하게 해야만 한다. 사회 전반적으로 새로운 도전을 장려하는 풍토도 있어야 한다. 정부는 물론이고 기업 등 사회단체도 현실에 안주하지 말고 탐험과 도전을 장려해야 한다. 우리 세대의 지상과제다.

2012년 필자는 몽골리안 루트를 따라 세계 최초로 러시아 동쪽 베링해를 걸어서 아메리카로 건너간 적이 있다. 그 탐험 이야기를 해보고자 한다.

자랑하기 위해서가 아니다. 실제 경험을 생생하게 후배들에게 전하고 싶어서다. 또, 어떤 고난 속에서도 좌절, 절망하지 않기를 바라기 때문이다.

청춘 남녀들이여 !! 너무 고민하지 말고 앞으로 나아가기를.....

약 20,000년전 몽골리안들이 이 차디찬 얼음 길을 걸어 아메리카로 넘어갔다(몽골리안 루트). 이들은 남미 대륙까지 이주했다. 남미의 인디오가 왜 우리와 비슷한 몽골리안일까를 생각해 보았는지? 이들은 미지의 땅을 개척해 나갔다. 베링해는 그 이동경로 중 가장 중요하고 험난한 관문이었다.

우리 원정대의 베링해 도보 횡단은 세계 최초이다. 그러나, 슬프게도 인류의 마지막

도보 횡단이 될 수도 있다. 지구 온난화 때문이다. 걸어서 건너기에는 점점 더 위험한 코스가 되고 있다. 이 이야기를 해 본다.

2. [베링해 탐험: 2012년 겨울의 이야기]

베링해협의 척박한 환경과 냉혹한 추위 결코 떠오르지 않는 태양은 어떤 작은 식물과 동물도 생존을 허용하지 않는다. 베일 속의 풍경도 거칠고 가혹하다. 나는 이 곳에서 탐험의 성공과 실패를 떠나 그 전까지 처절하게 쌓은 히말라야 등 고산과 극지방 원정 경험을 바탕으로 나를 증명하고 싶었다. 또 내 시야에서만 맴돌던 꿈을 실현하고 싶었다. 흑야에서 백야로 넘어가는 계절의 냉혹한 환경에서 나는 내가 원하는 답을 찾고 싶었다. 이 혹독한 위험을, 수 만 년간 고이 간직한 베링해협을 이해할 수 있기를 바랐다. 떠나기 전날까지 예측할 수 없는 미래에 대한 두려움과 함께 어릴 때 소풍 전날처럼 설레던 두 마음이 대립하다가 조용히 합의를 이루었다.

본디 탐험에는 목숨을 노리는 위험이 곳곳에 도사리고 있지만, 특히 이번 베링해협 탐험은 목숨을 건 대모험이었다. 대장인 내가 베링해협에서 길을 잃으면 탐험대원 모두 구조되지 못한다. 흔적도 없이 사라질 수 있다. 이런 극단적인 생각이 뒤죽박죽 얽힌 상태에서 탐험을 떠나야 했다. 그 탐험은 내가 준비했던 것보다 훨씬 더 많은 대가를 치르고서야 끝이 났다.

자판을 눌러 글을 쓰는 지금 이 순간에도 손가락 동상 때문에 통증을 느끼고 있다. 탐험이 끝나고나서 안 사실이지만 에스키모, 즉 이누이트족 사람들은 얼굴이나 손가락이 동상에 걸리면 그 부위에 코딱지를 파서 바르거나 손가락을 콧 속에 넣고 코를 후비듯 파낸다. 그러면 빨리 낫는다고 한다. 나도 지금 똑같은 동작을 반복하며 이 글을 적고 있다.

베링해협은 1993년 남극점을 탐험할 때 허영호 대장님을 통해 알게 되었다. 나는 그 때부터 지금까지 19년 동안 꼭 탐험해보고 싶다는 막연한 열망을 마음 한 구석에 가지고 있었다. 이제야 그 꿈을 실현하기 위해 베링해협으로 떠난다. 2005년 북극점 탐험을 끝낸 다음 계획한 곳이 바로 베링해협이다. 2007년 박영석 대장은 오희준, 이형모를 데리고 베링해협으로 떠났지만 실패하고 말았다. 그러고나서 나와 함께 다시 떠나기로 약속했다. 그러나, 박영석 대장은 신동민과 강기석을 데리고 안나푸르나로 가서는 돌아오지 않았다.

베링해협은 극지 탐험의 하이라이트이자 북극의 축소판이다. 역동적으로 살아 움직이는 얼음판, 노출이 과다한 사진처럼 색깔없는 블리자드(온도가 낮고 강한 눈보라를 동반하는 강풍), 높은 습도와 추위, 그리고 모습을 숨긴 채 우리를 끊임없이 따르는 북극곰, 이런 비우호적인 위험과 경쟁하며 탐험해야 한다.

이번 탐험대의 대원수는 총 7명이었다. 원정대 총대장은 윤태근(산비둘기산우회, 광운고 OB), 행정 담당은 김영선(관동대 산악부 OB), 카메라 감독은 박동욱이었다. 등반대장인 나와 정찬일, 최재영, 정이찬 대원은 모두 용인대 산악부 OB와 YB다. 나는 대원을 선발할 때 기술, 체력, 등반경험 등 여러 가지를 보지만, 더 중요하게 보는 것이 있다. 각 대원의 인격 등 도덕적 수준이다. 일단 원정을 시작하면 고통, 고난은 반드시 따른다. 자신도 모르게 그 감정을 밖으로 배출할 수 있다. 그러나, 이는 스스로 해결할 몫이다. 짜증을 내거나 밖으로 표현해서는 안된다. 다른 대원에게 책임을 전가해서도 안된다. 이번 탐험 또한 위험한 상황이 많을 것이다. 극한 상황에서 대원들이 어떤 반응을 일으킬지 알 수 없는만큼 대원간의 신뢰를 기준으로 신중하게 선발했다.

탐험대 루트는 미국 알레스카의 「놈」 마을 ->러시아 「프로비제니아」 마을 -> 베링해협의 얼음바다->미국의 알래스카이다. 물론 핵심은 베링해협의 얼어붙은 미답지와 눈보라, 강풍을 뚫고 걸어서 횡단하는 것이다. 2012년 2월 8일 델타항공편은 일본 상공을 날아 미국 시애틀을 거쳐 알래스카 「놈」(Nome)에 도착했다. 「놈」 은 100년 전 금을 캐던 광부들로 말미암아 생긴 작은 마을이다. 알래스카의 서쪽 끝이다. 매년 알래스카에서 열리는 장장 1,600킬로미터 개썰매 경주의 종착지다. 「놈」 위 쪽에는 「코츠뷰」 라는 작은 마을이 있다. 이 마을은 1974년 일본의 유명한 산악인이자 탐험가인 「우에무라 나오미」 가 개썰매로 북극권을 횡단하고 도착한 종착지다. 그가 쓴 책 <안나여, 저게 코츠뷰의 불빛이다>의 「코츠뷰」 가 바로 이 곳이다. 우리는 「놈」 에 베이스 캠프를 구축하고 3일 동안 실질적인 탐험과 똑같은 훈련을 마친 후 러시아 동쪽 끝 마을인 「프로비제니아」 시로 날아갈 계획이다. 사실 이번 탐험에 필요한 모든 행정 절차를 도와줄 사람이 필요했다. 그러나, 마땅한 사람을 구하지 못한 채 「놈」 마을에 도착했다. 이 작은 마을에도 한국 사람 25명 정도가 살고 있었다. 식당도 하고 택시회사 운영도 한다. 서로 사이좋게 도우며 지내니 참으로 보기도 좋다. 우리는 「놈」 마을에 도착하자마자 곧바로 한국인이 운영하는 식당으로 갔다. 사업을 하는 「티나」(이지은)씨와 택시를 여러 대 운영하는 「써니 송씨」를 만났다. 그들에게 도움을 청했다. 이 곳 현지 적응 훈련, 러시아로 넘어가는 항공편, 탐험대가 조난되었을 때의 헬리콥터 구조 여부, 러시아에서 미국으로 넘어갈 때 픽업할 경비행기, 입국문제 등 행정적 도움이 절실함을 설명했다. 그런데 이 모든 것을 「티나」씨와 「써니송」씨가 선뜻 도와주기로 했다. 두 명의 천사를 만났다.

바로 다음날부터 「놈」 앞바다인 베링해로 썰매를 끌고 나갔다. 베링해로 나가기 위해서는 「놈」 중심가를 걸어서 빠져나가야 했다. 「놈」 거리는 항상 꽁꽁 얼어있다. 이곳 사람들은 썰매를 끌고 바다로 향하는 우리 모습을 보고 흥미로워했다. 또, 한 마디씩 했다. "굿럭(Good Luck)!"

「놈」 앞바다에서 난빙(亂氷)(크고 작은 얼음 덩어리가 수없이 만들어져 있는 곳)은 보이지 않았다. 고요하게 숨을 쉬는 듯했다. 우리는 썰매를 끌고 재빠르게 걸었다. 첫날이라서 그런지 3시간 걸으니 땀이 많이 흐른다. 아직 익숙하지 않다. 하지만 별로 힘들지는 않았다. 자신감이 생겼다. 탐험 걱정, 두려움은 어느 정도 사라졌다. 왔던 길을 되돌아가면서 나는 오늘 훈련 상황 뿐만 아니라 향후의 본격 탐험에 관해 설명했다.

"실제 베링해 탐험은 오늘 상황보다 훨씬 더 어렵다. 나아가 난폭하다시피한 탐험이 될 것이다. 이를 위해 성실, 담대, 철두철미하게 준비해야 한다."

이 곳은 밤이 길고 낮이 짧다. 아침 해는 오전 9시가 되어서야 떠오른다. 오후 4시만 되면 벌써 해가 지기 시작하여 서서히 어둠이 내린다. 그러니 어둠과의 싸움이다. 또, 고독과의 싸움이다. 아무리 강한 사람도 고독에 무너지기 쉽다.

다음 날도 장비를 썰매에 싣고 바다 위를 걸었다. 또, 본격 탐험에서 사용할 텐트와 버너를 점검했다.

나는 탐험에서 일어날 수 있는 모든 상황을 자세히 설명했다. 텐트를 치는 방법, 비좁은 텐트 속에서 생활하는 방법에 익숙해져야 한다. 버너에 불을 붙이고 물을 녹이는 것은 방한과 식사를 위해 특히 중요하다. 각자 철저하게 반복하여 연습하게 했다.

"텐트를 치면 먼저 매트리스를 3중으로 깔고 버너를 넣는다. 그리고 내가 텐트에 들어가서 버너를 켜 내부를 따뜻하게 할 동안 나머지는 그 날 먹을 식량과 물을 만들 눈을 퍼서 텐트 입구에 쌓아둔다. 그리고 텐트가 날아가지 않게 아이스 스크루(얼음에 돌려 박아 고정시키는 장비)로 고정한다. 그 외에 필요한 물건도 텐트 입구에 놓는다. 겉옷은 벗어 썰매 위에 놓은 다음 자기 짐을 챙겨 신발을 신은 채 텐트 안으로 들어간다. 신발과 장갑, 양말, 모자 등은 텐트 안 빨랫줄에 널어 말린다. 그 다음으로 눈을 녹여 밥을 해먹는다. 밥을 다 먹고나면 다음날 아침에 먹을 물을 끓이며 옷가지를 말린다. 이런 과정이 다 끝나면 한 명이 텐트 밖으로 나가 썰매에 있는 침낭을 텐트 안으로 밀어넣는다. 한 명씩 순서대로 침낭에 들어가 누우면 하루가 마무리된다.

아침에 일어나면 침낭부터 밖으로 던져 텐트 공간을 넓게 확보한 후 어제 미리 끓여놓았으나 얼어있을 물을 녹여서 끓인 후 아침을 해먹는다. 텐트 안에서 신발과 양말, 장갑 등을 갖춰입고 신는다. 그리고 점심으로 먹을 간식을 각자 챙겨 밖으로 나간다. 그 후 텐트를 걷어 썰매에 싣고 출발한다."

이렇게 실질적인 탐험 과정을 대원들에게 설명하고 사전 연습도 하게 하여 몸에 익히도록 하는데, 벌써 문제가 생겼다. 버너에 공기를 주입하는 플라스틱 막대가 부러져 버린 것이다. 이것은 여분이 없다. 더구나 이 곳에서 구할 수도 없다. 난감했다. 만일 탐험하다가 버너가 고장나면 조난으로 이어져 심각한 상황에 처해질 수도 있다. 텐트 안에 버너를 켜놓는 것과 그렇지 않은 것은 하늘과 땅의 차이이다. 텐트 안에서 버너가 꺼져버린다면 영하 20도 이하의 추위에 그대로 노출된다. 체력이 바로 떨어지고 이는 탐험실패나 조난으로 이어질 수 있다. 따라서 버너같은 것은 가장 소중한 장비다. 아주 중요하게 다루어야 한다. 훈련 후 다시 버너를 고치려고 애써보았다. 헛수고였다. 임시로 접착제를 붙여보았지만 별 도움이 안된다.

이 날 밤, 나는 윤태근 대장과 대원교체 문제를 심각하게 논의했다. 막내인 정이찬 대원이 문제였다. 그는 성실하게 훈련에 임하며 나름대로 제 역할을 했다. 그러나, 더 강한 조직이 필요했다. 심도 있는 회의를 거친 후 정이찬 대원이 빠지고 노련한 윤태근 대장이 합류하게 했다. 정이찬 대원은 충격을 받았는지 눈물을 보였다. 꼭 가고 싶다고 했다. 정말 나도 꼭 같이 가고 싶었다. 이찬이와 두 시간 이상 이야기를 나누었다. 결국 이찬이는 베이스 캠프에 남아 매일 탐험대 상황을 체크하게 했다. 지원대 역할이다.

사진 촬영은 박동욱 감독이 맡았다. 탐험 과정을 온전히 영상으로 기록하기 위해서다. 박 감독은 촬영에 전념하도록 썰매 끌기에서 제외했다.

다음날, 이 곳을 떠나기 전까지 먹을 식량을 구입했다. 또 <놈> 마을의 시가지를 둘러보며 하루를 보냈다. <놈> 마을의 건물은 오래전 지은 전형적인 북극 지방의 건축양식이었다. 겨울에 눈이 많이 내리므로 지붕 경사를 가파르게 했다. 보온을 위해 나무로 지은 집이 대부분이다. 그리고 북극 모든 지방이 그렇듯 이 곳도 야채를 찾아볼 수 없다. 그린란드도 그렇고 북극 레졸루트도 그러했다.

탐험대는 <놈> 마을에서 3일 정도 훈련하고나서 러시아로 넘어갈 계획이다. 그러나, 여전히 러시아 땅 <프로비제니아>의 날씨가 좋지 않아 언제 출발할지 알 수 없다. 그래서 다음날도 썰매를 끌고 베링해로 훈련을 나갔다. 어린이들은 썰매를 끄는 모습에 신기해한다. "왜 여기왔어요? 이 배를 가지고 어디로 가요?", "잠은 어떻게 자고, 밥은 어떻게 먹어요?" "곰이 나타나면 어떻게 해요?"

라고 묻는다. 천진난만한 모습으로 우리 주위를 둘러쌌다.

"베링해협을 걸어서 건너려고 한단다. 텐트에서 잠을 자고, 밥도 해먹지. 곰이 멀리 있으면 구경하고, 쫓아오면 도망가면 되지."

아이들은 썰매를 타고싶어했다. 태우고 달렸더니, 좋아하는 모습이 한국 아이들과 똑같다. 우리는 금새 친해졌다. 잠시나마 탐험을 잊었다. 즐거운 시간이었다. 밤에는 <티나>씨가 고래 고기를 가지고 왔다. 나는 이 고래고기가 얼마나 맛있는지 알고 있다. 또 얼마나 귀한지도 알고 있다. 다만, 여기서는 고래고기 구하기가 그리 어렵지 않았다. 나는 대원들에게 푹 삶아 간장과 고추냉이에 찍어먹으라고 했다. 대원들은 이 맛에 바로 길들여졌다. 고래 고기를 안주삼아 밤이 깊도록 술을 마셨다. 그 다음날도 그랬다. 북극 이누이트 족들은 고래고기를 날 것으로 씹어 먹지만 우리에게는 너무 질겼다. 뭐랄까, 고무 타이어를 씹는 것 같았다.

나는 이 곳에서 하루가 지날 때마다 마음이 조급해졌다. 날이 갈수록 얼음이 녹아 리드(얼음이 갈라져 벌어진 사이로 바닷물이 드러나 있는 곳)가 많이 생겨나기 때문이다. 봄이 다가오면 태평양의 더운 바닷물이 베링해로 올라온다. 그러면 얼음이 녹기 때문에 2월 안에 탐험을 끝내야만 한다. 가능한 한 하루라도 빨리 러시아 <프로비제니아> 마을로 넘어가고싶은데 날씨가 따라주지 않았다.

이번 탐험을 위해 나는 19년을 준비하며 기다린 셈이다. 올 겨울에 설악산과 한라산에서 훈련하면서도 내 머릿속은 온통 베링해협에 대한 계획, 전략 뿐이었다. 박영석 대장이 실패한 원인의 분석도 이번 탐험에 상당한 도움이 될 것이다.

드디어 내일 떠난다는 연락이 왔다.

<2월 12일>

아침, 러시아의 <프로비제니아> 마을로 떠날 수 있다는 연락이 베링항공으로부터 왔다. 장비를 챙겨 공항으로 나갔다. '이제 떠나는구나…' 긴장되고 약간 두렵다. 그러나, 설레는 마음과 야릇한 기대도 있다. 곧 있을 탐험에 대해 마음의 준비를 단단히 하고 공항으로 향했다. 그런데, 공항에서는 썰매가 너무 크다는 이유로 비행기 기종을 바꿔야 했다. 추가 비용을 더 지급하고 나서야 다른 기종의 경비행기에 오를 수 있었다.

비행기는 눈을 제대로 치우지 않은 활주로 위를 빠른 속도로 날아올랐다. 러시아 <프로비제니아> 마을이 있는 서쪽 하늘을 향해 방향을 잡았다. 곧 얼지않은 베링해가 시야에 들어왔다. 나는 지금까지 많은 해돋이와 만년설이 뒤덮인 히말라야 봉우리, 핑크 빛으로 물든 그린란드 피요르드, 어두운 북극 하늘에서 순간적으로 변하는 오로라를 보아왔다. 하지만 이 곳 베링해의 얼음판은 매우 달랐다. 제대로 얼지않아 거칠고 위협적이다. 눈 앞이 캄캄했다. 탐험이 험난하리라는 예감이 들었다. 비행기는 서쪽 하늘로 약 40분 날았다. 갑자기 조종사가 우리를 불렀다. "저기 시커먼 구름 기둥이 보이죠?"

엄청난 구름기둥이 목적지 방향에서 우리를 가로막고 있었다. 기수를 돌려 돌아갈 수 밖에 없었다. 지금 돌아가면 언제 떠날 수 있을지 몰랐다. 그러나, 어쩔 수 없었다. 극지 탐험일수록 예정한 스케줄이 잘 지켜지지 않는다. '그런데 추가로 비용을 내야 하나?'

북극과 남극 등 극지방에서는 비행기가 뜰 때마다 비용을 지급한 적이 있어서 이런 일이 생기면 잔뜩 예민해진다. 다음 날 오전 9시에 연락이 왔다. 11시쯤 비행기 출발 시각을 정확하게 알려주겠다고 했다. 그러나, 11시가 되자 러시아에 눈이 많이 내려 오후 1시까지 기다려봐야 알 수 있을 거라고 했다. 오후 1시가 되자 또다시 한 시간 후에 연락을 주겠다고 했다. 오늘도 떠날 수 없을 거라는 생각으로 마음 편하게 잠을 청하는데 갑자기 연락이 왔다. "출발합시다!"

짐을 챙겨 공항으로 나가 차가운 활주로에서 우리를 기다리고 있는 비행기에 올라 다시 서쪽나라 러시아의 < 프로비제니아> 마을을 향해 날아올랐다. 하늘을 보니 어제보다 날씨가 좋고 가스도 덜 끼어 있지만, 베링해의 얼음 상태는 어제처럼 최악이었다. 얼음이 온통 깨지고 갈라져있다. 바닷물이 중간 중간 들어차있다. 이것이 다 지구 온난화 때문이다. 마음이 착잡해졌다. 앞으로 고생할 생각을 하니 혼란스러워졌다.

비행기는 1시간 반을 날아 러시아 <프로비제니아> 마을로 넘어갔다. 이 곳 <프로비

제니아>는 군사보호 지역이다. 러시아 국민이라도 비자 없이는 못 들어간다. 우리는 5개월 전부터 러시아로부터 국경선을 넘는 허가, 탐험 허가, 비자 등 복잡한 절차를 거쳐야 했다. 그만큼 베일에 가려진 곳이다. 허가 절차를 밟는 데는 상당한 인내가 필요했다. 비행장은 1940~1950년대에 지은 낡은 건물이었다. 폐허처럼 텅 빈 활주로와 낡아빠진 건물 몇 채가 날리는 눈에 묻혀 있다. 그리고 이 차가운 겨울을 외롭게 보내고 있었다. 올해 이 곳에 들어온 사람은 우리가 처음이다. 비행기가 활주로에 멈추고 문이 열렸다. 세관원과 국경수비대가 냉랭한 바람과 함께 비행기 안으로 들어왔다. 차가운 시선이 느껴졌다. "모두 그대로 앉아 있으시오." 조종사부터 입국허가 절차를 밟게 했다. 기온은 영하 10도에 불과했지만 공기는 알래스카 <놈>마을에서보다 차가왔다. 두 시간 이상 입국 절차를 밟았다. 장비, 식량을 조사받고나서야 공항을 빠져나올 수 있었다. 공항 밖에서는 가이드 <나타샤>가 우리를 반겨주었다. 그녀는 이 곳 주민이다. 50대 초반으로 보였다. 이들이 준비한 트럭 같은 버스에 짐을 옮겨 싣고 마을로 갔다. 이 곳은 소련이 붕괴하기 전 시절에 딱 정지한 것처럼 보였다. 차갑게 느껴졌다. 1,400명 정도의 주민이 사는데 대부분 국경수비대와 공무원이다. 마을로 가는 길, 빈 아파트가 즐비하게 방치되어 있다. 1990년도에 인구가 늘어 집을 짓기 시작했는데 소련이 붕괴하면서 다시 인구가 빠져나가 공사가 스톱되었다고 한다.

이 곳 <프로비제니아 베이스 캠프>는 탐험대가 알래스카 국경선을 넘을 때까지 우리의 본부요 기지다. 물론 탐험대가 알래스카 국경선을 넘으면 철수한다. 베이스 캠프용으로 아파트 한 채를 빌렸다. 그런데 바퀴벌레와 친숙하게 지내야 했다. 곰팡이 냄새도 나고 눅눅하다. 불빛 없는 컴컴한 복도를 지난다. 앞집 아주머니는 술에 취했는지 현관 앞에 쓰러져 있다. 혼자서 무언가를 중얼중얼했다.

오늘 이 곳 날짜는 2월 14일이다. 베링해의 날짜 변경선을 건너왔기에 한 시간만에 하루를 건너뛰었다. 썰매와 장비는 컨테이너 창고에 보관했다. 저녁을 먹기 위해 이 곳에서 하나 뿐인 식당을 찾아나섰다. 이름도 달아놓은 간판도 없다. 그러나, 레스토랑과 카페 그리고 사교장을 모두 겸한다.

러시아에 온 기념으로 보드카 한 잔을 마셨다. 이 곳 정보원은 매우 비우호적이었다. 우리에게 접근해 여러 가지를 캐묻고 갔다.

<2월 15일>

오늘 이 곳 시장(市長과) 부시장을 만났다. 그는 우리를 환영하며 베링해협 탐험에 무척이나 관심을 보였다. 베링 해협을 어떻게 건널지, 곰을 만났을 때 어떻게 할 것인지 물어보았다. 그들은 무척이나 흥미로운 이야기를 건넸다. “만일 이번 탐험이 성공한다면 당신들은 베링 해협을 걸어서 건넌 최초의 탐험대가 될 것이다.” 1989년 베링 해협을 처음 건넜다고 알려진 드미트리 슈파로(Dmitry Shparo)는 헬기를 타고 베링해협 중간 지점의 큰 섬 <디오메데>섬까지 갔다고 한다. 그 섬에서 출발하여 알래스카로 건너갔다고 했다. 미팅이 끝나고나서 시장은 이 곳 원주민인 <추크치>족(Chukchi)과 <프로비제니아> 마을의 문화와 역사를 담은 책에 사인을 한 후 건넸다. 그리고 우리의 성공을 기원해주었다.

<2월 16일>

이 곳 신문기자와 박물관장이 왔다. 그들도 지금까지 베링해협을 온전히 걸어서 건너간 사람이 없다며 꼭 성공하길 바란다고 했다.

여기를 떠나려면 헬기를 이용해야 한다. 헬기는 여기서 위도 1도 정도 위쪽 <라브란티야>라는 작은 마을에 있다. 그러나, 날씨가 나빠 움직일 수 없다. 내일은 날씨가 좋아야 할텐데... 또 헬기를 타려면 (상해 생명)보험증서가 필요했다. 이 부분은 사전에 없어서 미처 준비하지 못했다. 나는 즉시 한국에 있는 후배 김재록(용인대 산악부 OB)에게 연락했다. 우리를 피보험자(被保險者)로 하여 (상해 생명)보험에 들라고 했다. 바로 다음날 보험증서가 왔다. 김재록은 우리가 탐험을 끝낼 때까지 한국에서 모든 행정을 처리하는 베이스 역할을 맡아주었다. 준비 기간에도 궂은 일을 도맡아준 고마운 후배다.

우리는 출발 직전 장비를 다시 점검했다. 버너를 고치고, 휘발유를 구해왔다. 각자의 썰매도 정비했다. 여기서 탐험 출발 지점까지는 헬리콥터로 1시간 30분 정도의 거리다.

오후에는 <아나드리>라는 신문사의 기자가 찾아왔다. 덩치가 크고 뚱뚱한 사람인데 유익한 정보를 많이 주었다. 젊을 때인 1989년, 12명이 배 2대에 나눠타고 노를 저어 베링해협을 건넜다고 한다. 수륙 양용 자동차로 건너다가 난빙 때문에 실패해 표류한 이야기를 들려주었다. 개썰매를 타고 넘어간 경험도 있다고 한다. 그 또한 말하기를 지금까지 얼음 위를 걸어서 베링해협을 건너간 사람은 아직은 없다고 한다.

오늘도 우리는 <프로비제니아> 마을의 앞바다에 나가 썰매를 끌며 하루를 보냈다.

점점 출발일이 다가오고 있음을 직감했다. 바다는 적막을 간직한 채 꽁꽁 얼어있었다. 그 위로 두꺼운 눈이 뒤덮고 있었다.

이 시점에서 탐험대원 구성을 변경했다. 무엇보다 성공이 중요하다. 성공에 초점을 맞춰 다시 곰곰 생각해보니 애초 예정한 대원으로 조직함이 나을 것 같았다. 나와 정찬일, 최재영, 정이찬, 이렇게 4명이다. 윤태근 대장은 베이스 캠프에서 탐험을 지휘하게 했다. 박동욱 카메라감독 역시 탐험대를 따라가지 않기로 했다. 박동욱 감독은 탐험 경험이 전혀 없다, 내가 감당한다고 해도 한계가 있다. 대원 4명과 5명은 전혀 다르다. 5명은 부담스러운 숫자다. 위험에 처하거나 어려운 상황을 만나면 대원 하나하나가 잘 견뎌주어야만 한다. 이 모든 점이 검증되지 않았기 때문에 박동욱 감독은 탐험대에서 빠지고, 대신 촬영은 최재영 대원이 맡기로 했다. 내일은 날씨가 좋아져 헬기가 뜨기를 바란다.

<2월 17일>

오늘 아침 9시에 출발하기로 했지만 시야가 좋지 않다. 바람도 심하다. 출발 여부는 좀 더 기다려봐야 한다. 오늘 출발 못할지도 모른다. 오전 11시가 넘어서야 연락이 왔다. 날씨가 안좋아 헬기가 못뜬다고 했다. 이제 주말을 넘기고 월요일에 가야 하는데 시간을 너무 소모한다. 겨울 끝자락이면 얼음이 녹는다. 늦으면 늦을수록 탐험은 힘들어지고 위험해진다.

이 곳 건물을 다시 자세히 보았다. 모두 소련 냉전시대에 지어진 건물이다. 겉은 비록 낡았지만 콘크리트 두께는 약 80센티미터나 되어 견고하다. 또 안에는 새롭게 인테리어를 했다. 밤에 우리는 이 곳에서 유일한 러시아식 사우나에 가보았다. 땀을 내려면 자작나무 가지로 맨살을 마구 두드려야 한다. 실로 20년만에 해보는 사우나다. 이 사우나 시설은 남자와 여자가 하루 하루 번갈아서 쓴다. 그렇게 하면 음과 양이 조화를 이루어 냄새가 나지 않는다고 한다. 그 말 그대로였다. 사우나를 하고 머리카락이 아직 마르지 않은채 밖으로 나왔더니 곧바로 철사처럼 딱딱하게 얼어붙었다. 참고로 이 곳 기온은 영하 16~18도이다. 우리는 저녁에 먹을 식료품을 사러 가게로 갔다. 그런데 단순했다. 빵과 통조림은 많이 진열되어 있으나 야채는 찾아볼 수 없다. 이 곳 <프로비제니아> 마을은 정말 오지 중의 오지구나..... 다만 문명과 단절된 곳에서도 사람들이 열심히 살아가고 있었다. 이 곳의 유일한 택시는 장갑차를 개조한 것이다. 바퀴는 탱크의 궤도 바퀴다. 기관총 자리에 택시라는 표식을 붙였다. 날씨 때문에 계속 헬리콥터가 뜨지 못하면 우리는 이 탱크 택시를 이용할 것이다. 이 탱크 택시로는 탐험출발지인 <우웰렌> 마을까지 꼬박 이틀 잡아야 한다.

<**2월** 18**일**>

토요일이다. 서둘러 아침을 먹고 썰매를 끌고 베링해로 나갔다. 기온은 영하 17도다. 여기 기준으로 기온 자체는 별 것 아니지만, 바람(東風)이 많이 불어 추위를 많이 느꼈다. 멀리서 바라본 <프로비제니아> 도시의 모습은 아무도 살지 않는 마을처럼 적막하게 보인다. 색깔도 감정도 없는 얼굴을 보는 것 같다. 차가운 바람 속에서도 1,400여 명의 외로운 삶이 녹아있다. 이처럼 거칠고 철저히 동떨어진 곳에 사는 이유가 뭘까? 과거 수 백 년 동안 여기서 태어나고 살다가 또 죽었을 사람들을 떠올려본다.

잠시 쉬는 사이 손이 얼고 감각이 없어졌다. 나는 다시 스틱을 찍으며 앞으로 나간다. 김영선 형이 고함을 치며 달려왔다. "지금 국경 수비대가 우리를 향해 총을 겨누고 있어! 더 나가면 쏘겠다고 하니 가지마." 자칫 총에 맞을 뻔했다. 마을 부근에만 다닐 수 있는 허가를 받았기에 마음대로 마을 밖으로 나갈 수 없다고 했다. 이들은 항상 우리를 지켜보고 있었던 것이다. 이 곳은 핵 시설이 있어 외부인에게 아주 민감하다고 한다. 감시가 철저하다. 옛 소련 분위기 그대로다. 사진 촬영도 할 수 없다고 하여 탐험 카메라는 숨겨서 들어갔다.

<**2월** 19**일**>

오늘도 하루를 무상하게 보내야 한다. 내일 월요일도 날씨가 좋아야 출발할 수 있다. 나는 지금 우리가 탐험할 베링해협이 어떻게 움직이고 변화하는지, 얼음 상황은 어떤지 몹시 궁금하다. 또 '과연 해낼 수 있을까' 하는 걱정이 나를 괴롭힌다. 대원 가운데 정이찬과 최재영이 정말 잘할수 있을까..... 의구심도 든다.

내일 탐험을 시작할 수 있기를 간절히 바란다. 이 곳을 떠나지 못하고 하루 이틀 지체하자 오후에는 거주자신고를 하라고 했다. 동사무소 같은 곳으로 가서 인적사항을 적고 열 손가락 지문을 모두 찍었다. 마치 경찰서 조서를 받는 것처럼 복잡했다.

오늘도 날씨는 좋지 않다. 계속 가스가 끼어있고 눈보라도 날린다. 내일 떠날 수 있을지 모르겠고 마음이 무겁다. 하루 빨리 떠나고 싶다. 이제 떠난다는 것에 대한 부담감은 없다.

<2**월** 21**일**>

아침에 해가 보이고 하늘도 높게 열려있다. 이 곳 <프로비제니아> 마을은 러시아 동쪽 끝이다. 해가 세계에서 가장 빨리 뜨는 마을이다. 해가 세계에서 가장 늦게 뜨는 <놈> 마을과는 불과 90킬로미터 떨어져 있지만 날씨가 많이 다르다. 가스가 조금씩 내려앉는걸 보니 오늘도 느낌이 좋지 않다. 이제 시간이 없다. 내일은 꼭 떠나야만 한다. 3월로 갈수록 탐험에 불리하다. 얼음이 녹아 깨지고, 리드도 더 많이 생긴다. 태평양으로 떠내려가는 유빙 속도도 더 빨라진다.

<2**월** 22**일**>

오늘 이 곳 날씨는 좋다. 그러나, 탐험 출발점인 <우웰렌>의 날씨가 좋지 않아 떠나지 못하고 있다. 모스크바 공영방송국에서 취재차 3명이 이 곳에 들어왔다.

"우리는 <우웰렌> 마을에 있는 국경수비대의 생활모습을 촬영하러 왔다. 그런데 도보로는 최초인 베링해협 탐험의 당신들도 취재하고 싶다." "우리도 좋다."

나중에 안 사실이지만, 우리가 떠난 다음날 이들도 <우웰렌> 마을에 도착해 탐험하고 있는 우리를 또 촬영하고자 했다. 헬기를 타고 우리를 찾았지만 결국 못찾았다고 한다. 오늘 하루를 더 보내야 한다는 사실이 나를 지치게 한다. 어두컴컴한 복도, 퀴퀴한 냄새가 나는 아파트에서 이제는 친숙해져버린 튼실한 바퀴벌레와 시간을 함께하고 있다.

<2**월** 23**일**>

내일은 정말 떠난다고 해서 오늘 밤에 헬기 조종사와 미팅 약속을 잡았다. 우리는 낮에 다시 한 번 더 떠날 준비를 점검했다. 저녁에 조종사가 묵고 있는 아파트로 갔다. 나는 탐험용 지도를 가지고가서 호기심 많은 어린이처럼 질문했다. 기장은 이 곳에서 오랫동안 헬기를 조종한 베테랑이었다. 그는 해마다 이 곳의 얼음상태를 봐왔다. "당신들은 꼭 베링해협을 건너가 성공하길 바랍니다. 지금까지 단 한 사람도 건너가지 못했습니다. 당신들이 건너가면 기네스북에 오를 겁니다. 나 자신은 많은 탐험대를 출발지로 데려다줬지만, 얼마가지 않아 다시 그 탐험대를 구조해 되돌아오는 일을 반복했습니

다.” “지금 얼음 상태는 어떻습니까?” “가능하면 위쪽으로 올라가서 탐험을 하는 게 좋을 겁니다. 아래 쪽은 얼음이 너무 많이 깨져있어 위험합니다. 리드도 무수히 많아 성공하기 어렵습니다.”

“얼음 상태를 관찰하고 싶습니다. 베링해 쪽으로 날면서 갈 수 있겠습니까?” “좋습니다. 그렇게 하지요. 꼭 성공하길 바랍니다.”

내일 아침 9시에 출발하기로 했다. 나는 내일 우리가 내릴 장소를 미리 알려주었다. 헬기 조종사와 이야기를 나누면서 정말 떠난다는 사실을 실감했다. 어디선가 미묘한 감정이 일었지만 자신감도 생겨났다. 이 곳 현지인 한 명도 동행하게 되었다. 그는 본디 <우웰렌> 마을에서 살았으나 <프로비제니아> 마을로 강제 이주되었다고 한다. 예전에 살던 곳에 가보고 싶다고 했다. 그는 <우웰렌> 마을에서 사냥을 하며 살았기에 곰의 이동경로와 베링해의 얼음상태를 잘 알고 있다고 했다.

<2월 24일>

아침부터 부산하다. 우리는 마치 용수철에서 튕겨나가는 것처럼 움직였다. <우웰렌> 마을에 도착하면 헬기에서 내리자마자 곧바로 탐험할 수 있어야 한다. 헬기는 히말라야 등반 때 자주 사용했던 아주 큰 기종이다. 출발시각이 되자 대원들 얼굴에는 기대와 긴장이 잔뜩 나타났다. 세관원 2명이 우리와 동행한다. 탐험 출발지까지 가서 우리가 떠나는 것을 확인한 후 여권에 출국 도장을 찍어준다고 했다. 미국령으로 넘어가기에 필요한 절차지만, 우리를 감시하려는 목적도 있다. 우리는 2주 이상을 이 곳에서 보냈다. 훈련도 하고 보드카를 마시며 보낸 시간이다.

<2월 25일>

오전 9시, 그토록 기다리던 헬기에 몸과 썰매를 실었다. 탐험 시작 지점까지 걸린 시간은 약 1시간 40분이다. 헬기를 타고 해안가를 따라 올라가며 얼지 않은 베링해를 보았다. 얼지 않은 바닷물이 검게 드러나 있다. 최악의 상황을 피하지 못할 것 같다. 순간 나는 곧 닥칠 추위와 바람, 리드와 프레스 릿지(Press ridge: 얼음과 얼음이 서로 부딪히면서 융기되어 하늘로 솟아오른 얼음덩어리이다. 즉, <난빙(亂氷>을 말한다)가 떠올랐다. 불량한 얼음판과 북극곰, 블리자드와 화이트아웃, 역동적으로 움직이는 베링해협의 유빙을 어떻게 이겨낼까? 배고픔과 두려움, 불확실한 생존과 구조 같은 생각이 뒤죽

박죽 얽혔다. 두려움이 엄습했다. 꼭 탐험하고 싶어한 맹목적 충동이 순식간에 쪼그라들었다.

<라브란티아>를 지나 북쪽으로 올라가자 조금씩 얼어붙은 바다가 나타난다. 북위 66도 북극권부터는 난빙과 리드도 보였다. 출발지로 조금씩 접근하자 멀리 오른쪽에는 말로만 듣던 <디오메데> 섬이 희미하게 보인다. 그 밑으로 큰 리드가 시커멓게 모습을 드러내고 있었다. 출발 지점에 도착하자 헬기조종사가 나를 불렀다. “지금 이 곳은 리드가 큰데, 어디에 내릴 겁니까?” “고생이 되더라도 좀 더 위쪽으로 올라가서 내리겠습니다.”

나는 큰 리드가 시작되는 지점을 지나 해안가 절벽 밑을 손으로 가리켰다. 우리는 북위 66도 07분 20초, 서경 69도 40분 10초 지점에 내렸다. 헬기는 베링해 얼음판이 불안해 완전히 내려앉지 못했다. 바퀴가 얼음판에 살짝만 닿은 채 엔진 파워를 높여 우리를 내리게 했다. 우리가 내릴 때까지 긴장을 늦추지 않았다. 순식간에 썰매를 내린 다음 우리 자신도 내려야 한다. 윤태근 대장이 내려서 배웅했지만 우리는 제대로 인사도 나누지 못했다. 헬리콥터는 곧바로 날아올라 머리 위에서 두 번 선회하더니 시야에서 사라져버렸다.

순식간에 문명은 저멀리 떠나버렸다. 고요한 난빙 위에는 우리만 남겨졌다. 한 시간 반이나 헬리콥터 소리를 들어서인지 잠시 멍했지만 주위를 둘러보았다. 날카롭게 부는 바람소리가 비웃음처럼 온 몸을 때렸다. 곧 정신을 차렸다. 해안가 절벽에는 파도가 치면서 얼어붙은 얼음덩어리가 5미터 이상이나 치솟아있었다. 난빙은 우리가 갈 길에 널브러져 거친 굴곡을 이루고 있었다. 나는 서둘러 방위각을 잡았다. 곧바로 썰매벨트를 매고나서 베링해협 난빙 속으로 들어갔다. 출발부터 크고 작은 난빙대를 뚫어야했다. 오른쪽으로 약 300미터 지점에는 시커멓고 큰 리드가 모습을 드러냈다. 이 곳을 우회했지만 우회해서 간 길도 온통 프레스 릿지다.

이 길이 바로 <몽골리안 루트>로 알려진 길이다. 역사는 1492년에서야 유럽인이 아메리카 대륙을 발견했다고 기록했다. 우리 또한 교과서에서 그렇게 배웠다. 그러나, 그보다 훨씬 이전, 즉 유럽인보다 1만 년이나 앞서 이 길을 지난 몽골리안들이 있었다. 지금 우리는 그들이 간 길을 따라간다.

지구 온난화로 북극 빙하는 하루에만도 대한민국 면적만큼 녹아내리고 있다. 도대체 인간의 오만과 탐욕은 어디까지인가? 우리가 지금 가는 이 길도 하루가 다르게 변한다. 오늘도 녹아내리는 빙하는 태평양으로 쉴 새없이 흘러간다. 머지않아 이 곳 베링 해협도 얼음덩어리가 없는 바다가 되리라... 이 얼음 덩어리가 더 녹기 전에, 그 위를 걸어서, 1만년 전 그들이 갔던 방식으로 베링 해협의 정체를 보리라.

그런데 출발부터 만만치 않다. 북극보다 큰 난빙이 계속 이어져 출발 후 약 3시간이 지나자 벌써 대원들이 뒤처진다. 한참을 기다려도 오지 않는다. 최재영 대원은 갑자기 힘이 빠졌는지 걷지 못하겠다고 하여 정찬일 대원이 대신 썰매를 끌고 왔다. 나는 순간 머리가 멍해졌다. 벌써 힘이 빠져 걷지 못한다는 것은 있을 수 없는 일이다. 첫 난빙지대에서 약간 흥분상태로 썰매를 끌어 체력이 급속하게 떨어진 모양이다. 할 수 없이 체력보강을 위해 탄수화물과 아미노산(시트릭)이 많은 간식을 먹었다.

갑자기 곰발자국도 보였다. 어미곰과 새끼곰 두 마리 발자국인데 우리가 진행하는 방향과 같다. 발자국이 엄청나게 컸다. 발톱 자국도 선명했다. 지금 우리가 가지고 있는 것은 곰 퇴치용 스프레이와 호루라기가 전부다. 더 웃기는 것은 호루라기 소리가 오히려 북극곰을 불러들인다는 것이다. 나중에 미국 <놈>(Nome)마을에서 만난 곰 사냥꾼에게 들었다.

처음부터 난빙이 심하여 갈 곳이 마땅치 않다. 출발부터 대원들은 저멀리 뒤처져서 따라왔다. 집채만한 얼음이 빼곡하게 들어찬 난빙을 넘으며 수 십 번 넘어지고 처박혔다. 곰 발자국은 잊을만하면 다시 보인다. 우리가 곰을 쫓고있는건지, 곰이 우리를 쫓고 있는건지 알 수 없다.

겨우 5킬로미터 정도 전진했음에도 날이 어두워졌다. 곧 운행을 끝내고 텐트를 쳤다. 잠 잘 때 북극곰을 대비해 호루라기를 준비하고, 우리 모두 동시에 부는 것도 연습했다. 곰을 불러들이는 소리인지도 모르고….

다음날은 새벽 5시 30분에 일어났다. 침낭을 걷어 밖으로 던진 후 서둘러 끓인 물로 밥을 해서 먹었다. 이 곳 베링해협이나 북극은 온 천지가 얼음이지만 얼음을 녹여 밥을 해 먹을 수는 없다. 얼음은 짠 바닷물이기 때문이다. 얼음 위에 쌓인 눈을 걷어 녹여서 써야 한다. 출발부터 난빙이라서 어제처럼 수 십 번 넘어졌다. 엉금엉금 기면서 썰매를 끌어 4시간 가까이 전진하자 지긋지긋한 난빙지대가 끝나고 신빙대(新氷帶)가 나타났다. 신빙대는 새로 언 얼음 지대를 말한다. 두께가 얇아 깨지기 쉬워 위험하기는 하지만 난빙에 비해 걷기에는 더 편하다. 그런데 그것도 잠시, 곧바로 저 멀리서 엄청난 리드 같은 게 나타났다. 극지 탐험에서 가장 중요한 것 중 하나는 멀리 떨어진 곳에 리드가 있는지 없는지를 알아내는 것이다. 얼음이 갈라져 있는 곳이 가장 위험하기 때문이다. 갈라진 얼음 틈의 바닷물은 증발하면서 미세한 색깔 변화를 나타낸다. 이를 재빨리 읽어내야만 한다. 즉, 미세하게 표면의 색깔이 변하는데, 이를 잘 캐취하지 않으면 안된다. 이를 주의깊게 살피지 않고 가다가는 대원 모두 위험에 빠질 수 있다. 탐험을 며칠간 못할 수도 있고 급기야 실패할 수도 있다. 나는 리드를 피하기 위해 좌측으로 방향을 틀었다. 1시간 반 진행한 결과 간신히 큰 리드는 피했다. 작은 리드는 뛰어서 건너거나 얼음을 타고 건넜다. 무모한 방법이지만 시간을 절약하기 위해 위험을 무릅쓸 수 밖에 없었다. 그렇게 진행하다가 나는 살얼음판과 브리지 리드(길게 형성된 리드 중간에 얼음이 가로놓여 징검다리처럼 건너는 곳)에 빠져 허우적거리다가 겨우 빠져나왔다.

양다리가 물에 빠져 양말까지 젖어버렸다. 밖으로 나오자마자 젖은 바닷물은 바로 얼음 결정체로 변해갔다. 다리가 얼음기둥으로 변해 움직일 수조차 없지만, 아직 리드를 건너지 못한 대원을 위해서는 쉴 수가 없다. 건너편에 있는 대원을 한 명씩 썰매에 실어 줄을 끌어당기는 방법으로 모든 대원을 건너게 하고는 시간을 절약하기 위해 곧바로 출발했다. 얼마 가지않아 신빙대가 또 나타났다. 나는 과감하게 위험을 감수했다. 불안정한 얼음 위를 빠른 속도로 이동했다. 지금은 기온이 약간 떨어져 얇게라도 얼어 있지만, 기온이 더 올라가면 이 리드는 완전히 녹아 바닷물로 변할 것이다. 이 곳 얼음판은 역동적으로 살아 움직인다. 얼음판끼리 붙었다가 떨어지기를 반복한다.

그리고 의식적으로 북쪽으로 더 치우치도록 운행했다. 그런데 갑자기 나침반이 작동하지 않는다. 고장이 났는지 방향을 잡지 못하고 멈춰버렸다. 할 수 없이 등 뒤에 있는 <우웰렌>산 정상을 기준으로 방위각을 잡았다. 오전에 난빙을 넘느라 무리해서 그런지 오후가 되면서부터는 왼쪽 허벅지가 좋지 않았다. 근육통이 오는지 걸을 때 계속 통증을 느꼈다. 스틱에 짚은 손을 많이 주고 다리에는 힘이 덜 실리도록 하며 걸었다.

오후 4시 30분, 해가 <우웰렌>산 전위봉 밑으로 떨어지자 기온이 무섭게 떨어졌다. 우리는 텐트를 재빨리 쳤다. 추위를 피해 그 속으로 기어들어갔다. 추워서 너무 서둘렀던 탓인가? 텐트 속은 온통 눈으로 꽉 찼다. 너무 추워서 눈을 치울 엄두도 안 났다. 버너 불을 붙여야 하는데 라이트도 손도 모두 얼어 몸 속에 손을 넣어 녹여야 했다. 펌프질을 해도 버너에 공기가 잘 들어가지 않았다. 얼어서 고무가 빠져버린 것 같다. 텐트 안 기온은 영하 20도!

이런 상황에서 버너를 켜지 못하면 심각해진다. 겨우 버너 2개 중 하나를 켰다. 손을 녹이며 다른 버너를 고쳤다. 이 추위에 버너가 고장이라도 난다면 탐험은 실패로 이어질 수 밖에 없다. 우리는 신발 가죽을 잘라내 노즐을 만들어 버너를 고쳤다. 밤 12시가 되어서야 저녁을 먹고 잠을 청했다. 오늘은 직선거리로 14킬로미터 이동했다.

<2**월** 26**일**>

새벽 5시, 버너 소리가 요란해 잠에서 깼다. 아침부터 정찬일 대원이 정이찬한테 뭐라고 잔소리를 해댄다. 저녁에 소변을 보고난 후 즉시 소변통을 비워야 하는데 버리지 않았다는 것이다. 꽁꽁 언 소변통을 녹여야 한다며 핀잔을 줬다. 모든 일에는 다 경험이 필요하다. 경험이 없어서 일어나는 일이다.

아침 시야가 좋지 않다. 가스가 끼었다. 북풍도 불었다. 오늘부터 3일간 탐험을 어떻게 진행하느냐에 따라 성공과 실패가 판가름날 것이다. 여기서 방향을 잘못 잡거나 유빙의 움직임, 유속(流速)을 잘못 읽으면 실패하고 만다. 영하 35도의 강추위다. 바람까지 심하게 불어댄다. 이럴 때 리드가 얼어붙은 신빙대를 만나면 우리는 빠른 속도로 이동할 수 있으니 나는 그 길을 찾아 이동할 계획이다. 날은 점점 더 추워지고 있었다. 그러나, 기회는 추울 때 찾아온다.

"오늘이 중요한 날이다! 오늘 꼭 국경선을 넘어야 한다."

어제까지만 해도 방향을 잡기 위해 등 뒤의 러시아 산 <우웰렌> 전위봉을 기준으로 했지만(방위각), 오늘은 그것도 어렵다. 시야가 확보되지 않아 바람의 방향과 GPS로만 방향을 잡아야 한다. 그런데 GPS를 손에 들고 보면서 운행하는 것은 상당히 불편하다. GPS를 꺼내서 확인하고 다시 넣는 번거로움도 있고, 오버 미튼(두꺼운 벙어리 장갑)을 벗으면 손가락이 쉽게 얼기 때문이다. 동상에 노출되는 것이다. 이 불편함 때문에 가능하면 GPS는 좌표를 확인하는 정도로만 사용하는 게 좋다. 주위 환경, 즉 태양, 바람, 그림자, 사스트루기(sastrugi: 바람이 불어 눈 위에 생긴 물결 무늬로 바람이 강한 극지에서나 볼 수 있음), 그리고 자신의 방향 감각으로만 진행한다. 이럴 때 탐험 경험이 없으면 방향감각을 잃고 당황하거나 흥분해 리드나 난빙 속에 갇히기 쉽다. 그러면 헤쳐나갈 능력을 상실해 조난으로 이어진다.

온종일 미친 듯이 불어대는 바람에 우리는 그대로 노출되었다. 나와 최재영, 정찬일 대원의 코에는 동상기미마저 보였다. 또 어제부터 왼쪽 허벅지에 통증이 왔다. 다만 다행스럽게도 큰 난빙이 없어 계속 빠른 속도로 진행해나갔다. 국경선 가까이 접근하자 약 2킬로미터 앞에 큰 리드가 있음을 직감할 수 있었다. 나는 리드를 피해 남쪽으로 방향을 약간 틀었다. 오후 3시경 날짜 경계선에 도착했다.

GPS에 나타난 날짜 경계선, 즉 인터내셔널 데이터라인!

우리는 날짜 경계선에 서서 오늘과 내일을 오가는 <순간이동>을 했다. 평생 잊지 못할 경험이다. 또, 이 곳은 러시아와 미국의 국경이다. 러시아와 미국을 오가는 <순간이동>이기도 하다.

오늘은 운이 좋게도 기온이 많이 떨어져 리드가 다 얼어붙어있다. 나는 계속 신빙대를 찾아 그 위를 질주하듯 이동해갔다. 언제 얼음판이 꺼질지 모르니 사실 이런 방법은 도박과 같은 모험이다. 신빙대 위에는 아름다운 얼음꽃이 있다. 이 곳 북극에서만 볼 수 있는 얼음 결정체다. 대지는 꽃으로 계절을 나타낸다. 그러나, 얼어붙은 베링해협은 '눈꽃'으로 감정을 표현한다. 우리는 잠시나마 아름다운 눈꽃 결정체를 무표정하게 감상했다.

이제부터 마음을 다잡고 다시 시작해야 한다. 국경을 넘는 시점부터 베링해협 얼음판은 빠르게 태평양으로 떠내려가고 있다. 내 마음도 조급해졌다. 빨리 이동해야 한다는 생각에 몰입했다. 신빙대가 온통 불안정하게 형성된 지점에 이르렀다. 이 곳을 빠른 속도로 건너다가 갑자기 출렁임이 몸에 전달돼 조심스럽게 멈췄다. 순간 우리가 살얼음판 위에 서 있음을 알았다. 재빨리 뒤로 물러섰다. 그러나, 머뭇거릴 시간이 없었다. 정면 돌파하기로 했다. 정찬일 대원과 나는 재빨리 슈트를 꺼내입고 한 손에 아이스 바일을 들고 얼음 속으로 뛰어들었다. 얇게 언 얼음을 깨며 수영했다. 시커먼 바닷물은 우리를 위압했다. 체온이 순식간에 떨어지고 체력도 급격히 저하되고 있었다. 수영해서 리드를 건넌 다음 건너편에 있는 최재영과 정이찬 대원을 썰매에 태워 로프를 당겼다. 두 대원도 무사히 리드를 건넜지만 손가락과 발가락 감각이 점점 없어졌다. 급기야 감각을 완전히 잃어버렸는지 고통이 찾아왔다. 슈트가 손목을 조이니 피가 돌지 못해 감각이 떨어진 것이다. 이런 상태로 계속 진행하다가 동상에라도 걸리면 돌이킬 수 없다. 나는 재빨리 손가락을 옷 속 넣어 녹였다. 곧 감각을 되찾았다. 무리한 욕심을 냈다는 생각이 끊이지 않았지만, 멈출 수 없는 바람처럼 동쪽(알래스카 <웨일스>마을)으로 계속 이동해갔다.

오후 4시반이 지나면서 더 추워졌다. 우리는 다시 리드를 만났다. 이 때도 망설이지 않고 썰매 두 대를 연결해 타고 건너갔다. 리드를 만날 바에야 아예 넓은 리드를 만나 썰매로 건너는 게 오히려 낫다. 썰매를 연결하는 시간이 너무 많이 걸리므로 작은 리드에서는 좀 춥더라고 그냥 건너 시간을 절약해야 한다.

"우리는 지금 시간과 싸우고 있다! 우리가 딛고 있는 이 빙하는 지금도 움직이고 있다. 한 걸음이라도 빨리 진행해 빙하가 태평양으로 떠내려가기 전에 알래스카 <웨일스> 땅에 올라서야만 한다."

우리는 이렇게 리드를 건너며 어두워질 때까지 운행하고나서야 텐트를 쳤다. 방향을 잡고 난빙과 리드를 피해 길을 찾는 데만 몰입하다보면 가끔 시간도 잊는다. 또 대원들이 뒤에 따라오고 있는지도 모를 때가 있다. "내일도 오늘처럼만 이동하면 우리는 분명히 성공할 것이다. 내일이 가장 중요하다. 우리는 지금 가장 위험한 곳에 있다."

저녁 무렵부터 바람이 다시 불기 시작했다. 시간이 갈수록 바람이 더 거세져 텐트가 몹시 흔들렸다. 오늘 국경을 넘은 기념으로 보드카를 마시며 몸을 녹이고 있는데, 갑자기 밖에서 '쿵'소리가 들렸다. 얼음이 갈라지는 소리겠지 하면서 대원들에게 몸을 녹인 후 나가보라고 하고는 진액처럼 흘러나오는 보드카를 기분좋게 마셔댔다. 얼마후, 잠을 자려고 최재영 대원이 밖에 있는 침낭을 가지러 나갔다가 허겁지겁 들어와 소리쳤다.

"곰이 왔다갔어요!"

아까 그 '쿵'소리는 곰이 썰매를 뒤지다 먹을 게 없어서 썰매를 내던지는 소리였다. 내 썰매가 10미터 가량 떨어진 곳에 처박혀있다고 했다. 주위가 온통 곰발자국이라서 잠이 안온다. 만일 침낭 속에서 자고 있을 때 곰이 우리를 덮친다면 꼼짝못하고 당하고 말 것이다. 곰 스프레이를 침낭 옆에 두고, 대원들에게는 호루라기를 손에 쥐고 자라고 했다. 나는 잠을 포기한 채 귀를 곤두세운 채 경계했다. 그러나, 결국 피곤을 이기지 못해 잠들고 말았다. 그나마 호루라기를 불지 않은 게 천만다행이다. 탐험이 끝나고 곰사냥꾼은 이렇게 말했다. "만일, 그 곰이 배가 고팠다면 분명히 당신들을 먹으려고 덮쳤을 거라고 나는 확언할 수 있습니다. 당신들은 정말 운이 좋은 사람들입니다. 해마다 배고픈 곰에게 사람이 희생되곤 합니다."

<오늘도 2월 26일>

러시아에서 미국으로 넘어오면서 하루가 공짜로 생기는 바람에 오늘도 어제와 똑같은 2월 26일이다. 아침 바람에 텐트가 심하게 요동치고 블리자드도 심하다. 텐트 문을 열자마자 눈가루가 텐트 속으로 밀려 들어왔다. 오늘 운행도 시야 확보가 어려울 것 같다.

"마음을 단단히 먹고 추위에 노출되지 않도록 해라. 여기서 추위와 위험으로부터 몸을 보호하고 지키는 것은 자신 뿐이다. 아무도 도울 수 없다. 모두 알겠지? 자, 그럼 출발이다!"

앞이 보이지 않아 방향잡기가 어려웠지만 그렇다고 GPS를 계속 보면서 운행할 수도 없다. 영하 30도 이하에서는 배터리가 순식간에 방전되어 계속 켜놓을 수 없기 때문이기도 하다. 이럴 때면 바람의 방향과 희미한 그림자, 그리고 사스트루기를 기준으로 방위각을 잡아야 한다. 출발하고나서 1시간 후부터는 난빙 지대로 들어가 1시간 반이나 고생하고 나왔다. 얼마 후 또 난빙 속에 갇히고 말았다. 이렇게 심한 블리자드 속에서는 난빙을 피하기 어렵다. 이 곳에 몸을 밀어넣은 것은 나 자신이다. 절망도 실망도 아무런 도움이 되지 않는다. 단지 이 상황을 인정하고 냉정히 뚫고 나가야만 한다. 이렇게 판단되자 오히려 상황을 즐기며 난빙을 헤쳐나갔다.

나는 최대한 빠른 속도로 이동하다가 또다시 난빙 속으로 들어갔다. 블리자드 속에서 러셀(눈을 헤치고 나아감)하며 난빙을 뚫었다. 뒤따르는 대원들에게 정말 미안하다. 난빙을 피하기 위해 방향을 약간 북쪽으로 틀자 이번에는 바람이 정면으로 치고 들어왔다. 얼굴을 10초 이상 들 수가 없었다. 시야만 확보되어도 난빙을 피할 수 있을 터인데 블리자드가 한 치 앞을 가로막았다.

'아, 너무 힘들다! 또 체력과 시간을 버려야 하는가.'

블리자드에 노출되어 재영이 코는 동상에 걸려 물집이 보인다. 나도 9시간 넘도록 블리자드와 난빙을 헤쳐 나왔더니 체력이 떨어지고 체온마저 많이 빼앗겼다. 몸에 떨림 현상이 일어났다. 간식을 먹을 때면 그 추위가 더 심하게 찾아왔다. 오후 5시 이후에는 블리자드가 극에 달한 것처럼 불어댔다. 난빙을 빠져나와 빠른 속도로 이동해보려고 하지만 체력이 떨어지고 다리가 말을 듣지 않아 정말 미칠 지경이었다. 나는 해가 떨어져 컴컴해질 때까지 계속 밀어붙였다. 대원들 얼굴 또한 동상으로 조금씩 일그러지고 있었다. 일단 운행을 중단하고 텐트를 치는데 그 놈의 블리자드 때문에 그마저도 쉽지 않다. 손이 얼어서 텐트폴을 끼우기도 어렵다. 겨우 폴을 하나 꽂았는데 그마저도 블리자드에 부러지고 말았다.

"빌어먹을, 모든 게 비우호적이구나!"

나침반도 고장났다. 버너도 계속 말썽을 일으키고 있었다. 이제는 텐트 폴마저 부러져 버렸다. 우리는 평소보다 두 배 이상이나 시간을 들여 텐트를 치고 바람을 피해 텐트 속으로 파고들었다. 텐트 속에서 눈과 얼음과 장비가 온통 뒤엉켰다. 우리는 초라하게 찌그러진 텐트 안에서 몸을 떨며 버너에 불이 빨리 켜지기만을 기다렸다. 나는 언 손가락이 주는 고통을 참으며 고장난 버너를 켜려고 노력했지만 켤 수가 없었다. 여기서 버너가 고장나 불을 켜지 못하면 우리는 끝장이다. 모두 신발과 장갑을 벗지 못한 채 떨며 버너에 불이 켜지기만을 30분이나 기다린 끝에 정찬일 대원이 겨우 불을 붙였다. 동시에 우리는 버너 불에 얼어붙은 손을 내밀어 녹였다. 얼었던 몸을 녹이고 안정을 되찾자 먼저 GPS를 켜 위치를 확인했다. 그 순간, 나는 GPS를 의심했다. 우리는 지금 너무 빠른 속도로 남쪽으로 떠내려가고 있었다. 시속 3.2킬로미터다. 걷는 속도보다 빨랐다. 오늘 운행하면서도 남쪽으로 30킬로미터나 떠내려왔다. 동쪽으로는 29킬로미터를 이동했다. 박영석 형도 이 경도에서 태평양으로 떠내려갔다는 사실이 생각나 순간 두려움이 몰려왔다. 밥을 해먹기 위해 물을 끓이는 한 시간 동안만해도 3킬로미터 이상이나 떠내려갔다.

나는 매일 운행이 끝나면 베이스 캠프에 있는 윤태근 대장께 위성전화로 운행 상황과 날씨, 대원들의 컨디션 그리고 다음 계획을 보고한다. 지금의 상황을 보고하며 출발할 것인가, 말 것인가에 대해 상의했다. 정확한 판단이 필요한 시점이다. 나는 대원들에게 이 상황을 이야기하지 않았다. 밥 먹고 쉬는 동안만이라도 편하게 해주고 싶었다. 하지만 한 시간 안에 결론을 내려야 했다. 대원들 모두 이미 동상에 걸려 있다. 오늘도 크고 작은 리드와 난빙을 넘어왔기 때문에 몸은 녹초가 되었을 것이다. 대원들은 말없이 각자 옷을 말리며 저녁 준비를 한다. 나는 지도와 GPS를 보며 고민에 빠졌다. 다시 출발할 것인가, 말 것인가? 출발한다면 몇 시에? 방위각은 몇 도로 진행해야 할 것인가? 지금 밖에서는 블리자드가 강하게 분다. 랜턴 하나에 의지한 채 대원을 데리고 방향을 제대로 잡을 수 있을까? 어쩌면 우리 모두 위험해질 수도, 흔적도 없이 사라질 수도 있다. 내 능력을 넘어서는 일, 어렵고도 무모한 짓은 아닌가 하는 생각으로 저녁식사 내내 머리가 어지럽다. 저녁을 먹고 숟가락을 놓는 순간, 경험에서 나오는 대담성과 확신이 내 심장을 뛰게 했다. 나는 대원들에게 이 상황을 설명하며 떠날 것을 제의했다.

"네, 알겠습니다."

모두 잠시도 주저하지 않고 의지에 찬 대답이 튀어나와 나는 놀랍고 또 고마웠다. 태평양을 향해 잠시도 쉬지 않고 떠내려가는 유빙 위에, 그것도 밖에서는 블리자드가 어둠 속을 무지막지하게 휘저으며 불고 있는 곳에, 남자 4명이 고독하게 앉아있다. 그 두려움과 공포는 어떤 생각도 소멸하게 한다. 이렇게 목숨이 경각에 달린 순간에도 대원들은 내 경험과 능력, 확신을 믿어주었다. 그런 믿음은 본능적인 것이다. 잠시도 망설이지 않고 대답이 나온 것이다. 나는 내게 운명을 맡긴 대원들의 신뢰를 느꼈다. 논리적인 사고는 더 이상 필요치 않다. "잠시 휴식하고나서 11시에 출발하기로 하자. 그리고 떠나기 전에 초콜릿과 비스킷 등 먹을 수 있는 건 다 먹으며 편하게 쉬자."

우리가 텐트에 쪼그리고 앉아쉬는 3시간 동안 얼음판은 10킬로미터나 떠내려갔다. 이 엄청나게 넓은 얼음판이 시속 3.5킬로미터로 떠내려가고 있다는 게 정말 믿어지지 않았다. 나는 계속 지도를 보며 움직임을 체크하고 다른 대원은 쪽잠이라도 자게 내버려두었다. 버너는 계속 불꽃을 뿜어내고 밖에서는 블리자드가 텐트를 흔들어 우리를 더욱 긴장하게 했다. 밤 11시가 가까워져가지만 나는 곤히 잠든 대원들을 차마 깨울 수 없어 좀 더 자도록 놔뒀다. 이찬이는 앉은 채로, 재영이와 찬일이는 옆으로 쪼그려 체온을 유지하며 자고 있었다. 11시 30분, 나는 먼저 베이스 캠프 윤태근 대장께 지금 떠난다고 위성전화로 전달하고 대원들을 깨웠다. 텐트 안에서 옷과 양말, 장갑, 신발 등을 신고, 또 랜턴을 착용해 떠날 준비를 마쳤다. 다시 대원들에게 당부했다.

"이제부터는 각자 살아남아야 한다. 그리고 3미터 이상 떨어지면 안된다. 밖이 블리자드 상태인만큼 거리가 떨어지면 서로 찾기 어렵다. 어떤 상황이 닥치더라도 침착하게 대처하자. 약한 모습 보이지 말자!"

밖에서는 강한 블리자드 때문에 서로의 말이 잘 전달되지 않는다. 이렇게 약속한 후 밖으로 뛰쳐나갔다. 텐트를 걷으며 각자 준비할 동안 나는 진행방향을 잡았다. 랜턴 불빛은 겨우 2미터 정도 밖에 나가지 않는다. 진행방향 기준은 오직 바람과 사스트루기 뿐이었다. 이 두 가지를 이용하여 방향을 정확히 잡아야 한다. 현재 떠내려가는 속도와 걷는 속도를 감안하여 방향을 수시로 수정할 것이다. 이제 게임 같은 진정한 탐험이 시작되었다. 지금이 바로 내가 배우고 익힌 경험을 모두 쏟아부을 때다. 결론은 오늘 밤에 난다. 성공할 수도 있고, 구조될 수도 있고, 돌아가지 못할 수도 있다.

이제 고난에 익숙해져야하고 믿을 것은 인내심 뿐이다. 나는 내 능력을 믿고 싶다. 지금 내가 하고 있는 이 짓이 정의로운지, 아니면 미친 짓인지 생각도 판단도 서지 않는다. 오로지 앞으로만 향할 뿐이다. 넷은 묵묵히 어두운 블리자드 속으로 이동하기 시작했다. 안된다는 것을 알기 전까지는 모든 것을 바칠 작정이다. 바람이 얼굴을 때려 눈을 못뜨게 했다. 한 걸음씩 나아갈 때마다 미묘한 감정을 느끼며 블리자드 속을 헤치며 전진했다. 이찬이가 자꾸만 뒤로 처지더니, 나와 거리가 멀어지면 떨어지지 않으려고 안간힘을 다해 외쳐댔다.

"대기!"

뒤에서는 정찬일 대원이 소리쳤다.

"정신 바짝 차리고 따라붙어!"

손가락과 발가락이 다시 온기를 잃기 시작했지만 나는 정확한 방향을 잡기 위해 정신을 집중했다. 넘어지거나 난빙에 처박혀도 모든 감각은 오직 방향과 전진에만 몰입한다. 뒤에서 대원들이 따라오는 것을 못 느낄 때도 있었다. 가끔 이찬이가 "대기"라고 소리치면 그 때서야 뒤돌아보며 정신을 차렸다. 정이찬 대원은 나와 떨어지지 않으려고 난빙에 걸린 썰매를 빼내려 안간힘을 다했다. 결국 기어서 빠져나왔다. 랜턴불빛이 블리자드 때문에 잘 보이지 않아 가까이 다가가 이찬이 얼굴을 비춰봤다. 불과 얼마 지나지 않았는데 왼쪽 눈은 벌써 동상이 진행 중이다. 코와 뺨에도 동상이 진행 중이다. 나는 바람에 노출된 이찬이 얼굴을 바라클라바(복면모)로 최대한 감싸줬다. 뒤따라온 재영이도 마찬가지로 코와 뺨이 동상에 걸려있다. 모든 대원 얼굴이 블리자드 속에서 처참하게 망가져가고 있었다. 그것도 불과 2시간만에!

하지만 가야 한다. 나는 속도를 줄이고 침착하게 전진하며 나를 믿고 뒤따르는 대원들을 위해 좋은 길을 찾으려고 온 신경을 집중했다. 가끔 뭔가에 홀린 것 같은 착각에 빠지기도 했다. 갑자기 혼자라는 생각이 들어 멈춰 뒤돌아보면, 대원들은 헤드랜턴 불빛만 의지한 채 어둠 속 블리자드를 뚫고 뒤따르고 있었다. 영화의 한 장면처럼 처절하게 보였다. 대원들이 안쓰럽고 고맙기만 하다. 어둠과 블리자드를 동반한 심야, 랜턴 불빛은 2미터 이상을 비출 수 없다. 지금 상황이 너무 무모하고 위험하다는 생각도 들지만, 내 능력으로 충분히 감당할 수 있다고 자신했다. 또 실제로 이성적 사고력을 잃을 정도는 아니었다.

새벽 2시가 넘어가자 조금씩 리드가 나타나기 시작했다. 갈수록 얼음이 깨진 곳이 많아졌다. 나는 위험을 최대한 피하려고 조심스럽게 돌아가는 길을 택했지만, 리드를 건너다가 그만 아이스 슬러지(얼음이 녹아 쑥쑥 빠지는 얼음 늪지대)에 허벅지까지 빠지고 말았다. 그 순간 안간힘을 다해 발과 팔을 허우적거리며 빠져나왔다. 살펴보니 다행스럽게도 양말은 젖지 않았다. 뒤따르는 대원들이 그 곳을 조심해 건너는 것을 확인하고 나는 다시 길을 찾으며 앞으로 나갔다.

가면 갈수록 조각난 얼음판이 계속 나타났다. 작은 리드는 헤아릴 수조차 없었다. 나는 이 곳에서 방향감각을 순간적으로 잃어버리고 말았다. 이 곳을 빨리 빠져나가야 한다는 생각으로 랜턴을 이리저리 비추며 길을 찾아 헤매는데, 대원 세 명의 모습이 보이지 않았다. 다급히 왔던 길을 되돌아가며 대원들을 찾았다. 얼마 가지않아 희미한 불빛 세 개가 보였다. 재영이는 리드에 빠졌는지 바지가 얼어있다. 얼굴은 동상에 걸려 일그러져 추위에 떨고 있었다. 여러 모로 불쌍해 보이지만, 얼음이 움직이고 있는 이상 여기서 빨리 빠져나가야 한다. 나는 정확한 방향을 잡고 스틱으로 얼음 상태를 확인하며 조각난 얼음 사이를 건너며 이동해갔다.

현재 상황이 불안하고 위험해 조마조마한 마음으로 가는데, 또 재영이가 보이질 않았다. 다시 되돌아가보니 난빙 틈에서 변을 보고 있었다. 아무리 다급해도 생리적 현상은 어쩔 수 없는 모양이다. 여기서 누구 한 명이라도 리드에 빠지거나 잘못된다면 탐험 실패는 물론이고 위험한 상황에 빠질 수 있다. 그 다음 상황이 어떻게 될지는 누구도 예측하지 못한다. 나는 겨우 위험 지대를 빠져나와 GPS를 꺼내 방향을 확인하고는 계속 진행해갔다.

갈수록 얼음판이 벌어져 리드가 생기고, 또 얼음판끼리 서로 밀면서 프레스 릿지를 만들고 있다. 이번에도 정면으로 돌파했다. 지금 나에게는 선택의 여지가 없다. 리드가 나오면 재빨리 썰매를 연결해 타고 건너며 오직 이 곳을 빠져나가는 일에만 집중했다. 다행히 난빙은 나타나지 않았지만 얼음이 움직이며 계속 깨지고 있다. 진행하면 할수록 얼음상태가 좋지 않았다. 이 곳을 빠져나가지 못하면 계속 벌어지는 리드에 갇힐 수 밖에 없다.

나는 정신을 바짝 차리고 가능하면 빠르게 움직였다. 안전한 얼음판을 찾아 건너는데, 흥분과 긴장 때문인지 이제는 발목까지 물에 빠져도 느끼지 못했다. 아이스 슬러지 지대를 빠져 나오면서부터는 잘못될 것 같은 불길한 예감이 들었다. 여기서 빠져나가지 못하면 위험에 처할 거라는 생각에 모든 정신을 집중해 길을 찾아 헤맸다. 전진하면 할수록 얼음이 서로 움직이며 부딪혀 찢어지고 깨진 곳이 많았다. 도저히 앞으로 나갈 수 없는 상황이라 뒤를 돌아보니 뒤도 마찬가지 상황이었다. 물러설 수가 없었다. 일단 여기서 빠져나가지 못하면 끝장이라는 생각이 들었다. 빠른 속도로 깨지고 있는 얼음 위를 건너는데, 갑자기 빛이 새롭다는 느낌이 왔다. 그렇게 정신없이 위험 지대를 빠져 나오다보니 어느 새 날이 밝아왔다. 랜턴 없이도 앞이 보인다는 사실을 알게 되었다.

GPS로 위치를 확인했더니 서경 168도 09분, 북위 65도 37분에 와 있었다. 우리는 알래스카 <웨일스> 해안가에 접근하고 있다. 지금까지 정확하게 방향을 잡아 진행한 것이다. 나는 대원들을 돌아보며 말했다.

"조금만 더 참고 힘내자! 조금만 더 가면 모든 게 결판난다."

깨진 얼음판을 조심스럽게 건너며 진행하는데 갑자기 산처럼 생긴 얼음판이 강물처럼 빠른 속도로 흘러가는 모습이 눈 앞에 나타났다. 조심스럽게 가까이 가서 보니 시작도 끝도 보이지 않는 웅장한 얼음판이다. 위협적인 소리를 내며 남쪽으로 흘러가고 있다. 실로 엄청난 광경이었다. 마치 지구가 움직이는 것처럼 역동적으로 흘러가는 모습이다. 엄청난 자연의 에너지를 느꼈다. 나는 자연이 살아 움직이는 역동을 조우하며 자연 앞에 그 어떠한 것도 대적할 수 없다는 것을 이 곳 베링해에서 또다시 깨달았다.

우리는 지금 베링해의 얼음판이 태평양으로 떠내려가는 경계선에 와있다. 그래서 태평양으로 떠내려가는 얼음판 위에서 알래스카 해안가 고정된 얼음판으로 뛰어올라야 한다. 마치 달리는 기차에 올라타는 기분이랄까? 이게 마지막 남은 관문이다. 저 얼음판을 못타면 우리는 알래스카로 넘어가지 못한다. 이대로 태평양으로 떠내려가고 만다. 너무나 위험하다. 우리가 서있는 베링해의 움직이는 얼음판과 움직이지 않는 알래스카 얼음판 사이 간격은 1.5미터 정도다. 그 사이로는 얼음 가루가 형성되어 떠내려가고 있었다. 또 우리가 넘어가야할 알래스카 얼음판은 난빙이다. 우리 키보다 높다. 힘껏 뛰어야만 올라설 수 있다. 나는 몇 번이나 시도하려고 했지만 너무 위험했다. 다행스럽게도 날이 밝아 주위를 둘러볼 수 있었다. 다시 뛰어오를 곳을 찾아 헤맸다. 지금이 바로 최소한의 행운이 필요할 때다. 이렇게 헤매는 중에도 우리가 서있는 얼음판은 계속 깨지며 경계선에 가까이 접근하지 못하게 했다. 나는 미친 듯 북쪽으로 뛰어가면서 넘어갈 만한 곳을 찾아 헤맸다. 두께가 160센티미터 정도인 작은 얼음판이 떠내려가는 경계선에 놓여있는 게 보였다. 재빨리 그리로 올라가 대원들을 불렀다.

"이 얼음도 언제 깨질지 모른다. 모두 빨리 올라와!"

날카롭고 급하게 소리쳤다. 유빙이 떠내려가며 내는 '웅~' 소리에 우리는 압도당했다. 크게 소리를 질러야만 서로 소통할 수 있었다. 비좁은 공간에 썰매와 우리 네 명은 간신히 서 있었다. 나는 대원들에게 다시 부탁했다.

"여기서 한 명씩 뛰어 알래스카 난빙에 올라타야 한다. 그리고 뛰어오르는 순간 무조건 있는 힘을 다해 기어올라야 한다. 알겠지? 정신 바짝차려야 한다. 자! 모두 성공하자!”

이찬이와 재영이가 아무래도 불안해서 몇 번이나 당부했다.

“제발, 정신 차리고 잘해야 한다. 알겠지? 부탁한다.”

먼저 찬일이부터 보내기로 하고 기회를 살폈다. 이윽고 정찬일 대원이 뛰어올랐다. 나는 있는 힘을 다해 썰매를 밀어올렸다. 정찬일 대원은 순발력있게 재빠르게 뛰어올랐다. 사람도 썰매도 안전하게 올라타 우리에게서 멀어져갔다. 다음은 정이찬 대원 차례다. 나는 이찬이가 걱정이었지만 잘 하리라 믿었다. 이찬이도 바짝 긴장하고 있었다. 이찬이에게 뛰어오르면 뒤돌아보지 말고 무조건 있는 힘을 다해 기어올라야한다고 당부하고 또 당부했다.

이찬이도 기회를 보고서 순간적인 힘으로 힘껏 뛰어올랐다. 나는 있는 힘을 다해 썰매를 밀어올렸다. 이찬이는 알래스카 난빙에 올라타서는 손과 발을 이용해 있는 힘을 다해 기어올랐다. 썰매도 딸려올라가 우리와 멀어져갔다. 다음으로 최재영 대원이 뛰어올랐고 나는 마지막 있는 힘을 다해 썰매를 밀어올렸다. 재영이가 기어오르는 모습을 보고 나도 곧바로 뛰어올랐다. 나는 기어오르면서 재영이를 보았다. 재영이는 멈칫하며 뭔가가 걸려 올라가지 못하고 있었다.

“뭐해? 빨리 올라가!”

이렇게 소리치며 기어올라가서는 재빨리 재영이를 불렀다. 그 때 재영이는 머리와 어깨만 보인 채 소리쳤다.

“형, 도와줘!”

나는 그 소리를 듣고는 썰매에 연결된 벨트를 허겁지겁 풀고서 있는 힘을 다해 재영이가 있는 곳으로 달려갔다. 불과 몇 초 사이에, 불과 5미터 거리에서 재영이가 썰매와 함께 내 눈 앞에서 사라졌다. 얼음판은 빠른 속도로 떠내려가고 있고 나는 있는 힘을 다해 불렀지만 대답이 없었다. 얼음판이 떠내려가는 곳으로 미친 듯이 달려가며 재영이를 부르며 찾았다.

순간 재영이가 사라져버렸다는 사실에 내 머리는 텅 빈 패닉상태가 되었다. 우리의 꿈이 악몽으로 바뀌는 순간이었다. 그러나, 그것도 잠시였다. 갑자기 내가 서있는 얼음판이 솟아오르더니 내 몸은 얼음에 처박혔다. 얼음 덩어리가 내게로 밀려왔다. 나는 급하게 일어나 썰매를 손으로 잡고 그 자리를 도망쳐나와 미친 듯이 소리치며 재영이를 찾아 헤맸다.

이 때 정찬일 대원이 내게로 왔다. 재영이가 사라졌다고 말하자 그도 흥분해 울먹이며 찾아 헤맸다. 우리는 얼음 덩어리 사이로 넘어지고 빠지며 재영이를 찾아 소리쳤다. 나는 재영이가 떠내려가는 유빙 사이에 빨려들어갔다는 생각이 들어 미칠 것 같았다. 이 모든 게 꿈이길 바랐다.

이제 다 왔는데… 조금만 더 가면 되는데…

여기서 당했구나. 참을 수 없는 슬픔과 억울함이 밀려와 미쳐버릴 것 같았다.

대원 모두 미친 놈으로 변해 찾아헤맸다. 갑자기 정이찬 대원이 또 안보인다는 사실에 놀라 이찬이를 소리쳐 불렀지만 유빙이 움직이는 엄청난 소리 때문에 잘 들리지 않았다. 다행스럽게도 이찬이는 이내 내 눈앞에 나타났다. 우리는 또다시 재영이를 부르며 찾아다녔다. 그렇게 헤매는데 이찬이가 갑자기 소리쳤다.

"형, 무슨 소리가 들려요!"

모두 가만히 귀를 기울이고 있는데, 으르렁거리며 떠내려가는 유빙소리 가운데 사람 목소리가 들렸다. 분명히 재영이 목소리였다. 잠시 후에 난빙 사이로 멀리 재영이 모습이 보여 우리는 미친 듯이 달려갔다.

"형, 저는 괜찮아요."

"재영아, 고맙다! 살아있어서 정말 고맙다!"

탐험성공보다 더 기쁜 순간이었다. 최재영 대원은 말은 괜찮다고 해도 겁에 잔뜩 질린 얼굴이었다. 썰매를 연결한 로프는 끊어져있고 장갑도 잃어버린 상태였다.

최재영 대원은 알래스카 난빙에 올라타고는 있는 힘을 다해 썰매를 끌었지만, 썰매가 떠내려가는 난빙에 걸려 몸이 그에 끌려갔던 것이다. 태평양으로 떠내려가는 1.5미터 넓이의 틈새 얼음가루에 빠지고 말았던 것이다. 쉽게 빠져나올 수 있을 거라고 생각했지만 다리가 빠지는 순간 인간의 힘으로는 도저히 빠져나올 수 없는 압력을 받았다. 팔이 빠지고 몸 전체가 빠지고 얼굴도 들어갈 찰나, 운이 좋게도 발 아래 유빙의 간격이 넓어지면서 증폭 현상이 일어났다. 몸이 위로 솟구쳐올라온 것이다.

기쁨은 뒤로 미루고 우리는 이 곳을 빨리 벗어나야 한다는 생각으로 서둘러 안전한 곳을 찾아 이동했다. 각자 조금씩 정신을 차리고, 잠시 휴식도 취했다. 끊어진 썰매줄을 연결하고, 마음을 가다듬었다. GPS를 다시 확인해보았다. 현재 우리가 있는 곳은 더는 떠내려가지 않는 고정된 얼음판이었다. 드디어 난빙 지대를 빠져나와 평화로운 구빙대(두껍고 오래된 얼음판으로 비교적 평평하고 안정적인 얼음판)로 왔다.

블리자드 때문에 가스가 끼어 주위를 분간할 수 없기 때문에 얼음판이 움직이는지 안움직이는지는 GPS로만 확인할 수 있다. 좌표가 목적지 부근이라는 것을 확인하고나서야 나는 긴장을 풀었다. 이 지긋지긋한 곳을 빠져나왔다는 사실을 실감하며 안도했다.

"우리는 모두 훌륭했다. 지금 우리가 서 있는 곳은 평화로운 구빙대다. 그리고 조금만 더가면 미국 알래스카 땅에 도착한다. 모두 고생했다. 마지막까지 힘을 내자!"

대원들에게 이렇게 말하고 다시 알래스카 육지를 향했다. 이제는 눈이 허벅지까지 빠졌다. 러셀을 하는데 힘이 없어 자꾸만 넘어지고 비틀거렸다.

이제야 알았다! 우리는 지금까지 한 번도 안쉬고 20시간을 운행한 것이다. 또 9시간 동안 물은 물론이고 그 어떤 음식도 먹지 않았다는 사실을! 게다가 캄캄한 밤을 단 한 번의 휴식도 없이 랜턴 불빛 하나에 의지해 블리자드를 뚫고 여기까지 온 것을.

나는 계속 빠지는 눈을 러셀하며 1.5킬로미터 정도를 더 전진하다가 잠시 멈춰섰다. 뒤따라오는 대원들을 보았다. 모두 밤새 블리자드를 헤치며 처절하게 따라왔다. 그 흔적이 얼굴에 고스란히 남아있었다. 이찬이 얼굴은 동상에 걸려 퉁퉁 부어 올라있다. 한 쪽 눈은 동상으로 붉게 변해 있었다. 바라클라바와 모자는 삐딱하게 돌아가 있어서 우습기도 했다. 표정없이 나를 보는 모습이 불쌍했다. 그 뒤에 따라오는 재영이와 찬일이 얼굴도 동상에 걸려있다. 밤새 고생한 흔적이 적나라하다. 후배들이 너무 고맙고 자랑스럽다. 나는 너무 지쳐서 목적지를 2.6킬로미터 남긴 지점에서 텐트를 쳤다. 어제 블리자드 속에서 텐트를 치다가 폴대 하나가 부러졌는데 오늘 또 하나가 부러져버렸다. 텐트를 엉성하게 쳐 불편했지만 숨어있는 리드와 움직이는 유빙, 그리고 비우호적인 거친 난빙에 비하면 아늑하고 안전한 호텔이나 다름없다. 우리는 밥해먹을 힘조차 남아있지 않았다. 한참을 쉬고서야 물을 끓여 밥을 해먹고는 바로 잠에 빠져들었다. 나는 밤새도록 변을 보고 싶었지만 참고 또 참았다. 이 곳은 해안가라서 곰이 냄새를 맡고 찾아올까봐 겁이 났던 것이다.

<2월 27일>

어제 그토록 불던 블리자드 바람이 고요하다. 또, 맑게 개인 날이다. 나는 참았던 볼일을 보기 위해 밖으로 나왔다. 그 순간, 눈 앞에 마을과 산이 나타났다.

"마을이 보인다!"

이틀 전부터 혹독하게 밀어붙인 결과가 눈 앞에 나타났다. 불과 1시간 반이면 도착할 거리에 <웨일스>라는 알래스카 마을이 있다. <웨일스>는 미국 알래스카 서쪽 끝에 있는 이누이트 마을이다. 밤새 어둠을 지킨 가로등은 아직 꺼지지 않은 채 <웨일스>의 이른 아침을 밝히고 있었다. 지독하게 추운 밤을 보낸 지붕 위로는 포근한 연기가 타오르고 있었다. 황량한 극지에 몇 집이 흩어져 있다. 하얀 색깔을 고이 간직한 평화로운 마을이다. 우리는 그 험한 블리자드를 뚫고 믿기 어려울만큼 정확하게 목적지를 찾아온 것이다. 그리고 지금 여기 있다는 사실에 참을 수 없는 흥분과 희열이 일어났다. 한 치 앞을 내다볼 수 없어 어두웠던 절망이 한 순간에 사라졌다. 우리가 걸어서 이동한 가혹한 경험이 위대한 업적으로 바뀌는 그 순간을 나는 혼자 쪼그리고 앉아 똥을 싸며 즐기고 있었다. 지금까지 그토록 열망했던 소망이 이루어졌음을 확실히 알았다. 말로 다 할 수 없는 행복이 쪼그려앉은 나를 둘러쌌다.

대원들은 텐트 속에서 추위와 불편함으로 감정을 잃은 채 있다가 마을이 보인다는 내 말에 흥분하며 밖으로 고개를 내밀었다. 그리고 맨발로 뛰어나와 쪼그려앉은 내 옆에 서서 마을 모습을 직접 확인했다. 굳은 얼굴을 풀고 환하게 웃었다. 지금까지 겪은 추위와 함정, 그로 말미암은 피로는 이제 눈 앞에서 사라졌다.

"두 세 시간 정도 걸으면 마을에 도착하니까, 아침은 대충 먹고 출발 준비를 서두르자."

우리는 흥분한 마음으로 아침을 먹고, 밖으로 나와서는 눈을 돌리면 날아갈 것만 같은 마을에 시선을 고정했다. 그리고 엉망이 된 텐트를 조심스럽게 걷었다. 떠날 준비를 마무리하자 바람도 어제보다 온순해졌다. 탐험이 이미 끝난 듯 몸도 가벼웠다. 이제부터는 나침반도 GPS도 방향에 대한 고민도 필요 없다. 저 앞에 보이는 <웨일스> 마을을 보며 곧장 걷기만 하면 된다. 침묵의 그림자처럼 거친 베링 해협 얼음 위를 마지막으로 묵묵히 걸었다. 눈 속에 깊이 빠져도 더는 넘어지지도 지치지도 않았다.

나는 얼마남지 않은 탐험을 기록하기위해 카메라를 건네받아 뒤따라오는 자랑스러운 대원들을 찍었다. 지금까지 겪은 시련이 아름다운 추억으로 남기를 바라며 대원 한 명씩 모두 비디오 카메라에 담았다. 마을로 접근하면서부터는 마을 주민이 우리를 발견하고 찾아오지 않을까…생각했다. 우리는 불모지를 가로질러 마을로 향했다. 바람과 얼음은 이제 우리에게 위협적이지도 방해도 되지 않는다. 마을이 가까워지자 두 명이 스노우 모빌을 타고 마을을 가로질러가는 모습이 보인다. 그들이 우리를 발견하기를 바라며 걸었다.

약 10분 후, 이들이 마을로 돌아가면서 우리를 발견한 모양이다. 한 명이 스노우 모빌을 몰고서 길도 없는 거친 곳을 뚫고 우리에게 다가왔다. 그는 바람이 한 점도 들어갈 수 없도록 바라클라바를 꼭꼭 뒤집어쓰고 있었다. 우리에게 인사를 청했다.

"하이, 어디서 왔느냐?"

"우리는 러시아 <우웰렌>에서 건너왔다."

"정말이냐?"

"정말이다."

"어느 나라 사람인가? 한국 사람인가?"

"그렇다. 한국 원정대다."

"와! 축하한다! 그리고 정말 놀랍다. 정말로 믿기 어렵다."

그는 믿기 어렵다는 듯 뭔가를 혼잣말로 중얼거렸다.

"지금 여기가 어디냐?"

"이 곳은 알래스카 <웨일스>다."

이 말을 듣는 순간, 나는 다시 한 번 목적지를 정확히 찾았음을 확인했다. 쓸쓸함에서 벗어났다는 안도감을 느꼈다. 이제 <웨일스>는 우리만을 위한 마을이다. 그는 다시 만나자는 말을 남기고 마을로 되돌아갔다. 그가 떠나며 엔진에서 내뿜은 이산화탄소는 기분 나쁘지 않았다. 오히려 친근한 냄새다. 실로 오랜만에 맡아보는 구수한 냄새다.

다시 말없이 걸었다. 10여 분 후, 약 100미터 앞은 바다가 아닌 육지였다. 육지임을 알 수 있는 도로가 마을을 가로지르고 있다. 그 곳에서 여러 명이 줄지어 우리가 오기만을 기다리고 있었다. 이 모습을 본 대원들은 성공했다는 희열을 입으로 전달했다.

"으아!"

마침내 우리는 얼음이 아닌 땅을 밟은 것이다. 서로 껴안으며 주저앉아 눈물을 흘렸다.

"우리 모두 훌륭한 팀원이다. 훌륭한 공동체를 이루어 훌륭한 일을 해냈다. 모두 자랑스럽다!"

억제할 수 없는 기쁨을 느꼈다. 두 손을 치켜들고 하늘을 우러렀다. 바람이 불고 있었다. 우리는 간신히 흥분을 가라앉히고 도착 기념으로 사진을 찍었다. 그리고 기분을 가라앉혔다. 그제서야 <웨일스> 원주민 여러 명이 우리를 축하하기 위해 기다리고 있음을 알았다.

"축하한다! 정말 위대한 업적을 세웠다."

그들은 이렇게 우리를 치켜세우며 따뜻하게 맞았다. 그리고 우리를 작은 식료품점으로 안내했다. 그 곳에 들어서자 또 여러 명이 우리를 반겼다. 그리고 얼굴 부상을 걱정했다.

"얼굴에 동상이 심한데, 손과 발은 괜찮으냐?"

우리는 감사의 표시를 하고 정겹게 이야기를 나누었다. 그리고 즉시 베이스 캠프로 위성전화를 걸었다. <웨일스>에 무사히 도착했음을 알렸다. 윤태근 대장과 영선이 형은 3시간 후에 이 곳으로 오겠다고 했다. 우리는 비로소 따뜻한 공기를 느꼈다. 장갑과 모자도 벗었다. 모두 얼굴이 동상으로 망가져 초라하고 불쌍해 보였는지 이 곳 주민들은 연신 안타까운 표정을 지었다. 잠시 후 이 마을 대표인 나이많은 할아버지가 나타났다. 우리를 공동 복지회관으로 안내했다. 복지회관에 도착하자 직원들은 각자 카메라로 사진을 찍으며 축하한다는 말로 우리를 반기며 자리로 안내했다. 마을 대표께서 직접 따뜻한 원두커피를 건네며 축하인사를 건넸다.

"정말 수고했습니다. 그리고 당신들은 쉴 자격이 있습니다. 이제 편히 쉬세요."

얼마 지나지않아 복지 회관으로 이 곳 주민들, 어린아이들이 하나 둘 모여들기 시작했다. 모두 같은 몽고 인종이라며 친근하게 맞았다. 같이 사진 찍는 영광을 달라고 했다. 한적했던 복지회관은 순식간에 사람들로 붐볐다. 모두 편안한 미소로 우리를 환영하며 질문 다발을 날렸다.

"곰은 봤느냐?"

"얼마나 걸렸느냐?"

"어떻게 건넜느냐?"

"위험하지 않았느냐?"

질문이 쉴 새 없이 쏟아져나왔다. 그러나, 짧은 영어실력인지라 성실하게 답변하지 못해 미안했다. 그들이 제공한 음식, 다과를 즐기며 얼음이 아닌 의자에 앉아 베이스 캠프에서 오는 비행기를 기다렸다. 나는 밖으로 나가 우리가 걸어왔던 길을 조용히 바라봤다. 이번 탐험은 노력 위에다 행운이 만든 성공이었음을 되새겼다. 하늘을 향해 감사의 기도를 올렸다. 또 이번 탐험을 기획하고 성공에 큰 역할을 한 윤태근 대장과 영선이 형에게도 감사의 뜻을 표했다. 그리고 이번 탐험에서 겪은 고난, 시련은 고스란히 아름다운 추억으로 남아 먼 훗날까지 잊히지 않기를 바랐다.

얼마 후, 기다리던 비행기가 도착했다. 비행기에서 내리는 윤태근 대장을 가슴으로 안았다. 우리 모두가 함께 한 성공이다. 그리고 김영선 선배와 박동욱 카메라 감독을 안으며 감사를 전했다. 우리는 그 새 긴장이 풀렸는지 흐느적거리는 몸을 비행기에 싣고 베이스 캠프가 있는 <놈> 마을로 향했다.

<2**월** 28**일**>

이것으로 7일간의 거친 탐험이 끝났다. 돌아가는 비행기에 앉는 순간 일찍이 느껴보지 못한 따뜻한 공기가 느껴졌다. 평온함이 몸 속으로 파고들었다. 창 밖으로는 우리가 걸어왔던 루트가 보였다. 어제와는 확연하게 다르게 얼음이 바둑판처럼 심하게 갈라져 온통 리드가 형성되어 있었다. 하루만 늦었어도 우리는 저 리드에 갇혀 태평양으로 떠내려가며 발버둥쳤을 게 분명했다. 그리고 저 위대하고 신비로운 자연을 모두 접하기에는 우리 인생이 너무 짧다는 생각이 들었다. 안타까울 뿐이다. 나는 장엄한 저 에너지에 경배했다. 저 위험에서 벗어났다는 사실에 다시 감사의 기도를 했다. 기도를 끝내고 뒤에 있는 대원들을 돌아봤다. 재영이가 창 밖을 보며 소리없이 눈물을 흘리고 있었다. 그래, 울고 싶을 때 울어라! 가슴이 시원하도록 울어라!

문명과 문화는 개척정신과 탐험정신을 바탕으로 꽃피어왔다. 새로운 환경을 개척하고, 미지의 세계를 탐험하는 과정에서 인류는 지속적으로 발전했다. 앞으로도 이 탐험정신은 한 나라의 성장 뿐만 아니라 전 인류의 미래를 열어가는 열쇠가 될 것이 틀림없다. 다시 한 번 더 강조하고 싶다.

"타인을 이기려는 경쟁보다 자신을 넘어서는 도전을 !!"

[저자소개]

[전우현]

서울대 법대 사법학과 졸업
서울대 법대 석사, 박사
(현) 한양대학교 법학전문대학원 교수
(현) 로스쿨 변호사시험 위원
(전) 공정거래위원회 약관심사위원
(현) 금융위원회 자체규제심사위원, 법령해석위원
(전) 금융감독원 제재심의위원, 분쟁조정위원
(전) 한국보험법학회 회장
(전) 한국상사판례학회 회장
(현) (재)생명보험 사회공헌위원회 위원
(현) (사단법인) 한국산악학회 감사

주요저서

- 상법총론 상행위법
- 알기쉬운 보험법
- 해상법 등

[홍성택]

용인대학교 유도학과 졸업
고려대학교 체육교육학 석사

2012년 세계최초 3극점 2극지 달성(북극점 남극점 에베레스트 그린란드 베링해)
2022년 로체남벽 등반(8516m)
2017년 로체남벽 등반
2015년 로체남벽 등반
2014년 로체남벽 등반
2013년 로체 등반
2012년 베링해협 도보횡단 탐험 (세계최초)
2011년 그린란드 북극권 종단(2500km) (세계최초)
2008년 에베레스트 남서벽 등반
2007년 로체 남벽, 로체샬 등반
2005년 북극점 도보 탐험
2002년 푸모리 동벽 등반
1999년 로체 남벽 등반
1998년 타파피크 등반(6,800m)

1996년 안나푸르나 다울라기라 등반
1995년 에베레스트 북동릉 등반(8,848m)
1995년 시샤팡마 등반(8,026m)
1994년 남극점 스키도보 탐험
1994년 푸모리 북동릉 등반
1993년 에베레스트 등반
1992년 칸뎅그리 등반(7110m)
1992년 낙동정맥 종주

2천년의 인류 역사 이야기 -위험(리스크)과 극복-

지 은 이 / 전우현 · 홍성택
발 행 일 2026년 01월 10일
펴 낸 이 / 조 형 근
편 낸 곳 / 동방문화사
서울 서초구 방배로 16길 13(방배동) 지층
Tel: 02) 3473-7294
팩스: 02) 587-7294
이메일 : 34737294@hanmail.net
등록: 서울 제22-1433호

파본은 바꿔 드립니다.
정 가 / 45,000원

ISBN 979-11-89979-83-6 03120